후쿠나가 미츠지의
장자 내편

저자 후쿠나가 미츠지(福永光司)

1932-2001. 일본 도교연구의 선구자이다. 원래 유교 연구를 하였으나 군대 징집 등 생사의 문제에 맞닥뜨림에 따라 노장사상과 도교 연구를 시작하게 되었다. 오오이타현(大分縣) 출신으로, 교오토대학에서 중국철학사 전공으로 학위를 받았다. 토오쿄오 대학 교수, 교오토 대학 인문과학연구소 소장, 칸사이 대학 교수, 키타큐우슈우 대학 교수 등을 역임하였다. 저서에 《장자-고대중국의 실존주의》, 《장자》, 《노자》, 《열자》, 《도교사상사 연구》, 《중국의 철학 · 종교 · 예술》, 《위진 사상사 연구》 등이 있다.

역자

정우봉

고려대학교 및 동 대학원 국문학과에서 한국한문학으로 석사와 박사 학위를 받았다. 현재 고려대학교 국문학과 교수로 재직 중이다. 한국한문학의 주요 문제와 국면에 대해 관심을 갖고 연구를 진행하고 있으며, 국문문학과 한문문학을 함께 포괄하는 영역과 주제를 중심으로 논문을 쓰고 있다. 대표적인 저서로는《아침은 언제 오는가》, 《조선후기의 일기문학》, 《청장관 이덕무 연구》(공저) 등이 있다.

박상영

고려대학교 철학과를 졸업하고 같은 학교 국문학과 대학원에서 한국한문학으로 석사와 박사 학위를 받았다. 한국고전번역원의 《오주연문장전산고》 교감에 참여하였으며, 한국한의학연구원 출시 앱 《내손안에동의보감》의 책임을 맡았다. 2017년 3월부터 2019년 9월까지 한국한의학연구원 북경사무소 소장을 지냈으며, 현재 한국한의학연구원에서 연구원으로 재직 중이다. 옮긴 책으로는 《중국의학의 기원》, 《상한경험방》(이상 공역), 《상한론통속강화》, 《기의 자연상》, 《상한론14강》 등이 있다.

후쿠나가 미츠지의 장자 01

후쿠나가 미츠지의 장자 내편

문진

일러두기

- 본서는 福永光司의 《莊子(內篇)》(講談社, 2013)을 완역한 것이다.
- 원서는 1956년 朝日新聞社에서 초판이 나온 이래 보정이 끊임없이 있었으며, 저자 사후인 2011년 講談社에서 재판이 나왔다. 본서는 講談社 판본(2013년판, 제2쇄)을 기준으로 하되, 필요에 따라 朝日新聞社 판본(1992년판)을 비교하였다.
- 본서의 단락(이 책 저자는 章이라 칭하고 있다) 나눔은 원서를 기준으로 하되, 검색의 용이성 확보를 위해 단락마다 번호를 부기하였다. 번호는 편의 순서와 단락 순서를 일괄적으로 매겼다. 예를 들어 내편의 세 번째 편인 〈양생주편〉의 세 번째 단락은 3-3이다.
- 원서에는 각 편의 단락이 모두 이어져 있어 전체적인 내용 이해가 용이하지 않다. 때문에 각 편 내에서 한 가지 화제가 끝나는 부분에는 [莊子]를 넣었으며 화제가 새롭게 시작되는 부분에는 페이지 바꿈을 하여 전체 내용 이해에 도움을 주고자 하였다.
- 원서에는 '–' 기호가 많이 활용되어 있다. 첫째, 설화의 경우 등장인물의 대사가 시작하는 부분에 쓰인다. 이 경우는 번역에서 그대로 따랐다. 둘째, 이 기호를 2차례 써서 할주로 쓴 경우가 있다. 이 경우는 번역에 그대로 반영하면 가독성이 몹시 떨어지는 관계로 괄호로 묶고 글자 크기를 작게 하였다. 셋째, 이 기호를 1차례 써서 앞 문장이나 단어를 부연하기 위한 기호로 썼다. 대부분은 특정한 명사에 대해 썼는데, 명사 등에 대한 부연의 경우는 문맥에 따라 특정 명사가 지정하는 곳까지 두 번째 경우처럼 할주로 묶어 두었다. 할주로 묶기 애매한 문장 등의 경우는 원서를 따라서 그대로 두었다.
- 독자의 편의를 위해 각 단락의 아래에는 어려운 한자의 음과 뜻을 넣었으며, 필요한 경우 문구에 대한 해설을 달았다. 저자는 각 단락마다 글자나 문구에 대한 해설을 두고 있는데 역자가 작성한 글자·문구의 해설과 비교해서 살펴본다면, 자구 이해에 많은 도움이 될 것이다.
- 독자의 편의를 위해 서명은 《 》로 묶고, 편명은 〈 〉로 묶어 별도 표기하였다.
- 독자의 편의를 위해 책 부록으로 인명, 서명, 편명에 대한 색인을 각각 마련하였다.
- 주석 가운데 저자에 의한 주에는 주 끝에 〔원주〕 표시를 하였다. 이 표시가 없는 것은 모두 역자가 작성한 주이다.
- 본서에서 인용된 번역 가운데 유경(儒經)의 경우는 전통문화연구회 출간본을 기준으로 하였다. 특히 사서의 경우는 인용되는 곳의 번호를 부기하였다. 예를 들어 《논어》의 열다섯 번째 편인 〈위영공〉의 여섯 번째 장의 경우 15-6으로 표기하였다.

목차

이하는 외편 · 잡편의 순서이다. 참고를 위해 소개한다.

외편(外篇)

8. 변무편(駢拇篇)
9. 마제편(馬蹄篇)
10. 거협편(胠篋篇)
11. 재유편(在宥篇)
12. 천지편(天地篇)
13. 천도편(天道篇)
14. 천운편(天運篇)
15. 각의편(刻意篇)
16. 선성편(繕性篇)
17. 추수편(秋水篇)
18. 지락편(至樂篇)
19. 달생편(達生篇)
20. 산목편(山木篇)
21. 전자방편(田子方篇)
22. 지북유편(知北遊篇)

잡편(雜篇)

23. 경상초편(庚桑楚篇)
24. 서무귀편(徐無鬼篇)
25. 즉양편(則陽篇)
26. 외물편(外物篇)
27. 우언편(寓言篇)
28. 양왕편(讓王篇)
29. 도척편(盜跖篇)
30. 설검편(說劍篇)
31. 어부편(漁父篇)
32. 열어구편(列禦寇篇)
33. 천하편(天下篇)

장자상 莊子像

돈황본《장자》잔간殘簡

신정본(新訂本) 서문

나의 《장자》(내편《장자》)가 구판(舊版) 《중국고전선》의 1책으로 간행된 것은 지금으로부터 10년 전인 쇼오와(昭和) 31년(1956)의 일이었다. 그 후 이 책은 예상 밖으로 여러 차례에 걸쳐 판을 거듭하게 되었고 그때마다 약간의 보정은 가하였으나, 이번에 새 단장을 하여 신정(新訂) 중국고전선의 《장자》 제1책으로 간행하게 되었다. 제1책이라고 한 것은 이미 간행되었던 내편에 이어 외편·잡편이 각각 1책으로 더해져 《장자》 전체를 3책으로 간행하게 되었기 때문이다.

신정본 간행에 즈음하여 나는 신정이라는 이름에 걸맞도록 되도록이면 구판에 대폭적인 개정을 가하고 싶었다. 하지만 외편·잡편의 역해(譯解)를 준비하던 나에게 시간적 여유가 없었을 뿐 아니라 구판 《장자》를 다시 쓰는 것은 곤란한 일이었기 때문에 하는 수 없이 신역(申譯) 정도의 보정으로 마무리할 수밖에 없었다.

구판 《장자》는 열 몇 해 전 내가 오오사카(大阪)의 키타노(北野) 고등학교에서 봉직하고 있던 당시에 집필했던 것이다. 당시 나는 몇몇 사정으로 인해 학구(學究)의 삶을 단념해야만 하는 상황을 위구(危懼)하고 있었기 때문에, 일단은 학구에 뜻 두었던 자신의 보잘 것 없는 묘표(墓標)를 쓴다는 마음으로 이 책을 집필하였다. 쿄오토(京都)로부터 통근하며 한 주에 스무 시간 남짓을 교단에 서야 했기 때문에, 충분한 시간이 없었던 당시 나의 집필 장소는 대부분 심야의 숙직실이었다. 나는 역해의 학문적(어학적)인 엄밀성보다 내 스스로 이해한 《장자》를 내 나름대로 자유롭게 해석하는 것에 뜻을 두었다. 훈독(訓讀)을 몹시 자유로운 독법으로 한 것도,[1] 훈독만으로 대의를 알 수 있는 부분은 충실한 해석을 생략한 것도 이 때문이다.

이러한 해석 태도가 어느 정도의 장점을 지니지만 아울러 단점도 지닌다는 것은 자명한 이치일 것이다. 나는 이 기회에 이러한 단점을 고쳐 될 수 있는 한 외편·잡편과도 체제를 맞추고 싶었다. 하지만 구판 《장자》내편의 장단점 모두가 나에게는 그 자체로 하나의 체계를 지닌 '살아 있는 혼돈'이었다. 이것을 전면적으로 개정하는 것이 지금의 나에게는 쉬운 일이 아니다. 나는 신정(新訂)에는 못 미치는 신역(申譯) 정도의 보정을 가하여 양두구육(羊頭狗肉)이라는 비방을 달게 받는 수밖에 없다.

변변찮은 보정이기는 하지만 역해가 적당하지 않은 부분을 고친 것,[2]

---

1 전통적으로 우리나라와 일본은 한문을 읽는 방법이 같지 않았다. 많은 사람에게 친숙한 《논어》 첫 장의 첫 구절을 예로 들기로 한다.

① 子曰學而時習之不亦說乎

② 子曰 學而時習之면 不亦說乎아

③ 子ㅣ ᄀᆞᆯᄋᆞ샤ᄃᆡ 學ᄒᆞ고 時로 習ᄒᆞ면 ᄯᅩᄒᆞᆫ 깃브디 아니ᄒᆞ랴

우리나라에서는 ①과 같은 한문 원문에 토(吐)를 달아 ②의 형태로 읽었다. 우리말 어순으로 되어 있는 ③은 다만 독자의 이해를 돕기 위한 것이었다. 그러나 일본의 경우는 한문을 읽을 때, ③과 비슷한 상태로, 즉 일본어 어순으로 바꾸어 읽었다. 다시 말해 우리나라에서는 한문을 음독(音讀, reading by sound)한 것에 반해, 일본에서는 한문을 훈독(訓讀, reading by meaning)하였다. 예로 든 문장을 일본어로 표기하자면 「시 이와쿠 마나비테 토키니 코레오 나라우 마타 요로코바시카라즈야〔子曰く學びて時に之を習う, また說ばしからずや〕」가 된다. 이것을 '요미쿠다시분(訓み下し文)'이라 하는데, 번역문에서는 '훈독(訓讀)'으로 옮겼다. 일본인들이 한문을 훈독할 경우, 말이 다소 어색하다 하더라도 원문에 없는 말을 보충한다든지 의역을 하는 경우는 거의 없다. 그러나 저자(이하 본서에서 '저자'라는 말은 모두 후쿠나가 미츠지를 지칭한다)가 이 책에 작성해놓은 훈독 문장은 필요하다고 생각될 경우에는 과감히 말을 보충한다든지 의역을 한 경우가 도처에 보인다. 저자가 "훈독을 몹시 자유로운 독법으로 행"했다고 한 것은 바로 이러한 점을 가리킨다. 음독과 훈독의 문제에 관해서는 다음을 참조 바란다. 金容沃, 《東洋學 어떻게 할 것인가》, 통나무, 1994. 120면.

2 예를 들면 〈덕충부편〉5-6에서 「같을(類) 수가 없다」의 구판 해석 「다르다, '별

또 역해 문장에 히라가나를 늘려 다소나마 읽기 쉽게 한 것, 문장 속의 시 부분에 원문을 병기하여 그것이 시라는 사실을 명시한 것,[3] 그리고 필요한 부분에 참고논문을 부기한 것 등은 구판과 다른 점이다.

그리고 새로이 권두에 첨부한 사진 두 장 가운데 한 장은 명(明) 만력(萬曆) 연간에 간행된 《삼재도회三才圖會》[4]에 실린 장주(莊周)의 초상화이다. 이것은 오늘날 전하는 몇몇 종류의 장자 상(像) 가운데 가장 내 마음에 드는 것이지만, 물론 후세 중국인의 자의적 판타지의 산물이다. 장주의 모습을 떠올리는 실마리로 실어본 것이지만, '무하유지향(無何有之鄕)'에서 無方(무한정)의 자유를 소요(逍遙)하는 장주에게는 오히려 지극히 미혹된 것일지도 모르겠다.

다른 한 장은 20세기 초 중국의 서쪽 변경, 감숙성(甘肅省)의 돈황 석굴에서 발견되어 현재 프랑스 국립도서관에 펠리오(Pelliot) 문서 제2563호로 소장되어 있는 《장자》〈대종사편〉 잔간(殘簡)의 일부이다. 당대(唐代)에 필사된 것으로, 현존하는 《장자》 텍스트 가운데 가장 오래된 것이며(〈해설〉 436면 참조) 본서 〈대종사편〉6-24 원문의 마지막 행의 끝의 3자부터 시작하여 6-25 4행의 9자까지이다.

덧붙이자면 이 사진은 《돈황비적유진신편燉煌祕籍留眞新編》(하권)에서 가져왔다. 기록하여 사의를 표한다.

쇼오와(昭和) 40년(1965) 12월 그믐에

후쿠나가 미츠지(福永光司)

개의 것이다'라는 것」을 「'카테고리(category)가 다르다', '별개의 종류이다'라는 의미이다. 여기에서는 산 것과 죽은 것이 세계를 달리하는 것을 이른다」라고 고친 것 등.〔원주〕

3 예를 들면 〈대종사편〉6-19의 시.〔원주〕

4 쿄오토 대학 인문과학연구소 소장.〔원주〕

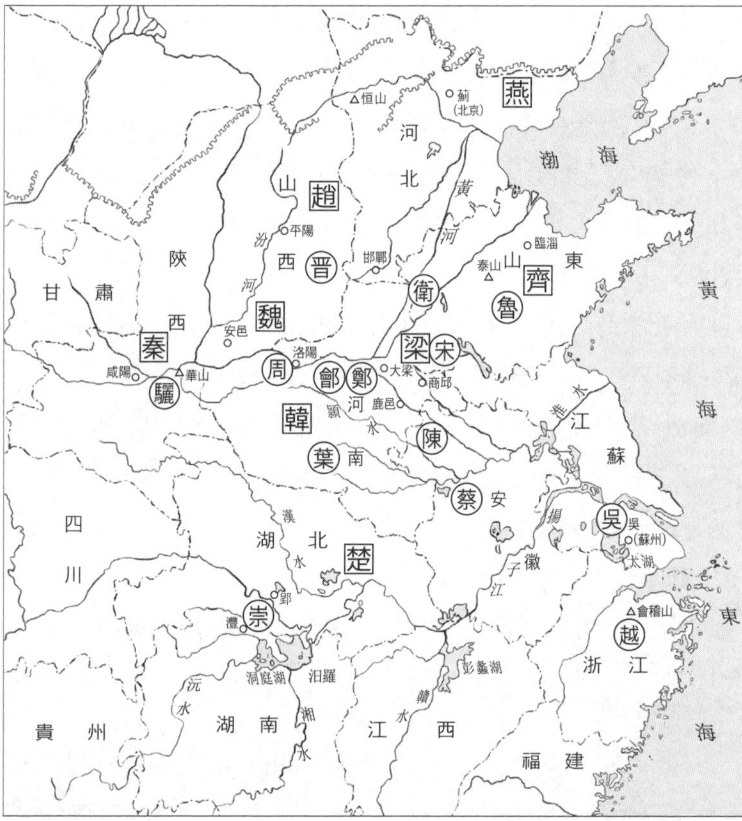

장자지명요도 莊子地名要圖

소요유편(逍遙遊篇) 1

逍遙遊(소요유), 즉 '소요(逍遙)의 노닒(遊)'이란 어떠한 것에도 속박되지 않은, 절대적으로 자유로운 인간의 삶이라는 의미이다. 장자는 이처럼 절대자유한 삶을 영위하는 사람을 궁극적인 인간이라는 의미에서 '至人(지인)'이라 하였고, 또 인간을 초월한 인간이라는 의미에서 '神人(신인)'이라고도 하였다. 〈소요유편〉은 이러한 지인 내지 신인의 얽매임 없는 삶, 자유무애(自由無碍)한 경지를 장자 특유의 기상천외한 비유와 기지 넘치는 붓으로 묘사해내었다.

1-1

北冥有魚, 其名爲鯤. 鯤之大, 不知其幾千里也. 化而爲鳥, 其名爲鵬. 鵬之背, 不知其幾千里也. 怒而飛, 其翼若垂天之雲. 是鳥也, 海運則將徙於南冥. 南冥者, 天池也.

북쪽 바다(北冥)에 물고기가 있으니, 그 이름을 곤(鯤)이라 한다. 곤의 크기는 몇 천리나 되는지 알 수 없다. 변해서 새가 되면 그 이름을 붕(鵬)이라 한다. 붕의 등(背)은 몇 천리나 되는지 알 수 없다. 힘을 떨쳐(怒) 날아오르면 그 날개는 하늘에 드리운 구름 같다. 이 새는 바다가 움직일 때 남쪽 바다로 옮겨가려고 한다. 남쪽 바다란 천연의 못(天池)이다.

冥-어두울 명, 바다 명. 鯤-작은 물고기알 곤, 큰 물고기 곤. 鵬-큰 새 붕. 怒-화낼 노, 힘쓸 노. 背-등 배. 翼-날개 익. 垂-드리울 수. 徙-옮길 사.

• 不知其幾千里也 : 일본어에서는 '그것(其)이 몇(幾) 천리인지 알 수 없다'처럼 글자

를 빠뜨리지 않고 온전히 직역을 하지만, 한국어 번역에서 경우에 따라 어색할 수 있는 其자 번역은 생략해놓았다. 이하 번역도 이를 준용하되, 기본적으로는 저자의 번역을 충실히 따랐다.
• 怒而飛 : 怒는 '힘쓰다'이다. 저자는 이 글자를 '힘을 떨치다'라 하여 이 구절을 '힘을 떨쳐 날아오르다'라고 풀었다.
• 海運則將徙於南冥의 '海運則'을 '바다가 움직이면'으로 풀지 않고 저자 번역에 따라 '바다가 움직일 때'로 풀었다. 어떻게 풀거나 의미는 결국 같다.

장자가 묘사하는 소요유의 세계는 우선 붕곤(鵬鯤)에 대한 이야기와 함께 시작된다.

세계의 북쪽 끝, 파도마저 어둑하고 아득하게 일렁이는 북극의 바다. 그 어둑하고 아득한 파도 위에 몇 천리에 달하는지조차 알 수 없는 거대한 몸을 뉘이고 있는 곤(鯤)이라는 이름을 가진 물고기. 마침내 이 거대한 곤이 일곱 빛깔 오로라의 신비 속에서 세월을 보내고서 엄청난 변신의 시기를 맞이하게 되면, 등의 넓이가 몇 천리에 달하는지조차 알 수 없는 거대한 새로 변한다. 「힘을 떨쳐 날아오르면 그 날개는 하늘에 드리운 구름 같다〔怒而飛, 其翼若垂天之雲〕」 - 붕(鵬)이라고 불리는 이 거대한 새가 한 차례 온몸의 힘을 떨쳐 하늘 높이 날아오르면, 그 날개의 크기는 푸른 하늘을 뒤덮은 구름이라고 착각할 정도라는 것이다. 그런데 「鯤(곤)」은 원래 물고기의 알을 지칭한다(《爾雅》釋魚).[1] 가장 극소한 존재인 鯤(물고기의 알)을 어둑한 파도가 일렁이는 북극 바다에 사는 거대한 물고기의 이름으로 사용하고, 게다가 그것이 높은 하늘을 뒤덮으며 비상하는 거대한 새(鵬)로 변한다고 말한 것이다. 이처럼 장자의 붓은 책의 첫머리에서부터 인간 사유와 상상력의 빈약함을 조롱하듯 상식의 세계를 초월하여 무한한 시간과 공간으로 날아오른다. 「바다가 움직일 때〔海運則〕」란 동중국해의 계절풍에 동

---

1 《爾雅》釋魚 "鯤, 魚子〔곤은 물고기의 알이다〕."

반되어 조류가 출렁대는 것을 '바다가 움직이는 것'으로 여긴 것인 듯하다. 하늘에 날개를 드리운 대붕(大鵬)이 북쪽 끝의 바다에서 남쪽 끝의 바다로 날아가기 위해서는 대해를 뒤흔드는 회오리바람이 필요한 것이다.

1-2

齊諧者, 志怪者也. 諧之言曰 : 「鵬之徙於南冥也, 水擊三千里, 搏扶搖而上者九萬里, 去以六月息者也.」

제해(齊諧)라는 사람은 괴이한 것을 알고 있는 자이다. 제해의 말에 일렀다. "붕(鵬)이 남쪽 바다로 옮겨갈 때에는, 물을 치는 것이 3천 리이고, 회오리바람(扶搖)에 날갯짓하여(摶=搏) 오르는 것이 9만 리이며, 6월의 바람(息)을 타고 날아간다."

齊-가지런할 제. 諧-조화로울 해. 志-기록할 지, 알 지. 擊-칠 격. 摶-칠 박(搏). 扶-도울 부. 搖-흔들 요. 息-숨 쉴 식, 바람 식.

• 摶(搏)扶搖 : 摶은 '뭉칠 단'이다. 예로부터 搏(칠 박)의 의미로 해석한다. 두 글자의 모양이 비슷해서 발생한 문제이다. 저자도 '치다'의 의미로 해석하였다. 扶搖는 '회오리바람'이다. 직역하면 '회오리바람을 치다'인데, 저자는 '회오리바람에 퍼득이다', '회오리바람에 날갯짓하다'로 의역하였다.
• 去以六月息者也 : 직역하자면, '가는 것에 6월의 바람을 쓴다', '6월의 바람으로 간다' 정도이다. 의역하여 '6월의 바람을 타고 날아간다'로 풀었다.

「齊諧(제해)」는 사람의 이름이다. 아마도 그가 했다는 말과 함께 장자가 임의로 고안해낸 것인 듯하다(齊諧라는 말은 원래 '세계가 하나로 조화한다'라는 의미이다). 「志(지)」는 識(지)와 같으며 '알다'라는 의미이다. 앞에서 거대한 붕곤(鵬鯤) 이야기를 꺼내어 상식의 세계에 움츠려있는 사람들을 **화들짝 놀라게 한** 장자는, 상식에 갇힌 사람들의 놀라움과 두려움과 의심에 대비하여 자신의 말이 **엉터리**가 아니라는 사실을 보여주기 위해 제해의 말을 근거 삼아서 인용해서 보여주고 있다. 장자는 이렇게 말한다. "**내**가 말하는 이 붕곤(鵬鯤)에 대한 이야기는 결코 **엉터리**가 아니다. 증거를 들어보겠다. 세상의 괴이한 이야기에 대해 알고 있는 제해라는 박학한 사람도 이 붕(鵬)에 대해 이렇게 말하고 있지 않은가? 「붕이 남쪽 끝의 바다로 옮겨갈 때에는, 물을 치는 것이 3천 리이고, 회오리바람에 날갯짓하여 오르는 것이 9만 리이며, 6월의 바람을 타고 날아간다.」" 우리는 여기에서 장자가 「제해의 말에 일렀다〔諧之言曰〕」라며 괴상한 사람의 말을 당연한 이야기라도 하는 듯 인용하는 것에서, 당시 학자들의 고증벽(考證癖)·전거주의(典據主義)에 대한 장자의 통렬한 야유와 비아냥거림을 엿볼 수 있다(《장자》를 애독했다는 노신魯迅도 《아Q정전》의 첫머리에서 이와 같은 수법을 쓰고 있다).[2] 붕곤(鵬鯤)에 관한 이야기로 상식에 갇힌 사람들을 화들짝 놀라게 한 장자는, 또 제해의 말을 인용해 보여줌으로써 고서와 고전에 집착하는 사람들의 가련한 습성을 홍소(哄笑)하고 있는 것이다. 「물을 치다〔水擊〕」라는 것은 붕이 날아오르려고 날개로 해면을 **치는** 것이다. 「3천 리」는 그 파도가 3천 리까지 퍼

---

2 《아Q정전》은 총 9장(章)으로 이루어져 있다. 그 가운데 서(序)에 해당하는 제1장에서는, 상식적인 시각에서는 입전(立傳)의 대상이 될 수 없는 '아Q'를 입전하게 되었다는 것과 그러는 가운데 발생하는 문제점들에 대해 말하고 있다. 그 가운데 다음과 같은 문장이 보인다. "영국의 정사를 보자. 그곳에는 '박도열전(博徒列傳)'이라는 이름조차 없지만 문호 디킨스는 《박도열전》이라는 책을 썼다." 저자가 '제해'를 언급하는 장자의 수법과 비슷한 것을 《아Q정전》 첫머리에서 찾을 수 있다고 한 것은, 위 인용문을 가리키는 듯하다. 단, 노신은 1926년 8월 8일, 위소원(韋素園)에게 보낸 편지에서 "《박도열전》은 《Rodney Stone》의 역명(譯名)으로 코난 도일(C. Doyle, 1858-1930)의 작품이다. 《아Q정전》 중에서 디킨스의 작품이라고 한 것은 나의 착오였다."라고 하였다. 정석원 역, 《아Q정전·광인일기》, 문예출판사, 2001, 19-25면 참조.

져나가는 것을 이른다. 「6월〔六月〕」은 윗글(1-1)에 보이는 「바다가 움직일 때〔海運則〕」이다. 「息(식)」은 '천지의 기식(氣息)(숨결)'이라는 뜻으로, 바람을 가리킨다. 대붕은 여름철의 회오리바람(扶搖)을 타고 9만 리 상공의 높이에서 남쪽 바다로 날아가는 것이다.

1-3

野馬也, 塵埃也, 生物之以息相吹也, 天之蒼蒼, 其正色邪? 其遠而無所至極邪? 其視下也, 亦若是則已矣.

아지랑이(野馬), 먼지(塵埃), 생물이 숨결(息)을 서로 내뿜는 것, 그리고 〔그것들의 아득한 높이에 펼쳐진〕 하늘의 푸르름은 그것의 진정한 빛깔일까? 멀어서 끝이 없기 때문일까? 그것이 〔9만 리 위에서〕 아래를 보더라도 또한 이와 같이 푸르디푸를 뿐이다.

塵–먼지 진. 埃–먼지 애. 息–숨결 식. 蒼–푸를 창. 邪–어조사 야. 已–어조사 이. 矣–어조사 의.

- 野馬 : 아지랑이.
- 野馬也, 塵埃也, 生物之以息相吹也, 天之蒼蒼, 其正色邪 : 이 구절은 이설이 많다. 野馬·塵埃·生物之以息相吹·天之蒼蒼其正色邪를 각각 A·B·C·D라고 할 경우, 해석에 우선 'A와 B는 C이니, D인가?'(아지랑이와 먼지는 생물이 숨결을 서로 내뿜어서 생긴 것이니, 하늘의 푸르름은 그것의 진정한 빛깔일까)가 있다. 이는 숨결 때문에 아지랑이와 먼지가 생겼고 이로 인해 하늘이 푸르게 보인다는 해석이다. 또 'A때문일까? B때문일까? C때문일까? D인가?'(아지랑이 때문일까? 먼지 때문일까? 생물이 숨결을 서로 내뿜기 때문일까? 하늘의 푸르름은 그것의 진정한 빛깔일까?)가 있다. 이는 하늘이 푸른 것의 원인을 셋 가운데 하나로 보는 견해이다. 저자는 이와는 약간 상이하게 ABC·D로 보았다. 지상의 것 셋을 병렬하고 나머지 하나를 지상의 것과 대비시켜 놓은 것이다. 이는 땅에서 하늘을 볼 때와 하늘에서 땅을 볼 때가 대비된다는 면에서 타당성이 있다.
- 亦若是則已矣 : '또한 이와 같이 푸르디푸를 뿐이다'의 '푸르디푸를'은 저자가 삽입한 말이다.

여기에서는 대붕(大鵬)이 9만 리 상공에서 조망한 지상세계의 광경을 설명한다. 우리들이 살고 있는 지상세계(아지랑이 일렁이고, 먼지 자욱하고, 살아있는 온갖 생명체가 혼잡스레 북적대며 호흡하는 이 지상의 세계)에서 아득한 높이에 펼쳐진 끝없는 하늘의 그 짙은 푸르름, 그것은 하늘 그 자체의 빛깔일까? 아니면 하늘과 땅의 한없는 거리가 그것을 푸르게 보이게 하는 것일까? 아마도 가닿을 수 없는 무한의 거리가 그것을 푸르게 보이도록 하는 것이겠지만, 지금 대붕이 9만 리 상공의 높이에서 거꾸로 지상세계를 내려다본다면 이 세계 또한 그 눈 아래에 온통 아득한 푸르름으로 펼쳐져 있을 것이다. 지상세계의 왜소함과 잡다함을 초극하는 것, 그것은 대붕의 한없는 비상이며, 그 높디높은 초월만이 모든 지상적인 차별상과 대립상을 거대한 일(一)로 지양(止揚)(Aufheben)[3]하게 하는 것이다.

1-4

且夫水之積也不厚, 則負大舟也無力. 覆杯水於坳堂之上, 則芥爲之舟; 置杯焉則膠, 水淺而舟大也. 風之積也不厚, 則其負大翼也無力. 故九萬里, 則風斯在下矣, 而後乃今培風背, 負靑天, 而莫之夭閼者, 而後乃今將圖南.

또 물이 고인(積) 것이 깊지(厚) 않으면, 큰 배를 띄울(負) 힘(방법)이

---

3 지양(止揚) : 지양은 원래 변증법에서 쓰는 용어이다. '폐기'와 '보존'이라는 뜻을 같이 가지고 있는 이 용어는, 헤겔 이후 확실한 의미를 점유하게 되었으며 마르크스에 의해서도 쓰이게 되었다. 이 용어는 기존의 상태나 단계에 상반되는 대립이 생겨 이 양자가 서로 투쟁·융합하는 과정을 통해 보다 더 높은 단계로 발전하고 통합을 이루어낸다는 의미이다. 본서에서도 이와 유사한 의미로 쓰였으며 이는 '비상'이라는 '초월'을 통해 구체화된 것으로 제시되었다.

없다. 한 잔의 물을 마루의 우묵한 곳에 엎지르면, 티끌(芥)은 〔그로 인해 떠서〕 배가 되지만, 잔을 놓으면 〔그곳에〕 닿아버린다. 물은 얕은데 배로 삼은 것(舟)이 크기 때문이다. 바람도 그 쌓인(積) 것이 많지(厚) 않으면 거대한 날개를 실을(負) 힘(방법)이 없다. 까닭에 9만 리가 되었을 때, 바람이 곧(斯) 〔그〕 아래에 쌓인다(在). 그런 뒤에(而後) 비로소(乃今) 바람의 윗부분(風背)을 타고(培) 푸른 하늘을 등에 져서 그것을 방해하는 것이 없게 된다. 그런 뒤에(而後) 비로소(乃今) 장차 남쪽〔으로 가는 것〕을 도모하려고 한다.

積-쌓을 적(여기서는 물이 '고이다', 바람이 '쌓이다'). 負-짊어질 부, 실을 부(배와 관련해서는 '띄우다'). 覆-엎을 복. 坳-움푹 패어 들어갈 요. 芥-겨자 개, 티끌 개. 置-둘 치. 杯-잔 배. 膠-붙을 교, 아교 교. 翼-날개 익. 培-북돋을 배, 탈 배. 夭-어릴 요, 막을 요. 閼-막을 알. 圖-도모할 도.

- 負大舟也無力 : 직역하면 '큰 배를 띄우는 데에 힘이 없다' 정도이다. 여기에서 力을 저자는 '방법'으로 풀었다. '힘', '방법' 둘 다 의미가 다 통하여 번역문과 같이 표기하였다.
- 坳堂之上 : 堂上之坳와 같다. '堂上'은 '마루 위'이고 '坳'는 '우묵하다', '패이다'이다. 따라서 '마루의 우묵한 곳'을 의미한다.
- 膠(교, 붙다)를 저자는 '바닥에 닿다'로 풀었다.
- 故九萬里, 則風斯在下矣 : 직역하면 '까닭에 9만 리이면 바람이 곧 아래에 있다' 정도가 된다. 저자는 다음과 같이 의역하였다. '까닭에 9만 리가 되었을 때, 바람이 곧(斯) 그 아래에 쌓인다(在).' '在'자를 (아래에) '쌓여 있다' 정도로 푼 것이다.
- 培를 '타다'로 풀어 培風背를 '바람의 윗부분(風背)을 타다(培)'라 하였다.
- 夭閼(요알)은 '방해하다'이며, 夭閼者는 '방해하는 것'이다.

「坳堂之上(요당지상)」은 「堂上之坳(마루의 우묵한 곳)」와 같은 의미이다. 마루의 우묵한 곳에 엎지른 물 한 잔은 겨우 티끌을 띄울 수 있을 뿐이며, 커다란 배가 뜨기 위해서는 물이 깊은 대해(大海)가 필요하다. 거대한 날개를 지닌 대붕(大鵬)이 날갯짓하기 위해서도 하늘을 뒤흔드는 큰 바람이 필요한 것이다. 9만 리 상공에는 그러한 큰 바람이 모여서 불어댄다. 대붕은 이 바람의 윗부분에 그 날개를 싣고서 끝없이 펼쳐진 푸른 하늘 아래에서 어떠한 것에도 방해받지 않고 곧장 남쪽 바다를 향해 날아가는 것이다.

이상은 장자가 묘사하는 대붕의 소요(逍遙)(대해의 파도 속에서 큰 바람에 날갯짓하여 하늘 위로 날아오르는 대붕의 웅혼장대雄渾壯大한 비상)이다. 이 경우 대붕이 모든 지상적인 준동(蠢動)(꿈틀거림)과 인간적인 비소(卑小)함을 초극하여 거대한 세계에서 활보하는 지대(至大)한 인간, 즉 절대자를 상징한다는 것은 두말할 것도 없을 것이다. 장자에게 있어 절대자는 초월자인 것이다. 지상세계에는 인간정신의 무한한 비약을 지상으로 끌어내리는 무기력과 타협과 자위와 탐닉이 존재한다. 인간의 건강한 생명을 숨 막히도록 옥죄는 가치와 규범의 무거운 위협이 존재한다. 미래에 대한 예상으로 인간을 움츠러들게 하고 과거에 대한 기억으로 인간을 벌벌 떨게 하는 창백한 사유의 함정이 존재한다. 초월자는 인간의 발랄한 생명의 고양과 건강한 정신의 비약을 방해하여 인간을 지상에 속박하는 모든 것으로부터 초월한다. 장자에게는 드높은 곳으로 초월하는 자만이 인간을 해방시키고, 인간세계에 아름다움과 찬란함과 조화로움을 가져다준다. 대붕은 그러한 초월자의 초월을 상징하는 존재인 것이다.

그런데 장자의 절대자가 이와 같은 초월자라고 한다면, 우리들은 여기에서 니체의 '초인(超人)'(Übermensch)을 쉽게 연상할 수 있을 것이다. 니체의 초인(차라투스트라)이 그의 고향과 고향의 호수를 버리고 산속으로 헤치고 들어갔다면, 장자의 초월자는 대붕과 함께 9만 리 상공으로 비상한다. 니체의 초인이 모든 인간적인 것을 초극하고 우상과 가치의 질곡을 파괴하여 생명의 혼돈된 작열(灼熱)을 추구하였다면, 장자의 초월자 역시 인간의 미망과 미혹, 위선과 허식을 물리치고서 자기가 무엇보다도 자기라는 것, 다시 말해 밝고 늠름한 생(生)의 충일(充溢)과 분방활달(奔放闊達)한 인간정신의 고양을 추구한다. 우리는 장자와 니체에게서 그들 사상 간의 몇몇 차이점을 헤아리면서도(그러한 것에 대해서는 이 책을 읽어나감으로써 차츰 명백해질 것이다), 그들이 모두 인간을 초극한다는 것, 그리고 인간을 초극하면서도 인간이 진정한 제 자신이 되는 것에 있어 하나의 공통된 광장에 서 있음을 발견할 수 있을 것이다.

1-5

蜩與學鳩笑之曰 :「我決起而飛, 搶楡枋, 時則不至而控於地而已矣, 奚以之九萬里而南爲?」

쓰르라미(蜩)와 작은 비둘기(學鳩)는 그것을 비웃으며 말한다. "우리가 힘차게(決起) 날아올라(飛) 느릅나무(楡)와 다목나무(枋)〔의 낮은 나뭇가지〕로 돌진하더라도(搶) 때로는 닿지도 못하고 땅에 내던져질 뿐이다. 어째서 9만 리를 〔올라〕가서(之) 남쪽으로 가는 것을 하겠는가〔爲〕?"

蜩-매미 조, 쓰르라미 조. 鳩-비둘기 구. 搶-닿을 창, 부딪힐 창. 楡-느릅나무 유. 枋-다목나무 방. 控-던질 공. 奚-어찌 해.

- 學鳩 : 작은 비둘기.
- 決起 : 저자는 '분기하여', '분발하여'로 풀었다. '힘차게', '힘껏' 정도의 의미이다.
- 搶楡枋에 대한 번역에서 〔의 낮은 나뭇가지〕는 저자가 보충한 말이다.
- 奚以之九萬里而南爲 : '奚以A爲'는 '어찌 A를 하겠는가?'라는 뜻이다. 직역하면 '어찌 9만 리를 가서 남쪽 가는 것을 하겠는가?' 정도이다. 南자는 동사가 되어야 하며 '남쪽으로 가다'의 의미이다. 저자는 之九萬里의 之자를 '가다'라는 의미에서 '올라가다'로 풀었다.

일단 대붕(大鵬)의 거대한 비상에 대한 묘사를 마친 장자는, 여기에서 화제를 돌려 지상에서 혼잡스레 북적대며 날아오르는 자잘한 것들의 **투덜**

거림으로 붓을 옮긴다. 「쓰르라미와 작은 비둘기」는 위대한 모든 것을 비웃는 저 자잘한 난장이(侏儒주유) 무리인 것이다. 자잘한 것들은 언제나 자기의 무지와 무력을 덮고 가리기 위해 거대한 것을 냉소한다. 그들은 땅 위를 무릎으로 기어 다니면서도 자신의 추함과 자잘함을 부끄러워하는 대신, 언제나 그 가냘픈 투덜거림으로 드높이 날아오르는 것을 헐뜯는다. "9만 리 높이까지나 날아오르는 것이 무슨 소용이 있단 말인가?" 하고 말이다. 「느릅나무와 다목나무」는 모두 조그마한 나무이다. 「搶(창)」은 그 낮은 나뭇가지를 목표로 하여 기세 좋게 날아가는 것이다.

1-6

適莽蒼者, 三飡而反, 腹猶果然; 適百里者, 宿舂糧; 適千里者, 三月聚糧. 之二蟲又何知! 小知不及大知, 小年不及大年.

풀이 파릇파릇 우거진 교외의 들판(莽蒼)에 가는 사람은 세 끼를 먹고 돌아와도 배가 여전히 부르고(果然), 백 리 〔먼 길을〕 가는 사람은 밤새(宿) 곡식을 찧고, 천 리 〔먼 길을〕 가는 사람은 석 달 동안 곡식을 모은다. 이(之) 두 동물이 〔이러한 것을〕 또 어찌 알겠는가? 작은 지혜는 큰 지혜에 미치지 못하고, 짧은 수명(小年)은 긴 수명(大年)에 미치지 못한다.

適-갈 적. 莽-풀 우거질 망. 蒼-푸를 창. 飡-저녁밥 손, 끼니 손. 舂-찧을 용. 糧-곡식 량. 聚-모을 취.

• 果然 : 배부른 모양.

「莽蒼(망창)」은 풀(莽)이 파릇파릇(蒼) 우거진 교외의 들판이다. 「세 끼를 먹다〔三飡〕」는 하루분의 도시락을 가지고 나서는 것이다. 「곡식을 찧다〔舂糧〕」는 곡식을 찧어서 식량준비를 하는 것이다. 먼 길 여행을 하기 위해서는 몇 개월이나 전부터 준비할 필요가 있는 것처럼 대붕(大鵬)이 남쪽으로 갈 것을 도모하여 날개를 펼치기 위해서는 9만 리 위로 비상하는 것이 필요하지만, 쓰르라미(蜩)와 작은 비둘기(學鳩)에게는 그러한 사정이 도저히 이해될 리 없다. 대개 지혜가 작은 것은 큰 지혜를 지닌 것에 미칠 수 없고, 짧은 수명을 지닌 것은 긴 수명을 지닌 것에 도저히 필적할 수 없는 것이다. 「之二蟲(지이충)」의 蟲(충)은 널리 동물을 의미하며, 여기에서 二蟲(이충)은 「쓰르라미와 작은 비둘기」를 가리킨다.

1-7

奚以知其然也? 朝菌不知晦朔, 蟪蛄不知春秋, 此小年也. 楚之南有冥靈者, 以五百歲爲春, 五百歲爲秋; 上古有大椿者, 以八千歲爲春, 八千歲爲秋. 而彭祖乃今以久特聞, 衆人匹之, 不亦悲乎!

어떻게 그렇다는 것을 아는가? 조균(朝菌)은 밤(晦)과 아침(朔)을 알지 못하고 혜고(蛄蟪)는 봄과 가을을 알지 못하니, 이것은 짧은 수명이다. 초(楚)나라 남쪽에 명령(冥靈)이라는 것이 있으니, 500년을 봄으로 삼고 500년을 가을로 삼는다. 먼 옛날 대춘(大椿)이라는 것이 있었으니, 8천 년을 봄으로 삼고 8천 년을 가을로 삼았다. 그런데(而) 팽조는 지금 장수한(久) 것으로 유독 유명하여 세상 사람들(衆人)이 이와 같아지려고(匹) 하니, 정말 슬프지 아니한가?

菌-버섯 균. 晦-그믐 회, 밤 회. 朔-초하루 삭, 아침 삭. 蟪-쓰르라미 혜. 蛄-씽씽매미 고. 椿-참죽나무 춘. 彭-성 팽. 聞-소문날 문, 이름날 문.

• 奚以知其然也 : 직역하면 '무엇(奚)으로써(以) 그것(其)이 그러함(然)을 아는가(知)?' 정도이다.

• 晦朔 : 저자는 본서의 아사히신문사 판본에서는 각각 '그믐'과 '초하루'라고 풀었

으나, 강담사 판본에서는 각각 '밤'과 '아침'으로 바꾸어 풀었다.

• 衆人匹之, 不亦悲乎 : 직역하자면 '뭇 사람들이 그것(팽조)에 필적하려 하니 또한 슬프지 않은가?' 정도이다. 저자는 衆人을 '세상 사람들'이라 풀고, 亦을 '정말로'로 풀었다.

예로부터 「朝菌(조균)」·「蟪蛄(혜고)」·「冥靈(명령)」·「大椿(대춘)」이 무엇을 가리키는가에 대해 주석가들은 각양각색의 설을 내놓았다. 「朝菌」은 **버섯**의 일종이라고도 하고 벌레의 이름이라고도 한다. 「蟪蛄」는 **씽씽매미**라고도 하고 **귀뚜라미**라고도 한다. 「冥靈」은 나무의 이름이라고도 하고 바다거북이라고도 한다. 어쩌면 螟蛉(명령)(나방의 애벌레)일지도 모르겠다. 「大椿」은 나무 이름일 것이다. 「椿」은 橓(순)과 같으며, 木槿(목근)(무궁화)이라는 설도 있다. 그러나 이 경우 이러한 것들의 의미에 대해 천착하여 고증하는 것은 그다지 중요하지 않다. 木槿이 하늘을 뒤덮는 거목(巨木)이 되거나 螟蛉이 산야(山野)를 뒤흔드는 괴수가 되더라도 장자에게 있어서는 조금도 이상할 것이 없다. 이것은 곤(鯤)(물고기의 알)이 대붕(大鵬)이 되는 것과 마찬가지이기 때문이다. 억지로 천착해 들어간다면 오히려 장자의 재지(才智)라는 번개에 맞아 나자빠질 것이다. 요컨대 朝菌과 蟪蛄가 아침(봄)에 태어나면 밤(가을)이 되기 전에 죽고 밤(가을)에 태어나면 아침(봄)이 되기 전에 죽는 한 나절(반년)의 덧없는 생명이며, 冥靈과 大椿이 수천 년 혹은 수만 년을 1년으로 삼는 「大年(대년)」이라는 것을 알면 족할 것이다. 「彭祖(팽조)」는 800세의 장수를 누렸다는 전설상의 인물이다. 자연계에 명령이나 대춘 같은 「大年」이 있는 것처럼 인간세계에는 팽조가 장수를 누린 사람으로 유독 유명하지만 겨우 800세에 불과하다. 그 800세의 팽조와 같은 장수를 누리려 광분하는 세속 사람들의 **비참한** 자잘함이여! 그들의 눈과 귀가 붕곤(鵬鯤)에 관한 이야기를 **엉터리**라고 여겨 의심하고 무익하다고 여겨 물리치는 것도 정말 당연하지 않은가? 장자는 말한다. 하지만 내가 말하는 붕곤에 관한 이야기를 믿지 못하겠다면, 지금 그 근거를 제시하도록 하겠다.

1-8

湯之問棘也是已. 「窮髮之北, 有冥海者, 天池也. 有魚焉, 其廣數千里, 未有知其脩者, 其名爲鯤. 有鳥焉, 其名爲鵬, 背若泰山, 翼若垂天之雲, 摶扶搖, 羊角而上者九萬里, 絶雲氣, 負靑天, 然後圖南, 且適南冥也. 斥鴳笑之曰 : 『彼且奚適也? 我騰躍而上, 不過數仞而下, 翶翔蓬蒿之間, 此亦飛之至也, 而彼且奚適也?』」 此小大之辯也.

탕(湯)이 극(棘)에게 물은 것도 이러한 것일 따름이다.
“머나먼(窮) 불모지(髮)의 북쪽에 어둑한 바다(冥海)가 있으니, 천연의 못(天池)입니다. 〔그곳에〕 물고기가 있는데, 그 너비는 수천 리이고 그 길이(脩)는 아는 이가 아무도 없으니, 그 이름을 곤(鯤)이라고 합니다. 〔그곳에〕 새가 있으니, 그 이름을 붕(鵬)이라고 합니다. 등(背)은 태산(泰山) 같고 날개는 하늘에 드리운 구름 같습니다. 회오리바람(扶搖)에 날갯짓하여(摶=搏) 힘차게(羊角) 날아오르기(上)를 9만 리 하여, 구름(雲)과 안개(氣)를 넘어가(絶) 푸른 하늘을 등에 진 이후에 남쪽〔으로 갈 것〕을 도모하여 장차(且) 남쪽 바다(南冥)로 떠나려 합니다. 척안(斥鴳)은 이를 비웃으며 ‘저놈은 장차 어디로(奚) 가려는 것인가? 나는 힘껏(騰躍) 날아올라도(上) 몇 길(仞)을 지나지 못하고 내려와 쑥풀 사이를 날아다닌다. 이것 역시 상당히 날아오른 것인데, 저놈은 장차 어디를 가려는 것일까?’ 합니다.”
이것이 작은 것과 큰 것의 차이(辯)이다.

湯-탕임금 탕. 棘-대추나무 극, 사람이름 극. 脩-길 수, 길이 수. 冥-어두울 명, 바다

명. 鯤-작은 물고기알 곤, 큰 물고기 곤. 搏-칠 박(搏). 扶-도울 부. 搖-흔들 요. 斥-물리칠 척. 鴳-메추라기 안. 奚-어찌 해, 어디 해. 騰-오를 등. 躍-뛸 약. 仞-길 인. 翱-날고. 翔-날 상. 蓬-쑥 봉. 蒿-쑥 호. 辯-분별 변(辨).

• 窮髮 : 북쪽의 불모지이다. 저자는 '머나먼(窮) 불모지(髮)'로 풀었다.

• 羊角而上 : 저자는 羊角을 '약진하여 오르다'로 풀고 上은 '오르다'로 풀었다. 합하여 보면, '힘차게 날아오르다' 정도의 의미이다.

• 絶雲氣 : 직역하면 '구름과 안개를 가르다', '구름과 안개를 뚫다' 정도이다. 저자는 '구름과 안개를 넘어가다'로 풀었다.

• 騰躍而上 : 저자는 羊角而上과 같은 의미로 풀었다. '힘차게 날아오르다' 정도의 의미이다.

• 翱翔 : 새가 이리저리 날아다니는 것을 말한다.

• 此亦飛之至也 : 직역하면, '이것 또한 낢의 지극함이다'이다. 번역에서는 의역하여 '이것 역시 상당히 날아오른 것이다'라고 하였다.

장자는 탕(湯)과 극(棘)의 문답이 바로 그 근거라고 말한다. 「湯(탕)」은 은(殷)나라의 탕왕(湯王)이며, 「棘(극)」은 탕왕을 섬긴 현신(賢臣)의 이름이다. 앞서 붕곤에 관한 이야기에 대해 제해(齊諧)의 말을 인용하여 당연하다는 듯 근거로 제시했던 장자는, 다시금 탕왕과 극의 문답을 인용하여 자기가 설명하는 것이 황당무계하지 않다는 것을 확실히 하고자 하는 것이다. 그리고 荒唐無稽(황당무계)를 철저하게 유계(有稽)(사실事實)[4]처럼 꾸미는 곳에 장자의 희롱과 풍자와 해학이 있다. 「窮髮(궁발)」은 초목도 자라지 않는 북극 부근의 불모지이다. 「머나먼 불모지의 북쪽에 어둑한 바다가 있다〔窮髮之北, 有冥海者〕」는 그 동토 지대보다 더 북쪽에 파도가 어둑하게 일렁이는 바다가 있다는 것이다. 「脩(수)」는 長(길이)과 같다. 「泰山(태산)」은 오늘날 산동성에 높이 솟아 있는 명산이다. 「양각하여 오르다〔羊角而上〕」

4 '稽'자는 '조사하다', '검토하다' 등의 의미를 지니는데, 이때의 정확한 의미는 '옛 것과 맞추어서 조사하거나 검토하는 것'을 의미한다. 때문에 우리말로는 '근거'라는 의미와 딱 들어맞는다.

에서 「羊角」은 「躍(약)」과 같은 뜻으로 힘차게 뛰어오르는 것이다. 「斥鴳(척안)」은 메추라기(鶉)와 비슷한 작은 새의 일종이다. 「蓬蒿(봉호)」는 두 글자 모두 쑥이다. 「작은 것과 큰 것의 차이〔小大之辯〕」는 붕의 큼과 척안의 작음이 이러한 견해의 차이를 내었다는 의미이다. 「辯(변)」은 辨(변)과 같으며 '구별'이라는 의미이다. 윗글(1-6)에 보이는 「작은 지혜는 큰 지혜에 미치지 못한다〔小知不及大知〕」의 의미를 거듭 강조한 것이다.

1-9

故夫知效一官, 行比一鄕, 德合一君, 而徵一國者, 其自視也, 亦若此矣. 而宋榮子猶然笑之. 且擧世而譽之而不加勸, 擧世而非之而不加沮, 定乎內外之分, 辯乎榮辱之竟, 斯已矣. 彼其於世, 未數數然也. 雖然, 猶有未樹也. 夫列子御風而行, 泠然善也,[5] 旬有五日而後反. 彼於致福者, 未數數然也. 此雖免乎行, 猶有所待者也. 若夫乘天地之正, 而御六氣之辯, 以遊無窮者, 彼且惡乎待哉! 故曰 : 「至人無己, 神人無功, 聖人無名」.

까닭에 저 지식(知)은 한 관직에서 공적을 이루고(效), 행실(行)은 한 마을을 친목하게(比) 하고, 덕(德)은 한 임금의 마음에 들고(合), 재능(而)은 한 나라에 불려 쓰이는 자가 자신을 보는 것이 또한 이와 같다. 그렇지만 송영자(宋榮子)는 씨익(猶然) 이 사람을 비웃는다. 〔그는〕 여하튼(且) 온 세상 사람들이 칭찬하더라도 더 힘쓰지 않고, 온 세상 사람들이 비난하더라도 기가 더 꺾이지 않으며, 〔자기〕 내면(內)과 외물(外)의 분별을 〔확실히〕 정하고, 영예와 치욕의 경계를 〔뚜렷이〕 나눈

---

5 원본에는 泠然善也의 泠과 〈제물론편〉2-2에 보이는 泠風則小和의 泠이 모두 冷으로 되어 있다. 다른 판본들을 참조하여 冷자를 모두 泠으로 수정하였다.

다. 〔그렇지만〕 그뿐이다. 그는 세상일에 대해 안달하지(數數然) 않는다. 비록 그러하지만 여전히 정해지지(樹) 않은 바가 있다. 저 열자(列子)는 바람을 타고 다니니 가뿐하게(泠然) 잘 다니다가 15일이 지나서야 돌아온다. 그는 복을 추구하는(致) 것에 대해 안달하지 않는다. 〔하지만〕 이는 비록 걷는 것은 면하였으나 여전히 의존하는(待) 바가 있는 자이다. 만약 저 천지(天地)의 바른 이치(正)를 타고 육기(六氣)의 변화(辯=變)를 조종하여 끝없는 세계에서 노니는 자라면, 그는 장차 무엇에 의존하겠는가? 까닭에 "지인(至人)에게는 자아(己)가 없고, 신인(神人)에게는 공적(功)이 없고, 성인(聖人)에게는 명예(名)가 없다." 라고 한다.

效-본받을 효, 공효 효. 比-나란할 비, 친할 비. 而-재능 능('而徵一國者'의 而). 徵-부를 징. 擧-모두 거. 譽-칭찬할 예. 非-비난할 비. 沮-꺾일 저. 數-촉급할 삭. 樹-나무 수, 심을 수. 致-이를 치. 待-기다릴 대, 의지할 대.

• 效一官 : 저자는 效를 '공효'·'공훈'으로 풀었다. '한 관직에 공효가 있다' 즉, '한 관직을 맡아 공효를 이룬다' 정도의 의미이다.
• 比一鄕 : 比는 원래 '나란하다'라는 의미이다. '나란하다'는 함께 있는 것이니 '친하다'라는 의미를 갖는다. 때문에 이 구절은 '한 마을을 친목하게 하다' 정도의 의미이다.
• 德合一君 : '덕이 한 임금에게 들어맞다'로 직역된다. '덕이 한 임금의 마음에 든다'로 풀었다.
• 而徵一國 : '재능(而)이 한 나라에 불리다'로 직역된다. 而는 能의 가차자이며, 徵은 '불리다', '불려서 쓰이다' 정도의 의미이다.
• 且擧世而譽之而不加勸의 且는 '또', '그리고' 정도의 의미이다. 저자는 이 구절 맨 앞에 '그는'이라는 주어를 삽입하고 且를 '어쨌든', '여하튼' 정도로 풀었다.
• 數數然 : '급급한 모양', '안달해하는 모양'이다.
• 猶有未樹也 : 직역하면 '여전히 심지 않은 바가 있다'이다. 저자는 '심다'가 '수립하다'이므로 '여전히 수립되지(樹) 않은 바가 있다', 즉 '여전히 정해지지(樹) 않은 바가 있다'라고 풀었다.
• 夫列子御風而行과 而御六氣之辯의 御는 모두 '조종하다', '몰다'의 뜻이다. 저자는 御風의 御는 '타다'로 풀고, 御六氣之辯의 御는 '조종하다'로 풀었다.

• 泠然善也 : 泠然(령연)은 '가벼운 모양'이다. 善은 '잘하다'의 의미이다. 즉 '가뿐하게 잘하다', '가뿐하게 잘 돌아다니다'의 의미이다.
• 致福 : '복을 이르게 하다'. 저자는 의역하여 '복을 추구하다'로 풀었다.
• 저자는 若夫乘天地之正의 正을 '바른 이치'라고 의역하였다.

앞에서 붕곤(鵬鯤)의 거대한 비상을 묘사하여 잡목 사이에서 날갯짓하는 쓰르라미(蜩)·작은 비둘기(學鳩)·척안(斥鴳) 등의 자잘한 비상에 대비시키면서 위대한 것과 비소(卑小)한 것, 그리고 대지(大知)의 세계와 소지(小知)의 세계 사이의 차이를 설명해온 장자는, 여기에서 마침내 인간세계로 붓을 옮겨놓는다. 새에게 붕과 척안이 가지는 대소의 차이가 있는 것과 마찬가지로, 인간에게도 갖가지의 크고 작은 경지의 차이가 존재한다. 장자는 이 크고 작은 갖가지 인간의 경지를 우선 작은 것에서 시작하여 차츰 큰 것으로 상승시킨다. 맨 처음으로 선량한 작은 비둘기와 예교(禮敎)의 세계에서 날갯짓하는 척안, 즉 상식적인 가치와 규범의 세계에 안주하는 사람들을 이야기하고, 다음으로 그들의 비참한 선량함을 씨익(猶然) 비웃는 송영자(宋榮子)의 고고(孤高)와 탈속을 이야기하고, 그 다음으로 허공에 부는 바람과 함께 세속세계를 비양(飛揚)하는 열자(列子)의 한계 지워진 초월을 이야기하고, 마지막으로 이떠한 것에도 구애받지 않고 어떠한 것에도 의존하지 않는 장자적 절대자의 궁극적인 초월을 이야기한다. 그리고 장자가 궁극적 절대자로서 마지막에 언급하는 지인(至人)·신인(神人)·성인(聖人)은 이른바 소요유의 실천자로, 이 편 전체의 주제이며 결론이라고도 말할 만한 것임은 두말할 것도 없을 것이다.

「저 지식은 한 관직에서 공적을 이루고, 행실은 한 마을을 친목하게 한다〔夫知效一官, 行比一鄕〕」라는 것은, 그 사람의 지식이 한 관직을 맡아 공적을 이루기에 적합하고, 그의 행실이 한 마을을 감화시켜 친목하게 할 정도로 훌륭하다는 것을 이른다. 「덕(德)은 한 임금의 마음에 들고(合), 재능(而)은 한 나라에 불려 쓰인다〔德合一君, 而徵一國〕」라는 것은, 그 뛰어난 덕과 빼어난 재능이 일국 군주의 생각에 들어맞아 불려서 지우(知遇)를 받는다는 것이다. 而(능)은 能과 같으며 재능(才能)이라는 의미이다. 「자신을 보는 것이 또한 이와 같다〔其自視也, 亦若此矣〕」는, 이처럼 예교세계에 안주하여 세간에서 칭송을 받게 된 사람이 자득하여 자신의 삶을 모든 것이라고 여기는 태도가, 흡사 쓰르라미·작은 비둘기·척안이 자신의 자잘한 비상(飛翔)을 최고의 것으로 여기는 그 비소함과 닮았다는 것을 이른다.

「그렇지만 송영자는 씨익 이 사람을 비웃는다〔而宋榮子猶然笑之〕」–송영자는 송견(宋鈃)을 이른다. 송견(송영자)에 대해서는 이 책의 끝(잡편의 〈천하편〉)에서 그의 사상을 소개·비평하고 있으며, 또 《맹자》《순자》《한비자》 등 그 당시의 여러 문헌에도 이름이 보이는 무저항주의·반전주의 사상가이다. 「猶然(유연)」은 웃음을 띠는 모양으로, 세간이 가치 지운 것에 일희일비하는 선량하지만 상식에 갇힌 사람의 자잘함과 협소함을 냉소하면서 바라보는 것이다. 송영자는 세간의 훼예포폄(毁譽褒貶)에 마음이 동요되지 않고, 자기에게 본질적인 것(內)과 그렇지 않은 것(外)을 분별하고, 사람에게 있어 무엇이 진정한 영예이며 무엇이 진정한 치욕인가를 명확히 하는 만큼의 주체성을 **일단은** 지닌 사람이다. 그리고 그러한 의미에서 송영자는 세속을 초월한 사람(세상일에 안달하지 않는〔未數數然〕 자)이다. 그러나 그는 어디까지나 「그 뿐인〔斯已矣〕」 사람(그 정도까지인 자)이며, 「정해진 바가 있는〔樹〕」 사람(근본을 확립한 자)은 아니라고 장자는 비판한다. 송영자는 세속을 비웃지만 여전히 세속에 **구애되어** 있다. 그의 발은 여전히 세속을 벗어나지 않은 것이다. 그의 초월이 진정한 초월이 되기 위해서는 그 발이 일단 지상으로부터 벗어나지 않으면 안 된다. 진정한 초월자는 현실로부터 비상하는 것이다.[6] 그리고 진정한 초월자가 현실로부터 비상한다는 점에서 말하자면, 장자는 그러한 비상의 **방법**을 터득하고 있던 열자가 송영자에 비해 더 뛰어난 초월자라고 말한다.

「열자는 바람을 타고 다닌다〔列子御風而行〕」-열자는 장자보다 시기적으로 조금 앞선 춘추시대의 사상가이다. 그에 관한 기사는 《장자》에도 몇 군데 보이는데, 그 사상의 특징은 요컨대 허(虛)를 귀하게 여기는 것에 있었다고 한다. 열자가 바람을 타고 허공을 비상했다는 것도, 허(虛)를 귀하게 여겼다는 그의 사상이 설화화(說話化)한 것인 듯하다. 「15일이 지나서야 돌아온다〔旬有五日[7]而後反〕」는 15일이 지나면 지상으로 내려온다는 것이다. 15일은 1년 360일을 24기(氣)로 나눈 수, 다시 말해 일기(一氣)의 기간이다. 중국 고대의 기상학에서는 기후가 일기(一氣)마다 변한다고 여겼기 때문에, 15일 만에 바람이 바뀌어 지상으로 날아서 되돌아온다고 한 것이다. 15일 만에 지상으로 날아서 내려오는 것은, 그의 비상이 기후라는

6 프레이저 지음, 김상일 옮김, 《황금의 가지》하, 을유문화사, 1996, 268-272면 참조. 일반적인 인간과 구별되는 존재가 발을 땅에 딛지 않는다는 생각은 인류의 보편적 관념 가운데 하나로 여겨진다. 프레이저에 의하면 인간이 신성시하는 존재에게는 기본적으로 두 가지 원칙이 존재한다고 한다. 첫째는 발로 땅과 접촉하지 않는 것이고, 둘째는 햇빛에 노출되지 않는 것이다. 이곳의 '초월'자의 '비상'은, 첫째 원칙에 해당한다고 할 수 있을 것이다. 이 책의 269면의 일부를 제시하기로 한다. "독자의 주의를 환기시키고자 하는 규칙의 첫째는, 신적인 인물은 그 발로 땅과 접촉해서는 안 된다는 규칙이다. 이 규칙은, 멕시코의 자포텍 족의 대승정(大僧正)에 의해서 지켜진 것이다. 만일 조금이라도 발을 땅에 접촉시키면 그 신성이 모독되었다. 멕시코의 황제 몬테주마는 결코 발을 땅에 대지 않았다. 그는 언제나 귀족들의 어깨로 운반되었는데, 어디에선가 내려야 할 경우에는, 귀족들의 호화로운 주단을 깔고 그 위를 걷지 않으면 안 되었다. 일본의 미카도(천황)는, 발을 땅에 댄다는 것은 수치스러운 타락이었다. 사실 16세기에는, 그것이 그의 지위를 박탈하게 하는 충분한 이유가 되었다. 미카도는, 궁정 밖에서는 사람들의 어깨로 운반되었다. 궁정 안에서는 호화로운 돗자리 위를 걸었다."

7 旬有五日 : 旬은 10일이며. 有는 又와 같다. 旬有五日은 10과 5일, 즉 15일이다.〔원주〕

외적 조건에 의존한 주체성 없는 것임을 드러낸다. 「그는 복을 추구하는 것에 대해 안달하지 않는다〔彼於致福者, 未數數然也〕」-열자는 세간적인 행복을 추구하는 것에 급급해하지 않는다. 그는 송영자가 세속에 **구애되어 있는 것**을 초월하여 하늘나라로 비상한다. 그러한 비상의 **방법**을 터득하고 있다는 점에서는 그가 송영자보다 뛰어나다. 그러나 그는 「여전히 의존하는 바가 있는 자〔猶有所待者〕」이다-열자의 비상은 여전히 바람에 의존하기 때문에 그의 초월은 여전히 외부에 존재하는 것에 얽매어 있다. 즉 그의 초월은 아직 진정으로 자유자재한 절대의 경지에 도달해 있는 것은 아니다.

「만약 천지의 바른 이치(正)를 타고 육기의 변화(辯=變)를 조종하여 끝없는 세계에서 노니는 자라면〔若夫乘天地之正, 而御六氣之辯, 以遊無窮者〕」이라는 것은, 진정으로 자유로운 비상자(飛翔者), 즉 장자적 절대자의 초월을 말한다. 진정으로 자유로운 초월자는 천지우주의 진리와 한 몸이 되고 대자연의 생성변화와 그대로 하나가 되어, 천지우주가 유구한 것처럼, 대자연의 생성변화가 끝없는 것처럼, 모든 시공간을 초월한 절대자유의 세계에서 소요(逍遙)한다. 「그는 장차 무엇에 의존하겠는가〔彼且惡乎待哉〕」-그는 절대자유의 세계에서 소요하기 때문에, 어떠한 것에도 의존하지 않고 어떠한 것에도 속박되지 않는다. 「지인에게는 자아(己)가 없고, 신인에게는 공적(功)이 없고, 성인에게는 명예(名)가 없다〔至人無己, 神人無功, 聖人無名〕」-절대자는 세속으로부터 아득히 높은 곳으로 초월하기 때문에, 세속적인 자아에 얽매이는 일도, 세간적인 가치에 좌우되는 일도, 인간적인 말에 영예로워하는 일도 없는 것이다. 그는 우주 그 자체와 하나가 되기 때문에, 얽매어 있던 자기(自己)를 초월하여 우주적인 자기로까지 고양시키고, 세간적인 가치를 초월하여 진정한 가치를 창조하며, 개념표상(概念表象)을 초월하여 자유무애한 **몸짓**으로 행동하는 것이다. 절대자는 모든 세속적인 것, 인간적인 것, 지상적인 것(자아와 공적과 명예)을 초월한다. 모든 세속적인 것, 인간적인 것, 지상적인 것(자아와 공적과 명예)을 초월한 곳에서 절대자의 자유무애한 삶이 시작되는 것이다. 장자는 이러한 자유무애한 삶을 소요유(逍遙遊)라 부른다. 지인·신인·성인은 곧 장자에게 있어 이러한 소요유의 실천자를 의미하는 것이다.

본문의 「六氣」는 天地春夏秋冬(천지춘하추동)의 여섯 가지 기(氣)라고도 하고, 陰陽風雨晦明(음양풍우회명)의 여섯 가지 기라고도 한다. 요컨대 천지자연의 대기를 이른다. 「辯(변)」은 變(변)과 같으며 '변화'라는 뜻이다. '지인'·'신인'·'성인'은 말을 바꾸었을 뿐, 모두 궁극자 내지는 절대자를 가리킨다. 「待(대)」는 '기대다', '의존하다'라는 의미이다.

여기에서 우리는 장자적 절대자(지인·신인·성인)의 '무기(無己)'·'무공(無功)'·'무명(無名)'에 대한 이해를 돕기 위해 두 가지 설명을 덧붙여두고자 한다.

첫째, 장자의 이른바 無己·無功·無名이 노자의 사상에 기반하고 있으며 그것을 계승했다는 사실이다. (이 경우 노자의 역사적 실재성을 부정하는 견해에 따른다면, '노자적 사상'으로 바꾸어 말해도 좋다) 즉, 노자에게 있어, 실재(實在)는 개념형상(概念形象)의 범위 밖에 존재한다는 의미에서 「도(道)는 본래 이름이 없다」[8]라고 하며, 절대자는 세간적인 가치에 구애되지 않는다는 의미에서 「성인은 공을 이루고도 처하지 않는다」[9]라고 하며, 또 궁극자는 진정한 자기를 실현하기 위해 얽매어 있던 자기를 버린다는 의미에서 「성인은 사사로움이 없다」[10]라고 한다. 장자는 노자의 이러한 己와 功과 名의 부정

---

8 《노자》제32장. "道常無名."

9 《노자》제2장. "是以聖人處無爲之事……功成而不居."

위에서 자신의 절대자를 성격지우고 있는 것이다. 단 노자에게 있어서는 '己'나 '功'이나 '名'의 부정이 처세보신(處世保身)의 술(術)로서 공리적으로 궁리되고, 삶의 교지(狡智)로서 타산적으로 궁리되는 경향이 강한 것에 반해, 장자는 그 타산과 공리를 한층 높은 주체적 입장에서 자기의 내면을 향해 초극하는 것이다. 노자에게는 **세상에 처하는 일**이 보다 큰 관심이었다. 노자는 이 **세상에 처하는 일**에 있어서의 **아(我)**를 궁리하고 있는 것이다. 그러나 장자에게는 **아(我)**가 궁극적인 관심이며, 이 '아(我)'에 있어서의 '세상(世)'을 궁리하고 있는 것이다. 여기에 장자의 철저한 자기 입장이 있으며, 노자의 사상을 계승하면서도 그것을 뛰어넘는 장자의 사상적 입장이 있다. 다만 장자는 이러한 자기의 세계를 노자적인 부정과 역설의 논리를 발판으로 삼아 추구한다. 그리고 노자적인 부정과 역설의 논리를 발판으로 삼고 있다는 점에서, 장자의 사상은 무엇보다도 노자를 잘 계승하고 있는 것이다.

둘째, 장자의 이른바 無己·無功·無名이 단순한 부정이 아니라 부정을 매개로 하는 진정한 긍정을 문제 삼는다는 사실이다. 無己·無功·無名은 노장사상에서의 일반적인 표현으로 말하자면 '무위(無爲)'라는 것인데, 노장에 있어서 무위라는 것은 아무것도 하지 않는다는 것이 아니라 인간이 본연의 존재로 돌아가는 것을 의미한다. 인간이 본연의 존재로 돌아가기 위해 '己'가 부정되고 '功'이 부정되고 '名'이 부정되는 것이다. 자기(己)를 부정한 곳에서 진정한 자기가 나타나고, 공(功)을 부정한 곳에서 진정한 공이 세워지며, 명(名)을 부정한 곳에서 명의 근원에 존재하는 것이 명백해진다. 장자는 진정한 자기(自己)와 진정한 공덕(功德)과 진정한 실재(實在)

10 《노자》제7장. "是以聖人後其身而身先……非以其無私邪!"

를 문제 삼고 있는 것이다. 다시 말해 '무위(無爲)'(하는 것이 없음)는 '무불위(無不爲)'(하지 않는 것이 없음)를 위한 무위이며, 모든 인간적인 것을 부정하는 가운데 진정으로 인간적인 것을 추구하는 것이다. 그리고 장자의 초월이라는 것은, 이처럼 인간이 진정한 인간이 되기 위해 모든 인간적인 것을 부정하는 것이었다. 장자는 진정한 인간이 된 이러한 사람을 지인이라 하였고, 신인이라 하였으며, 성인이라 하였다. 장자의 無己·無功·無名이라는 것은, 이러한 지인·신인·성인의 존재방식을 설명하는 말인 것이다.

1-10

堯讓天下於許由曰：「日月出矣，而爝火不息，其於光也，不亦難乎！時雨降矣，而猶浸灌，其於澤也，不亦勞乎！夫子立而天下治，而我猶尸之，吾自視缺然．請致天下．」許由曰：「子治天下，天下旣已治也．而我猶代子，吾將爲名乎？名者，實之賓也．吾將爲賓乎？鷦鷯巢於深林，不過一枝；偃鼠飮河，不過滿腹．歸休乎君，予無所用天下爲！庖人雖不治庖，尸祝不越樽俎而代之矣．」

요(堯)임금이 허유(許由)에게 천하를 물려주려고 말하였다. "해나 달이 돋아 밝은데 횃불(爝火)을 끄지 않는다면, 그 빛을 밝히는 것(光)은 정말(亦) 헛수고(難)가 아니겠습니까? 때맞추어 단비가 내리는데 여전히 물을 댄다면(浸灌), 그 물을 대는 것(澤)은 정말 헛수고(勞)가 아니겠습니까? 선생께서 임금이 되시면(立) 천하가 잘 다스려질 터인데, 내가 여전히 천하를 다스리고(尸) 있으니 내 자신을 돌이켜보건대 만족스럽지 못합니다(缺然). 청컨대 천하를 물려드리고자(致) 합니다." 허유가 말하였다. "그대가 천하를 다스려 천하가 이미 잘 다스려지고 있는데도, 내가 오히려 그대를 대신한다면, 나더러 장차 명(名)을 추구하라는(爲) 겁니까? 명(名)이란 것은 실(實)의 빈(賓)(곁들어진 것)입니다. 나더러 장차 빈(賓)이 되라는(爲) 겁니까? 굴뚝새(鷦鷯)는 깊은 숲속에 둥지를 틀어도 나뭇가지 하나〔를 쓰는 것〕에 지나지 않고, 두더지(偃鼠)는 대하(河)에서 물을 마셔도 배를 채우는 것에 지나지 않습니다. 돌아가 쉬십시오 임금이시여, 나에게는 천하가 아무 소용이 없습니다. 요리사(庖人)가 요리를 제대로 못한다 하더라도, 신주(尸祝)는 술통(樽)과 고기그릇(俎)을 빼앗아(越) 그를 대신할 수 없는 법입니다."

堯-요임금 요. 讓-물려줄 양. 爝-횃불 작. 息-쉴 식, 끌 식. 光-빛낼 광. 浸-담글 침. 灌-물댈 관. 澤-못 택, 윤택하게 할 택. 尸-시동 시, 맡을 시. 缺-빠질 결. 致-이를 치, 줄 치. 賓-손님 빈. 鷦-뱁새 초. 鷯-굴뚝새 료. 巢-둥지 소, 둥지 틀 소. 偃-누울 언. 鼠-쥐 서. 庖-부엌 포. 越-넘을 월, 빼앗을 월. 樽-술통 준. 俎-도마 조.

• 出 : 나오다. (해가) 돋다. 저자는 '日月出矣'를 '해나 달이 밝은데(出)'로 풀었다. 번역에서는 이를 반영하여 '해나 달이 돋아 밝은데'라 하였다.
• 其於光也, 不亦難乎 : 직역하자면 '그것은 빛에 있어 또한 난(難)이 아니겠습니까?' 정도이다. 여기에서 難은 '헛수고'라는 의미이다. 번역에서는 '그 빛을 밝히는 짓(光)은 정말 헛수고(難)가 아니겠습니까?'로 풀었다. 아래의 '其於澤也, 不亦勞乎'도 마찬가지 구조이며, 勞는 難과 의미가 같다.
• 時雨 : 때맞추어 오는 비.
• 立은 '서다'이므로, '등극하다', '임금이 되다'의 의미이다.
• 我猶尸之 : '내가 그것을 여전히 맡고 있다.' 여기에서 尸는 '맡다'이며, '그것'은 '천하'이다. 때문에 '내가 여전히 천하를 다스리고 있다'로 풀었다.
• 偃鼠飮河 : 직역하면 '두더지가 河를 마신다' 정도이다. 저자는 河를 '大河'로 풀었다. 의역하여 '두더지가 대하에서 물을 마신다'로 풀었다.
• 予無所用天下爲 : 직역하면 '나는 천하로(用=以) 다스릴(爲) 바가 없다' 정도이다. 저자는 '나에게는 천하에 임금이 되는 것도 아무 소용없다'라고 풀었다.

절대자의 자유무애한 삶(소요유)을 세속적인 모든 것을 버리는 것(己가 없고, 功이 없고, 名이 없는 것)으로 결론지은 장자는, 이 뒤에 몇몇 문답형식의 서술을 덧붙여 그것을 한층 구체적·설화적으로 설명한다. 그리고 여기에서는 우선 요(堯)와 허유의 문답에 의탁하여 절대자는 '명(名)'을 초극한다는 것을 밝힌다. 요(堯)는 중국 전설시대의 성천자(聖天子)의 이름이다. 허유는 먼 옛날에 있었다는 은자의 이름이다. 여기서는 명(名)을 좇지 않는 성인으로 등장한다.

요(堯)-선생처럼 위대한 인격자를 제쳐두고 저 같은 사람이 천자의 지위에 머무는 것은, 한낮에 **횃불**을 밝히고 비가 듬뿍 내린 논에 부지런히 물을 대는 것처럼 번거로운 일입니다. 아무쪼록 저를 대신해서 천자의 지위에 오르셨으면 합니다만……. 제 자신을 돌이켜보건대 자신의 졸렬함이 부끄러워서 말입니다.

허유-그대가 잘 하고 있는 것을 **나**에게 대신하라니, 내가 명예를 바란다고 여기기라도 하는 것입니까? 명예 같은 것은 이를테면 주인 없는 객인데,

그 객이 되라는 것은 도저히…….

나란 사람은 깊은 숲속에서 지저귀는 **굴뚝새**요, 들판을 뛰어다니는 **두더지**입니다. 굴뚝새는 나무 무성한 숲에 둥지를 튼다 해도 나뭇가지 하나에 만족하고, 두더지는 넘실대는 대하(大河)로 목을 축인다 해도 배를 채우면 족하다고 여기는 법이거늘. 어서 돌아가십시오, 요(堯) 임금님. 이러한 내가 천하를 얻는다고 해도 뭘 어쩌겠습니까? 신주(神主)는 신을 모시는 자이고, 요리사는 부엌을 지키는 자입니다. 설령 요리사가 요리를 태만히 한다 하더라도 신주가 부엌으로 나와 술통과 고기그릇을 **만지작거릴 수는 없는** 노릇 아니겠습니까?

천자의 지위는 두말할 것도 없이 지고지대(至高至大)한 명(名)을 의미한다. 그러한 천자의 지위를 물려받는 것을 **단번에** 거절한 허유는, 자기의 자유를 구가하는 정신세계의 제왕일 것이다. 때문에 허유는 의기양양하게 가슴을 펴고 「시축(尸祝)(신주)은 부엌에 나와 준조(樽俎)(술통과 고기그릇)를 만지작거릴 수 없다」고 소리 높여 말하는 것이다. 「신주〔尸祝〕」는 허유 자신을 비유한 것이고, 「요리사〔庖人〕」는 요(堯)를 비유한 것이다. 신의 세계에 속한 사람(우주의 절대자가 되는 것에 뜻을 둔 자)은 속사(俗事)에 손을 대지 않는다는 의미이다.

본문의 「日月」과 「時雨」는 허유가 지닌 덕(德)의 우주적인 광대함을 비유한 것이고, 「爝火(작화)(횃불)」와 「浸灌(침관)(물을 댐)」은 요(堯)가 지닌 덕의 인위적인 초라함을 비유한 것이다. 「不亦難乎」의 「難」은 다음의 「不亦勞乎」의 「勞」와 같으며 '헛수고'라는 뜻이다. 「명이란 것은 실의 빈입니다〔名者, 實之賓也〕」는 이 글 전체의 요지이다. 「賓」은 빈객(賓客)의 의미이며, 實(實質)과 名(名目)의 관계는 주인과 객의 관계와 같으므로, 주인 없는 객이 난센스인 것처럼 실질이 동반되지 않은 명목은 전혀 무의미하다는 의미이다. 「나더러 장차 빈(賓)이 되라는 겁니까〔吾將爲賓乎〕」는, "실질이 동반되지 않은 명목만을 고맙게 받으라는 것인가?" 하며 요(堯)의 요청을 거절한 말이다. 「굴뚝새는 깊은 숲속에 둥지를 틀어도〔鷦鷯巢於深林〕」 운운한 것은, 그 앞에 「나더러 장차 실(實)을 추구하라는 겁니까?」라는 말을 보충해보면 이해하기 쉬워진다. "만약 천자 노릇의 실질을 구하는 것이라면, 그것은 천하의 부(富)를 내 것으로 삼는 것이겠지만, 천하의 부(富)를 내 것으로 삼았다고 해도 무엇 하겠는가? 굴뚝새가 나뭇가지 하나에 만족하고 두더지가 배부른 것에 만족하는 것처럼, 나는 지금의 산림에서의 삶에 만족하고 있다."라는 의미이다. 「준조를 월하다〔越樽俎〕」의 「越」은 奪(탈)(빼앗다)과 같은 의미이다. 「樽(준)」은 제사 때에 신에게 바치는 술을 담는 그릇이다. 「俎(조)」는 신에게 바치는 고기를 담는 그릇이다. 莊子

1-11

肩吾問於連叔曰：「吾聞言於接輿，大而無當，往而不反．吾驚怖其言，猶河漢而無極也；大有逕庭，不近人情焉．」連叔曰：「其言謂何哉?」曰：「『藐姑射之山，有神人居焉，肌膚若冰雪，淖約若處子．不食五穀，吸風飮露，乘雲氣，御飛龍，而遊乎四海之外．其神凝，使物不疵癘而年穀熟．』吾以是狂而不信也．」連叔曰：「然．『瞽者無以與乎文章之觀，聾者無以與乎鍾鼓之聲．豈唯形骸有聾盲哉? 夫知亦有之．』是其言也，猶時女也．之人也，之德也，將旁礴萬物以爲一，世蘄乎亂，孰弊弊焉以天下爲事! 之人也，物莫之傷，大浸稽天而不溺，大旱金石流，土山焦而不熱．是其塵垢粃穅，將猶陶鑄堯舜者也，孰肯以物爲事.」

견오(肩吾)가 연숙(連叔)에게 물었다. "나는 접여(接輿)에게서 이야기를 들었는데, 크기만 하고 〔사리에〕 맞지 않으며, 마음대로 지껄여(往) 끝이 없었네(不反). 나는 그 이야기에 놀라고 두려워졌으니 마치 은하수(河漢)가 끝이 없는 것과 같았고, 일상적인 것과 크게 달라 인정(人情)에 가깝지 않았지."

연숙이 말하였다. "그 이야기는 무엇을 말하던가?"

견오가 말하였다. "'머나먼 고야(姑射)산에 신인이 살고 있는데, 피부는 얼음이나 눈 같고, 부드럽기(淖約)가 처녀 같다. 오곡(五穀)을 먹지 않고 바람을 들이키고 이슬을 마시며, 구름(雲)과 안개(氣)를 타고 하늘을 나는 용을 몰아 세상(四海) 밖에서 노닌다. 그 정신(神)이 응집되면, 만물(物)을 상처 나지도 병들지도 않도록 하고 그 해 작물을 풍성히 익게 한다.' 하였네. 나는 이것을 엉터리(狂)로 여겨 믿지 않는다네."

연숙이 말하였다. "정말이군. '장님은 무늬와 빛깔(文章)의 장관(觀)을 볼 도리가 없고, 귀머거리는 음악(鍾鼓)의 음색을 들을 도리가 없다. 어찌 유독 육체에만 귀머거리와 장님이 있겠는가? 무릇 정신(知)에도 그러한 것이 있다.'더니. 이 말은 바로(時=是) 그대(女)와 같은 이〔를 이르는 것〕일세. 그 사람과 그 덕은 장차 만물을 널리(旁) 뒤덮어(礴) 하나로 삼고자 한다네. 세상 사람들은 〔그가 천하를〕 다스리기(亂)를 바라지만, 어찌 안달하며(弊弊焉) 천하 다스리는 것을 일삼으려 하겠는가? 이 사람은 어떠한 것으로도 손상을 입지 않으니, 홍수(大浸)가 하늘에 닿아도 물에 빠지지 않고, 한발에 쇠붙이나 돌이 〔녹아서〕 흘러 토산(土山)이 타더라도 화상을 입지(熱) 않는다네. 이 사람은 그 비듬(塵)과 때(垢), 쭉정이와 겨(粃穅)로도 오히려 요순(堯舜)을 빚어낼 수 있는 자인데, 어찌 기꺼이 세상〔다스리는 것〕을 일삼고자 하겠는가?"

肩-어깨 견. 吾-나 오. 叔-아재비 숙. 輿-수레 여. 逕-좁은 길 경. 庭-뜰 정. 藐-멀 막, 아득할 막. 姑-시어미 고, 여자 고. 射-쏠 사, 산이름 야. 膚-살갗 부. 淖-부드러울 작. 凝-엉길 응. 疵-흠 자. 癘-염병 려. 瞽-소경 고. 聾-귀머거리 롱. 鍾-종 종. 鼓-북 고. 骸-뼈 해. 盲-소경 맹. 旁-두루 방. 礴-뒤섞을 박, 뒤덮을 박. 蘄-바랄 기. 亂-어지러울 란, 다스릴 란. 孰-누구 숙. 弊-해질 폐. 稽-머무를 계, 닿을 계. 溺-빠질 닉. 塵-티끌 진. 垢-때 구. 粃-쭉정이 비. 穅-겨 강. 陶-질그릇 도, 빚을 도. 鑄-주물 주, 쇠 부어 만들 주. 肯-옳이 여길 긍.

• 往而不反 : '(이야기가) 가서 돌아오지 않다.' 이야기가 먼 곳으로 새어서 돌아오지 않는 것이니, 끝없이 마음대로 지껄이는 것을 말한다.
• 藐姑射之山 : '막고야산'이라 번역하기도 하고, 藐을 '멀다'로 풀어 '머나먼 고야산'으로 풀기도 한다. 원문에는 이 경우들이 뒤섞여 있다. 본서에서는 일단 원문을 따라 번역하였다.
• 四海之外 : 사해의 밖. 세상 밖.
• 熟 : 익다. 저자는 앞의 使자를 받아 '풍성하게 하다'로 풀었다. 번역에서는 '풍성히 익게 하다'로 풀었다.
• 瞽者無以與乎文章之觀 : 직역하면 '장님은 문장의 봄에 참여할 수 없다'이다. 저자는 文章을 '무늬와 빛깔'로 풀고 觀을 '볼거리', '장관'으로 풀었으며, 與를 '보다'로 의역하였다. 이에 따라 번역하면 '장님은 무늬와 빛깔의 장관(觀)을 볼 도리가 없다'가 된다. 아래 聾者無以與乎鍾鼓之聲도 마찬가지 구조이다. 여기에서 鍾鼓는 '종과 북' 혹은 '종소리와 북소리'인데, 저자는 '음악'으로 풀었다.

• 夫知亦有之 : '무릇 지(知)에도 있다'에서 知를 저자는 '정신'이라 풀었다.
• 孰弊弊焉以天下爲事 : 직역하면 '어찌 안달하여 천하를 일로 삼겠는가?' 정도이다. 저자는 '천하'를 '천하를 다스리는 것'으로 의역하였다.
• 孰肯以物爲事 : 직역하면 '어찌 기꺼이 물을 일로 삼겠는가' 정도이다. 저자는 物을 '천하'(즉 외물外物의 의미이다)로 풀고 '천하를 다스리는 것'으로 의역하여 '어찌 굳이 천하를 다스리는 것을 일로 삼겠는가?'로 풀었다.

허유(許由) 이야기에 이어, 여기에서는 도(道)를 터득한 견오(肩吾)와 연숙(連叔)이라는 두 유도자(有道者)의 문답을 빌어 유명한 막고야(藐姑射)산의 신인(神人)에 관해 이야기한다.

고야산(姑射山)의 신인은 그 피부가 얼음이나 눈처럼 새하얗고, 그 자태는 **앳된** 아리따움 속에 부드러운 지체(肢體)를 품은 처녀처럼 청정무구하며, 바람과 이슬을 생명의 양식으로 삼아 천지우주 사이를 자유자재로 비상하며 돌아다닌다고 한다. 그리고 그 부드러운 용모의 깊은 곳에서는, 어떠한 천재지변에도(넘실대는 탁류가 하늘에 닿을 정도의 홍수에도, 쇠붙이나 돌이 타서 녹아내릴 정도의 한발에도) 태연하게 자기를 상실하지 않는 강인한 생명력이 용솟음치며, 일단 그 정신이 응집되면 그 우주적인 정신의 작용이 살아있는 모든 생명체에 재화와 역병과 기아가 없는, 생(生)의 평온한 환희를 구가하도록 한다고 한다. 이러한 신인은 장자가 묘사하는 초월자의 로맨틱한 모습인 동시에, 중국 민족이 마음에 그리는 가장 이상적인 인간상의 하나이기도 할 것이다. 장자는 이 막고야산의 신인의 부드러움과 강인함, 그리고 우주적인 정신의 작용 속에서 절대자의 지고지대한 덕(德)과 공(功)을 생각한 것이다. 그리고 이러한 신인이 지닌 공덕의 우주적인 위대함 앞에서는, 모든 인간적인 행위로 인한 공덕은 무(無)와 같다고 말한다. 때문에 그는 세상 사람들이 최고의 존재라고 여기는 요순이 지닌 덕과 공의 초라함을 신인의 그것과 비교하여 「그 진구비강(塵垢粃糠)으로도 요순을 빚어

낼 수 있다」-신인 몸의 비듬(塵)과 때(垢), 음식 **찌꺼기(粃糠)**로도 요순 정도는 간단히 만들어 낼 수 있다고 말하는 것이다. 이 한 구절은 신인의 무공(無功)(인간적이고 세간적인 공덕의 초월)을 설명한 것으로 볼 수 있을 것이다.

본문의 「마치 은하수가 끝이 없는 것과 같다〔猶河漢而無極也〕」라는 것은, 견오가 접여에게서 들은 이야기가 밤하늘에 끝없이 펼쳐진 은하수처럼 멀고 아득하여 종잡을 수 없다는 의미이다. 「크게 경정(徑庭)(일상적인 것과 다름)이 있어 인정에 가깝지 않다〔大有逕庭, 不近人情焉〕」라는 것은, 세간 일반의 이야기와는 심하게 동떨어져 있어 상식으로는 도저히 받아들일 수 없을 정도로 현실과는 거리가 멀다는 의미이다. 「藐한 姑射의 산〔藐姑射之山〕」에서 「藐(막)」은 邈(막)과 같으며 '아득히 멀다'라는 의미이다. 「姑射」가 산 이름이다. 이 산은 북해(北海)에 있으며 신선이 사는 곳이라 한다.[11] 「오곡」은 쌀(米)·보리(麥)·조(粟)·콩(豆)·깨(麻)이다. 「이 말은 바로 그대와 같은 이를 이르는 것이다〔是其言也, 猶時女也〕」에서 「時」는 是와 같으며 여기에서는 지시대명사이다. 「女」는 汝(그대)와 같다. "세상에는 정신적인 귀머거리와 장님이 있다고 하는데 바로 그대야말로 그것이다."라고 하여, 견오가 지닌 정신이 세속적 분별에 좀먹어 건강하지 못하게 되었음을 연숙이 호되게 꾸짖은 말이다. 「세상 사람들은 그가 천하를 다스리기를 바라지만〔世蘄乎亂〕」 운운한 곳의 「亂」은 반훈문자(反訓文字)로 治와 같으며, 蘄(기)는 求(바라다)의 뜻이다. 신인은 만물을 널리 감싸고 뒤덮는

---

11 일본에서 상황(上皇)의 처소를 '막고야(藐姑射)의 산'이라고 하는 것은 《장자》의 이 문장에 근거한다.〔원주〕 상황은 천황의 지위를 물려주고 생존해있는 전 천황을 이르는 말이다.

궁극적인 '一(일)'의 세계에 서서 무위자연의 덕으로 모든 존재를 감화시켜 나가는 존재이기 때문에, 인간적인 작위인 정치세계로부터는 드높이 초월한다는 의미이다. 「塵垢粃糠(진구비강)」의 「塵」은 **비듬**, 「垢」는 **때**이며, 「粃糠」은 **쭉정이**와 **겨**로 밥 속에서 꺼내어 버린 **찌꺼기**이다. 「陶鑄(도주)」는 도공이나 대장장이가 점토나 금속으로 기물을 만드는 것이다. 세상 사람들이 이상적인 성천자(聖天子)로 **추앙하는** 요순 정도는 신인 몸의 **비듬**이나 **때**, 먹다 버린 **쭉정이**나 **겨**로도 손쉽게 만들어낼 수 있다는 의미이다.

이 글에 나오는 3명 가운데 견오에 대해서는 이 책의 〈대종사편〉6-11에서 「견오는 도를 깨달아 태산에 처한다〔肩吾得之, 以處大山〕」 하였고, 〈응제왕편〉[12]에는 접여와의 문답이 실려 있다. 전설상의 득도자라고도 하고 혹은 신의 이름이라고도 한다. 연숙도 전설상의 현자이다. 접여는 이 책의 〈인간세편〉4-29와 〈응제왕편〉7-2 이외에 《논어》《초사楚辭》《전국책戰國策》《회남자淮南子》 등의 고전에 그 이름이 널리 보이는데, 공자와 같은 시기의 초(楚)나라 은자이다. 물론 여기에서는 막고야의 신인을 설명하기 위해 장자가 이러한 사람들을 임의로 빌려온 것이다.

1-12

宋人資章甫而適諸越, 越人斷髮文身, 無所用之. 堯治天下之民, 平海內之政, 往見四子藐姑射之山, 汾水之陽, 窅然喪其天下焉.

송(宋)나라 사람이 장보(章甫)를 밑천으로 삼아 월나라(諸越)로 〔팔

12 원문에 '덕충부편'이라 되어 있으나 견오와 접여의 문답은 〈응제왕편〉7-2에 실려 있다. 명백한 오류이므로 번역에 고쳐서 반영하였다.

러〕 갔지만, 월나라 사람들은 머리를 깎고 문신을 하고 있어, 그것을 필요로 하지 않았다. 요임금은 천하의 백성을 잘 다스려 해내(海內)의 정사를 평안히 하고서, 머나먼 고야(姑射)산으로 가서 네 명〔의 신인〕을 만나보고서는, 분수(汾水)의 북쪽에서 멍하니(窅然) 그의 천하를 잊어버렸다.

資-재물 자, 밑천 자. 甫-클 보. 窅-아득할 요.

* 往見四子藐姑射之山 : 저자는 '가서 네 명을 머나먼 고야의 산에서 만났다'로 풀었다. 번역에서는 풀어서 번역하였다.

막고야산의 신인에 관한 이야기에 이어, 여기서는 세속세계에서 성천자(聖天子)로 불리는 요임금이 이 산에서 신인을 방문하여 망연자실했다는 이야기를 덧붙여 놓았다. 송나라 사람이 장보(章甫)라는 관(冠)으로 월(越)나라에 행상을 갔다는 이야기는, 세속세계의 가치가 초월자의 세계에서는 전혀 통용되지 않는다는 것을 송나라의 인정풍속(人情風俗)이 월나라와 전혀 사정을 달리한다는 사실에 비유한 것이다. 「장보(章甫)」는 은대(殷代)의 오랜 예관(禮冠)의 이름이다. 송(宋)은 주(周) 민족에게 정복당한 은(殷) 민족의 후예가 세운 나라이기 때문에, 조상 전래의 장보관을 진중하게 여긴 것이다. 「諸越(제월)」은 「於越(어월)」로도 쓰며, 월(越)나라를 이른다. 「諸」와 「於」 모두 접두어이다. 월나라에서는 머리를 **짧게 깎고** 몸에는 **문신**을 하는 것이 일반적인 풍속이기 때문에, 송나라에서 진중히 여기는 장보관도 여기에서는 전혀 쓸모가 없는 것이다. 이와 마찬가지로 세속세계에서는 최고의 유덕자(有德者)이며 이상적인 정치를 행한 성천자 요임금도, 일단 신인 앞에 서게 되면 전혀 중시되지 못하고 그 위대함에 압도되어 망연자실하게 된다는 것이다. 「四子」는 고야산(姑射山)에 사는 네 명의 초월자이다. 「汾水之陽(분수지양)」의 「汾水」는 요임금이 도읍했다고 전하는 산서성(山西省) 평양(平陽) 부근에 흐르는 강 이름이다. 「陽」은 산에 대해서는 남쪽을 의미하고, 강에 대해서는 북쪽을 의미한다. 고야산의 신인과 만난 요임금은 도읍의 교외인 분수의 북쪽 근처까지 돌아와 정신을 잃어 자신이 천하의 왕자(王者)라는 사실을 잊어버리고 말았다는 것이다. 「窅然(요연)」은 정신을 잃은 모습이다.

1-13

惠子謂莊子曰：「魏王貽我大瓠之種，我樹之成，而實五石，以盛水漿，其堅不能自擧也．剖之以爲瓢，則瓠落無所容．非不呺然大也，吾爲其無用而掊之.」 莊子曰：「夫子固拙於用大矣．宋人有善爲不龜手之藥者，世世以洴澼絖爲事．客聞之，請買其方百金，聚族而謀曰：『我世世爲洴澼絖，不過數金；今一朝而鬻技百金，請與之.』客得之，以說吳王．越有難，吳王使之將，冬與越人水戰，大敗越人，裂地而封之．能不龜手，一也；或以封，或不免於洴澼絖，則所用之異也．今子有五石之瓠，何不慮以爲大樽而浮乎江湖，而憂其瓠落無所容？則夫子猶有蓬之心也夫!」

혜자(惠子)가 장자에게 말하였다. "위왕(魏王)이 나에게 큰 박의 씨를 주기에, 내가 그것을 심었더니(樹) 열매가 열렸는데(成), 〔그 크기는〕 5석이나 담을 수 있었소. 〔여기에〕 마실 것(水漿)을 담으니 무거워(堅) 혼자서 들 수 없었소. 이것을 쪼개어 바가지(瓢)로 삼으니 얕고 평평하여(瓠落) 아무것도 담을 수 없었소. 엄청(呺然) 크지 않은 것은 아니지만, 나는 그것이 쓸모없었기 때문에(爲) 부숴버리고 말았소."

장자가 말하였다. "선생은 참으로 큰 것을 쓰는 것에 서툴구려. 송(宋)나라 사람 가운데 손 안 트게 하는 약을 잘 만드는 사람이 있었는데, 대대로 솜(絖) 빠는(洴澼) 것을 일로 삼았소. 나그네가 그것을 듣고 그 비법(方)을 백금(百金)으로 사겠다고 청하였더니 일족을 모아 모의하기를 '우리는 대대로 솜 빠는 것을 일로 삼았지만, 〔그 수입은〕 몇 금(金)에 불과하다. 지금 하루아침에 기술(技)을 백금(百金)에 팔게 되었으니 청컨대 그것을 팔도록(與) 하자.' 하였소. 나그네는 그것을 얻어 오왕(吳王)을 설득하였소. 월(越)나라와 전쟁이 일어나자 오왕은 그를 장수로 삼았소. 겨울에 월나라 사람과 수전(水戰)을 펼쳐 월나라 사람을 크게 무찌르자, 그에게 땅을 나누어주고 제후에 봉하였소. 손을 트지 않게 할 수 있는 것은 매한가지이지만, 혹은 제후에 봉해지고 혹은 솜 빠는 일을 면하지 못하니, 이는 쓰는 법(所用)이 다르기 때문이오. 지금 그대에게 5석들이 박이 있다면 어찌 큰 술통을 만들어 강이나 호수에 띄울 것을 생각하지 않고, 그것이 얕고 평평하여(瓠落) 아무것도 담을 수 없다고 걱정하오? 선생은 여전히 얽매인 마음을 가졌구려!"

惠-은혜 혜. 貽-줄 이. 瓠-표주박 호. 種-씨 종. 樹-나무 수, 심을 수. 實-열매 실, 담을 실. 石-돌 석, 섬 석. 漿-음료 장. 擧-들 거. 剖-쪼갤 부. 瓢-박 표. 容-담을 용. 呺-큰 모양 효. 掊-가를 배. 拙-서툴 졸. 龜-거북 구, 틀 균. 洴-솜 씻을 병. 澼-빨 벽. 絖-솜 광. 鬻-죽 죽, 팔 육. 說-말씀 설, 설득할 세. 難-어려울 난, 전쟁 난. 裂-찢을 렬, 나눌 렬. 樽-술통 준. 蓬-쑥 봉.

- 其堅不能自擧也의 堅을 '무겁다'로 풀었다.
- 瓠落 : 얕고 평평하다.
- 夫子猶有蓬之心也夫 : 여기에서 猶는 '여전히'이다. 직역하자면 '선생은 여전히 쑥의 마음을 가졌구려'가 된다. 저자는 蓬之心을 '얽매인 마음'이라 풀었다. 번역은 이를 따랐다.

1-14

惠子謂莊子曰 :「吾有大樹, 人謂之樗. 其大本擁腫而不中繩墨, 其小枝卷曲而不中規矩, 立之塗, 匠者不顧. 今子之言, 大而無用, 衆所同去也.」 莊子曰 :「子獨不見狸狌乎? 卑身而伏, 以候敖者; 東西跳梁, 不避高下; 中於機辟, 死於罔罟. 今夫斄牛, 其大若垂天之雲. 此能爲大矣, 而不能執鼠. 今子有大樹, 患其無用, 何不樹之於無何有之鄕, 廣莫之野, 彷徨乎無爲其側, 逍遙乎寢臥其下. 不夭斤斧, 物無害者, 無所可用, 安所困苦哉!」

혜자(惠子)가 장자에게 말하였다. "나에게 거대한 나무가 있는데 사람들은 그것을 가죽나무(樗)라 하더군요. 그 큰 줄기는 옹이로 울퉁불퉁하여(擁腫) 먹줄을 칠 수 없고, 그 잔가지는 꾸불꾸불하여(卷曲) 컴퍼

스와 곱자를 댈 수 없어서, 길가에 서 있지만 목수가 거들떠보지도 않소. 지금 그대의 말은 크기만 하고 쓸모가 없어, 뭇 사람들이 모두 버리게 되는 것이라오."

장자가 말하였다. "그대만 유독 족제비(貍狌)를 보지 못하였소? 몸을 웅크리고(卑) 엎드려서(伏) 노니는 짐승을 노려(候), 이리저리(東西) 뛰어다니며(跳梁) 높은 곳 낮은 곳을 가리지 않다가, 덫(機辟)에 걸리거나 그물(罔罟)에 〔걸려〕 죽는다오. 지금 저 검은 소(斄牛)는 그 크기가 하늘에 드리운 구름 같소. 이놈은 정말(能) 크기는 하지만 쥐를 잡지는 못하오. 지금 그대에게 큰 나무가 있으나 그 쓸모없음이 걱정이라면, 어째서 그것을 아무것도 없는 마을(無何有之鄕), 끝없이 펼쳐진 광야(廣莫之野)에 심어서, 얽매임 없이(彷徨) 그 옆에서 쉬고(無爲), 마음껏(逍遙) 그 아래에서 드러누워 잠자지 않소? 도끼에 잘릴 일도 없고 누군가 해를 끼칠 일도 없을 것이니, 쓸모가 없더라도 어찌 괴로워할 게 있겠소?"

樗-가죽나무 저. 擁-낄 옹, 옹이 옹. 腫-부을 종. 繩-줄 승. 墨-묵 묵. 規-법 규, 그림쇠 규. 矩-곱자 구. 塗-길 도. 匠-장인 장. 顧-돌아볼 고. 貍-삵 리, 너구리 리. 狌-성성이 성. 卑-낮출 비. 候-기다릴 후. 敖-놀 오. 跳-뛸 도. 機-틀 기. 辟-덫 벽. 罔-그물 망. 罟-그물 고. 斄-검은 소 리. 彷-거닐 방. 徨-노닐 황.

- 立之塗 : 저자는 '그것을(之) 길가(塗)에 세워두어도(立)'라고 직역하였다. 심어져 있는 나무이기 때문에 이대로 번역하면 어색하여 일반적인 번역인 '길가에 서 있다'로 새겼다.
- 跳梁 : 펄쩍펄쩍 뛰다.
- 저자는 此能爲大矣의 能을 '정말로'라고 의역하여 풀었다.
- 彷徨乎無爲其側, 逍遙乎寢臥其下 : 저자는 '방황하여 그 옆에서 쉬고(無爲), 소요하여 그 아래에서 누워자다'로 풀면서, 彷徨乎를 '얽매임 없이'라고 하였고, 逍遙乎를 '마음껏'이라 하였다. 본서의 번역은 이를 따랐다.
- 不夭斤斧 : 직역하면 '도끼에 요절하지 않다'이다. 풀어서 '도끼에 잘릴 일이 없다'로 번역하였다.

〈소요유편〉에서는 첫머리에서 우선 붕곤(鵬鯤)의 거대한 비상을 묘사하고, 다음으로 그 거대한 비상을 상징하는 신인(神人)의 드높은 초월을 이야기하면서 왜소한 것에 대비되는 위대한 것, 얽매어 있는 자잘한 세계에 대비되는 활달자유(闊達自由)한 '대(大)'의 세계를 밝혀 왔다. 이제 마지막으로 이 '대'의 세계에 대한 혜시(惠施)의 비판과 그것에 대한 장자의 반박을 내용으로 하는 두 문답을 덧붙이며 이 편을 마감한다(옛날부터 이야기되어 왔듯이 마지막의 이 두 문답은 장자 자신이 쓴 것은 아닐 것이다. 아마도 후대 사람이 장자의 말이라고 전해지던 것을 〈소요유편〉의 내용에 관련지어 덧붙여 넣은 것인 듯하다).

혜시(惠施)(施는 그의 명名이다)는 맹자와의 문답으로 유명한 양(梁)나라 혜왕(惠王)에게 벼슬한 바 있으며,[13] 장자와 같은 시기의 논리학자이자 정치가이다. 장자와의 교유도 당시의 사상가 가운데에서는 가장 밀접하며, 두 사람 사이에서 행해진 논의도 《장자》 전편에 열 곳 이상 보인다.

혜시가 장자에게 가했던 비판의 중점은, 요컨대 장자의 사상이 지나치게 초세속적(超世俗的)이어서 현실에 어떠한 도움도 되지 않는다는 것이다. 그러나 장자는 그 비판에 대해 「無用의 用」으로 답한다. 장자에 의하면, 진정으로 위대한 인간이 자기를 세속의 왜소함에 속박하는 모든 것으로부터 비상하는 것처럼, 진정으로 유용한 것은 세속의 유용함을 초월하는 것이다. 세속의 유용함을 초월한 곳에, 다시 말해 세간적으로 무용하다고 여겨지는 것 속에 진정한 유용함이 존재한다는 것이다. 그러나 세속에 얽매어 있는 사람들은 세속의 유용함을 초월하는 무용한 것의 유용함을 알지

---

13 본문에 보이는 큰 박의 씨를 혜시에게 선물했다는 혜왕은 아마도 이 양나라 혜왕일 것이다. 위(魏)나라는 처음 산서성(山西省)의 안읍(安邑)에 도읍하였으나, 훗날 진(秦)의 압박으로 하남성(河南省) 대량(大梁)으로 도읍을 옮겼다.〔원주〕 위나라는 대량으로 도읍을 옮긴 이후 大梁의 梁자를 따서 양(梁)나라로도 불리게 되었다. 때문에 《맹자》에는 '梁'惠王으로 나온다.

못한다. 그들의 눈은 고정되고 관습화된 기성의 가치체계에 붙박여 있어, 존재하는 모든 것의 자유로운 가치와 진정한 유용함을 알아보지 못하는 것이다. 장자는 이처럼 세속 사람들이 알아보지 못하는 자유로운 가치와 진정한 유용함을 그들이 무용하다고 여기는 것 속에서 발견한다. 그리고 세속 사람들이 무용하다고 여기는 것 속에서 진정한 유용함과 자유로운 가치를 발견해나가는 장자의 발걸음은 세속 그 자체를 초월해 있는 것이다.

장자는 이러한 사정에 대해 **엄청 큰** 박(瓠), 그리고 꾸불꾸불 구부러진 가죽나무(樗)라는 대목(大木)으로 설명한다. 박을 세속적인 가치의 세계에서만 생각하는 것은 혜시의 입장이다. 그는 박을 상식적인 유용함이라는 관념으로 처리하려 하기 때문에, 세간의 상식을 좇아 음료 용기로 사용하거나 둘로 쪼개어 바가지로 사용하려고 하는 것이다. 그러나 상식을 초월한 것이 상식으로 제대로 처리될 리 없기 때문에, 음료 용기로 삼으면 너무 무거워 들 수 없고, 바가지로 사용하면 바닥이 평평하여 물이 흘러넘쳐 버린다. 그래서 그는 상식에 갇힌 모든 사람이 그러는 것처럼 자신의 무능함은 도외시한 채, "이것은 무용하다."라며 절규한다. 그는 그 박을 부낭(浮囊)으로 사용하여 양자강의 드넓은 물줄기나 호수의 아득한 파도에 띄워, 물과 허공이라는 대자연 속에서 마음껏 노닐 수 있음을 알지 못하는 것이다. 이것이 「선생은 여전히 얽매인 마음을 가졌구려〔夫子猶有蓬之心也夫〕」(쑥처럼 부스스하고 산뜻하지 못한 사람이구려)라고 장자에게 비난당하는 이유이다. 「쑥」은 모든 왜소한 것(난장이 근성)을 상징한다.

가죽나무라 불리는 꾸불꾸불 구부러진 대목(大木)의 경우도 마찬가지일 것이다. 규구(規矩)(컴퍼스와 곱자)와 승묵(繩墨)(먹줄)은 세간적인 가치와 규범이다. 그 세간적인 가치와 규범에 들어맞지 않는 대목은, 상식을 모든 것으로 여기는 목수로서는 어떻게 처리해야할지 난감하다. 여기에도 '무용'이라는 꼬리표가 크게 나붙어, 상식의 세계로부터 매도와 조소와 함께 추방되고 말살 당한다. 「뭇 사람들이 모두 버리게 된다〔衆所同去也〕」-아무도 상대해 주는 자가 없는 것이다. 그렇지만 그것은 무용의 용이라는 것을 알지 못하기 때문이라고 장자는 말한다. 어째서 그 대목을 「무하유지향(無何有之鄕)」, 「광막지야(廣莫之野)」(아무것도 없는 세계, 아무도 없는 광야)의 한복판에 심어, 그 옆에서 모든 인간적인 것을 초월하여 자유로운 고독 속에서 방황(彷徨)(얽매임 없이 이리저리 오감)하고, 그 아래에서 만족스럽고 편안하게 **드러누워** 넘치는 생(生)의 충일(充溢)에서 소요(逍遙)하지 않는가? 「도끼에 잘릴 일도 없고 누군가 해를 끼칠 일도 없다〔不夭斤斧, 物無害者〕」-세간이 무용이라는 꼬리표를 붙여 목수에게조차 버림당한 이 가죽나무라는 대목은, 자기의 **천수(天壽)**를 온전히 하여 「근부(斤斧)」, 즉 **큰 도끼**나 **도끼**에 잘려 넘어질 일도 없고, 모든 것으로부터 안전한 자신을 확보할 수 있을 것이다. 그곳에는 다함없는 방황의 환희와 끝없는 소요의 열락이 있다. 「어찌 괴로워할 게 있겠는가〔安所困苦哉〕」-'세간적으로 무가치하다고 여겨진다 하더라도 아무것도 걱정할 필요가 없지 않은가?'라는 의미이다.

두 문답 속에 인용된 병벽광(洴澼絖)(솜 세탁) 이야기와 이성(貍狌)(족제비)·이우(斄牛)(검은 소) 이야기는, 두말할 것도 없이 물(物)의 가치는 고정적이거나 절대적인 것이 아니라 사용법에 따라 크게 되기도 하고 작게 되기도 한다는 것, 그리고 세간적으로 무가치하다고 여겨지는 것이 오히려 진정한 가치를 지녔다는 것을 비유한 것이다. 「洴澼絖」의 「絖」은 絮(솜 서)와 같으며, 「洴澼」은 그 솜을 물속에서 표백하는 것을 이른다. 물을 쓰는 일이기 때문에 **트는** 것을 방지하는 약이 필요한 것이다. 「나그네는 그것을 얻어 오왕(吳王)을 설득하였다〔客得之, 以說吳王〕」라는 것은, 트는 것을 방지하는 약의 제조법을 백금(百金)으로 사들인 나그네가 그 약의 효능을 오(吳)나라 왕에게 선전했다는 것이다. 「越有難」의 「難」은 전쟁이라는 의미이다. 「수전(水戰)을 하였다」라는 것은, 오나라와 월나라 모두 양자강 부근에 위치하여 호수나 운하[14]가 많은데다 바다와 면한 나라이기 때문에, 그 전투가 수상에서 벌어졌다는 것이다. 「월나라 사람을 크게 무찔렀다〔大敗越人〕」라는 것은, 겨울의 추위 속에서 수상전을 벌였기 때문에 월나라 군대가 동상으로 전투력을 상실한 데 반해, 오나라 군대는 손 트는 것을 방지하는 약 덕분에 아무렇지도 않았기 때문에 대승을 거두었다는 것이다. 「땅을 나누어 주고 제후에 봉하였다〔裂地而封之〕」라는 것은, 그 공으로 영지를 얻고 제후에 발탁되었다는 것이다. 「그대만 유독(獨) 족제비를 보지 못하였소〔子獨不見貍狌乎〕」의 「유독〔獨〕」은, '세상 사람이라면 누구나 보고 있는 것인데도 그대**만**이 모를 리는 없을 것이다.'라며 **다짐을 받는** 표현이다. 「오자(敖者)를 노리다〔候敖者〕」의 「敖」는 遊(유)(노닐다)와 같으며, 「敖者」란 **족제비**가 잡아먹는 닭이나 쥐 같은 작은 동물을 이른다. 「機辟(기벽)」은 동물을 잡기 위한 장치, 즉 덫이다. 「罔罟(망고)」 두 글자는 모두 **그물**을 이른다. 子莊

---

14 운하 : 원문에 'クリーク'(creek)로 되어 있다. 이는 중국에서 볼 수 있는 배수와 관개를 위한 운하를 일컫는다.

제물론편(齊物論篇) 2

〈소요유편〉에서 붕곤(鵬鯤)의 거대한 비상과 함께 절대자의 얽매임 없는 삶, 자유무애한 경지를 설명한 장자는, 〈제물론편〉에서는 그러한 절대자의 삶을 성립시키는 논리, 즉 인간이 어떻게 절대자가 될 수 있는가에 대한 실천적 근거를 밝힌다.

제물론이란 '물(物)을 가지런하게(齊) 하는 론(論)', 즉 '만물이 하나라는 것에 대한 논리를 밝힌다'라는 의미이다('물론物論, 즉 세간의 의론議論을 가지런히 하다'라고 풀이하는 설도 있다). 장자는 인간이 절대자가 되기 위해서는 모든 존재가 결국 모두 하나라는 입장에 서야만 한다고 가르친다. 어떠한 것에도 속박되지 않은 절대적으로 자유로운 인간의 삶은, 만물이 모두 하나인 궁극적인 '일(一)'의 세계에 섬으로써 비로소 가능하게 되는 것이다. 〈제물론편〉은 만물이 모두 하나인 그 궁극적인 일(一)의 세계를 밝힌 것이다.

2-1

南郭子綦隱几而坐, 仰天而嘘, 嗒焉似喪其耦. 顔成子游立侍乎前, 曰:「何居乎? 形固可使如槁木, 而心固可使如死灰乎? 今之隱几者, 非昔之隱几者也.」子綦曰:「偃, 不亦善乎, 而問之也! 今者吾喪我, 汝知之乎?」

남곽자기(南郭子綦)가 책상[15]에 기대어 앉아 하늘을 우러러보며 한숨

---

15 책상 : 앉은뱅이 책상이다. 한나라 말기 무렵 북방에서 등받이 없는 의자가

을 쉬는데, 멍하니(嗒焉) 짝을 잃어버린 듯했다. 안성자유(顔成子游)가 〔그〕 앞에서 모시고 서 있다가 말하였다. "어찌 된 일입니까? 몸(形)은 원래(固) 시든 나무(槀木)처럼 될 수 있고, 마음은 원래 식은 재(死灰)처럼 될 수 있는 것입니까? 지금 책상에 기대신 선생님은 이전에 책상에 기대었던 선생님과 다릅니다."
자기(子綦)가 말하였다. "언(偃)아, 너(而)의 질문이 정말 훌륭하구나. 지금 나는 나 자신을 잊었는데, 너는 그것을 알겠느냐?"

郭-성곽 곽. 綦-무늬비단 기. 隱-숨을 은, 기댈 은. 几-안석 궤, 책상 궤. 嘘-불 허, 탄식할 허. 嗒-멍할 탑. 喪-잃을 상. 耦-짝 우. 游-놀 유. 居-어조사 희. 槀-마를 고(槁). 灰-재 회. 偃-누울 언. 汝-너 여. 而-너 이.

• 何居乎에서 居는 조사이며 음이 '姬(희)'이다. 何居乎는 何故乎와 의미가 같으며 '어째서인가?' 정도의 의미이다. 본문에서는 풀어서 번역하였다.
• 形固可使如槀木, 而心固可使如死灰乎 : 직역하면 '몸은 원래 시든 나무처럼 되게 할 수 있고, 마음은 원래 식은 재처럼 되게 할 수 있습니까?' 정도이다.
• 今之隱几者, 非昔之隱几者也 : 직역하면 '지금 책상에 기댄 것은 옛날의 책상에 기댄 것이 아닙니다.' 정도이다.
• 偃, 不亦善乎, 而問之也 : 직역하면 '언아, 좋지 아니한가, 너(而)의 질문이여!' 정도이다.

〈제물론편〉은 우선 남곽자기와 안성자유의 문답으로 시작한다.

南郭子綦는 南伯子綦(남백자기)라고도 하고 南伯子葵(남백자규)라고도 하며, 이곳의 문답 외에 〈인간세편〉4-26·〈대종사편〉6-12, 그리고 잡편의 〈서무귀편〉 등에도 보이는 초(楚)나라의 철학자이다. 성곽(城郭) 남쪽의 바깥에 살고 있었기 때문에 南郭子綦라 불린다. 顔成子游는 명(名)이 언(偃)이며, 남곽자기의 제자이다(《論語》〈雍也篇〉에 의하면 공자의 제자인 子游도 名이

들어오기 이전에는 중국에 의자가 없었다.

偃이다).[16]

도성 안의 혼잡함을 피하여 조용한 교외에 거처를 꾸미고, 세속을 잊고 자기 자신조차 잊고서 유유자적한 삶을 즐기는 자기(子綦)는 이른바 소요유의 빼어난 실천자이며, 드높이 세속을 초월한 그의 삶은 아득한 푸른 하늘 높은 곳으로 비상하는 대붕(大鵬)의 웅대한 모습에도 빗댈 수 있을 것이다.

어느날 그는 조용한 창가의 책상에 가만히 기대어 느긋하게 깊은 한숨을 쉰다. 그 모습은 「멍하니 짝을 잃어버린 듯 했다〔嗒焉似喪其耦〕」–사랑하는 아내를 잃고서 공허한 마음에 자신도 세상도 잊은 사람 같다는 것이다. 제자인 안성자유에게는 스승의 그 무표정하고 무감동한 모습이 혹은 시든 나무가 꼿꼿이 서 있는 듯하고 혹은 불기를 꺼뜨린 재 같다는 생각이 든다. 그래서 그는 자기(子綦)에게 이렇게 묻는다. 「어찌 된 일입니까? 오늘 책상에 기대신 모습은 예전과는 다릅니다만」. 「언(偃)아, 정말 훌륭하구나〔偃, 不亦善乎〕」는 제자의 관찰이 예리한 것을 칭찬한 말이다. 「지금 나는 나 자신을 잊었다〔今者吾喪我〕」–「喪我」는 忘我(망아)와 같은 의미이다. 자기의 이 말은 〈제물론편〉 전체의 귀결이라고도 할 수 있을 것이다.

16 《論語》〈雍也〉6-12. "자유(子游)가 무성(武城)의 읍재(邑宰)가 되었다. 공자께서 '너는 인물을 얻었느냐?'라고 묻자, 자유는 대답하였다. '담대멸명(澹臺滅明)이라는 자가 있는데, 길을 다닐 적에 지름길을 따르지 않으며, 공적(公的)인 일이 아니면 일찍이 저의 집에 이른 적이 없습니다'〔子游爲武城宰. 子曰 : 「女得人焉耳乎?」 曰 : 「有澹臺滅明者, 行不由徑. 非公事, 未嘗至於偃之室也」〕."

2-2

「女聞人籟而未聞地籟; 女聞地籟而未聞天籟夫!」 子游曰 : 「敢問其方.」 子綦曰 : 「夫大塊噫氣, 其名爲風. 是唯無作, 作則萬竅怒呺. 而獨不聞之翏翏乎? 山林之畏佳, 大木百圍之竅穴, 似鼻, 似口, 似耳, 似枅, 似圈, 似臼, 似洼者, 似污者; 激者, 謞者, 叱者, 吸者, 叫者, 譹者, 宎者, 咬者, 前者唱于而隨者唱喁. 泠風則小和,[17] 飄風則大和, 厲風濟, 則衆竅爲虛. 而獨不見之調調, 之刁刁乎?」

"너는 인뢰(人籟)는 들었어도 아직 지뢰(地籟)는 듣지 못하였고, 지뢰는 들었어도 아직 천뢰(天籟)는 듣지 못했을 것이다."
자유가 말하였다. "감히 그 이치(方)를 묻습니다."
자기가 말하였다. "대지(大塊)의 트림(噫氣)은 그 이름을 바람이라고 한다. 이것은 일지 않으면 그만이지만, 일면 온갖 구멍이 요란하게 울린다. 너(而)만 유독 그것(之)이 멀리서 윙윙대는 소리(翏翏)를 듣지 못하였느냐? 산의 나무들이 어지러이 흔들리는데(畏佳), 백 아름(百圍) 나가는 큰 나무의 구멍은, 코(鼻) 같은 것, 입(口) 같은 것, 귀(耳) 같은 것, 옥로(枅)[18] 같은 것, 술잔(圈) 같은 것, 절구(臼) 같은 것, 깊은 물웅덩이(洼) 같은 것, 넓은 물웅덩이(污) 같은 것들이 있다. 〔여기에 바람이 불어 부딪히면〕 물이 급히 부딪히는 소리(激), 활이 하늘을 가르는 소리(謞), 꾸짖는 소리(叱), 숨 들이키는 소리(吸), 소리 지르는 소리(叫), 소리 높여 우는 소리(譹), 말을 우물거리는 소리(宎), 개가 멀리서 짖는 소리(咬)가 나서, 앞선 것은 웅웅(于) 울리고 뒤선 것은 윙윙(喁) 울린다. 산들바람(泠風)에는 작게 화답하고, 회오리바람(飄

---

17 泠風則小和의 '泠'자가 강담사본에는 '冷'으로 되어 있다. 《장자》의 이외의 판본에 근거하여 '泠'으로 수정하였다.

18 옥로(屋櫨) : 기둥 위에 얹는 네모진 나무.

風)에는 크게 화답하는데, 세찬 바람(厲風)이 멎으면(濟) 모든 구멍이 고요해진다(虛). 너만 유독 〔나뭇가지가〕 흔들흔들(調調) 〔크게〕 흔들리고 살랑살랑(刁刁) 〔작게〕 흔들리는 것을 보지 못했느냐?"

女-너 여. 籟-퉁소 뢰, 바람 뢰. 塊-흙덩이 괴, 땅 괴. 噫-탄식할 희, 트림 희. 竅-구멍 규. 呺-부르짖을 효. 翏-멀리서 불어오는 바람소리 료. 畏-산 높고 험할 외(嵔). 隹-산 높을 최(崔). 圍-둘레 위, 아름 위. 竅-구멍 규. 枅-옥로 계. 圈-술잔 권. 臼-절구 구. 洼-웅덩이 와. 污-더러울 오, 웅덩이 오. 謞-화살소리 효. 叱-꾸짖을 질. 譹-부르짖으며 울 호. 宎-말 우물거리는 소리 요. 咬-물 교, 개 짖는 소리 교. 喁-숨쉴 우. 泠-온화할 영. 飄-회오리바람 표, 질풍 표. 厲-사나울 려. 刁-흔들리며 움직이는 모양 조.

• 是唯無作 : 저자는 '이것은 다만 발생하지 않으면 그만이다' 정도로 풀었다. 이는 '是唯無作' 뒤에 '則已' 두 자가 생략된 형태라고 한다.

• 泠風則小和, 飄風則大和의 泠風과 飄風은 각각 '작은 바람'과 '큰 바람'을 의미한다. 번역에서는 각각 '산들바람'과 '회오리바람'으로 풀었다.

• 衆竅爲虛 : '모든 구멍이 허하게 된다'로 직역된다. 구멍에 바람이 없이 비게 되는 것은 고요해지는 것을 의미한다.

• 而獨不見之調調, 之刁刁乎 : '너(而)는 유독 그것(之)이 調調하고 그것이 刁刁하는 것을 보지 못했는가?'로 직역된다. 저자는 之를 나뭇가지로 풀었다. 調調는 크게 흔들리는 모습이고, 刁刁는 작게 흔들리는 모습니다.

남곽자기의 말을 빌어 이 편의 귀결을 첫머리에 미리 제시한 장자는, 다시금 자기가 자유에게 하는 설명에 의탁하여 그의 망아(忘我)를 성립시키고 있는 것, 그 소요유의 논리를 설명한다. 자기가 여기에서 언급하는 '천뢰(天籟)'가 곧 그 망아의 논리인 것이다.

「너는 인뢰는 들었어도 아직 지뢰는 듣지 못하였고, 지뢰는 들었어도 아직 천뢰는 듣지 못했을 것이다〔女聞人籟而未聞地籟, 女聞地籟而未聞天籟夫〕」라는 것은, 천뢰를 설명하기 위해 우선 지뢰와 인뢰를 든 것이다. 「籟」는 '울림'이라는 뜻이다. 「人籟」는 사람이 악기를 연주하여 내는 소리이고, 「地籟」는 아래의 설명처럼 대지가 일으키는 울림, 즉 바람소리이다.

「대지의 트림은 그 이름을 바람이라고 한다〔夫大塊噫氣, 其名爲風〕」- 이 구(句)부터 「너만 유독 나뭇가지가 흔들흔들 크게 흔들리고 살랑살랑 작게 흔들리는 것을 보지 못했느냐〔而獨不見之調調, 之刁刁乎〕」까지, 이 곳의 자기(子綦)의 말은 지뢰에 대한 설명이다. 「大塊(대괴)」 즉 대지의 「트림(噫氣)을 바람이라고 한다」라고 한 것은, 고대 중국인들이 바람이 이는 것을 대지가 트림하기 때문이라고 여겼던 때문인 듯하다. 「이것은 일지 않으면 그만이지만, 일면 온갖 구멍이 요란하게 울린다〔是唯無作, 作則萬竅怒呺〕」라는 것은, 이 바람은 일지 않으면 그뿐이지만 일단 일면 구멍이라는 구멍은 모두 요란하게 소리를 내기 시작한다는 의미이다(규竅는 穴과 같고, 효呺는 號와 같다). 「翏翏(료료)」는 멀리서부터 불어오는 바람소리이다. 「산림의 외최〔山林之畏隹〕」는, 멀리서부터 윙윙대며 불어오는 바람이 산에 가까워지면 지금까지 조용히 있던 산의 나무들이 삽시간에 일제히 시끄러워지기 시작하는 것을 이른다. 「畏隹」는 나무들이 어지러이 흔들리는 모양이다(진晉 곽상郭象의 해석). 「입 같은 것, 귀 같은 것〔似口, 似耳〕」 이하[19]는 산에 우뚝 솟은 거목에 뚫린 구멍의 다양한 모양을 형용한 말이며, 「물이 급히 부딪히는 소리, 활이 하늘을 가르는 소리〔激者, 謞者〕」 이하는 그 다양한 모양을 지닌 구멍이 바람을 받아 울리는 소리의 형용이다. 「세찬 바람이 멎으면 모든 구멍이 고요해진다〔厲風濟, 則衆竅爲虛〕」라는 것은, 큰바람이 한 번 지나가고 천지가 본래의 정적으로 되돌아가는 것을 이른다. 여기에서 우리는 장자가 바람의 생태에 대해 묘사한 데서 엿볼

---

19 「입 같은 것, 귀 같은 것〔似口, 似耳〕」 이하 : 문맥상 '「코 같은 것, 입 같은 것, 귀 같은 것〔似鼻, 似口, 似耳〕」 이하'가 되어야 어색하지 않다. 번역문에서는 원문을 존중하여 일단 그대로 번역하였다.

수 있는 그 필치의 예리함과 정확함에 주목해야 할 것이다. 옛사람(송宋의 왕안중王安中)이 「책을 덮고 앉았는데도 여전히 윙윙대는 소리가 귓전에 밀려오는 것을 느끼게 한다」[20]라고 평한 이 글은, 바람을 묘사한 중국 문학작품 가운데에서도 특히 빼어난 주옥같은 문장이다.

2-3

子游曰：「地籟則衆竅是已, 人籟則比竹是已. 敢問天籟.」 子綦曰：「夫吹萬不同, 而使其自己也, 咸其自取, 怒者其誰邪!」

자유(子游)가 말하였다. "지뢰(地籟)는 온갖 구멍〔의 울림〕이 바로 그것이고, 인뢰(人籟)는 피리(比竹)〔의 곡조〕가 바로 그것이겠습니다. 감히 천뢰(天籟)에 대해 묻습니다."
자기(子綦)가 말하였다. "저 소리 나는 것(吹)은 갖가지(萬)여서 같지 않지만, 〔모두〕 자기 자신(已)으로부터 말미암게(自) 한 것이다. 모두 제 스스로 취한 것이니, 소리 나게 하는 자(怒者)는 누구인가?"

籟–퉁소 뢰, 바람 뢰. 竅–구멍 규. 吹–바람 취, 불 취. 邪–어조사 야.

- 比竹 : 대나무를 나란히 붙인 것. 관악기, 즉 '피리'를 의미한다.
- 怒자는 2-2에 「作則萬竅怒呺〔일면 온갖 구멍이 요란하게 울린다〕」를 받은 것이다. 저자는 '소리가 나게 하다'로 풀었다.

그런데 「지뢰」가 이상과 같은 것이라면 「천뢰」란 대체 어떠한 것일까?

---

20 王應麟, 《困學紀聞》卷10. "초료(왕안중王安中)가 말하였다. '장자가 바람에 대해 말한 것은, 말이 마치 바람과 함께 뭇 구멍에서 함께 울리는 듯하여 **책을 덮고 앉았는데도 여전히 윙윙대는 소리가 귓전에 밀려오는 것을 느끼게끔 한다**〔初寮謂 : 「莊子之言風, 其辭若與風俱鳴於衆竅, **掩卷而坐, 猶覺翏翏之逼耳.**」〕"

자기(子綦)는 자유(子游)의 질문에 답하여 「소리 나는 것은 갖가지여서 같지 않지만, 자기 자신으로부터 말미암게 한 것이다. 모두 제 스스로 취한 것이니, 소리 나게 하는 자는 누구인가〔夫吹萬不同, 而使其自已也, 咸其自取, 怒者其誰邪〕」라고 말한다. 자기에 의하면, 천뢰란 인뢰·지뢰 이외에 또 천뢰라고 하는 별개의 울림(籟)이 있는 것이 아니라, 지뢰를 지뢰로서 듣고 인뢰를 인뢰로서 듣는 것이 바로 천뢰라는 것이다. 세속의 입장에서는 모든 울림은 울리게 하는 '무언가' 내지는 '누군가'가 그 배후에 있기 때문에 모든 울림이 울리게 된다고 여긴다. 모든 현상의 심연에는 현상을 현상으로 성립시키는 일자(一者)(신)가 존재한다는 것이 세속의 입장인 것이다. 그 입장에서는 항상 사물의 결과를 원인과 결부시켜 사고하기 때문에, 인과의 연쇄가 인간의 사유를 무겁게 속박한다. 그 입장에서는 현재는 항상 과거와 미래로 갈라지기 때문에, 모든 **지금 존재하는 것**을 지금 존재하는 것으로 받아들여나가는 늠름하고 자유로운 정신이 질식한다. 사람들은 인과의 연쇄를 더듬으며 헛되이 천착하고 분별하고 모색한다. 헛되이 천착하고 분별하고 모색하면서 과거에 위협당하고 미래를 번민하여, 창백한 사유의 탐닉과 닫힌 의식의 자학 속에서 발랄한 생명의 **용솟음**을 압살시킨다. 자기는 이처럼 인간의 건강한 정신을 좀먹는 분별(인과적 사유)을 구제할 수 없는 망집(妄執)으로 여겨 배척한다. 때문에 그는 「모두 제 스스로 취한 것이니, 소리 나게 하는 자는 누구인가」라고 말한다. 그는 만뢰(萬籟)의 울림은 모두 자기 자신의 원리에 의해 울리는 것이어서, 배후에서 그것을 울리게 하는 어떠한 것도 존재하지 않는다고 말한다. '천뢰'란 이처럼 자기 자신의 원리에 의해 울리는 만뢰를 그대로 만뢰로서 듣는 것이다. 자기(子綦)에게 있어 천(天)이란 인(人)과 지(地)와 대립하거나 인과 지를 초절(超絶)하는 **무언가**가 아니라, 인이 인이고 지가 지인 것 그 자체인 것이다. 다시 말해 천(天)이란 **있는 그대로**이며, **자연(自然)**이며, 분별(인과적 사유)을 초월해 있는 것이다. 사람은 이 천(天)의 입장에 설 때 모든 것을 그대로 긍정할 수 있을 것이다. 그는 모든 존재를 그대로 긍정하기 때문에 모든 존재와 하나가 될 수 있다. 모든 존재와 하나가 된다는 것은 「나는 나 자신을 잊었다〔吾喪我〕」(2-1)라는 경지이다. 그리고 내가 나 자신을 잊은 경지에서, 자기(自已)는 비로소 진정한 자기가 되는 것이다. 때문에 남곽자기는 책상에 기대어 깊은 한숨을 쉰다. 깊은 한숨을 쉬고 있는 그는, 자기(自已)와 세계의 모든 것을 천뢰로서 듣고 있는 것이다.

남곽자기의 「천뢰」가 이상과 같은 것이라면, 우리는 여기에서 장자 사상을 성격지우고 있는 두 가지 특징(신에 대한 부정과 이지理智에 대한 반역)을 읽을 수 있을 것이다. 그리고 장자가 인간의 자유로운 정신을 종교적 도피와 합리주의적 허위를 극복하는 가운데에서 찾아내려고 할 때, 그의 이러한 입장은 무엇보다도 근대 유럽의 실존철학의 정신적 기반, 그 중에서도 현대유럽 정신의 고민을 인간과 세계의 부조리를 체관(諦觀)하는 가운데 극복하고자 하는 카뮈의 그것을 연상시키기에 충분할 것이다(나는 여기에서 장자의 사상을 무리하게 실존철학에 결부시키려는 것은 아니다. 양자의 정신적 풍토를 문제시 하고 있는 것이며, 시공을 초월한 인간정신의 보편적인 징후, 근원적인 경향을 문제 삼고 있는 것이다). 카뮈에게 있어 부조리(absurdité)란 인간 삶의 근원적인 허무를 의미하는 동시에, 그 허무를 외면하지 않고 인간이 철저히 인간으로서 살아나갈 때의 용기였다. "세상과 자신의 평온한 관계 속에 파묻혀 있던 사람이 문득 인생의 부조리에 눈뜰 때, 그는 혼돈(混沌)으로서의 세계 앞에 서게 된다."[21]라고 카뮈는 말한다. 우리의 남곽자기도 그 혼돈 앞에 서 있는 것이

21 부조리의 개념에 대해서는 '부조리에 관한 시론'이라는 부제가 붙어 있는 카뮈의 《시지프 신화》에 잘 나타나 있다. 사람들이 세상을 별 탈 없이 살아가는 가장 큰 이유는 삶 자체에 대해 어떠한 물음도 던지지 않고 관성적으로 살아나가는 '습

다. "환상도 희망도 불의에 잃어버린 우주 속에서 인간은 자신이 이방인임을 깨닫는다."[22]라고 카뮈는 말한다. 우리의 남곽자기도 이방인으로서 홀로 책상에 기대어 있는 것이다. 남국(南國)의 작열하는 태양 아래, 번쩍이는 뜨거운 모래 위에서 울려 퍼지는 네 발의 총성에 모든 것을 잊은 저 뫼르소[23](《이방인》의 주인공)는, 천지를 뒤흔드는 만뢰(萬籟)의 울림에 자신을 잊은 남곽자기의 모습이기도 할 것이다. 거기에는 인생의 부조리에 눈뜬 자의 괴로움과 평온함이 있다. 우리들은 그 괴로움, 평온함과 관련하여 장자와 카뮈를 생각해 보아야 할 것이다.

관' 때문이다. 이러한 습관적 삶 가운데 '인생은 살 만한 가치가 있는가?'라는 삶에 대한 의식이 틈입(闖入)함으로써 부조리가 뒤따르게 된다. 살아야만 하는 진정한 이유를 어떠한 것도 발견할 수 없기 때문이다. 카뮈는 '삶이 무엇인가를 또렷이 직시하는 행위'를 '명철성' 혹은 '명증한 의식'이라 부르고 그 명철성을 출발점으로 하여 '광명의 세계 밖으로 도피하는 행위'를 자살이라고 부른다. 부조리는 명철성과 자살 사이에 자리 잡는 것이다. 카뮈에 의하면 부조리는 '단절'이다. 그는 '일종의 이혼, 즉 절연(絶緣)'이라고도 표현한다. 부조리는 나와 세계, 나와 타자, 나와 나 자신 사이의 절연이며 거기에서 찾아드는 '낯설음', 즉 '이방인'이 된 듯한 감정이다. 이는 말했듯이 삶 자체에 대한 반성이 동반되면 필연적으로 나타나는 감정이다. 이 부조리에 대한 해결책은 몇 가지 있을 수 있다. 첫째 자살이 있을 수 있고, 둘째 종교로의 도피가 있을 수 있다. 이 두 가지는 부조리를 아예 없애버릴 수 있는 방법이다. 그러나 카뮈가 제시한 것은 삶에 필수적으로 동반될 수밖에 없는 이 부조리를 없애는 것이 아니라 그것과 대결해나가는 삶이다.

22 알베르 카뮈 지음, 김화영 옮김, 《시지프 신화》, 책세상, 2005, 19면 3-4행 참조.

23 주지하다시피 《이방인》의 무대는 카뮈의 출신지인 북부 아프리카의 알제리이다. 사건이 벌어지는 해변을 카뮈는 알제의 교외에 있는 것으로 그리고 있다. 저자의 뫼르소에 대한 언급은, 뫼르소가 해변에서 아랍인을 피스톨로 살해하는 장면을 이른다. 《이방인》1부의 마지막 장면이다.

2-4

大知閑閑, 小知閒閒; 大言炎炎, 小言詹詹. 其寐也魂交, 其覺也形開, 與接爲構, 日以心鬪. 縵者, 窖者, 密者. 小恐惴惴, 大恐縵縵. 其發若機栝, 其司是非之謂也, 其留如詛盟, 其守勝之謂也, 其殺如秋冬, 以言其日消也, 其溺之所爲之, 不可使復之也. 其厭也如緘, 以言其老洫也, 近死之心, 莫使復陽也.

큰 지혜(大知)는 여유로우나(閑閑) 자잘한 지혜(小知)는 이리저리 따지며(閒閒), 큰 말은 담박하나(炎炎=淡淡) 자잘한 말은 수다스럽다(詹詹). 그가 잠자는 때는 꿈에 시달리고(魂交) 그가 깨어났을 때는 몸(形)이 편안치 못하여(開), 서로 부대끼며(接) 분란(構)을 일으키고 날마다 마음을 쓰며 다툰다. 어떤 경우에는 대범하고(縵), 어떤 경우에는 음험하고(窖), 어떤 경우에는 좀상스럽다(密). 두려움이 작을 때(小恐)는 흠칫흠칫 놀라고(惴惴), 두려움이 클 때(大恐)는 멍하니 살아 있는 것 같지도 않다(縵縵). 그가 활의 오늬(機栝)처럼 쏜다(發)는 것은 시비를 따지는(司) 경우를 이르는 것이고, 맹세(詛盟)처럼 지킨다(留)는 것은 승리를 지켜내려 하는 경우를 이르는 것이고, 가을과 겨울 때처럼 시든다(殺)는 것은 나날이 쇠약해지는(消) 경우를 이르는 것이니, 그 미혹(溺)이 진행되어(之) 하는 바(所爲之)는 돌이킬 수 없다. 봉함된 것처럼 가려졌다(厭)는 것은 그 늙은 날〔의 욕심이〕 넘치는(洫) 경우를 이르는 것이니, 죽음에 가까워진 마음은 다시 소생시킬(陽) 수 없다.

閑–여유로울 한. 閒–사이 간, 살필 간(間). 炎–불탈 염, 담박할 담. 詹–말 많을 첨. 寐–잠잘 매. 覺–깨달을 각, 잠깰 교. 構–얽을 구. 鬪–싸울 투. 縵–너그러울 만, 대범할 만. 窖–구멍 교, 깊을 교, 음험할 교. 密–빽빽할 밀, 꼼꼼할 밀. 惴–두려울 췌. 機–틀 기. 栝–오늬 괄. 司–맡을 사. 詛–맹세 저. 盟–맹세 맹. 殺–죽일 살, 감할 쇄. 消–쇠할 소. 溺–빠질 닉. 厭–가릴 염. 緘–봉할 함. 洫–도랑 혁, 넘칠 혁. 陽–양기 양.

• 魂交 : '혼이 만나다', '신접(神接)하다'. 즉 '꿈을 꾸다', '꿈에 시달리다', '가위눌리

다'라는 의미이다.

• 形開 : '몸〔의 여러 기관〕이 열려 있다'이니, '몸이 편안치 못하다'는 뜻이다.

• 與接爲構 : 직역하면 '더불어 접하여 얽힘을 만들다' 정도이다. 여기에서 접하는 대상은 외물을 의미하며 얽힘은 분란, 분쟁 등을 의미한다. 번역은 저자가 한 의역을 반영하였다.

• 司是非 : '시비 가리는 것을 맡다'. 즉, '시비를 따지다'.

• 其留如詛盟에서 留는 '머물게 하다'는 의미에서 '지키다'로 풀었다. 저자는 '詛盟'을 '신에 대한 맹세'로 풀었다. 번역에서는 '맹세'로 번역하였다.

• 其溺之所爲之 : 저자는 溺之의 之를 '가다'라는 의미에서 '진행되다'로 풀었다. 직역하자면 '그(其) 미혹(溺)이 진행되어(之) 그것(之)을 하는(爲) 바(所)' 정도이다.

• 不可使復之也 : 직역하자면 '그것을 회복하게 할 수 없다'이다. 번역에서는 풀어서 반영하였다.

• 復陽 : '양기를 회복하다'. '다시 소생하다'의 의미이다.

남곽자기와 안성자유의 천뢰문답을 프롤로그 삼아 만뢰(萬籟)의 울림을 다만 천(天)(自然)으로 듣는 것 속에서의 망아(忘我)의 해탈을 이야기한 장자는, 이 이후로는 자연세계의 만뢰의 울림에 빗댈 만한 인간세계의 만뢰(인간 정신의 **웅성거림**과 **삐걱거림**, 자기주장의 아비규환과 자기상실의 신음소리)를 묘사하면서, 그 웅성거림과 삐걱거림, 아비규환과 신음소리도 천뢰로서 들어야 함을 이야기한다. 여기에서는 우선 인간세계의 '萬籟'가 자세히 그려진다.

「大知는 閑閑(한한)하다」–「閑閑」은 고요히 안정되어 여유 있는 모양이다. 「小知는 閒閒(간간)하다」–「閒閒」은 이리저리 천착하는 모습이다. 「大言은 炎炎(담담)하다」의 「炎炎」은 淡淡(담담)과 같으며, 담박하여 구애됨이 없는 것이다. 「小言은 詹詹(첨첨)하다」의 「詹詹」은 재잘재잘 수다스런 모양을 이른다.

「그가 잠자는 때는 꿈에 시달리고 그가 깨어났을 때는 몸이 편안치 못하다〔其寐也魂交, 其覺也形開〕」라는 것은, 잠들었건 깨어있건 심신의 평안을 얻지 못하는 것이다. 장자는 꿈(魂交)이 마음의 어지러움 때문에 생긴다고 여겼다. 「서로 부대끼며 분란을 일으키고 날마다 마음을 쓰며 다툰다〔與接爲構, 日以心鬪〕」라는 것은, 남과 서로 교섭을 하면서 분쟁을 일으키고 매일매일 투쟁에 정신을 소모시켜 잡념과 망상으로 괴로워하는 것이다. 「어떤 경우에는 대범하고, 어떤 경우에는 음험하고, 어떤 경우에는 좀상스럽다〔縵者, 窖者, 密者〕」라는 것은, 그 정신적 투쟁에서 마음이 움직이는 다양한 양상을 예시한 것이다. 「縵(만)」은 대범한 것이고, 「窖(교)」는 음험한 것이고, 「密」은 **좀상스럽게** 세심한 것이다. 「小恐은 惴惴(췌췌)하다」 – 「惴惴」는 흠칫흠칫 놀라 전율하는 모양이다. 「大恐은 縵縵(만만)하다」 – 「縵縵」은 멍하니 살아 있다는 느낌도 들지 않는 모양이다. 「그 미혹이 진행되어 하는 바는 돌이킬 수 없다〔其溺之所爲之, 不可使復之也〕」「죽음에 가까워진 마음은 다시 소생시킬 수 없다〔近死之心, 莫使復陽也〕」라는 것은, 가을과 겨울의 기운이 파릇파릇하던 초목을 조락(凋落)시키는 것처럼, 매일매일 그 정신을 소모해가는 세속 사람들의 광혹(狂惑), 흡사 봉함(封緘)된 듯 물욕에 가려진 늙은 날의 망집이 손 쓸 **방법** 없는 '죽음에 이르는 병'[24]이라는 것이다. 「厭(염)」은 弇(엄)과 같으며 **가리다**라는 뜻이다(마서

24 죽음에 이르는 병 : 실존주의의 시조로 불리는 덴마크의 철학자 키에르케고르의 유명한 책 이름이기도 한 이 말은 성경의 다음 구절에 유래한다. 〈요한복음〉11장 3-4절 "이에 그 누이들이 예수께 사람을 보내어 가로되 주여 보시옵소서 사랑하시는 자가 병들었나이다 하니 예수께서 들으시고 가라사대 **이 병은 죽을 병이 아니라** 하나님의 영광을 위함이요 하나님의 아들로 이를 인하여 영광을 얻게 하려함이라 하시더라." 키에르케고르가 말하는 죽음은 육체적 죽음을 넘어서는 영원한 생명의 상실을 의미한다. 그에 의하면 죽음에 이르는 병은 절망이며, 절망은 자기상실을 의미할 뿐 아니라 신과 자기와의 관계의 단절을 의미한다. 키에르케고르는 이러한 절망은 '신 앞에 선 단독자'의 신앙에 의해서만 극복될 수 있다고 하였다. 다만 후쿠나가 미츠지의 해설에서는 기독교적 세계관은 탈색되고 인간의 자기상실이 강

륜馬敍倫의 설). 「洫(혁)」은 溢(일)과 같으며, 욕심이 많은 것을 이른다.

2-5

喜怒哀樂, 慮嘆變慹, 姚佚啓態, 樂出虛, 蒸成菌. 日夜相代乎前, 而莫知其所萌. 已乎已乎! 旦暮得此, 其所由以生乎? 非彼無我, 非我無所取. 是亦近矣, 而不知其所爲使. 若有眞宰而特不得其眹. 可行已信而不見其形, 有情而無形. 百骸九竅六藏, 賅而存焉, 吾誰與爲親? 汝皆說之乎? 其有私焉? 如是, 皆有爲臣妾乎? 其臣妾不足以相治乎? 其遞相爲君臣乎? 其有眞君存焉? 如求得其情與不得, 無益損乎其眞.

기뻐하고 노여워하고 슬퍼하고 즐거워하고, 걱정하고(慮) 탄식하고(嘆) 변덕부리고(變) 집요하게 굴고(慹), 아첨하고(姚) 교만하게 굴고(佚), 솔직히 행동하고(啓) 점잔 빼니(態), 〔이는〕 음악(樂)이 빈 곳(虛)에서 나오고 〔습한〕 증기(蒸)가 버섯(菌)이 되는 것과 같다. 밤낮없이 눈앞(前)에서 잇달아(相) 갈마들지만(代) 그 싹트는 곳을 알지 못한다. 그만 둘지라, 그만 둘지라. 〔하지만〕 아침저녁으로 이것을 얻으니, 그 말미암아 생겨나는 곳일까? 저것이 아니라면 내가 없고, 내가 아니라면 취할 곳이 없다. 이것은 역시 〔진실에〕 가까우나 그렇게 되게 하는 것을 알지 못한다. 진정한 주재자(眞宰)가 있는 듯하지만 다만 그 자취(眹)를 파악할(得) 수 없다. 작용(行)이 있을 만하다는 것은 너무나도(已) 믿을 만하지만 그 모습(形)을 볼 수 없다. 실정(情)은 있으나 형태(形)가 없는 것이다. 백 개의 뼈마디와 아홉 구멍과 여섯 가지 내장이 갖추어져 있는데, 나는 무엇과 가장 친하게 지낼까? 너는 모두

조되어 있다.

를 좋아하는(說=悅) 것인가, 〔아니면〕 무언가를 편애하는(私) 것인가? 이와 같다면 모두 신첩(臣妾)이 되는 것일까? 그 신첩은 서로 다스리기에 부족할까? 그것들이 갈마들며 서로 임금과 신하가 되는 것일까, 〔아니면〕 진정한 임금(眞君)이 존재하는 것일까? 구하여 그 실정(情)을 파악하든 못하든, 그 진실에는 더해지거나 빠지는 것이 없다.

慹-움직이지 않을 접. 姚-예쁠 요, 아첨할 요. 佚-편안할 일, 방자할 일. 啓-열 계, 열릴 계. 態-모습 태, 모습 꾸밀 태. 蒸-찔 증, 증기 증. 菌-버섯 균. 萌-싹 맹, 싹틀 맹. 眹-조짐 짐. 骸-뼈 해. 竅-구멍 규. 藏-장기 장. 賅-갖출 해. 說-기뻐할 열. 遞-갈마들 체.

- 慹 : '움직이지 않다'. 즉, '집요하게 굴다'.
- 樂出虛 : 저자는 '소리(樂)가 구멍(虛)에서 나오다'로 의역하였다. 虛를 '구멍'이라 의역한 것은, 2-2에서 '구멍'이라는 말이 많이 나오는 것을 의식해서인 것 같다. 虛자는 아래 저자의 설명에 따르자면 구멍보다는 '빈 관(管)'을 의미하는 것 같다.
- 吾誰與爲親 : 직역하면 '나는 누구와 더불어 친함을 삼을까?' 정도이다.
- 其有私焉의 其는 말을 바꿀 때 쓰는 말로, '아니면' 정도의 의미로 쓰였다.
- 如求得其情與不得, 無益損乎其眞 : 직역하면 '구하여(求) 그(其) 실정(情)을 얻는 것(得)과(與) 얻지 못하는 것(不得) 같은 경우(如)는, 그 진실에 손익하는 것이 없다' 정도이다.

그런데 사람 마음의 **웅성거림**과 **삐걱거림**, 그 광조(狂躁)와 미혹의 모습이 이상과 같다고 한다면, 도대체 사람 마음에 생기는 이와 같은 만뢰(萬籟)의 울림은 무엇에 기인하여 발생하는 것일까? 확실히 사람 마음의 움직임은 천태만상이다. 그것은 혹은 기뻐하고 혹은 노여워하고, 혹은 슬퍼하고 혹은 즐거워하고, 혹은 아직 오지도 않은 미래를 미리 괴로워하고, 혹은 돌이킬 수 없는 과거에 대해 푸념한다. 변덕과 집요함, 아첨과 교만, 구애됨 없는 솔직함과 점잔 빼는 언동. 거목의 온갖 구멍과도 같은 인간심리의 다양한 모습은, 흡사 피리소리가 빈 관(管)에서 울려 퍼지고 버섯이 습한 증기에서 자라나오듯 밤낮 없이 내 눈앞에 잇달아 갈마들며 생멸하지만,

그것이 무엇에 기인하여 발생하는 것인지 그 원인은 알 도리가 없다. 「그만 둘지라, 그만 둘지라〔已乎已乎〕」는 그 궁극원인을 알기 어렵다는 것을 탄식한 말이다. 그러나 아무리 그 불가해(不可解)함을 절망하고 탄식한들 「아침저녁으로 이것을 얻으니, 그 말미암아 생겨나는 곳일까〔旦暮得此, 其所由以生乎〕」－인간의 나날의 삶은 바로 이러한 마음의 만뢰(萬籟)를 내용으로 하여 영위되는 것이며, 사람이 살아간다는 것은 실은 기뻐하고 노여워하고 슬퍼하고 즐거워하는 것 그 자체인 것이다. 「저것이 아니라면 내가 없고, 내가 아니라면 취할 곳이 없다〔非彼無我, 非我無所取〕」－그 희노애락과 여탄변접(慮嘆變慹) 등의 심적 현상을 제외하고 구체적인 자기(自己)는 어디에도 존재하지 않으며, 자기가 존재하지 않는다면 기쁨도 노여움도 슬픔도 즐거움도 모두 다 형태를 「취할 곳이 없는」 것이다–드러날 방법이 없는 것이다. 그리고 인간은 이러한 자기의 본질과 자기의 현상형태의 상관성에 눈뜰 때, 비로소 인간존재의 실상에 접근하는 것이 가능할 것이다. 「이것은 정말 진실에 가깝다〔是亦近矣〕」라는 것은, 이러한 견해의 진실성을 긍정하는 말이다.

그러나 기뻐하고 노여워하고 슬퍼하고 즐거워하는 것 그 자체가 생(生)의 구체적 내용이며 인간존재의 부정할 수 없는 현실이라 하더라도, '이처럼 사람을 기뻐하게 하고 노여워하게 하고 슬퍼하게 하고 즐거워하게 하는 궁극원인은 무엇인가' 하는 의문, 즉 '인간 마음의 만뢰를 만뢰가 되게 하는 것은 무엇인가' 하는 의문은 여전히 남을 것이다. 그리고 그 의문에 입각하여 살펴보자면 인간의 마음을 그 밖이나 위로부터 지배하는 절대자(진재眞宰)가 존재하는 것 같다. 그러나 대체 누가 그 절대자의 모습(眹)을 파악할 수 있을 것인가? 또 그것이 **작용**으로서 존재할 수 있다는 사실은 의심할 여지가 없는 듯하지만, '이것이 그것이다'라는 형이하적(形以下的)인 확실한 증거는 어디에도 없다. 그것은 **작용 그 자체**로서는 존재할 수 있지만, 인간의 감각이나 지각으로는 그 실체를 파악하는 것이 불가능한 존재이다. 다시 말해 그 절대자(眞宰)는 바로 자연(천天)이라는 것이다.

이러한 사실은 사람의 몸에 대해 생각해 보더라도 마찬가지일 것이다. 사람의 몸에는 백 개의 뼈마디와 아홉 구멍과 여섯 가지 내장이 갖추어져 있는데, 「나는 무엇과 가장 친하게 지낼까〔吾誰與爲親〕」-그것의 어떤 부분을 특히 친애하여 전체의 지배자로 삼는 것이 가능할까? 너는 그 모두를 좋아하는 것일까, 아니면 그 중에 어떤 것 하나를 특히 좋아하는 것일까〔汝皆說之乎, 其有私焉〕? 신체라는 유기적인 전체는 하나의 자연이기 때문에, 거기에는 인간의 애증친소(愛憎親疎)의 정(情)을 개입시킬 여지가 전혀 없을 것이다. 그런데 신체의 일부분이 전체의 지배자가 될 수 없다고 한다면, 「모두 신첩이 되는 것일까〔皆有爲臣妾乎〕」-신체의 모든 구성부분은 지배자 없는 신첩, 즉 피지배자뿐인 것일까? 그렇지만 신첩만 있고 통솔자가 없다면, 서로서로 잘 다스려나가는 것이 불가능할까〔其臣妾不足以相治乎〕? 아니면, 「그것들이 갈마들며 서로 임금과 신하가 되는 것일까, 아니면 진정한 임금이 존재하는 것일까〔其遞相爲君臣乎, 其有眞君存焉〕」-신체의 각 부분이 번갈아 임금이 되고 신하가 되어 다스려 나가는 것일까? 아니면 어딘가에 진군(眞君), 즉 진정한 지배자라고 할 만한 것이 존재하고 있는 것일까(眞君은 위의 眞宰와 같은 의미이다)? 그러나 결국 그러한 것은 어찌 되어도 그만인 문제이며, 우리들이 그 상호관계·인과관계의 실상을 파악하지 못한다 하더라도 별달리 어떠한 불상사도 발생하지 않는다. 「구하여 그 실정(情)을 파악하든 못하든, 그 진실에는 더해지거나 빠지는 것이 없다〔如求得其情與不得, 無益損乎其眞〕」-신체의 모든 부분은 상당히 잘 다스려지고 있으며, 우리들에게 중요한 것은 잘 다스려지고 있다는 의심할 수 없는 이 현실이다.

요컨대 인간이 정신과 육체를 영위하는 그 배후에는 그 영위를 지배하는 절대자가 존재하는 듯하지만, 그 절대자는 「실정은 있으나 형태가 없는〔有情而無形〕」 **작용** 그 자체, 변화 그 자체이며, 그 진재(眞宰)는 바로 자연(천天)이라는 것이다. 사람은 다만 이 「自然」을 자연으로서 받아들일 때 비로소 참다운 자기(自己)가 될 수 있다. 자연세계의 萬籟를 그대로 天籟로서 듣는 것처럼, 인간 삶의 영위 일체를 다만 天(自然)으로서 받아들일 때, 사람은 그 인간적인 모든 것으로부터 초월할 수 있는 것이다.

2-6

一受其成形, 不亡以待盡. 與物相刃相靡, 其行盡如馳而莫之能止, 不亦悲乎! 終身役役而不見其成功, 薾然疲役而不知其所歸, 可不哀邪! 人謂之不死, 奚益! 其形化, 其心與之然, 可不謂大哀乎? 人之生也, 固若是芒乎? 其我獨芒而人亦有不芒者乎?

일단 본연의 몸(成形)을 받았다면, 죽이는 일 없이 〔저절로〕 다하기를 기다리자. 남(物)과 서로 거스르고(刃) 서로 해쳐서(靡), 그 지나가 없어짐이 말 달리는 것 같지만 그치지 못하니, 정말(亦) 슬프지 아니한가? 평생 악착같이 일해도(役役) 그 성공을 보지 못하고, 파김치가 되도록(薾然) 몹시 피로해져도(疲役) 그 돌아가 쉴 곳을 알지 못하니, 슬퍼하지 않을 수 있겠는가? 사람들은 그것을 죽지 않은 것이라 하지만 무슨 이로움이 있겠는가? 그 몸이 늙고(化) 그 마음도 이(之)와 함께 쇠하여지니, 큰 슬픔이라 아니할 수 있겠는가? 사람의 삶이란 원래 이처럼 미혹된(芒) 것일까? 나 혼자 미혹되고 남들은 또 미혹되지 않은 자가 있는 것일까?

刃—칼날 인. 靡—쓰러뜨릴 미, 멸할 미. 馳—말 달릴 치. 薾—번성할 이, 고달플 이. 芒—어두울 망.

• 成形 : '(하늘이) 이루어준 몸', '이루어진 몸'. 즉 '타고난 몸', '본연의 몸'이다.

• 相刃相靡 : 刃과 靡는 모두 '해치다'이다. 저자는 '서로 거스르고 서로 해치다'로 풀었다. 번역은 이에 따랐다.
• 行盡 : '가서 다하다'. 즉, '지나가 없어지다'.
• 役役 : 몸을 돌보지 않고 일하는 모양.
• 薾然 : 몹시 지친 모양.
• 疲役 : 저자는 '몹시 피로하다'로 풀었다.
• 不知其所歸 : 직역하면 '돌아갈 곳을 알지 못하다' 정도이다. '돌아가 쉴 곳을 알지 못하다'로 의역하였다.
• 其形化, 其心與之然 : 직역하면 '그 몸은 변화하고 그 마음은 그것과 함께 그렇게 된다'이다. 몸과 마음이 함께 변화된다는 의미로, 이때의 변화는 늙어서 쇠해지는 것을 의미한다.

그런데 인간존재를 그 근저로부터 지탱하는 것이 天(自然)이고, 인간의 마음과 몸, 그 일체의 영위(營爲)도 자연이라고 한다면, 사람은 일단 그 자연으로서의 생(生)을 이 세상에서 받아 사람이 된 이상, 다만 이 자연으로서의 생을 자연으로서 그대로 받아들여 그것을 잃거나 해치는 일 없이 그 생명이 다하는 날까지 기다리는 수밖에 없을 것이다. 자연에 따르고 자연을 온전히 하는 것, 그것만이 인간을 그 구제할 수 없는 미혹으로부터 구제하며, 거기에 처할 때 비로소 인간은 본연의 존재로 돌아갈 수 있는 것이다.

그런데도 세속 사람들은 '天'에 따르고 '自然'을 온전히 해야 함을 알지 못하여, 헛되이 외계사물에 이끌려 남과 다투고 자신을 소모시키니, 그 일생은 마치 고삐를 끊고 달리는 말처럼 정착할 곳을 알지 못하는 꼴이다. 거기에는 다만 끊임없는 초조함과 두려움, 권태와 피로의 심연에 침전된 영혼의 **공허**한 신음소리가 있다. 「사람들은 그것을 죽지 않은 것이라 하지만 무슨 이로움이 있겠는가〔人謂之不死, 奚益〕」–사람들은 '그렇지만 나는 아직 살아 있다'라고 말할지도 모르지만, 이토록 무의미한 인생이 또 있을까?「정말 슬프지 아니한가〔不亦悲乎〕」「슬퍼하지 않을 수 있겠는가〔可不哀邪〕」「큰 슬픔이라 아니할 수 있겠는가〔可不謂大哀乎〕」–장자는 이와 같은 인간의 광혹(狂惑)되고 착란(錯亂)된 모습을 거듭거듭 탄식하며 슬퍼하는 것이다.

2-7

夫隨其成心而師之, 誰獨且無師乎? 奚必知代而心自取者有之? 愚者與有焉. 未成乎心而有是非, 是『今日適越而昔至也』. 是以無有爲有. 無有爲有, 雖有神禹, 且不能知, 吾獨且柰何哉!

본연의 마음(成心)에 따르고 그것을 스승 삼는다면, 누군들 유독 스승이 없겠는가? 어찌 반드시 변화〔의 이치〕(代)를 잘 알아 마음으로 스스로 깨닫는(取) 자만이 이것이 있겠는가? 어리석은 자도 가지고 있다. 마음속에 본연의 마음이 없이 시비를 따지는 것은, '오늘 월(越)나라로 떠나 어제 도착했다'라고 하는 것이다. 이것은 없는 것을 있다고 하는 것이다. 없는 것을 있다고 한다면, 신묘한 우(禹)임금이라도 알 수 없거늘, 내가 유독 어찌하겠는가?

隨–따를 수. 師–스승 사. 奚–어찌 해. 愚–어리석을 우. 越–월나라 월. 昔–옛 석, 어제 석. 至–도착할 지. 禹–우임금 우. 柰–어찌 내.

• 奚必知代의 代를 저자는 '변화의 이치'라고 풀었다. 2-5에서 보이는 '日夜相代乎前〔밤낮 없이 눈앞(前)에 갈마든다〕'의 代와 같은 의미로 파악하면 될 것이다. '갈마드는 것', 즉 '변화', '변화의 이치' 정도의 의미이다.
• 愚者與有焉 : '어리석은 자도 더불어 가지고 있다', '어리석은 자도 마찬가지로 가지고 있다', '어리석은 자도 가지고 있다' 정도의 의미이다.
• 未成乎心而有是非 : 직역하면 '마음에 이루어진 것 없이 시비를 두다' 정도이다.
• 是以無有爲有 : 직역하자면 '이것(是)은 있음(有)이 없음(無)을(以) 있음(有)으로 삼는(爲) 것이다' 정도이다.

「성심(成心)」은 윗글의 「성형(成形)」(2-6)과 대(對)가 되는 말로, 인간이 본래부터 자기 속에 지니고 있는 마음을 이른다.

모든 인간은 자기 자신 속에 天(自然)으로서 받은 마음을 지니고 있다. 그것은 「변화의 이치(代)를 잘 알아 마음으로 스스로 깨닫는(取) 자」(천지우주가 생성변화하는 이법理法을 깨달아 스스로 바른 판단을 내릴 수 있는 현자賢者)만이 소유하고 있는 것이 아니라, 이러한 심원한 이법을 스스로 잘 알지 못하는 어리석은 사람에게도 저절로 갖추어져 있는 것이다. 모든 사람이 각각 이 성심(成心)에 따라 행동하는 한, 인간의 광혹(狂惑)됨과 인간세계의 시끄러움은 마치 「세찬 바람이 멎어 모든 구멍이 고요해진〔厲風濟, 則衆竅爲虛〕」(2-2) 것처럼 그 본연의 고요함과 평온함으로 되돌아갈 것이다. 그런데도 지금 모든 사람들이 자기 안에 본래부터 갖추어진 마음, 즉 성심(成心)에 따르지 않고, 얽매인 자기(自己)를 고집하여 자신을 옳다 하고 남을 그르다고 하는 시비(是非)의 논의로 문제를 해결하려는 한, 그 본말이 전도된 어리석음은 비유컨대 수천 리 떨어진 남쪽 끝의 나라인 월(越)나라로 현재의 시간인 오늘 길을 나서서 과거의 시간인 어제 도착했다고 말하는 어처구니없음과도 같을 것이다. 이처럼 있을 수 없는 일을 있을 수 있다고 주장하는 어리석음에 대해서는, 신과도 같은 지혜를 지녔다고 전하는 옛 제왕 우(禹)임금의 총명함으로도 손 쓸 **방법**이 없는 것이다. 하물며 신우(神禹)가 아닌 내가 그것을 어떻게 할 수 있겠는가? 「내가 유독 어찌하겠는가〔吾獨且柰何哉〕」는 세상 사람들의 광혹(狂惑)되고 착란(錯亂)된 모습을 거듭 개탄한 장자의 말이다.

이상 「대지(大知)는 한한(閑閑)하다」(2-4)부터 이곳의 「내가 유독 어찌하겠는가」까지에서 자연세계의 만뢰에 빗댈 만한 인간정신의 다양한 **웅성거림**과 **삐걱거림**(물세계物世界의 가지런하지 않은 모습)을 묘사해온 장자는, 거기에서 보이는 인간의 끝없는 광란(狂亂)과 미혹의 모습을 깊이 슬퍼하고 탄식하면서도, 그 미혹과 광란은 모든 인간적인 영위를 天(自然)으로서 체관(諦觀)하는 것으로 초월할 수 있다고 가르친다. 그러나 인간세계의 만뢰가 天(自然)에서 가지런해진다고 하더라도, 그 「天」 내지는 「自然」은 더 구체적으로는 어떻게 현실의 대립과 모순을 극복하는 원리, 물세계의 가지런하지 않은 모습을 가지런하게 하는 논리일 수 있는 것일까? 특히 인간세계의 최대의 울림인 시비의 쟁론은, 어떻게 그 시끄러움을 거대한 일(一)에서 그치게 할 수 있는 것일까? 그 해답을 얻기 위해서는 시비쟁론의 도구인 인간의 언어, 언어의 내용인 판단, 판단의 주체인 마음 등에 관한 더 깊은 반성과 음미가 필요하며, 더 나아가 이러한 인간의 언어심지(言語心知)의 영위와 진실재인 도(道) 사이의 관계에 대한 엄격한 인식론적 비판과 고찰이 가해지지 않으면 안 될 것이다. 때문에 당시 이미 혜시(惠施)·공손룡(公孫龍) 및 묵적(墨翟) 일파의 논리학 내지는 인식론이 상당한 발전을 이루어 제학파의 논전(論戰) 또한 절정에 있었던 춘추말·전국의 중국사상계를 살아갔던 장자는, 이러한 '언(言)'과 '도(道)', '실재(實在)'와 '인식(認識)'의 문제 또한 자신의 문제로 여기고 그 특유의 날카로운 인식론적 비판과 반성을 이하에서 전개해 나간다.

2-8

夫言非吹也, 言者有言, 其所言者, 特未定也, 果有言邪, 其未嘗有言邪? 其以爲異於鷇音, 亦有辯乎, 其無辯乎? 道惡乎隱而有眞僞? 言惡乎隱而有是非? 道惡乎往而不存? 言惡乎存而不可? 道隱於小成, 言隱於榮華. 故有儒墨之是非, 以是其所非而非其所是. 欲是其所非而非其所是, 則莫若以明.

말은 바람소리와 다르니(非), 말(言)은 의미하는 바(言)가 있다. 그 의미하는 바가 유독 분명치 않다면(未定), 과연 말을 한 것인가, 〔아니면〕 말을 하지 않은 것인가? 그것이 새끼 새 〔우는〕 소리와 다르다고 하지만, 또한 구분(辯)이 있을까, 〔아니면〕 구분이 없을까? 도(道)는 무엇에 의존하여(隱) 참과 거짓을 낳고, 말(言)은 무엇에 의존하여 옳음과 그름을 낳는 것일까? 도는 어디에 간들 있지 않겠으며, 말은 어디에 있은들 옳지 않겠는가? 도는 치우친 마음(小成)에 의존하고, 말은 화려한 수식(榮華)에 의존한다. 때문에 유묵(儒墨)의 시비(是非)가 생겨나, 상대방(其)이 그르다고 하는 것을 옳다고 하고 상대방이 옳다고 하는 것을 그르다고 한다. 상대방이 그르다고 하는 것을 옳다고 하고 상대방이 옳다고 하는 것을 그르다고 하려면, 밝은 도리(明)로 하는 것만 못하다.

吹–바람 취, 불 취. 鷇–새끼 새 구. 隱–숨을 은, 기댈 은.

• 言者有言 : '말에는 말하려는 바가 있다'로 직역된다. 저자는 '말에는 의미하는 바가 있다'로 풀었다.

• 特未定也의 '未定'은 '정해지지 않았다'로 직역되며, 저자는 '분명하지 않다'로 풀었다.

• 小成 : 직역하자면 '작게 이루어진 것'이다. 저자는 '치우친 마음', 즉 '편견'으로 풀었다.

言(인식)과 道(실재)의 관계에 관해 날카로운 인식론적 반성을 가하는 장자는, 여기에서 우선 인간세계의 최대의 울림인 시비(是非)의 논쟁이 인간의 편견과 오만, 독선과 자의(恣意) 때문에 일어난다는 것을 말하고, 그 울림이 일어나는 「모든 구멍이 고요해지기」(2-2, 본래의 정적으로 되돌아가기) 위해서는 모든 상대적 편견과 인간적 분별을 초극하는 거대한 지혜(「명(明)」)에 의존해야만 한다고 말한다.

「吹(취)」는 「吹萬不同〔소리 나는 것은 갖가지여서 같지 않다〕」(2-3)의

吹와 같으며, 바람소리를 이른다. 「言者有言」이라는 것은, 모든 말에는 설명하고자 하는 내용, 즉 의미가 있다는 뜻이다. 그런데 이 언어의 내용으로서의 의미가 불명확하다면 언어는 언어로서의 기능을 상실하기 때문에, 이러한 말은 애초부터 발언하지 않는 것과 매한가지일 것이다. 「과연 말을 한 것인가, 아니면 말을 하지 않은 것인가〔果有言邪, 其未嘗有言邪〕」는 두 명제를 의문형으로 늘어놓고서 후자를 긍정하는 구법이다. 즉 「말을 하지 않은 것이다」라는 뜻이다. 다음의 「亦有辯乎, 其無辯乎〔또한 구분(辯)이 있을까, 아니면 구분이 없을까〕」도 같은 표현법이며, 정확한 개념내용을 지니지 않은 말은 새끼 새(鷇)가 우는 소리가 무의미한 것과 어떠한 구분도 없다는 의미이다(鷇구는 雛추와 같고, 辯변은 辨변과 같다).

「道惡乎隱而有眞僞〔도는 무엇에 의존하여 참과 거짓을 낳는 것일까〕」– 「隱(은)」은 아래에 3회 나오는 「隱」과 마찬가지로 「隱几〔책상에 기대다〕」(2-1)의 隱과 같으며, **의존하다·기대다**라는 뜻이다. '본래 참도 아니고 거짓도 아닌 道(實在)에 무엇 때문에 참과 거짓의 구별이 생기고, 본래 옳음도 없고 그름도 없는 言(言語)에 무엇 때문에 옳음과 그름의 대립이 생기는 것일까'하고 자문하는 것이다. 「道隱於小成, 言隱於榮華〔도는 치우친 마음에 의존하고, 말은 화려한 수식(榮華)에 의존한다〕」는 이에 대한 자답이다. 이 두 구(句) 아래에 각각 「而有眞僞」「而有是非」가 생략되어 있다고 보면 된다. 본래 모든 장소에 존재하는 도(道)는 인간의 가치적 편견에 의존하여 참과 거짓의 대립을 낳고, 본래 그 모두가 옳음인 언(言)은 인간의 허영과 **헛똑똑함**, **사이비** 문화에 의존하여 시(是)와 비(非)의 대립을 낳는다는 것이다.

「儒墨의 是非」란 장자가 살던 당시 중국사상계를 풍미했던, 공자학파와 묵자학파가 서로 자기를 옳다 하고 상대방을 그르다고 하던 논쟁을 이른다. 이 유가·묵가 두 학파의 논쟁은 양쪽 모두 편견에 얽매여 자기를 과시하는 데서 생겨난 것으로, 그들 논의의 소란스러움과 그 외관상의 화려함에도 불구하고, 그 주장은 어떠한 명확한 내용과 근거도 지니지 않았으니 새끼 새가 우는 소리가 무의미한 것과 완전히 똑같다는 것이다.

「명(明)으로 하는 것만 못하다〔莫若以明〕」-「明으로 하다」란 명명백백한 이치, 즉 모든 인간적 상대성을 초월한 천지자연의 절대적 진리에 입각하는 것을 이른다.

2-9

物無非彼, 物無非是. 自彼則不見, 自知則知之. 故曰 : 『彼出於是, 是亦因彼.』 彼是方生之說也, 雖然方生方死, 方死方生, 方可方不可, 方不可方可, 因是因非, 因非因是. 是以聖人不由而照之于天, 亦因是也. 是亦彼也, 彼亦是也. 彼亦一是非, 此亦一是非. 果且有彼是乎哉? 果且無彼是乎哉? 彼是莫得其偶, 謂之道樞. 樞始得其環中, 以應無窮. 是亦一無窮, 非亦一無窮也. 故曰 : 『莫若以明.』

물(物)은 저것(彼) 아닌 것이 없고, 〔또〕 물은 이것(是) 아닌 것이 없다. 그 사람(彼)의 입장에서는 보이지 않고, 스스로 알게 되면 그것을 알게 된다. 때문에 '저것은 이것에서 나오고, 이것 또한 저것에 의존한다'고 한다. 저것과 이것이 나란히(方) 생(生)한다는 주장(說)인 것이다. 비록 그러하나 나란히 생(生)하고 나란히 사(死)하고, 나란히 사하고 나란히 생하고, 나란히 가(可)하고 나란히 불가(不可)하고, 나란히 불가하고 나란히 가하고, 시(是)에 의존하고(因) 비(非)에 의존하고, 비에 의존하고 시에 의존한다. 때문에 성인(聖人)은 의존하지(由) 않고 그것을 천(天)에 비추어본다. 〔이〕 또한 시(是)에 의존하는 것이다. 이것 또한 저것이고, 저것 또한 이것이다. 저것 또한 하나의 시비(是非)이고, 이것 또한 하나의 시비이다. 과연(果) 대체(且) 피시(彼是)가 있는 것일까, 과연(果) 대체(且) 피시(彼是)가 없는 것일까? 피(彼)와 시(是)가 그 짝을 얻지 못하는 것을 일러 도의 지도리(道樞)라고 한다. 지도리가 비로소 그 구멍 속(環中)에 꼭 끼워지면(得) 무궁함에 대응한다. 시(是) 또한 하나의 무궁이고, 비(非) 또한 하나의 무궁이다. 때문에 '밝은 도리(明)로 하는 것만 못하다'고 한다.

因–인할 인, 의지할 인. 方–나란할 방. 照–비출 조. 偶–짝 우. 樞–지도리 추. 環–두를 환, 고리 환.

• 果且有彼是乎哉, 果且無彼是乎哉의 且자를 저자는 '대체'로 풀었다. 번역은 이를 따랐다.
• 樞始得其環中 : '지도리가 비로소 그 구멍을 얻다'. 지도리가 구멍에 꽉 끼워진다는 의미이다.

여기에서는 윗글(2-8)의 「명(明)으로 하는 것만 못하다〔莫若以明〕」를 받아, 「明으로 하는 것」(절대지혜에 입각하는 것)이 구체적으로 어떠한 의미인가를 밝힌다.

「물(物)은 저것 아닌 것이 없고, 또 물은 이것 아닌 것이 없다〔物無非彼, 物無非是〕」라는 것은, 우선 시비(是非) 쟁론의 모태를 이루는 「이것」과 「저것」의 구별(피시彼是라는 개념)의 상대성을 밝히는 것이다. 사람은 존재세계에서 시(是)(이것, 이 사람)와 피(彼)(저것, 그 사람)를 구별하여 자신을 이 사람(是)이라 하고 남을 그 사람(彼)이라고 부르는데, '是'라 하고 '彼'라 하는 그 구별은 본래 어떠한 것일까? 지금 자신을 '是'라고 부르고 남을 '彼'라고 부를 경우, 남을 '彼'라고 부르는 그 자신 또한 타자의 입장에서 보자면 하나의 '彼'이기 때문에, 모든 존재는 모두 '是'라고 말할 수도 있고 '彼'라고 말할 수도 있을 것이다. 또 「그 사람(彼)의 입장에서는 보이지 않고, 스스로 알게 되면 그것을 알게 된다〔自彼則不見, 自知則知之〕」–인간의 판단은 아무튼 일방적인 것이어서, 「그 사람(彼)」의 입장에서는 가려져 보이지 않는 도리도 「스스로 알게 되는」 입장(「이 사람(是)」의 입장)에서는 훤히 알 수 있는 것이다. 까닭에 결국 '彼'와 '是'는 상대적인 것이며, 「彼는 是에서 나오고, 是 또한 彼에 의존한다〔彼出於是, 是亦因彼〕」고 할 수밖에 없다. 이른바 「彼와 是가 나란히 생한다〔彼是方生〕」(「是」와 「彼」라는 것은 상즉적相卽的으로 성립하는 상대적 개념이다)라는 논리학자 혜시(惠施)의 주장이 바로 이것이다.

그렇기는 하지만 이 '彼'와 '是'의 상대성에 대해 더 깊이 고찰해보면, 천지간의 모든 현상, 모든 가치판단도 그러하다고 할 수 있다. 生과 死, 可와 不可, 是와 非의 대립도, 실은 서로 의존하고 서로 의지하여 성립하는 상즉적인 개념이며, 모든 모순되고 대립된 모습이야말로 바로 존재세계의 실상인 것이다. 만물이 생하여서는 멸하고 멸하여서는 생하는 이 方生方死, 方死方生하는(나란히 생하고 나란히 사하고, 나란히 사하고 나란히 생하는) 변화의 흐름만이 절대적인 것이며, 이것을 '生'이라 불러 '死'와 구분하는 것은 인간의 편견적 분별에 지나지 않는다. 마찬가지로 모든 존재는 그것을 가라고 여기는 입장에서 보면 가가 아닌 것이 없고, 그것을 불가라고 여기는 입장에서 보면 불가가 아닌 것이 없다. 이 方可方不可, 方不可方可한(나란히 가하고 나란히 불가하고, 나란히 불가하고 나란히 가한) 실재세계를 혹은 가라 하고 혹은 불가라 하는 것은 온전히 인간 심지(心知)의 망집(妄執)인 것이다.

때문에 실재의 진상을 간파하는 절대자(성인)는 「의존하지 않고 그것을 천에 비추어본다〔不由而照之于天〕」-이와 같은 만물의 차별되고 대립된 제상(諸相)에 심지의 분별을 베풀지 않고, 있는 그대로의 만물 모습을 그대로 자연으로서 관조하여, 이것을 절대적인 일(一)의 세계로 지양(止揚)하는 것이다. 「이 또한 시에 의존하는 것이다〔亦因是也〕」-「是」라는 것은 진정한 是, 즉 天(自然)을 이른다. 성인도 시에 의존한다. 그러나 그 시는 이제 인비인시(因非因是)의 시(비와 대립하는 상대적인 시)가 아니라 모든 대립과 모순을 그대로 끌어안은 채 초월하는 절대적인 시인 것이다. 그 경지에서는 「이것은 또 동시에 저것이며, 저것도 또 동시에 이것이다〔是亦彼也, 彼亦是也〕」. 그리고 「저것 또한 하나의 시비이고, 이것 또한 하나의 시비이다〔彼亦一是非, 此亦一是非〕」-저것 속에도 시와 비가 하나가 되어 포함되어 있고, 이것 속에도 시와 비가 하나가 되어 포함되어 있다. 「과연 대체 피시가 있는 것일까, 과연 대체 피시가 없는 것일까〔果且有彼是乎哉, 果且無彼是乎哉〕」-이처럼 모든 차별과 대립을 초월한 절대세계에서는, 이제 피시의 대립 따위는 어디에도 있을 수 없다. 그리고 이처럼 피와 시 쌍방이 자기(自己)와 대립한 것을 완전히 잃어버린, 「그 짝을 얻지 못하는」 경지를 장자는 「도추(道樞)」(실재의 진상眞相)라고 부르는 것이다. 「樞(추)」는 원래 문을 여닫는 축(軸)을 구성하는 **지도리**이다. 지도리(樞)가 그것을 끼우는 둥근 구멍 속에 꼭 들어맞아 문이 자유로이 여닫히는 것처럼, 도의 지도리(樞) 또한 모든 대립과 모순을 초월한 절대의 일(一)에 입각하여 천변만화하는 현상(現象)의 세계에 자유자재로 응하는 것이다. 그리고 이러한 도추의 경지에서는 「시 또한 하나의 무궁이고, 비 또한 하나의 무궁이다〔是亦一無窮, 非亦一無窮也〕」-시도 하나의 끝없는 진리를 포함하고 있고, 비도 하나의 끝없는 진리를 포함하고 있다. 다시 말해 그 경지에서는 이제 '이것'과 '저것', '시'와 '비' 등의 모든 대립이 그 상대성의 근원에서 하나가 되는 것이다. 「명(明)으로 한다」라는 것은, 환중(環中)(둥근 구멍 속)의 도추(만물제동萬物齊同인 실재의 진상)를 관조하는 예지를 자기 것으로 삼는 것이다.

2-10

以指喩指之非指, 不若以非指喩指之非指也; 以馬喩馬之非馬, 不若以非馬喩馬之非馬也. 天地一指也, 萬物一馬也.

손가락으로 손가락이 손가락 아님을 밝히는(喩) 것은 손가락 아닌 것으로 손가락이 손가락 아님을 밝히는 것만 못하고, 말로 말이 말 아님을 밝히는 것은 말 아닌 것으로 말이 말 아님을 밝히는 것만 못하다. 천지는 하나의 손가락이고, 만물은 한 필의 말이다.

指-손가락 지. 喩-깨우칠 유.

도추(道樞)의 경지에서는 인간의 「소성(小成)」(2-8, 가치적 편견) 때문에 알아보지 못하고, 인간의 「영화(榮華)」(2-8, 문화적 위선) 때문에 왜곡된 진실재(道)가 그 본래의 모습을 확연히 드러낸다. 그리고 환중(環中)(절대의 一)의 경지에서는 모든 존재의 대립과 모순이 그 상대성의 근원에서 하나가 된다. 이상과 같을 경우, 이제는 사물의 모든 차별상·대립상·모순상은 다만 인간 심지(心知)가 베푼 분별의 소산일 뿐이다.

환중의 도추, 다시 말해 만물제동인 실재의 진상에서는 대(大)도 소(小)이고, 장(長)도 단(短)이며, 개별도 보편인 것이다.

장자는 이러한 사정을 다시금 「천지는 하나의 손가락이고, 만물은 한 필의 말이다〔天地一指也, 萬物一馬也〕」라는 말로 표현한다. 「하나의 손가락〔一指〕」「한 필의 말〔一馬〕」 등의 표현을 쓴 것은, 장자 당시에 공손룡(公孫龍) 일파의 학자들에 의해 손가락과 말에 관한 다음과 같은 궤변이 행해지고 있었기 때문이다.

궤변론자들은 「손가락으로 손가락이 손가락 아님을 밝히고〔以指喩指之非指〕」-손가락이라고 하면 엄지도 중지도 약지도 그 속에 포함되지만, 엄지는 중지와도 다르고 약지와도 다르기 때문에 엄지는 손가락이 아니라고 주장하고, 「말로 말이 말 아님을 밝힌다〔以馬喩馬之非馬〕」-말이라고 하면 백마도 흑마도 황마도 모두 그 속에 포함되지만, 백마는 흑마도 아니고 황마도 아니기 때문에 백마는 말이 아니라고 주장한다.[25] 그들은 개개의 개념에 대해 면밀한 분석을 가하고, 그 분석을 통해 개물(個物)의 실재성을 추구한다. 그리고 그들이 개물의 실재성에 관심을 가지고 진정으로 존재하는 것을 규명하려고 노력하는 한에 있어서는, 그들의 궤변은 그 유희성에도 불구하고 일정한 의미를 지니고 있다. 장자는 그것을 일단 인정한다. 그러나 애석하게도 그들의 눈은 너무도 개개의 사물이나 개념에 붙박여 있다고 장자는 말한다. 손가락이나 말과 같은 개개의 사물에 얽매어 있는

---

25 이 책에서 저자가 '논리학자' 또는 '궤변론자'라고 일컫는 일파는 명가(名家)를 가리킨다. 명가는 한(漢)나라 사람들이 내놓은 명칭이며, 전국시대에는 '형명지가(刑名之家)' 혹은 '변자(辯者)'로 불렸다. 현재 그들의 저서는 《공손룡자公孫龍子》 일부 이외에는 전하는 것이 없다. 다만 《장자》〈천하편〉에 혜시가 말했다는 10가지 명제가 남아 있기는 하나, 모두 결론뿐이어서 그 명제가 도출되기까지의 전제와 과정에 대해서는 알 수가 없다. 본문의 '백마는 말이 아니다〔白馬非馬〕'라는 말은 《공손룡자》〈백마론白馬論〉에 보인다. 저자의 설명은 다음 구절을 가리킨다. "말을 구하면 황마·흑마를 모두 끌고 올 수 있다. 백마를 구하면 황마·흑마를 끌고 올 수 없다. 만약 백마가 말이라고 한다면, 이는 구하는 것이 한 가지이며, 구하는 것이 한 가지라는 것은, 흰 것은 말과 다르지 않다는 것이다. 구하는 것이 다르지 않다면, 황마·흑마는 가함이 있고 불가함이 있다. 왜 그러한가? 가함과 불가함은 서로 아님이 분명하다. 때문에 황마·흑마는 한가지이며, 말이 있다는 것에 응하는 것은 가하지만 백마가 있다는 것에 응하는 것은 불가하다. 이로써 백마가 말이 아니라는 것은 명백하다〔求馬, 黃黑馬皆可致. 求白馬, 黃黑馬不可致. 使白馬乃馬也, 是所求一也, 所求一者, 白者不異馬也. 所求不異, 如黃黑馬有可有不可, 何也? 可與不可其相非明. 故黃黑馬一也, 而可以應有馬, 而不可以應有白馬, 是白馬之非馬審矣〕." 《공손룡자》에 보이는 指(지)와 관련된 언급은 〈지물론指物論〉에 보인다. 저자의 설명은 白馬非馬의 논법을 '指非指'에 그대로 응용한 것이다. 명가가 내놓은 궤변들에 대한 철학적 분석과 그 철학사적 의의에 대해서는 다음 책들을 참고할 만하다.

· 勞思光 著, 鄭仁在 譯, 《中國哲學史》(古代篇), 탐구당, 1992, 387-413면.
· 方立天 지음, 이기훈 옮김, 《중국철학과 인식의 문제》, 예문서원, 1998, 37-44면.
· 풍우란 저, 박성규 역, 《중국철학사》상, 까치, 2003, 309-354면.

한, 아무리 정치한 논리와 분석을 동원하더라도 실재의 진상은 파악될 수 없는 것이다. 실재의 진상이 제대로 파악되기 위해서는, 손가락이 손가락이면서 동시에 **손가락이 아닌** 입장, 말이 말이면서 동시에 **말이 아닌** 입장에 서지 않으면 안 된다. 그리고 손가락이 손가락이면서 동시에 손가락이 아니고 말이 말이면서 동시에 말이 아닌 도추(道樞)의 입장, 즉 진실재의 세계에서는, 일(一)이 그대로 다(多)이며 소(小)가 그대로 대(大)이기 때문에 천지의 큼도 하나의 손가락과 같고 만물의 많음도 한 필의 말과 동일한 것이다. 「손가락 아닌 것으로 손가락이 손가락 아님을 밝힌다」「말 아닌 것으로 말이 말 아님을 밝힌다」라는 것은, 이처럼 「천지도 하나의 손가락이고, 만물도 한 필의 말」이라는 만물제동의 경지에 서는 것을 이른다.

2-11

可乎可, 不可乎不可. 道行之而成, 物謂之而然. 惡乎然? 然於然. 惡乎不然? 不然於不然. 物固有所然, 物固有所可, 無物不然, 無物不可.

가(可)하다는 것을 가(可)로 여기고, 불가(不可)하다는 것을 불가(不可)로 여긴다. 길은 걸어 다녀서 생기고, 물(物)은 이름을 붙여서 그렇게 된다. 무엇을 그렇다고 여기는가? 그렇다는 것을 그렇다고 여긴다. 무엇을 그렇지 않다고 여기는가? 그렇지 않다는 것을 그렇지 않다고 여긴다. 물(物)은 본래 그러한 바가 있고, 물(物)은 본래 가(可)한 바가 있으니, 물(物) 가운데 그렇지 않은 것은 없고, 물(物) 가운데 불가(不可)한 것은 없다.

• 可乎可 : '可를 可라고 하다'로 직역된다. 앞의 可자가 동사이다. 不可乎不可도 마찬가지이다.

• 惡乎然 : 직역하면 '무엇인가 然은?' 정도이다.
• 然於然 : '然에 대해 然이라 하다'. 앞의 然이 동사이다. 不然於不然도 마찬가지이다.

그런데 세속 사람들은 본래 하나인 만물을 가(可)와 불가(不可)로 나누고, 그 가를 가로 여기고 그 불가를 불가로 여겨 언제까지나 그러기를 고집한다. 그러면 도대체 이와 같은 가와 불가의 구별은 무엇 때문에 생기는 것일까? 그것은 인간의 습관적 사고와 가치적 편견에 근거하는 것으로, 흡사 본래 아무것도 없는 들판에서 사람의 왕래와 함께 길이 이루어지고, 또 본래 어떠한 이름도 없는 사물이 인간 삶의 편의를 위해 무엇 무엇이라고 이름 붙여지는 것과 같을 것이다. 그러면 그들은 도대체 무슨 근거로 어떤 것을 「그렇다〔然〕」고 여기고, 또 「그렇지 않다〔不然〕」고 판단 내리는 것일까? 그들은 다만 세간의 상식과 습관을 좇아 세상 사람들이 그렇다고 여기는 것을 자기도 그렇다고 여기고, 세상 사람들이 그렇지 않다고 여기는 것을 자기도 그렇지 않다고 여기고 있는 것에 지나지 않는다. 그들의 판단은 결코 절대적인 것이 아닌 것이다. 그런데 절대적인 입장(만물이 한 필의 말이고, 천지가 하나의 손가락이라는 궁극적 一의 세계)에서는, 가도 없고 불가도 없고, 연도 없고 불연도 없기 때문에, 모든 것은 가이기도 하고 불가이기도 하고, 연이기도 하고 불연이기도 한 것이다. 그러한 입장에서는 모든 「그렇다〔然〕」가 「그렇다」로서 긍정될 뿐 아니라, 「그렇다」를 부정하는 「그렇지 않다〔不然〕」도 다시 한 번 부정되어 「그렇지 않은 것은 없다」로 긍정되는 것이다. 「물 가운데 그렇지 않은 것은 없고, 물 가운데 불가한 것은 없다〔無物不然, 無物不可〕」－이 거대한 일체긍정의 세계가 도추(道樞)(실재)의 세계인 것이다.

2-12

故爲是擧莛與楹, 厲與西施, 恢恑譎怪, 道通爲一. 其分也, 成也; 其成也, 毁也. 凡物無成與毁, 復通爲一. 唯達者知通爲一, 爲是不用而寓諸庸. 庸也者, 用也; 用也者, 通也; 通也者, 得也. 適得而幾矣. 因是已. 已而不知其然, 謂之道.

때문에 이를 위해서 들보(莛)와 기둥(楹), 문둥이(厲=癩)와 서시(西施)를 예로 들어 보이건대, 어처구니없고 이상한 것(恢恑), 상식 밖의 괴이한 것(譎怪)까지도, 도(道)는 모두(通) 하나로 여긴다. 그 나뉨은 이루어짐이고, 그 이루어짐은 허물어짐이다. 무릇 물(物)은 이루어짐도 허물어짐도 없으니, 결국(復) 모두(通) 하나이다. 오직 깨달은 자만이 모두 하나임을 안다. 이 때문에 쓰지 않고 그것을 용(庸)(항상됨)에 맡긴다. 용(庸)은 용(用)(유용함)이고, 용(用)은 통(通)(통함)이고, 통(通)은 득(得)(자득함)이다. 득(得)에 이르면(適) 〔도에〕 가깝다. 시(是)에 따를 뿐이다. 따르기만 할 뿐 그러함을 알지 못하는 것을 도(道)라고 한다.

擧-들 거. 莛-줄기 정, 들보 정. 楹-기둥 영. 厲-사나울 려, 문둥이 라. 施-베풀 시. 恢-클 회, 괴이할 회(詼). 恑-괴이할 궤. 譎-속일 휼. 怪-기이할 괴. 毁-무너질 훼. 寓-머무를 우, 맡길 우. 諸-어조사 저. 庸-평소 용, 항상될 용. 幾-가까울 기.

• 道通爲一 : 직역하면 '도에서는 통하여 하나이다' 정도이다. '도는 모두(通) 하나로 여긴다'로 번역하였다.

• 復通爲一 : '다시 통하여 하나가 되다'. 의역하여 '결국 모두 하나이다'로 풀었다.

• 爲是不用而寓諸庸의 不用을 저자는 '왈가왈부하지 않다'로 풀어놓았다. 아래의 설명으로는 '실재의 진상을 인간의 가치적 편견으로 분해하지 않다', 즉 '자신의 편견으로 따져들지 않다' 정도의 의미이다. 번역문에서는 직역하여 '쓰지 않다'로 반영하였다.

모든 존재는 어떠한 물(物)도 그렇지 않은 것이 없고, 어떠한 물(物)도 가(可)하지 않은 것이 없다. 이러한 사실은 세속 사람들이 완전히 상반된다고 여기는 것, 대립의 양극단이라고 여기는 「莛(정)」과 「楹(영)」, 「厲(라)」와 「西施(서시)」를 예로 들 경우, 한층 더 확실해질 것이다. 「莛」은 **들보**로, 횡(横)으로 걸치는 것이다. 「楹」은 **기둥**으로, 종(縱)으로 세우는 것이다. 「厲」는 癩(라)와 같으며, 몸이 뒤틀리고 짓무른 문둥이이다. 「西施」는 일본 시인 바쇼(芭蕉)의 「키사카타여/ 비에 젖은 자귀꽃/ 서시를 보네」[26]라는 시구로 잘 알려진 중국 춘추시대 미녀의 이름이다. 상식적인 입장에서는 서시는 어디까지나 아름답고 문둥이는 어디까지나 추하며, 들보는 횡(横)으로 된 것이고 기둥은 종(縱)으로 된 것으로 정해져 조금도 의심스럽지 않다. 그러나 이렇게 종으로 된 것과 횡으로 된 것, 극히 아름다운 것과 극히 추한 것, 그것들을 종횡으로 나누고 미추로 대립시키는 것은 인간의 호오애증(好惡愛憎)의 망집(妄執)이며, 일체의 차별과 대립이 그대로 하나인 실재의 세계에서는 종 또한 횡이고 미 또한 추와 동일한 것이다. '종횡미추(縱横美醜)가 본래 동일하다'라는 것에서 그치지 않는다. 「恢恑譎怪(회궤휼괴)」(상식적인 사유가 반발하고 거부하는 모든 그로테스크한 것, 모든 비정상적인 것)도 「도는 모두 하나로 여긴다〔道通爲一〕」-실재의 세계에서는 본래 하나인 것이다(「恢恑」의 「恢」는 詼회와 같으며 **어처구니없다** 내지는 '상식을 벗어났다'라는 의미이고, 「恑」는 일반적이지 않은 것을 이른다. 「譎怪」는 이상하고 괴기한 것을 이른다). 「그 나뉨은 이루어짐이고, 그 이루어짐은 허물어짐이다〔其分也, 成也, 其成也, 毁也〕」-종횡미추라는 공간적 부제(不齊)의 제상(諸相)이 하나일 뿐 아니라, 나뉘었다가는 모이고 형태를 이루었다가는 허물어져버리는 시간적 변화의 제상도 또한 하나인 것이다. 그리고 「오직 깨달은 자만이 모두

---

26 키사카타여/ 비에 젖은 자귀꽃/ 서시를 보네 : 원문에 '象潟(きさかた)に西施(せいし)が合歡(ねむ)の花'라고 되어 있다. 이 구절의 번역은 김정례 역, 《바쇼의 하이쿠 기행1-오쿠로 가는 작은 길》, 바다출판사, 1998, 137면을 참조하였다.

하나임을 안다〔唯達者知通爲一〕」-진정으로 도를 체득한 절대자만이 만물 제동인 실재의 진상을 간파한다. 때문에 그는 「쓰지 않고 그것을 용(庸)에 맡긴다〔不用而寓諸庸〕」-하나인 실재의 진상을 인간의 가치적 편견으로 분해하는 일 없이, 시비호오(是非好惡)라는 망집을 버리고서, 「庸」 즉 만물의 변하지 않는 본질(그 본래의 자연)에 해방시키는 것이다.

그런데 「용(庸)은 용(用)이고, 용(用)은 통(通)이고, 통(通)은 득(得)이다」-만물의 불변하는 본질, 즉 그 본래의 자연을 의미하는 「庸」이라는 말은, 유용(有用)의 「用」과 통하는 말이란 점에서, 만물은 그 자연에 위치 지워질 때 비로소 진정한 유용성을 발휘한다고 한 것이다. 또 「用」이라는 말은 통행(通行)의 「通」과 통하는 말이란 점에서, 모든 존재가 각각의 유용성을 발휘하면 만물이 지체 없이 유행(流行)하게 된다고 한 것이다. 또 「通」이라는 말은 자득(自得)의 「得」과 통하는 말이란 점에서, 만물이 지체 없이 유행하게 되면 모든 존재는 각기 자기의 생(生)을 즐길 수 있다고 한 것이다. 「득(得)에 이르면 도에 가깝다〔適得而幾矣〕」-그리고 일체만물이 각기 자기를 즐기는 세계, 이른바 '자득의 세계'야말로 최후의 경지이며, 궁극적인 세계라는 것이다. 요컨대 「그것을 용(庸)에 맡긴다〔寓諸庸〕」라는 것은, 윗글의 「시(是)에 따른다〔因是〕」(2-9)라는 것, 즉 상대적인 시비를 초월한 절대적인 시(자연)에 따르는 것이며, 「따르기만 할 뿐 그러함을 알지 못하는〔已而不知其然〕」(2-12) 경지(오로지 이 자연에 따르면서도 따르고 있다는 의식마저 없어진 무심망아無心忘我의 경지), 이른바 「나는 나 자신을 잊었다〔吾喪我〕」(2-1)라는 경지야말로 도(道)라는 것이다.

본문의 「용(庸)은 용(用)이고, 용(用)은 통(通)이고, 통(通)은 득(得)이다」는 '庸'·'用'·'通'·'得' 4자가 발음상 관련성을 지니고 있는데다 의미에 있어서도 각각 연관성을 지니는 글자들이기 때문에, 그 상호연관성에 입각하여 논의를 전개하고 있는 것이다. 일반적으로 중국에서는 발음이 서로 통하는 글자들은 의미에 있어서도 서로 연관성을 지닌다는 언어학적 원칙이 있다. 이러한 원칙은 어떤 개념에 대한 설명이나 주제에 대한 논증에 이용되는 경우가 많다. 예컨대 「禮(례)」라는 개념을 「禮는 履(리)이다」(禮라는 것은 실천한다는 것이다), 「禮는 離(리)이다」(禮라는 것은 구별한다는 것이다), 「禮는 體(체)이다」(禮라는 것은 모든 행위의 본체라는 것이다)라고 설명하는 것처럼, 禮(li)라는 글자와 같은 그룹에 속하는 「履(li)」「離(li)」「體(ti)」 등의 글자를 이용하는 것이 그 적절한 예이다. 장자 또한 여기에서 이러한 중국식 논증방법을 이용하여, 「그것을 용(庸)에 맡기는」 것이 만물자득(萬物自得)의 궁극적 세계의 실현을 가져온다는 것을 밝히고 있는 것이다.

「따르기만 할 뿐 그러함을 알지 못한다〔已而不知其然〕」-「已」는 위의 「因是已」를 이어받은 말이다. 「因是已而不知其然」에서 因是 2자가 생략되었다고 보면 된다. 이것과 동일한 표현법은 〈양생주편〉 첫머리에도 보인다.[27]

2-13

勞神明爲一, 而不知其同也, 謂之朝三. 何謂朝三? 曰 : 「狙公賦芧, 曰 : 『朝三而莫四』, 衆狙皆怒. 曰 : 『然則朝四而莫三』, 衆狙皆悅.」名實未虧而喜怒爲用, 亦因是也. 是以聖人和之以是非, 而休乎天鈞, 是之謂兩行.

---

27 〈양생주편〉3-1의 「한이 있는 것으로 한없는 것을 좇으면 위태로울 뿐이다. 그러할 뿐인데도 지식(知)에 힘쓰는 자는 위태로울 뿐이다〔以有涯隨無涯, 殆已. 已而爲知者殆而已矣〕」를 가리킨다.

마음(神明)을 괴롭게 하여 하나가 되도록 애쓰면서도(爲), 그 같음을 알지 못한다. 그것을 일러 조삼(朝三)이라 한다. 무엇을 조삼이라 하는가? "〔어느〕 원숭이 부리는 사람(狙公)이 상수리 열매를 〔나누어〕 주며, '아침에 세 개, 저녁(莫=暮)에 네 개로 하겠다.' 했더니, 뭇 원숭이들이 모두 노하였다. 〔그래서〕 '그렇다면 아침에 네 개, 저녁(莫=暮)에 세 개로 하겠다.' 했더니, 뭇 원숭이들이 모두 기뻐했다." 한다. 표현(名)의 실질(實)은 덜어짐이 없는데도 희노(喜怒)를 작용(用)하게 하였으니, 또한 시(是)에 따라야(因) 할 뿐이다(也=已). 이 때문에 성인(聖人)은 시비(是非)를 조화시키고 천균(天鈞)(천연적인 가지런함)에서 쉰다. 이것을 일러 양행(兩行)(둘 모두 행해짐)이라 한다.

勞-힘쓸 로. 狙-원숭이 저. 賦-나누어줄 부. 芧-상수리열매 서. 悅-기뻐할 열. 虧-이지러질 휴, 덜 휴. 鈞-가지런할 균.

• 勞神明爲一 : '신명을 괴롭게 하여 하나가 되게 하다'. 즉 '마음(神明)을 괴롭게 하여 하나가 되도록 애쓰다'. 여기에서 '애쓰다'는 저자의 의역이다.
• 狙公 : 원숭이 부리는 사람.
• 亦因是也는 저자의 의견에 따라 亦因是已로 번역하였다. 아래 저자의 설명 참조 바람.
• 和之以是非 : 직역하면 '그것을 조화시킴에 시비로 하다'이다. 시비를 조화시킨다는 의미이다.

그런데도 세속 사람들은 헛되이 정신을 괴롭게 하여 시비의 논쟁에 골몰하고, 만물의 차별과 대립이 언론심지(言論心知)에 의해 통일되는 양 착각하여 본래 하나인 실재의 진상(眞相)을 깨닫지 못한다. 그들의 이러한 어리석음이야말로 '조삼(朝三)'이라고 부르는 것이다. 조삼이라는 말은 다음과 같은 이야기에서 유래한다.

옛날 어느 곳에 저공(狙公), 즉 원숭이 부리는 사람이 있었다. 그는 많은 원숭이를 사육하고 있었다. 어느날 아침 그는 원숭이들에게 먹이인 상수리

열매를 나누어주면서 이렇게 말하였다.

– 아침에는 세 개씩, 저녁에는 네 개씩으로 하자.

그러자 원숭이들은 이를 드러내며 **격분**하였다. 그래서 원숭이 부리는 사람이 다시금,

– 그렇다면 아침에는 네 개씩, 저녁에는 세 개씩으로 하자.

했더니, 많은 원숭이들은 깩깩대며 기뻐하였다는 것이다.

「표현(名)의 실질(實)은 덜어짐이 없는데도 희노를 작용하게 하였다〔名實未虧而喜怒爲用〕」–조삼모사든 조사모삼이든, 결국 같은 내용의 다른 표현에 지나지 않기 때문에, 아무리 명(名)(표현)을 바꾸더라도 실질에는 어떠한 변화가 없는데도 원숭이들은 제멋대로 희노의 감정을 드러내어 소란을 피우고 있다. 세속 학자들의 어리석음이 이 생각 얕은 원숭이들과 얼마나 다를 것인가? 때문에 「또한 시(是)에 따라야 할 뿐이다〔亦因是也〕」–시비의 상대성을 초월한 절대적인 시(만물제동인 실재의 진상)에 대한 큰 깨달음을 얻는다면, 그들의 광태(狂態)도 차분한 제정신에서 평온하게 만들 수 있는 것이다. 「이 때문에 성인은 시비를 조화시키고 천균에서 쉰다〔是以聖人和之以是非, 而休乎天鈞〕」–때문에 성인(절대자)은 시비의 가치적 편견을 시도 없고 비도 없는 실재의 일(一)에 조화시키고, 심지(心知)의 분별을 버린 채 「천균(天鈞)」(절대적 一의 세계)에 안주한다. 그러한 세계에서는 일체만물의 모순상과 대립상은 모순되고 대립된 그대로 「둘 모두 행해지기」 때문에(동시에 존재할 수 있기 때문에), 이 경지를 또한 「양행(兩行)」이라고도 부르는 것이다.

여기에서 장자가 설명하는 저공(狙公) 이야기는 유명한 「조삼모사」라는 말의 전거가 되는 글이다. 본문에도 설명되어 있듯이 조삼모사란 동일한 사실에 대해 표현을 달리하여 속이는 것 내지는 감언으로 사람을 우롱하는

것이라는 의미로 현재 쓰이고 있지만, 이 이야기 자체는 아마도 장자가 임의로 지어낸 것인 듯하다. 자못 장자적인 기지와 풍자가 넘쳐나는 기발한 우화이다.

본문의 「亦因是也」는 「亦因是已」와 같은 의미일 것이다. 앞에 「因是已, 已而不知其然, 謂之道」(2-12)라는 글이 보이고, 이 뒤에도 「無適焉, 因是已〔나아감을 없애고 시(是)에 따를 뿐이다〕」(2-20)라는 글이 보인다(따로 「亦因是也」(2-9)라는 구절도 앞에 보이지만, 이곳은 「……뿐(已)」의 의미로 푸는 쪽이 잘 통한다. 「已」와 「也」의 字形이 비슷해서 잘못 들어간 것으로 여겨진다).

2-14

古之人, 其知有所至矣. 惡乎至? 有以爲未始有物者, 至矣, 盡矣, 不可以加矣. 其次以爲有物矣, 而未始有封也. 其次以爲有封焉, 而未始有是非也. 是非之彰也, 道之所以虧也. 道之所以虧, 愛之所以成. 果且有成與虧乎哉? 果且無成與虧乎哉?

옛 사람은 그 지혜(知)에 지극한 바가 있었다. 무엇이 지극한 것인가? 애초부터 물(物)이 있지 않았다고 여기는(以爲) 자가 있었으니, 지극하고 극진하여 덧붙일 수가 없다. 그 다음은 물(物)이 있다고 여겼지만, 애초부터 경계가 있지 않았다. 그 다음은 경계가 있다고 여겼지만, 애초부터 시비(是非)가 있지 않았다. 시비가 나타나는 것은, 도(道)가 허물어지는 까닭이다. 도가 허물어지는 것은, 애정이 이루어지는 까닭이다. 과연(果) 대체(且) 이루어짐과 허물어짐이 있는 것일까, 과연 대체 이루어짐과 허물어짐이 없는 것일까?

次–버금 차, 다음 차. 封–봉할 봉, 경계 봉. 彰–밝을 창, 드러날 창. 虧–이지러질 휴, 허물 휴.

• 古之人, 其知有所至矣. 惡乎至 : '옛 사람은 그 지혜가 끝까지 간 바가 있었다. 어디에 다다랐는가?' 정도로 직역된다. 至는 '다다르다'라는 의미에서, '끝까지 가다'라는 의미가 있으며 '지극하다'라는 의미를 가진다. 번역은 아래 저자의 설명에 따라 의역하였다.

이미 밝혔듯이 도(道)라는 것은 「천균(天鈞)」(저절로 가지런한 절대의 일一)이며, 「양행(兩行)」(모든 모순과 대립을 동시에 성립시키는 혼돈)이었다. 그런데 이 도에서 대체 어떻게 성(成)과 훼(毁)의 대립, 시(是)와 비(非)라는 가치적 편견이 성립하는 것일까? 장자는 여기에서 한 발 더 나아가 「도(道)」와 「지(知)」(「실재」와 「인식」)의 관계를 날카롭게 반성하면서, 성훼·시비라는 가치적 대립이 성립하는 과정을 인식론적으로 고찰하여, 그것이 인간 심지(心知)의 허망(虛妄)일 뿐이라는 결론을 내린다.

「옛 사람은 그 지혜에 지극한 바가 있었다〔古之人, 其知有所至矣〕」–옛날의 절대자는 최상의 지혜를 소유하고 있었다. 「무엇이 지극한 것인가〔惡乎至〕」–최상의 지혜란 무엇인가? 「애초부터 물(物)이 있지 않았다고 여겼다」–그는 「천균」으로서의 도, 「양행」으로서의 실재와 그대로 하나가 되는 것을 「물이 있음」으로 삼는다. '이것이 도(道)이다'라고 의식하거나 판단하는 것조차 없었던 것이다. 그러한 경지에서는 도란 노자(老子)의 이른바 황홀(恍惚)하며[28] 뒤섞여 이루어진 것,[29] 구체적으로는 무엇이라고도 규정할 수 없는 '어떤 것(Etwas)', 아니 '어떤 것이다'라고 규정할 수조차 없는 혼돈 그 자체이며, 그 혼돈과 한 몸이 된 경지, 지(知)를 잊은 지(知)야말로 「지극하고 극진하여 덧붙일 수가 없는〔至矣, 盡矣, 不可以加矣〕」 경지(지고지상의 경지)인 것이다.

---

28 《노자》제21장 "道之爲物, 惟恍惟惚."

29 《노자》제25장 "有物混成, 先天地生……可以爲天下母."

「그 다음은 물이 있다고 여겼지만, 애초부터 경계가 있지 않았다〔其次以爲有物矣, 而未始有封也〕」-그런데 그 최상의 경지(체험 그 자체의 세계)가 한 발짝 인간의 인식세계로 끌려 들어오면, 거기에는 「물이 있다」라는 판단이 성립하여 도의 실재성이 인식되기에 이른다. 그러나 이 단계에서는 아직 도의 실재성은 인식되면서도 그 인식된 도는 여전히 잡연(雜然)한 이질적 연속(혼돈)이며, 거기에는 아직 어떠한 「봉(封)」(경계 내지는 질서)도 발견되지 않는다. 이른바 도와 하나인 자기(自己)가 인식되고 있는 경지이다. 이것은 최상의 경지는 아니지만, 그것에 다음 가는 경지라고 할 수 있을 것이다.

그런데, 다시금 제3의 단계가 되면 「경계(封)가 있다고 여겼다」-혼돈은 차츰 그 경계질서를 인식의 세계 속에서 확실히 하여, 도는 본래 그 자체 속에 혼연히 품고 있던 만물의 모습으로 나타난다. 즉, 일(一)이 다(多)가 되고, 절대가 상대적인 제상(諸相)으로 전개되는 경지이다. 여기서 도의 「일(一)」은 만상(萬象)의 「다(多)」로 나뉘고, 심지를 초월한 실재의 세계는 인간의 인식세계의 범위 내에 위치 지워지지만, 「아직 시비가 있지 않았다」-어떤 것을 시라 하고 어떤 것을 비라고 하는 가치판단은 아직 베풀어지지 않은 것이다. 그리고 그 경지는 제1의 「애초부터 물이 있지 않았다고 여겼다」라는 경지, 제2의 「애초부터 경계가 있지 않았다」라는 경지에는 미치지 못하지만, 여전히 도의 순수성은 근근이 보전되어 있다고 할 수 있다.

그러나 일단 시비라는 가치판단이 가해지면 거기서부터 도의 사멸이 인간의 구제할 수 없는 미혹으로 시작된다. 「시비가 나타나는 것은, 도가 허물어지는 까닭이며〔是非之彰也, 道之所以虧也〕」-시비라는 가치판단이 확립되는 것과 함께, 살아 있는 혼돈으로서의 도는 그 생명이 끊기며, 「도가 허물어지는 것은, 애정이 이루어지는 까닭이다」-그 생명이 끊긴 도의 공허한 주검으로부터 인간의 애증호오(愛憎好惡)라는 망집(妄執)이 무리지어 생겨난다.

이상은 살아 있는 혼돈으로서의 도로부터 인간의 호오시비(好惡是非)라는 망집이 생겨나오는 과정을 네 단계로 나누어 고찰해본 것이다. 이렇게 고찰해볼 경우, 진실재로서의 도가 본래 「이루어짐(成)」도 「허물어짐(毁)」도 없는 절대의 일(一)이며, 그것을 「이루어짐」이라고 여겨 기뻐하고 「허물어짐」이라고 여겨 슬퍼하는 것이 완전히 근거 없는 미망(迷妄)이라는 것은 두말할 것도 없을 것이다. 「과연 대체 이루어짐과 허물어짐이 있는 것일까, 과연 대체 이루어짐과 허물어짐이 없는 것일까〔果且有成與虧乎哉, 果且無成與虧乎哉〕」는, 앞(2-8)에서도 말했듯이 의문형 문장 둘을 늘어놓고서 후자를 긍정하는 구법이다. 도에는 본래 이루어짐과 허물어짐의 구별이 없다는 의미이다(「虧(휴)」는 毁와 같으며, **부수다** 또는 **허물다**라는 뜻이다).

2-15

有成與虧, 故昭氏之鼓琴也; 無成與虧, 故昭氏之不鼓琴也. 昭文之鼓琴也, 師曠之枝策也, 惠子之據梧也, 三子之知幾乎, 皆其盛者也, 故載之末年. 唯其好之也, 以異於彼. 其好之也, 欲以明之. 彼非所明而明之, 故以堅白之昧終, 而其子又以文之綸終, 終身無成. 若是而可謂成乎, 雖我亦成也. 若是而不可謂成乎, 物與我無成也.

이루어짐과(成) 허물어짐(虧)이 있는 것은 소씨(昭氏)가 거문고를 타기 때문이며, 이루어짐과 허물어짐이 없는 것은 소씨가 거문고를 타지 않기 때문이다. 소문(昭文)이 거문고를 탄 것과 사광(師曠)이 거문고를 조율한 것과 혜자(惠子)가 책상에 기대었던 것, 세 명의 지(知)는 거의 지극한 곳에 다다라(幾) 모두 대단한(盛) 것들이었다. 때문에 후세에

그것(이름)을 실었다. 다만 그들이 좋아한 것은 그 사람(彼)과는 달랐다. 그들은 그것을 좋아하여 밝히려고 하였다. 그들(彼)은 밝힐 수 있는 바가 아닌 것을 밝히려 하였다. 때문에 견백(堅白)이라는 어리석은 논변으로 생을 마쳤고, 그 아들 또한 아버지(文=父)의 논변(綸=論)으로 생을 마쳤으되 종신토록 이룸이 없었다. 이와 같고도 이루었다고 말할 수 있다면, 우리들조차도 이룬 것이다. 이와 같고도 이루었다고 말할 수 없다면, 물(物)도 나도 이룸이 없다.

虧-이지러질 휴, 허물 휴. 昭-밝을 소. 鼓-북 고, 연주할 고. 琴-거문고 금. 曠-밝을 광, 넓을 광. 據-의거할 거, 기댈 거. 梧-오동나무 오, 책상 오. 堅-단단할 견. 昧-어두울 매. 綸-줄 륜(여기서는 論으로 보았다).

- 有成與虧, 故昭氏之鼓琴也; 無成與虧, 故昭氏之不鼓琴也 : 번역은 아래 저자의 설명에 따랐다.
- 枝策 : 策을 안족(雁足)으로 보고, 枝를 '지탱하다'로 보았다. 직역하면 '안족을 지탱하다'가 되어, '안족을 조절하다' 즉 '거문고를 조율하다'의 의미이다.
- 惠子之據梧 : 혜자가 책상에 기댐. 혜자가 책상에 기대어 논변하는 것을 이른다.
- 三子之知幾乎, 皆其盛者也 : 저자는 임희일의 설에 따라 幾를 盡으로 보고 '다하다', '극진하다' 정도로 새겼다. 3인의 知가 대단하다는 의미이다. 하지만 우리말에서 번역술어를 이렇게 택해버리면 2-14에 보이는 '古之人, 其知有所至矣. 惡乎至'의 至와 구분이 잘 되지 않는다. 2-14의 至가 '끝까지 가서 닿은 것'이라면 이곳의 幾는 '대단하기는 하지만 끝까지는 못 갔다'라는 의미이기 때문이다. 번역문에서는 구분하여 번역하였다. 한편, 盛을 成의 가차로 보아 '완성하다', '이루다'로 풀기도 한다.
- 末年 : 후세.
- 以堅白之昧終 : '견백(堅白)이라는 어리석은 논변으로 생을 마쳤고'에서 '논변으로'는 저자가 보충한 말이다.
- 物與我無成也의 物은 아래 해설을 보면 알 수 있겠지만 '나 아닌 타인'을 가리킨다.

도(道)에는 본래 이루어짐(成)도 허물어짐(毁=虧)도 없다. 이 사실을 좀 더 구체적인 예를 들어 설명해보자.

소문(昭文)이라는 사람은 옛날의 거문고 달인이다. 그가 거문고를 타면,

거기에는 분명 절묘한 멜로디가 성립한다. 그러나 그의 손에서 이루어지는 멜로디의 배후에는 그의 손에서 이루어지지 않은 무한한 멜로디가 존재하고, 그의 멜로디는 그 무한한 멜로디의 하나에 지나지 않는 것이다. 그가 아무리 노력하더라도 그의 손에는 언제나 다 탈 수 없는 무한한 멜로디가 남아 있다. 그의 손이 하나의 멜로디를 「이룸(成)」에 따라 무한한 멜로디를 「잃게(虧)」 되며, 이 의미에서 그의 「成」은 동시에 「虧(휴)」라고도 말할 수 있다. 즉, 그에게 있어 「成」은 동시에 「虧」이며, 그 「成」은 그 「虧」와 대립하고 있는 것이다. 때문에 이 대립을 없애고 모든 멜로디를 모든 멜로디로 이루어지게 하기 위해서는, 멜로디가 없는 멜로디('무성無聲의 성聲')를 듣는 수밖에 없다. 멜로디가 없는 멜로디라는 것은 거문고를 타지 않는 것이다. 「이루어짐과 허물어짐이 없는 것은 소씨가 거문고를 타지 않기 때문이다〔無成與虧, 故昭氏之不鼓琴也〕」라는 것은 바로 이러한 의미이다.

이상은 소문(昭文)의 거문고를 예로 든 것이지만, 이러한 사실은 옛날의 유명한 음악가 사광(師曠), 근래의 논리학자 혜자(惠子) 즉 혜시(惠施)에게도 똑같이 적용할 수 있을 것이다. 소문이 거문고를 타고 사광이 슬(瑟)(거문고의 일종)을 조율하고 혜시가 책상에 기대어 논변을 떨치는 모습은 모두 인지(人知)의 극치이며, 이러한 것들은 분명 인간 작위의 위대성을 보여주는 것이다. 그렇기 때문에 또 책에도 기록되어 후세에까지 전해지는 것이다. 장자는 그들의 위대함을 일단 긍정한다. 또 그들의 위대함이 「그것을 좋아한」 결과(도道를 좋아하고 예藝를 사랑하여 외곬으로 정진한 결과)라는 것도 긍정한다. 그러나 「다만 그들이 좋아한 것은 그 사람(彼)과는 달랐다〔唯其好之也, 以異於彼〕」-과연 그들은 도를 좋아하는 자들이지만, 「그 사람(彼)」 즉 진정으로 도를 좋아하는 절대자와는 같지 않다고 장자는 말한다. 즉, 그들은 도를 좋아하여 그 도를 인간의 작위(지知와 교巧)로 구명하려 하지만, 도란 것은 본래 인간의 지교(知巧)를 초월한 것이며 인간의 작위로는 밝힐 수 없는 것이기 때문에 그들은 「밝힐 수 있는 바가 아닌 것을 밝히려 하는〔非所明而明之〕」 오류(불가능을 가능으로 여기는 오류) 위에 서 있다는 것이다. 여기에 그들의 당착이 있다. 때문에 혜자처럼 견백이동(堅白異同)의 변(辯) 따위의 당치 않은 의론을 어리석게도 싫증내는 일도 없이 죽는 날까지 반복하는 것이다. 다만 그 사람에서 그치겠는가? 그 논리학을 이어받은 그의 아들도 끝내 도를 깨닫지 못하고 그 생애를 공허하게 마치고 있는 것이다. 요컨대 그들의 행위는 그 위대함에도 불구하고 지고지대한 도 앞에서는 거의 무(無)나 다름없다. 때문에, 만약 이 무(無)와도 다름없는 소문(昭文)과 사광(師曠)과 혜자(惠子) 3인의 행위가 「성(成)」(도를 구명한 것)이라고 말할 수 있다면, 우리들이 비록 범속하다고 하지만 또한 「成」이라고 할 수 있을 것이다. 역으로, 만약 이들 3인의 위대한 행위조차 「成」이라고 말할 수 없다면, 어떠한 물(物), 어떠한 인간에게도 「成」이라는 것은 있을 수 없는 것이다.

본문의 「有成與虧, 故昭氏之鼓琴也. 無成與虧, 故昭氏之不鼓琴也」는 「昭氏之鼓琴也故有成與虧, 昭氏之不鼓琴也故無成與虧」의 어순을 바꾸어 도치시킨 것이다. 이처럼 문장을 도치시킨 것은 앞 문장인 「果且有成與虧乎哉, 果且無成與虧乎哉」(2-14)를 이어받았기 때문이다.

「師曠之枝策」-사광은 춘추시대 진(晉)나라 평공(平公)에게 벼슬했던 음악의 달인이다. 「枝策(지책)」의 의미는 그다지 확실하지 않지만, 《회남자》〈범론훈氾論訓〉에 「師曠之施瑟柱」라고 되어 있는 것을 참고하자면,[30]

---

30 《淮南子》〈氾論訓〉 "요임금의 음악은 〈대장大章〉이고, 순임금의 음악은 〈구소九韶〉이고, 우임금의 음악은 〈대하大夏〉이고, 탕임금의 음악은 〈대호大濩〉이고, 주나라의 음악은 〈무상武象〉이다. 이것은 음악이 서로 달랐던 것이다. 때문에 오제(五

「枝」는 '지탱하다'이고 「策」은 '거문고의 현(絃)을 지탱하는 대나무 기둥(안족)'이므로, 「枝策」이라는 것은 '안족(雁足)을 조절하다', 즉 '거문고를 조율하다'라는 의미일 것이다. 「惠子之據梧」에서 「據梧(거오)」는 〈덕충부편〉5-11의 「據槀梧」, 〈천운편〉의 「依於槀梧」와 같으며, '책상에 기대다'라는 의미이다. 「三子之知幾乎」의 「幾乎」는 아래에 붙여 「幾乎皆其盛者也」로 읽는 설도 있으나, 《세설신어世說新語》(〈배조편排調篇〉)의 주(注)에 이 문장이 「三子之知幾矣」로 인용되어 있다는 점에서 살펴보자면,[31] 육조(六朝) 시대에는 幾乎에서 끊는 독법이 일반적이었던 것 같다. 「幾」는 盡과 같으며 '다하다'라는 뜻이다(송 임희일林希逸의 설).

「堅白之昧」의 「堅白」은 장자가 살던 당시 공손룡(公孫龍)·혜시(惠施) 등의 논리학자들에 의해 주장되던 일종의 궤변인데, 사물의 실체성과 속성의 관계를 분석하여 「단단하고 하얀 돌은 하나가 아니라 단단한 돌과 하얀 돌 둘이다」라는 식으로 이야기하기 때문에, 견백동이(堅白同異)의 변(辯)이라고도 불린다.[32] 「昧(매)」는 愚와 같으며 **어둡다** 혹은 **어리석다**라는 뜻

帝)는 서로 도(道)가 달랐지만 덕은 천하를 덮었고, 삼왕(三王)은 행한 일이 달랐지만 명성은 후세에까지 미쳤다. 이들은 모두 시대의 변화에 따라서 예와 음악을 제정하였기 때문이다. 비유하자면 **사광(師曠)이 가야금을 연주할 때 가야금의 안족을 이리저리 옮기는 것과 같다.** 사광이 안족을 위아래로 옮길 때 정확히 자로 재면서 옮기지 않았지만 음에 들어맞지 않은 것이 없었다〔堯大章, 舜九韶, 禹大夏, 湯大濩, 周武象, 此樂之不同者也. 故五帝異道而德覆天下, 三王殊事而名施後世, 此皆因時變而制禮樂者. 譬猶**師曠之施瑟柱**也, 所推移上下者無寸尺之度, 而靡不中音〕."

31 《世說新語箋疏》〈排調〉에 《장자》를 인용한 다음 글이 보인다. "莊子曰 : 「昭文之鼓琴, 師曠之支策, 惠子之據梧, **三子之智幾矣**, 皆其盛也, 故載之末年. 庖丁爲文惠君解牛, 三年之後, 未嘗見全牛也. 用刀十九年矣, 所解數千牛, 而刀刃若新發於硎. 文惠君問之, 庖丁曰 : 『彼節者有閒, 而刀刃無厚; 以無厚入有閒, 恢恢乎其於遊刃必有餘地.』」"

32 견백동이(堅白同異)의 변(辯)은 다음 글에 근거한다. 《公孫龍子》〈堅白論〉 "시

이다.

「其子又以文之綸終」의 「文之綸」은 난해하여 예로부터 여러 해석이 있어왔으나, 「綸」은 마서륜(馬敍倫)의 설을 좇아 「論」의 가차자로 보아야 할 것이다. 「文」은 昭文의 文으로 해석하는 것이 일반적이지만, 나는 父자의 오사(誤寫)가 아닐까하고 생각한다. 아버지(父)의 논(論)이라는 것은, '혜시의 논리학'이라는 의미이다.

2-16

是故, 滑疑之耀, 聖人之所圖也. 爲是不用而寓諸庸, 此之謂『以明』.

이 때문에 혼돈스럽고(滑) 그윽한(疑) 빛은 성인이 도모하는 바이다. 이 때문에 쓰지 않고 그것을 용(庸)(항상됨)에 맡기니, 이를 일러 '밝은 도리로 한다(以明)'라고 한다.

滑-흐릴 골, 어지러울 골. 疑-의심할 의, 분명하지 않을 의. 耀-빛 요. 圖-도모할 도. 寓-머무를 우, 맡길 우. 諸-어조사 저. 庸-평소 용, 항상될 용.

요컨대 소문(昭文)·사광(師曠)·혜시(惠施)와 같은 훌륭한 사람들도 그 지교(智巧)로 도(道)를 궁구하는 것은 불가능하며, 작위(作爲)의 입장을 고집하는 한, 인간의 작위와 실재 그 자체 사이에는 언제나 무한의 거리가

각으로는 단단하다는 것을 알 수 없고 하얗다는 것을 알 수 있으니 단단한 것은 없다. 촉각으로는 하얗다는 것을 알 수 없고 단단하다는 것을 알 수 있으니 하얗다는 것은 없다〔視不得其所堅而得其所白者, 無堅也. 拊不得其所白而得其所堅者, 無白也〕."

남게 되는 것이다. 때문에 성인 즉 절대자는 인간의 모든 작위를 버리고 「골의(滑疑)의 요(耀)」(그윽하고 희미한 빛), 즉 '불명(不明)의 명(明)'을 자신의 지혜로 삼을 것을 도모한다는 것이다. 不明의 明이란 인간의 가치적 편견을 버리고, 살아 있는 혼돈으로서의 도를 혼돈으로서 살려내는 것이다. 이것은 윗글에서 이른바 「쓰지 않고 그것을 용(庸)에 맡긴다〔不用而寓諸庸〕」(2-12)라는 것(시비라는 분별을 베풀지 않고, 만물의 용庸 즉 모든 존재의 자연성에 따르는 것)이다. 그리고 그 골의(滑疑)의 요(耀)(不明의 明)야말로 진정한 명지(明智)이며, 앞에서 「명(明)으로 하는 것만 못하다〔莫若以明〕」(2-8, 2-9)라고 말한 것의 의미도 이 진정한 명지(明智)를 자기 것으로 삼는 것을 이른다.

「滑疑의 耀」의 「滑」은 어지러이 질서가 없는 모양이고, 「疑」는 뚜렷하지 않은 것을 이른다. 「滑疑」라는 것은 노자(老子)의 이른바 「그윽하고도 어두우며〔窈兮冥兮〕」(《노자》제21장) 「무엇인가 섞여 이루어진〔有物混成〕」(제25장) 경지일 것이다. 「耀」는 輝(휘)와 같으며 **빛**이라는 뜻이다. 결국 골의(滑疑)의 요(耀)란 '혼돈화된 지혜', '不明의 明'이라는 의미이다. 「爲是不用而寓諸庸」이라는 구는 2-12에 보이고, 「以明」이라는 말은 2-8과 2-9에 보인다.

이상 「말은 바람소리와 다르다〔夫言非吹也〕」(2-8) 운운한 곳부터 이곳의 「이를 일러 '밝은 도리로 한다'라고 한다〔此之謂以明〕」까지에서, 장자는 만물제동인 실재의 진상을 혹은 「도추(道樞)」, 혹은 「천균(天鈞)」, 혹은 「양행(兩行)」이라는 말로 설명하면서 이 '道樞'·'天鈞'·'兩行'으로서의 실재의 진상을 간파하는 예지, 즉 절대의 지혜('明')에 대해 밝혔다. 여기에서 장자는 이 '明', 즉 절대의 지혜를 자기의 지혜로 삼음으로써 인간의 분별의 망집(是와 非, 可와 不可, 然과 不然 등 일체만물의 '가지런하지 않은 모습'〔不齊之相〕)

이 가지런해지는 동시에, 인간의 모든 광조(狂躁)와 미혹(그 만뢰萬籟의 울림)이 「모든 구멍이 고요해진」(2-2) 본래의 정적으로 되돌아간다는 것을 강조한다. 그러나 인간의 분별의 망집이 '明', 즉 절대의 지혜에 의해 초극된다 하더라도 그것이 초극되었다는 판단(定論)은 도대체 무엇에 근거하는 것일까? 세속 사람들은 「시비가 있다」고 하고, 장자는 「시비가 없다」고 한다. 시비가 있다고 하는 것도 하나의 판단(言)이며, 시비가 없다고 하는 것도 하나의 言(판단)인데, 시비가 없다는 定論(판단)은 어떠한 것에 근거하여 시비가 있다고 하는 판단(定論)보다 옳다는 것일까? 이 문제에 답하기 위해서는 인간의 판단과 실재 그 자체의 관계(장자의 이른바 '言'과 '道'의 관계)에 대해 다시 한 번 음미하고 반성해보아야만 할 것이다. 장자는 아래에서 그 반성과 음미를 시도한다. 그리고 그 반성과 음미에 있어 장자는 놀랄 만큼 정치한 사색과 논리를 전개한다.

2-17

今且有言於此, 不知其與是類乎, 其與是不類乎. 類與不類, 相與爲類, 則與彼無以異矣. 雖然, 請嘗言之.

지금 우선(且) 여기에 〔어떤〕 말이 있다고 하자. 이 말(其)이 이것(是)과 같은 것인지, 이 말이 이것(是)과 같지 않은 것인지 알지 못하겠다. 같은 것과 같지 않은 것을 서로 같게 한다면, 그것(彼)과 다른 점이 없어진다. 그렇지만 시험 삼아(請嘗) 말해보도록 하자.

類–같을 류. 嘗–맛볼 상, 시험 삼아 상.

• 請嘗 : 저자는 請을 試로 보았다. 試와 嘗은 모두 '시험 삼아'의 뜻이다.

「지금 우선 여기에 어떤 말이 있다고 하자〔今且有言於此〕」–장자는 여기에서 일단 절대의 일(一)로서의 도에는 시도 없고 비도 없다고 말하였다. 그러나 장자의 이 주장(言)은 「이 말이 이것(是)과 같은 것인지, 이 말이 이것(是)과 같지 않은 것인지 알지 못한다〔不知其與是類乎, 其與是不類乎〕」–도대체 「이것(是)」, 즉 세간의 시비의 의론과 같은 종류의 것일까, 아니면 다른 종류의 것일까? 「도에 시비가 없다」라는 장자의 주장은, 분명 「시비가 있다」라고 하는 세속의 의론과는 다르다. 그러나 또 「도에 시비가 없다」라는 장자의 주장도 하나의 의론인 이상, 그것이 하나의 의론이라는 점에서는 「시비가 있다」라고 하는 세속의 의론과 다르지 않은 것이다. 「같은 것과 같지 않은 것을 서로 같게 한다면〔類與不類, 相與爲類〕」–결국, 장자의 주장이 세속의 의론과 동류(同類)이건 이류(異類)이건 문제를 언론심지(言論心知)의 세계에서 해결하려고 한다면, 서로 같은 것이 되고 말기 때문에 「그것(彼)과 다른 점이 없어진다〔則與彼無以異矣〕」–그것(彼), 즉 세속의 의론과 어떠한 차이도 없게 된다. 도라는 것은 본래 언론심지 따위로는 포착할 수 없는 것, 체험하는 것 이외에는 어쩔 도리가 없는 것이기 때문에, 절대자는 다만 체험의 세계만을 최고로 여겨 살아 있는 혼돈과 노닐 수밖에 없는 것이다. 장자는 말한다. 그렇지만 「시험 삼아 말해보도록 하자〔請嘗言之〕」–우리들이 무언가를 설명할 경우, 언어를 매개로 하지 않고서는 전혀 불가능하기 때문에, 이 언어의 한계성을 충분히 염두에 두면서 지금 잠시 도(道)와 언(言)(실재와 인식)의 관계에 대해 고찰해 보자.

본문의 「이것(是)과 같다〔與是類〕」「그것(彼)과 다른 점이 없어진다〔與彼無以異〕」의 「彼」「是」는 모두 세속의 의론을 가리킨다. 「시험 삼아 말해보도록 하자〔請嘗言之〕」–「請」은 試(시험 삼아 시)와 같다. 「시험 삼아」라고 전제하는 것은, 언어개념으로 도를 설명하는 것이 완전히 하나의 방편, 이른바 '달을 가리키는 손가락'[33]이며 달 자체는 아니라는 사실을 미리 말하고 있는 것이다.

일반적으로 장자는 도(실재 그 자체)가 어떠한 것인가에 관해서는, 「왕예(王倪)에게 네 번 물었으나 네 번 모른다고 답하였다」(〈응제왕편〉)[34]라든지 「광굴(狂屈)이 지(知)(지식을 인명으로 가탁한 이름임)에게 말해주려 하였으나, 도중에 말하려다가 그만 말하고자 하던 바를 잊어버리고 말았다」(〈지북유편〉)라고 한 것처럼, 누차 「모른다〔不知〕」라고 말하여 개념세계의 밖에 방치하려고 한다.[35] 가끔 도에 대해 어떤 말을 할 경우에도 「내가 시험 삼아

---

33 달을 가리키는 손가락 : 《楞嚴經》권2 "부처님께서 아난에게 말씀하셨다. '너희들은 오히려 인연하는 마음으로 법을 듣고 있으니, 이 법도 인연일 뿐, 법의 본성을 얻은 것이 아니니라. 어떤 사람이 손으로 달을 가리켜 다른 사람에게 보인다면, 그 사람은 당연히 손가락을 따라 달을 보아야 하는데, 여기서 만일 손가락을 보고 달 자체로 여긴다면, 그 사람은 어찌 달만 잃었겠느냐. 손가락도 잃었느니라. 왜냐하면 가리킨 손가락을 밝은 달로 여겼기 때문이다. 어찌 손가락만 잃었다고 하겠느냐. 밝음과 어둠도 모른다고 하리라. 왜냐하면 손가락 자체를 달의 밝은 성질로 여겨서, 밝고 어두운 두 성질을 알지 못하기 때문이다.'〔佛告阿難, 「汝等尙以緣心聽法, 此法亦緣, 非得法性. 如人以手指月示人, 彼人因指, 當應看月, 若復觀指, 以爲月體, 此人豈唯亡失月輪? 亦亡其指. 何以故? 以所標指爲明月故. 豈唯亡指? 亦復不識明之與暗. 何以故? 卽以指體爲月明性, 明暗二性無所了故.」〕" 번역문은 동국대학교 한글대장경 사이트에서 가져왔다. 여기에서 달은 불성, 손가락은 방편을 의미한다. 장자 식으로 표현하자면, 달은 도에 해당하고 손가락은 도를 찾는 방편인 언어를 의미한다.

34 응제왕편 : 원문에 '대종사편'이라 되어 있다. 그러나 인용된 구절은 〈응제왕편〉7-1의 '설결(齧缺)이 왕예(王倪)에게 물었는데, 네 번 물었으나 네 번 모른다고 하였다〔齧缺問於王倪, 四問而四不知〕'를 가리키는 것이 명백하므로 번역문에서는 고쳐 반영하였다.

35 도연명(陶淵明)의 유명한 〈한가로이 남산을 보다〔悠然見南山〕〉라는 시의 마지막 구인 「말하려하나 이미 말을 잊었다〔欲辯已忘言〕」도 장자의 이 말에 근거한 것이다.〔원주〕 인용된 도연명의 시는 《陶淵明集》권3에 실린 〈飮酒〉20수 가운데

그대를 위해 그것에 대해 망언(妄言)할 테니, 그대도 망청(妄聽)하라〔予嘗爲女妄言之, 女以妄聽之〕」(이 편의 長梧子와 瞿鵲子의 문답 참조)[36]라는 등의 전제를 두고서 말한다. 장자에게 있어 도란 체험하는 것 이외에는 어쩔 도리가 없는 것이며, 모든 대립과 모순을 그대로 하나로 품은 혼돈으로서의 도를 혼돈스런 채로 긍정해나가는 것이 유일하고 절대적인 가치였다. 그런데 장자는 이 유일하고 절대적인 가치가 인식의 세계로 끌려 들어와 언어화됨과 동시에 그 절대성을 상실하여 상대적인 가치로 떨어진다고 생각하였다. 때문에 장자는 「시험 삼아 말해보도록 하자」라고 전제한다. '시험 삼아 말해보도록 하자'라고 전제하는 장자는, 《파우스트》에서 괴테와 함께 "모든 이론은 회색이며 영원하게 푸른 것은 오직 저 생명의 나무뿐이다."[37]라

제5수이다. 《古文眞寶》前集에 〈雜詩〉라는 제목으로 실려 있다. 아래에 시 전체를 인용한다. 成百曉 譯註, 《古文眞寶》前集, 전통문화연구회, 2002, 87면 참조.

結廬在人境　　사람 사는 境內에 집 지었으나
而無車馬喧　　수레와 말의 시끄러움 없네
問君何能爾　　그대에게 묻노니 어찌 그럴 수 있는가
心遠地自偏　　마음이 세속과 머니 땅이 절로 궁벽하다오
採菊東籬下　　동쪽 울타리 아래에서 국화 따다가
悠然見南山　　한가로이 南山을 보노라
山氣日夕佳　　산 기운은 해질녘에 아름답고
飛鳥相與還　　나는 새는 서로 더불어 돌아오네
此中有眞意　　이 사이에 참다운 뜻이 있으니
欲辯已忘言　　말하고자 하나 이미 할 말 잊었네

36 이 편의 長梧子와 瞿鵲子의 문답 참조 : 원문에 'この篇の王倪と齧缺の問答を參照'로 되어 있다. 그러나 본문에 인용된 말은 왕예와 설결의 문답에 보이는 것이 아니라, 장오자와 구작자의 문답(〈제물론편〉2-30)에 보인다. 오류인 것이 명백하므로 번역문에서는 고쳐 반영하였다.

37 《파우스트》에서 악마 메피스토펠레스의 대사이다.

고 노래하고 있는 것이다. (불립문자不立文字를 표방하는 중국 선禪의 체험주의도 바로 장자의 이 사상의 계승 위에 서 있는 것이다)

2-18

有始也者, 有未始有始也者, 有未始有夫未始有始也者. 有有也者, 有無也者, 有未始有無也者, 有未始有夫未始有無也者. 俄而有無矣, 而未知有無之果孰有孰無也. 今我則已有謂矣, 而未知吾所謂之其果有謂乎, 其果無謂乎?

애초라는 것이 있고, '애초부터 애초도 있지 않았다'라는 것이 있고, "애초부터 저 '애초부터 애초도 있지 않았다'도 있지 않았다"라는 것이 있다. 유(有)라는 것이 있고, 무(無)라는 것이 있고, '애초부터 무(無)도 있지 않았다'라는 것이 있고, "애초부터 저 '애초부터 무(無)도 있지 않았다'도 있지 않았다"라는 것이 있다. 갑자기 유(有)와 무(無)가 있으니, 유(有)와 무(無) 가운데 과연 어떤 것이 있고 어떤 것이 없는지 알지 못하겠다. 지금 나는 곧 이미 말한 바가 있지만, 내가 말한 바가 과연 말한 바가 있는 것인지 과연 말한 바가 없는 것인지 알지 못하겠다.

始-처음 시. 俄-갑자기 아. 果-과연 과. 孰-누구 숙, 무엇 숙.

• 有始也者, 有未始有始也者, 有未始有夫未始有始也者 이 세 구절은 모두 有~也者 형식으로 이루어져 있다. 여기에서 가장 복잡한 有未始有夫未始有始也者의 경우, 기호로 묶어보면 '有〔未始有夫{未始有(始)}〕也者'가 된다. 기호를 넣어 직역해보면 '〔애초부터 저 {애초부터 (애초)도 있지 않았다}도 있지 않았다〕라는 것이 있다'가 된다. 참고로 글자마다 번호를 붙여 ①有②未③始④有⑤夫⑥未⑦始⑧有⑨始⑩也⑪者라고 표기하고, 직역 순서를 새겨보면 '〔③애초부터 ⑤저 {⑦애초부터 (⑨애초)도 ⑧있지 ⑥않았다}도 ④있지 ②않았다〕 ⑩라는 ⑪것이 ①있다'로 새겨진다. 아래의 有未始有夫未始有無也者도 같은 형식이다.

장자는 앞에서 「애초부터 물(物)이 있지 않았다고 여겼다」라는 경지를 「지극하고 극진하다」(2-14)고 하였다. 그러나 이 경지가 지상궁극(至上窮極)의 입장이라고 하더라도, 뒤집어 생각해보면 「**애초**부터 물(物)이 **있지 않았다**」고 판단하는 이상, 거기에는 논리적 전제로서 '애초(始)'라는 개념(言)과 '있다'라는 개념이 정립되어야만 한다.

그런데 '애초(始)'라는 개념은 그 논리적 부정개념으로서 「애초부터 애초도 있지 않았다」(無始)라는 개념을 성립시키고, 「애초부터 애초도 있지 않았다」라는 개념은 다시 그 논리적 부정개념으로서 「애초부터 '애초부터 애초도 있지 않았다'도 있지 않았다」(無無始)라는 개념을 성립시킨다. 또 한편 '있다(有)'라는 개념은 그 부정개념으로서 '無'라는 개념을 정립시키고, 이 '無'는 다시 위에 언급한 '애초'라는 개념과 결합하여 부정될 경우 「애초부터 무(無)도 있지 않았다」(無無)라는 개념을 정립시킨다. 그런데 이 「애초부터 무(無)도 있지 않았다」라는 개념이 다시 부정되면 「애초부터 '애초부터 무(無)도 있지 않았다'도 있지 않았다」(無無無)라는 개념이 되며, 그 논리적 추구는 끝없이 이어져 멈출 곳을 알지 못한다.

그러나 다시 뒤집어 생각해보면, 이러한 개념들은 「有未始有夫未始有始也者」 「有未始有夫未始有無也者」처럼 결국 '있다(有)'로 논정(論定)되어 있다. 이 점에서 생각해보면 일반적으로 '개념(言)'은 그것이 아무리 부정적인 판단이라 하더라도, 그 근저에는 역시 '有-無'라는 한 쌍의 순수개념을 예상하지 않을 수 없는 것이다. 개념(言)은 그 근저에 언제나 유무(有無)라는 한 쌍의 순수개념을 예상한다. 실재 그 자체로서의 도가 개념의 영역 안으로 끌려 들어오는 바로 그 순간, 유와 무라는 한 쌍의 순수개념이 성립하는 것이다. 「갑자기 유와 무가 있다〔俄而有無矣〕」라는 것은, 바로 이러한 의미인 것이다.

그러나 이 순수개념으로서의 '有-無'의 대립만으로는 전혀 내용이 없는 것이며, 내용이 없는 '有'는 '無'와 마찬가지이기 때문에, 「유와 무 가운데 과연 어떤 것이 있고 어떤 것이 없는지 알지 못하겠다〔未知有無之果孰有孰無也〕」–어떤 것이 유이고 어떤 것이 무인지는 쉽게 구별되지 않는 것이다. 하지만 또 이 양자의 구별이 쉽게 되지 않는다 하더라도, 「지금 나는 곧 이미 말한 바가 있다〔今我則已有謂矣〕」–장자는 여기에서 실재 그 자체로부터 '有–無'라는 순수개념의 성립에 이르기까지의 경과를 이미 설명해 왔다. 하지만 다시 한 발짝 더 파고들어 생각해보면, 다만 순수개념으로서의 '有–無'의 형식을 전개해 왔다 하더라도, 그것이 무언가를 표명한 것이 될 수 있을까? 대개 판단형식(判斷形式)으로서의 개념이라는 것은, 구체적인 내용을 섭취하여 이것에 일정한 형식을 부여하는 경우에 비로소 의의를 지니는 것이다. 그런데 내용이 빠진 순수형식만으로는 과연 무엇을 표명한 것이 되는 것일까? 때문에 장자는 「내가 말한 바가 과연 말한 바가 있는 것인지 과연 말한 바가 없는 것인지 알지 못하겠다〔未知吾所謂之其果有謂乎, 其果無謂乎〕」라고 말한다. 이 순수개념으로서의 유무라는 범주만으로는 어떠한 것도 표명한 것이 되지 않는다는 의미이다. (이 장章의 해석과 다음다음 장인 2-20의 해석은 마에다 토가마前田利鎌의 《장자》에 근거하였다. 나는 이 부분에 대한 해석은 마에다 토가마의 것이 가장 명쾌하지 않나 생각한다)

2-19

天下莫大於秋毫之末, 而大山爲小; 莫壽乎殤子, 而彭祖爲夭. 天地與我並生, 而萬物與我爲一.

천하에 가을날 〔짐승〕의 털끝보다 큰 것은 없고, 태산도 작은 것이다. 요절한 아이보다 장수한 사람은 없고, 팽조도 요절한 것이다. 천지도 나와 함께 〔오래〕 살고, 만물도 나와 하나이다.

毫-가는 털 호. 壽-장수할 수. 殤-요절할 상. 彭-성 팽. 夭-요절할 요. 並-나란할 병, 함께 병.

장자는 일단 판단 이전의 도(실재 그 자체)로부터 판단의 순수형식으로서의 유무(有無)라는 범주를 전개해 보여주면서, 이 순수형식으로서의 유무라는 범주만으로는 어떠한 것도 표명한 것이 되지 않는다고 말한다. 그런 까닭에 그는 화제를 돌려 지금까지 전개해 온 유무라는 범주에 섭취할만한 내용으로 되돌아온다. 섭취할만한 내용이라는 것은, 두말할 것도 없이 실재 그 자체(도)인 것이다. 그런데 도라는 것은 어떠한 것인가? 그것은 이미 밝힌 것처럼 「천하에 가을날 짐승의 털끝보다 큰 것은 없고, 태산도 작은 것이다〔天下莫大於秋毫之末, 而大山爲小〕」-도라는 것은 곧 대소장단(大小長短) 등의 모든 대립과 모순을 가지런히 하는 「천균(天鈞)」, 즉 절대의 일(一)이기 때문에, 거기에서는 극소(極小) 또한 극대(極大)이며 순간 또한 영원이다. 거기에서는 상식이 작은 것의 극치로 여기는 저 가을날 짐승의 털끝(가을날 짐승의 털은 겨울을 대비하여 가늘고 촘촘하게 난다. 가을날 동물의 그 가는 털끝)만큼 큰 것은 없고, 상식이 큰 것의 극치로 여기는 거대한 태산(泰山)(山東省에 있는 명산)만큼 작은 것은 없는 것이다. 거기에서는 어려서 죽은 아이도 더할 나위 없는 장수이며, 800년을 살았다는 팽조(彭祖)의 장수도 짧은 생명에 지나지 않는다. 「천지도 나와 함께 오래 살고, 만물도 나와 하나이다〔天地與我並生, 而萬物與我爲一〕」-유구(悠久)한 천지도 일순(一瞬)인 내 생명과 마찬가지이고, 한없는 만물의 많음도 미미한 내 존재와 하나이다. 도라는 것은 이처럼 모든 시간이 거기에서는 하나가 되며, 모든 공간이 거기에서는 동일해지는 절대의 일(一)인 것이다.

본문의 「殤子(상자)」는 성년에 이르지 못하고 죽은 단명한 아이를 이른다. 「彭祖」는 이미 〈소요유편〉1-7에서 설명했던 전설상 장수한 사람의 이름이다. 「천지도 나와 함께 오래 산다〔天地與我並生〕」라는 것은, 상대의 세계에서는 천지는 유구무한(悠久無限)하며 자기(自己)는 죽어야만 하는 존재, 즉 유한한 존재이지만, 절대적인 도의 입장에 서면 천지의 유구한 생명도 나의 일순의 생명과 하나라는 의미이다. 「만물도 나와 하나이다〔萬物與我爲一〕」라는 것은, 현상세계에서 보자면 버들은 푸르고 꽃은 붉어[38] 모든 존재는 천차만별의 온갖 모습을 전개하고 있고 자기(自己)라는 존재는 그 만물 가운데 있을까 말까하는 작은 하나이지만, 절대세계에서 궁구해보면 만물의 많음도 자기의 일(一)과 같다는 의미이다. 소동파(蘇東坡)의 유명한 〈적벽부赤壁賦〉의 「강물은 가기를 이처럼 하나 일찍이 다하지 않으며, 달은 찼다 기울었다 하기를 저처럼 하나 끝내 사라져 없어지거나 자라서 커지지 않는다. 그 변하는 입장에서 본다면 천지도 일찍이 한 순간조차 가만히 있지 못하고, 변하지 않는 입장에서 본다면 물(物)과 내가 모두 무궁무진한 것이다〔逝者如斯, 而未嘗往也, 盈虛者如彼, 而卒莫消長也, 蓋將自其變者而觀之, 則天地曾不能以一瞬, 自其不變者而觀之, 則物與我皆無盡也〕」라는 대목은 장자의 이 사상에 근거한 것이다.

2-20

旣已爲一矣, 且得有言乎? 旣已謂之一矣, 且得無言乎? 一與言爲二, 二與一爲三. 自此以往, 巧歷不能得, 而況其凡乎! 故自無適有, 以至於三, 而況自有適有乎! 無適焉, 因是已.

---

38 버들은 푸르고 꽃은 붉어 : 원문에 '柳は綠で花は紅(あか)く'로 되어 있다. 일본어에서는 특히 만물의 다양성을 형용하는 관용구로 많이 쓰인다.

이미(旣已) 1이라면, 또 말이 있을 수 있을까? 이미 1이라고 말했다면, 또 말이 없을 수 있을까? 1과 말이 2가 되고, 2와 1이 3이 된다. 이 이후로는 역산(曆算)에 교묘한 자도 헤아릴 수 없는데, 하물며 범인(凡人)들에 있어서랴? 때문에 무(無)로부터 유(有)로 나아가도 3에 이르는데, 하물며 유(有)로부터 유(有)로 나아감에 있어서랴? 나아감을 없애고 시(是)에 따를 뿐이다.

旣-이미 기. 自-스스로 자, 말미암을 자. 巧-교묘할 교. 歷-달력 력(曆). 況-하물며 황. 凡-평범할 범, 범인 범. 適-갈 적. 因-인할 인, 의지할 인.

순수개념으로서의 有-無가 섭취할만한 내용인 '도'는, 언급한 것처럼 「천지도 나와 함께 오래 살고, 만물도 나와 하나인〔天地與我並生, 而萬物與我爲一〕」(2-19) 절대의 1이었다. 그렇지만 이 절대의 1로서의 도를 이미 절대의 1이라고 판단한 이상, 거기에 일종의 파탄(破綻)이 생기는 것은 아닐까? 도가 모든 대립과 모순(彼와 是, 大와 小, 長과 短 등)을 초극하는 절대의 1이라고 한다면, 과연 이것을 1**이다**라고 판단하고 논정(論定)하는 것은 어떻게 가능한가? 거기에는 「또 말이 있을 수 있을까〔且得有言乎〕」-1이라는 말(개념)조차 개입시킬 여지가 없을 것이다. 그러나 「이미 1이라고 말했다면〔旣已謂之一矣〕」-그것을 1**이다**라고 판단하고 논정한 이상, 「또 말이 없을 수 있을까〔且得無言乎〕」-거기에는 1이라는 말(개념)이 그 논리적 전제로서 긍정되어야만 한다. 그런데 1이라는 말(개념)은 그 내용으로서 1이라고 불리는 개념실체(도)를 섭취하기 때문에, 이미 도를 1이라고 판단한 이상, 1이라는 개념 그 자체(言)와 1이라는 개념이 내용으로 섭취한 실체(이른바 1)의 이원적 대립을 만들어내는 법이며, 이 이원적 대립을 추상하여 궁구해보면 여기에 2라는 수가 성립한다. 즉 「1과 말이 2가 된다〔一與言爲二〕」라는 것이다. 그런데 이 2라는 수에 1(진정한 1, 즉 판단 이전의 순수체험으로서의 실재 그 자체)을 더하면 여기에 다시금 3이라는 수가 성립한다. '애초부터 물(物)이 있지 않았던'(2-14) '無'로서의 도는, 인간의 판단이 가해져 1이 되고 2가 되고 다시금 3이 되는 것이며, 본래 '경계가 있지 않았던'(2-14) 혼돈(어떠한 형식도 지니지 않은 맹목의 혼돈)은, 우선 有라는 개념(言)에 의해 그 실재성이 확립되고 다시금 판단작용의 분석에서 연역된 수 개념의 적용에 의해 그 개별화를 얻는 것이다. 그러나 혼돈의 세계에 그대로 머물고자 하는 장자로서는, 3에 이르기까지의 개별화의 원리에 대해 개념(言)을 전개하여 밝혀두면 그것으로 충분한 것이며, 그 이상의 '多'의 세계에 대한 것은 일일이 번거로운 지적(知的) 고찰을 할 가치가 없다. 「이 이후로는 역산에 교묘한 자도 헤아릴 수 없다〔自此以往, 巧歷不能得〕」-3으로부터 천이 되고 만이 되고 억이 되는 개별 세계의 무한한 전개는, 「교력(巧歷)」(매우 빼어난 천문학적 계산의 달인)조차도 다 계산해낼 수가 없다. 「하물며 범인들에 있어서랴〔而況其凡乎〕」-하물며 수학의 천재가 아닌 우리 범인들에게 있어서는 더욱 말할 것도 없을 것이다. 「때문에 무로부터 유로 나아가도 3에 이르는데〔故自無適有, 以至於三〕」-도가 개념(言)에 의해 그 실재성이 확립되는 것만으로도 혼돈의 1이 3이 된다고 한다면, 「하물며 유로부터 유로 나아감에 있어서랴〔而況自有適有乎〕」-개별로부터 개별로 나아가는 존재세계의 지적 파악이 수습할 수 없는 혼란으로 분열되리란 것은 두말할 것도 없을 것이다. 「나아감을 없애고 시에 따를 뿐이다〔無適焉, 因是已〕」-때문에 절대자는 이 혼란과 분열 속으로 들어가지 않고, 가능한 한 「물(物)이 있다고 여기지만, 애초부터 경계(封)가 있지 않은」(2-14) 혼돈의 세계에 발붙여두고서, 「是」 즉 절대의 1인 실재 그 자체와 가만히 하나가 되어 오로지 도의 자연에 따르는 것이다.

본문의 「自無適有」의 「適」은 往과 같다. 「巧歷」의 「歷」은 曆과 같으며,

「曆에 교묘한 자」란 천문역산(天文曆算)에 정통한 사람을 이른다. 巧歷을 천문역산에 정통한 옛사람의 이름으로 보아도 좋다.

여기에서 우리는 「1과 말이 2가 되고, 2와 1이 3이 된다……무로부터 유로 나아가도 3에 이른다」라고 한 장자의 서술에 주목할 필요가 있다. 이 서술은 노자(老子)의 「도는 1을 낳고, 1은 2를 낳고, 2는 3을 낳고, 3은 만물을 낳는다〔道生一, 一生二, 二生三, 三生萬物〕」(제42장)와 일면 닮아 있다. 그러나 노자의 경우 다만 도가 분화발전 해나가는 과정을 유출적(流出的)으로 설명한 것에 비해,[39] 장자는 그것을 정치한 인식론으로 재조

---

39 위(魏) 왕필(王弼)의 이 장에 대한 주(注)는 장자의 입장에서 《노자》를 해석한 것이며, 아마도 《노자》 본래의 의미는 아닐 것이다.〔원주〕 참고로 《노자》제42장에 대한 왕필의 주를 소개한다. 번역은 임채우, 《왕필의 노자주》, 한길사, 2005. 196면을 따랐다. "온갖 사물과 형체는 모두 일(一)로 돌아간다. 무엇으로 말미암아 일에 이르는가? 무로 말미암는다. 무로 말미암아 일에 이르니 일은 무라고 할 수도 있다. 그런데 이미 일이라고 했으니 어찌 말이 없을 수(혹은 없다고 말할 수) 있겠는가? 말이 있고 일이 있으니 이(二)가 아니면 무엇이겠는가? 일이 있고 이가 있으니 드디어 삼(三)을 낳게 된다. 무에서 유로 나아감에 여기에서 수는 끝나고(혹은 모든 수가 여기로부터 이런 방식으로 생겨나고), 이렇게 나온 것은(즉 일로부터 파생되어 나온 잡다한 수들은) 도의 무리가 아니다. 그러므로 만물이 생겨남에 나는 그 주를 아니, 비록 온갖 형체가 있어도 충기(沖氣)는(즉 빈 무의 기운은, 혹은 솟구치는 기운은) 하나이니, 백성마다 각자 마음이 다르고 나라마다 풍속을 달리하지만 왕후는 일(一)을 얻어서 주가 된다. 일이 주가 되니 일을 어찌 버릴 수 있겠는가? 많아질수록 (도로부터) 멀어지고 덜어내면 도에 가까워지니, 다 덜어내 버려야 그 궁극을 얻는다. 일이라고 말했을 뿐인데도 오히려 바로 삼(三)이 되어 버리거늘 하물며 근본이 일이 아닌데 도에 가까울 수 있겠는가? 덜면 더해지고, 더하려면 덜게 된다는 것이 어찌 헛말이겠는가〔萬物萬形, 其歸一也. 何由致一? 由於無也. 由無乃一, 一可謂無. 已爲之一, 豈得無言乎? 有言有一, 非二如何? 有一有二, 遂生乎三. 從無之有, 數盡乎斯, 過此以往, 非道之流. 故萬物之生, 吾知其主, 雖有萬形, 沖氣一焉. 百姓有心, 異國殊風, 而王侯(得一者)主焉. 以一爲主, 一何可舍? 愈多愈遠, 損則近之. 損之至盡,

직하고 있다. 노자에게 있어 「천하 만물은 유에서 생겨나고, 유는 무에서 생겨나는〔天下萬物生於有, 有生於無〕」(제40장) 것으로, 道(無)라는 것은 이 일체만물을 **낳는** 형이상학적인 실체로서의 성격을 다분히 지닌 것이며, 이 실체로부터 음양이기(陰陽二氣)가 생겨나고 천지와 인간이 생겨나온다고 여겨지고 있었던 듯하다. 그러나 장자는 이러한 도의 형이상학적 전개를 인식론적인 관계로 재해석하여, 판단의 형식으로서의 순수개념, 즉 말(言)을 연역함과 동시에 일종의 변증법적 논리로 말(言)로서의 수 개념을 전개하고 있는 것이다. 장자 사상과 노자 사상의 차이점에 대해서는 〈소요유편〉1-9에서도 잠시 언급하였으나, 장자에게 보이는 이처럼 정치한 인식론적 고찰도 장자를 노자로부터 구별 짓게 하는 큰 특징이라고 말할 수 있을 것이다.

2-21

夫道未始有封, 言未始有常, 爲是而有畛也, 請言其畛 : 有左有右, 有倫有義, 有分有辯, 有競有爭, 此之謂八德.

도(道)는 애초부터 경계(封)가 있지 않았고, 말은 애초부터 정해진 내용(常)이 있지 않았다. 이 때문에 구분(畛)이 있게 되었다. 시험 삼아 그 구분에 대해 말해 보겠다. 좌(左)가 있고 우(右)가 있고, 논함(倫=論)이 있고 따짐(義=議)이 있고, 분간함(分)이 있고 변별함(辯=辨)이 있고, 겨룸이 있고 다툼이 있으니, 이를 일러 팔덕(八德)이라 한다.

乃得其極. 旣謂之一, 猶乃至三, 況本不一, 而道可近乎? 損之而益, (益之而損), 豈虛言也〕" 저자와 견해가 같지는 않지만, 《노자》 제42장의 주석에 대한 연구로는 金忠烈, 《中國哲學散稿(Ⅰ)》, 온누리, 1990. 143-168면을 참고할 만하다.

始–처음 시. 封–봉할 봉, 경계 봉. 常–항상될 상. 畛–경계 진. 倫–인륜 륜, 논할 논(論). 義–뜻 의, 의론할 론(議). 辯–말 잘할 변, 분별 변(辨). 競–다툴 경. 爭–다툴 쟁.

• 常 : 항상된 것, 정해진 것. 즉, 정해진 내용.

이상, 장자는 도(道)와 언(言)(실재와 인식)의 관계에 대해 정치한 반성과 음미를 가하면서 인식의 파탄성과 분열성, 이를테면 실재에 상대되는 인식의 살육성이라고 할 만한 것을 밝혀왔다. 장자는 이 인식의 살육성에서 벗어나 살아 있는 혼돈으로서의 도를 살아 있는 혼돈으로서 살려내기 위해서는 「애초부터 경계(封)가 있지 않은」 판단 이전의 경지, 「애초부터 물(物)이 있지 않은」(2-14) 체험 그 자체의 세계에 머물러야 함을 강조하였는데, 윗글에서 '무(無)로부터 유(有)'에 이르는 전개를 밝힌 것과 관련하여 여기서는 '유(有)로부터 유(有)'로의 전개(상대적 가치 세계의 윤곽)를 소묘한다. 이른바 팔덕(八德)이 그 소묘이다.

「도는 애초부터 경계가 있지 않았다〔夫道未始有封〕」–도라는 것은 이미 밝혔듯이 본래 어떠한 경계질서도 없는 맹목의 혼돈이었다. 「말은 애초부터 정해진 내용이 있지 않았다〔言未始有常〕」–또 도에 상대되는 言(개념)도 이미 언급했듯이, 본래 그것만으로는 어떠한 일정한 내용도 지니지 않은 순수형식에 지나지 않았다. 그런데 이 혼돈으로서의 도가 言의 내용으로 섭취되면, 다시 말해 실재가 개념적 인식의 세계로 끌려 들어오면, 거기에 도의 「진(畛)」 즉 경계질서가 성립한다. 지금 참고삼아 그 경계질서를 들어보겠다.

「좌가 있고 우가 있다〔有左有右〕」–우선 맨 처음 성립하는 것은 좌와 우라는 질서 지움, 즉 대우(對偶)의 관념이다. 다음으로는 「논함(倫=論)이 있고 따짐(義=議)이 있고〔有倫有義〕」–논의(論議), 즉 양자에 관한 비교토론이 성립하고, 다음으로는 「분간함(分)이 있고 변별함(辯=辨)이 있고〔有

分有辯」-이 양자에 관한 변별과 가치 지움이 성립하고, 다음으로는 「겨룸이 있고 다툼이 있다〔有競有爭〕」-가치 지워진 것에 관한 상호대립과 투쟁이 성립한다. 이 「좌우(左右)」「논의(論議)」「분변(分辯)」「경쟁(競爭)」을 팔덕이라 한다. 팔덕이란 인간이 도에 심지(心知)의 분별을 가해 얻은(得) 여덟 가지라는 의미이다(德은 所得의 得과 같다).

본문의 「畛(진)」은 封과 같은 의미이며 경계질서를 이른다. 「倫이 있고 義가 있다〔有倫有義〕」의 倫義는 다른 판본(진晉 최선본崔譔本)에 論義로 되어 있는 것을 따라야 할 것이다. 論義는 論議와 같으며, 「論이 있고 議가 있다」는 아랫글의 「성인(聖人)은 논(論)하되 의(議)하지 않는다〔聖人論而不議〕」(2-22)와 상응한다. 「分이 있고 辯이 있다」의 「辯」은 辨과 같다.

2-22

六合之外, 聖人存而不論; 六合之內, 聖人論而不議; 春秋經世先王之志, 聖人議而不辯. 故分也者, 有不分也; 辯也者, 有不辯也. 曰 : 何也? 聖人懷之, 衆人辯之以相示也. 故曰 : 『辯也者, 有不見也.』

우주(六合) 밖에 대해 성인(聖人)은 내버려두고(存) 논(論)하지 않고, 우주 안에 대해 성인은 논(論)하되 세세히 따지지(議) 않고, 《춘추春秋》라는 세상을 다스린 옛 왕들에 관한 기록에 대해 성인은 따지되(議) 변별(辯)하지 않는다. 때문에 분간(分)하는 것에는 분간하지 못하는 것이 있고, 변별(辯=辨)하는 것에는 변별하지 못하는 것이 있다. 말하노니, 무슨 까닭인가? 성인은 그것을 품고 뭇 사람들은 그것을 변별하여 서로 내보인다. 때문에 '변별하는 것은 보여주지 못하는 것이 있다'라고 하는 것이다.

存–존치할 존. 經–다스릴 경. 志–기록할 지, 기록 지. 辯–말 잘할 변, 분별 변(辨). 懷–품을 회. 見–볼 견, 보일 현.

그런데 성인 즉 절대자는 심지(心知)의 분별을 버리고 절대의 일(一)에서 소요하는 존재이기 때문에, 「육합(六合)의 밖」(이 우주를 초월한 신비로운 세계)에 대해서는 설령 그것이 존재한다 하더라도 그것이 존재하도록 내버려두고, 「육합의 안」(이 우주 내의 사건)에 관해서는 보편적인 문제는 논의하지만 세세한 문제는 파헤쳐들지 않는다. 또 「춘추(春秋)」라는 책은 세상을 다스린 옛 왕자(王者)에 관한 역사적 기록인데, 성인은 그곳에 기록된 구체적인 사실은 자세히 논의하지만 그 사실에 대해 독단적으로 가치를 지우지는 않는다.

그런데도 세속 사람들은 자기의 분별이 절대적인 것인 양 착각하여, 걸핏하면 곧장 안이한 가치판단을 외쳐대는데, 그것은 그들이 분별이라고 칭하는 것이 진정한 분별이 아니라는 것을 알아차리지 못하기 때문이다. 「분간(分)하는 것에는 분간하지 못하는 것이 있고, 변별(辯=辨)하는 것에는 변별하지 못하는 것이 있다〔分也者, 有不分也, 辯也者, 有不辯也〕」–진정한 분별이란 분별함이 없는 분별이다. 분별함이 없는 분별이란 무엇인가? 그것은 모든 차별과 대립을 차별되고 대립된 그대로 자기의 품속에 끌어안는 지혜인 것이다. 즉, 「성인(聖人)은 품는다」는 것이다. 이에 반하여 뭇 사람들은 자기의 분별을 이보란 듯이 뽐낸다. 때문에 진정한 분별이란 또한 자기의 분별을 속에다 품고서 타인의 구경거리가 되지 않게 하는 지혜라고도 말할 수 있을 것이다.

본문의 「六合」이란 하늘과 땅과 사방, 즉 우주(宇宙)라는 의미이다. 「春秋經世先王之志」–이 구절은 난해하여 예로부터 다양한 해석이 있었다.

「經」은 經緯의 經으로 **다스리다**라는 뜻일 것이다. 「志」는 識(지)와 같으며, '적힌 것', 즉 '기록'이라는 의미이다. 「春秋」는 장자 당시에 전해지던 옛 역사서의 이름일 것이다. 반드시 공자(孔子)가 편찬한 《春秋》로 보지 않아도 좋다. 「성인은 그것을 품는다〔聖人懷之〕」는 이것과 같은 표현이 《논어》〈위영공편衛靈公篇〉에 공자의 말로 보인다.[40]

2-23

夫大道不稱, 大辯不言, 大仁不仁, 大廉不嗛, 大勇不忮. 道昭而不道, 言辯而不及, 仁常而不成, 廉淸而不信, 勇忮而不成. 五者园而幾向方矣.

대도(大道)는 칭할 수 없고, 대변(大辯)은 들먹이지 않고, 대인(大仁)은 어질지 않고, 대렴(大廉)은 겸양(嗛=謙)하지 않고, 대용(大勇)은 해치지 않는다. 도(道)는 밝게 드러나면 도가 아니고, 말(言)은 소상해지면(辯=辨) 미치지 못하고, 인(仁)은 고정되면 두루 미치지(成=周) 못하고, 염(廉)은 깨끗하면 진실되지 않고, 용(勇)은 해치면 이루어지지 않는다. 이 다섯 가지는 둥글지만 모나기가 쉽다.

辯-말 잘할 변, 분별 변(이 장에서는 辯 그대로의 의미로 쓰인 것과 辨의 의미로 쓰인 것이 모두 보인다). 廉-청렴할 렴. 嗛-겸양할 겸(謙). 忮-해칠 기. 昭-밝을 소. 园-깎을 완, 둥글 완.

• 五者园而幾向方矣 : 직역하자면 '다섯 가지는 둥글지만 모남으로 향해가는 것에 가깝다' 정도이다.

---

40 《論語》〈衛靈公〉15-6. "군자답다. 거백옥이여! 나라에 道가 있으면 벼슬하고, 나라에 道가 없으면 거두어 속에 감추어 두는구나!〔君子哉蘧伯玉! 邦有道, 則仕, 邦無道, 則可卷而懷之!〕"

이상의 논의에서도 밝혀졌듯이, 대도(大道) 즉 진정한 실재는 명칭과 개념을 초월한 것이고, 대변(大辯) 즉 진정한 변증은 그 변증을 들먹이지 않는 것이고, 「대인(大仁)은 어질지 않고, 대렴(大廉)은 겸양하지 않고, 대용(大勇)은 해치지 않는다〔大仁不仁, 大廉不嗛, 大勇不忮〕」-진정한 사랑은 오히려 사랑을 부정하고, 진정한 겸양은 오히려 자기를 비하하지 않고, 진정한 용맹은 사람을 해치는 행위를 하지 않는 것이다. 때문에 역으로 도가 명칭이나 개념으로 명시되면 그 도는 이미 진정한 도가 아니고, 언론(言論)이 **몹시** 번거로운 변증을 이용하면 점점 더 진실에서 멀어지고, 사랑이 특정한 대상에 고정되면 이미 보편성을 잃고, 청렴함도 너무 결벽하면 **거짓**이 생기고, 용기도 폭력화되면 진정한 용기가 아니게 된다. 요컨대 '大道'·'大辯'·'大仁'·'大廉'·'大勇', 이 다섯 가지는 마치 원주(圓周)가 모든 각을 제 안에 품은 것과 마찬가지로 본래 원융무애(圓融無碍)하다. 하지만 또 원주가 직선에 의해 분할되면 거기에 삼각형이나 사각형이 생기는 것처럼, 大道는 개념에 의해 손상되고, 大辯은 언론에 의해 손상되고, 大仁은 고정되는 것에 의해 손상되고, 大廉은 견개(狷介)함에 의해 손상되고, 大勇은 폭력에 의해 손상된다는 한정화·부자유화의 경향성을 지니고 있는 것이다.

본문의 「大廉은 不嗛(겸)하다」의 「嗛」은 謙(겸양하다)과 같고(민국民國 해동奚侗의 설) 「大勇은 不忮(불기)하다」의 「忮」는 害와 같다. 「仁常而不成」의 「不成」은 다음의 「勇忮而不成」의 「不成」과 중복되기 때문에, 다른 판본[41]에 「不周」로 되어 있는 것을 따라야 할 것이다. 「园(완)」은 圓과 같다.

41 송(宋) 진경원(陳景元)의 《장자궐오莊子闕誤》에서 인용한 강남고장본(江南古藏本).〔원주〕

2-24

故知止其所不知, 至矣. 孰知不言之辯, 不道之道? 若有能知, 此之謂天府. 注焉而不滿, 酌焉而不竭, 而不知其所由來, 此之謂葆光.

때문에 지(知)는 그 알지 못하는 곳에 머무는 것이야말로 지극한 것이다. 누가 말하지 않는 웅변(辯)과 도(道)라고 일컬어지지 않는 도(道)를 알까? 만약 알 수 있는 자가 있다면, 이를 일러 하늘의 창고(天府)라고 한다. 〔그곳은〕 부어도 가득 차지 않고 퍼내어도 다하지 않지만, 그 유래한 곳을 알지 못하니, 이를 일러 보물의 빛(葆光)이라 한다.

孰-누구 숙. 辯-말 잘할 변. 府-창고 부. 注-물댈 주, 부을 주. 酌-잔 작, 퍼낼 작. 竭-다할 갈. 葆-보물 보.

장자는 다음과 같이 결론짓는다.

때문에 최상의 지혜란 마치 직선에 의해 분할되지 않은 원주처럼 시비의 편견에 의해 손상되지 않은 자연의 지혜, 인식의 한계를 알고 그 한계 밖에 머무는 지혜-「알지 못하는 곳에 머무는」 지혜인 것이다. 절대의 진리란 '이것을 알고 있다'라고 하는 경우에 이미 절대의 진리가 아니게 되고, '이것을 알지 못한다'라고 하는 경우에 오히려 절대의 진리로 나타나는 역설적인 존재인 것이다. 그러므로 이 역설의 의미를 진정으로 이해하는 사람이 있다면, 그 사람 앞에는 한없이 풍부한 생명의 보고가 열릴 것이다. 「불언(不言)의 변(辯)」 즉 말하지 않는 웅변(雄辯), 「부도(不道)의 도(道)」 즉 진리를 부정하는 진리-이 말의 의미를 진정으로 터득할 수 있는 사람이 있다면, 그 사람이야말로 「천부(天府)」(천연자연의 보고)를 마음에 지닌 자라고 일컫는 것이다. 그의 흉중에는 부어도 가득 차지 않고 퍼내어도 다하지 않으며, 게다가 어디에서 왔다가 어디로 가버리는지도 알 수 없는 끝없는 생명의 넓은 바다가 활짝 펼쳐진다. 그는 그 생명의 넓은 바다에서 한없는 자유를 마음껏 즐기고 모든 인간적인 왜소함을 초월한다. 그리고 이러한 경지, 즉 모든 인간적인 분별과 인간적인 분별에서 일어나는 만뢰(萬籟)의 울림(시끌시끌한 시비의 논쟁)이 본래의 정적에서 잠잠해지는 경지를 「보광」이라고 한다. 보광(葆光)이란 '보물(葆)의 빛(光)', 즉 '절대의 지혜'라는 의미이다(「葆」는 寶와 같다).

2-25

故昔者堯問於舜曰 : 「我欲伐宗膾胥敖, 南面而不釋然. 其故何也?」舜曰 : 「夫三子者, 猶存乎蓬艾之閒, 若不釋然, 何哉? 昔者十日竝出, 萬物皆照, 而況德之進乎日者乎!」

때문에 옛날에 요(堯)임금이 순(舜)에게 물었다. "나는 숭(宗=崇) · 회(膾) · 서오(胥敖)를 정벌하려고 하는데, 〔임금으로서〕 남면(南面)하여 석연찮으니 그 까닭은 무엇일까?"
순(舜)이 말하였다. "저 세 나라의 왕들은 아직도 쑥풀 사이에 사는데도 당신(若)께서 석연찮아 하는 것은 어째서입니까? 옛날에 열 개의 태양이 한꺼번에 떠올라 만물을 모두 비추었습니다. 하물며 덕(德)이 태양보다 밝은 사람이겠습니까?"

伐-정벌할 벌. 宗-마루 종, 나라이름 숭(崇). 膾-회 회, 나라이름 회. 胥-모두 서. 敖-거만할 오. 蓬-쑥 봉. 艾-쑥 애. 若-너 약. 竝-나란할 병, 함께 병. 照-비출 조. 況-하물며 황.

• 夫三子者 : 직역하면 '저 세 사람은' 정도이다. 저자는 '저 세 나라의 왕들은'으로 의역하였다. 번역은 이를 따랐다.
• 德之進乎日者 : 직역하면 '덕이 태양보다 나아간 자' 정도이다. '덕이 태양보다 나은 자'를 의미한다. 저자는 완전히 풀어서 '덕이 태양보다 밝은 자'로 풀었다.

보광(葆光)(절대의 지혜)으로 인해 인간은 본래의 평온함 속에서 모든 광조(狂躁)와 미혹으로부터 해방된다. 장자는 이 보광의 위대함을 강조하며 다음과 같이 말한다.

때문에 마지막으로 그 위대함을 찬미하는 설화 하나를 덧붙여 이 편의 서술을 일단 끝맺도록 하겠다. 요(堯)임금과 순(舜)의 문답이 바로 그것이다. 그 문답은 아래와 같다.

옛날 천하에 군림했던 요(堯)임금이 당대에 최고 유덕자(有德者)로 명성이 자자하던 순(舜)에게 이렇게 물었다.

– 나는 지금부터 **귀순하지 않는** 세 나라, 숭(宗=崇)·회(膾)·서오(胥敖)를 정벌하려고 한다. 그러나 어쩔 수 없는 조처라고는 하지만, 천하의 지배자가 되어 무력을 쓰지 않으면 안 되는 자신에게 무어라 말할 수 없는 석연찮은 기분을 느끼게 되는군. 이 석연찮은 기분은 대체 어떠한 이유 때문일까?

그러자 순(舜)이 대답하였다.

- 저 세 나라의 왕들은 아직도 쑥풀이 무성히 자라는 미개지에 사는 야만적인 백성이며, 아직 절대자의 덕이 어떠한가도 모르는 가련한 자들입니다. 때문에 당신께서 끙끙대며 속 썩일 것은 조금도 없을 것입니다. 정벌과 같은 폭력 행위에 호소하기 전에, 어째서 좀 더 그들을 덕으로 감화할 것을 생각하지 않으십니까? 옛날 열 개의 태양이 한꺼번에 하늘에 나타나 그 빛으로 응달진 곳 없이 일체만물을 환히 비추었다는 이야기가 있습니다. 절대자가 지닌 덕의 빛은 이 열 개의 태양을 합한 것보다도 더 위대한 것입니다. 이 위대한 덕의 빛을 지닌 절대자가 되는 것이야말로 그대가 마음 써야 할 것이 아니겠습니까?

본문의 「宗膾胥敖」는 이 책 〈인간세편〉4-5에 보이는 「叢·枝·胥敖」와 같으며, 현대 학자 마서륜(馬敍倫)이 고증한 것처럼 세 나라의 이름으로 보아야 할 것이다. 「宗」은 崇(숭)과 같으며, 《서경書經》 등의 고전에 「요(堯)가 환두(讙兜)를 숭산(崇山)으로 쫓았다」라고 한 崇山의 崇이 이것이라고 한다(청淸 손이양孫詒讓의 설). 숭산의 위치는 오늘날의 호남성(湖南省) 예현(澧縣)(동정호洞庭湖의 서북) 부근으로 추정된다. 「膾」는 鄶(회) 내지는 檜(회)와 같으며, 《시경詩經》에 그 지방의 민요가 회풍(鄶風)으로 실려 있는 회(鄶)나라를 이른다(청 홍양길洪亮吉의 설). 鄶는 오늘날의 하남성(河南省) 밀현(密縣) 부근에 해당한다고 한다(부도附圖 참조). 또 「胥敖」가 오늘날의 운남(雲南) 귀주(貴州)의 산악지대에 사는 묘족(苗族)이라는 것은, 청(淸) 주역동(朱亦棟)의 고증이다. 묘족은 본래 황하(黃河) 유역에 살고 있었으나 한족에게 압박당하여 서남쪽으로 옮겼던 것이다. 《서경》〈순전舜典〉이나[42] 이 책의 외편인 〈재유편〉 등에도 「요(堯)가 묘족(苗族)을 삼위(三峗)로 몰아내었다」라는 기록이 남아 있다.[43] 장자의 이 요순문답(堯舜問答)은 그가 살았던 당시에 전해지고 있던 이러한 전설을 설화화한 것으로 보인다.

「열 개의 태양이 한꺼번에 떠올랐다〔昔者十日竝出〕」라는 것은, 열 개의 태양이 하늘에 나타났다는 의미인데, 이것은 기류의 변화로 인해 태양이 여럿으로 보이는 기상현상의 이변을 설화화한 것으로 여겨진다. 오늘날의 몽고에서도 이따금씩 이러한 현상을 볼 수 있다고 한다. 「蓬艾(봉애)」는 두 글자 모두 쑥이라는 뜻이다.

장자는 〈제물론편〉의 첫머리부터 이 요순문답에 이르기까지에서, 우선

---

42 《書經》〈舜典〉 "공공(共工)을 유주(幽洲)에 유배하고 환두(驩兜)를 숭산(崇山)에 유치(留置)하고 삼묘(三苗)를 삼위(三危)에 몰아내고 곤(鯀)을 우산(羽山)에 가두어 네 사람을 죄주시니, 천하가 다 복종하였다〔流共工于幽洲, **放驩兜于崇山, 竄三苗**于三危, 殛鯀于羽山, 四罪而天下咸服〕."

43 〈재유편〉에는 "堯於是放讙兜於崇山, 投三苗於三峗"라고 되어 있다.

맨 처음 남곽자기(南郭子綦)의 천뢰문답(天籟問答)을 빌어 장자적 절대자의 망아(忘我)의 해탈을 묘사하였고, 이어 그 망아의 해탈을 성립시키는 만물제동의 논리, 인간의 광조(狂躁)와 미혹이라는 만뢰(萬籟)를 천뢰(天籟)로서 듣는 지혜를 밝혔으며, 나아가 인간의 개념적 인식과 실재와의 관계, 도에 대비된 언지(言知)의 한계를 날카롭게 반성하면서 끝으로 요순문답에 의탁하여 절대 지혜(보광葆光)의 위대함을 찬미하였다. 그는 이상을 〈제물론편〉의 주요한 내용으로 제시하고, 이 아래에 길고 짧은 네 가지 설화를 덧붙여 상술한 주장을 한층 구체적·보충적으로 설명한다.

첫 번째 설화.

여기에서는 왕예(王倪)와 설결(齧缺)이라는 가상인물 두 명의 문답을 빌어 인간의 가치적 편견과 주아적(主我的) 독선을 깨부수면서, 절대자의 드높은 초월과 그 얽매임 없는 자유에 대해 밝힌다. 가상 인명인 왕예(王倪)는 '위대한 일(一)'이라는 의미이며, 설결(齧缺)은 '**깨물어서** 으깨다', 즉 지적 천착(知的穿鑿)이라는 의미이다.

2-26

齧缺問乎王倪曰 :「子知物之所同是乎?」 曰 :「吾惡乎知之!」「子知子之所不知邪?」 曰 :「吾惡乎知之!」「然則物無知邪?」 曰 :「吾惡乎知之! 雖然嘗試言之. 庸詎知吾所謂知之非不知邪? 庸詎知吾所謂不知之非知邪?」

설결(齧缺)이 왕예(王倪)에게 물었다. "선생님은 물(物)이 모두(同) 시(是)인 곳에 대해 아십니까?"
왕예가 말하였다. "내가 어찌 그것을 알겠는가?"
"선생님은 선생님이 알지 못한다는 것을 아십니까?"
왕예가 말하였다. "내가 어찌 그것을 알겠는가?"
"그렇다면 물(物)은 알 수 있는 것이 없습니까?"
왕예가 말하였다. "내가 어찌 그것을 알겠는가? 그렇지만 시험 삼아(嘗試) 말해보도록 하자. 어찌(庸詎) 내가 이른바 안다는 것이 알지 못하는 것이 아닌지 알겠으며, 어찌 내가 이른바 알지 못한다는 것이 아는 것이 아닌지 알겠는가?"

齧-깨물 설. 缺-깨질 결. 倪-흘겨볼 예, 끝 예. 邪-어조사 야. 庸-어찌 용. 詎-어찌 거.

어느날 설결(齧缺)이라는 사람이 그의 스승인 왕예(王倪)에게 물었다(왕예가 설결의 스승이라는 사실은 이 책 외편의 〈천지편〉에 보인다).

– 선생님은 모든 존재가 거기에서는 하나같이 시(是)로 긍정되는 근원적인 진리, 즉 도가 어떠한 것인지 알고 계십니까?

– 나로서는 **전혀** 모르겠구나.

– 그렇다면, 선생님이 알고 있지 않다는 것은 알고 계십니까?

– 그것도 모르겠구나.

– 그렇다면 모든 것은 불가지(不可知)입니까?

– 그것도 모르겠구나. 그렇지만 모처럼 한 질문이니까 시험 삼아 잠시 얘기해 보도록 하자. 원래 인간이 안다는 것, 즉 판단이란 것은 완전히 상대적인 것이어서 '이것이 절대이다'라는 것은 있을 수 없다. 때문에 지금 내가 만약 무언가를 알고 있다고 말하더라도 그 **알고 있는 것**이 실제로는 **알지 못하는 것**일지도 모르며, 또 역으로 알지 못한다고 말하더라도 그 **알지 못하는 것**이 실지로는 **알고 있는 것**일지도 모르는 것이다.

본문의 「시험 삼아 말해보도록 하자〔嘗試言之〕」에 대해서는 이미 설명하였다(2-17). 도(진실재)는 언상개념(言象槪念)을 초월한 것이기 때문에 언상개념으로는 파악하는 것이 불가능하지만, 언어를 매개로 하는 일 없이는 어떠한 것도 말할 수 없기 때문에 **시험 삼아** 말해 보겠다는 것이다. 「庸詎(용거)」는 何以와 같으며 반어의 조사이다. 「어찌……아닌지 알겠는가」는 중국어에 자주 사용되는 추량어법으로, 「……일지도 모른다」라는 의미이다.

2-27

「且吾嘗試問乎女：民濕寢則腰疾偏死，鰌然乎哉？木處則惴慄恂懼，猨猴然乎哉？三者孰知正處？民食芻豢，麋鹿食薦，蝍且甘帶，鴟鴉耆鼠，四者孰知正味？猨猵狙以爲雌，麋與鹿交，鰌與魚游. 毛嬙麗姬，人之所美也，魚見之深入，鳥見之高飛，麋鹿見之決驟，四者孰知天下之正色哉？自我觀之，仁義之端，是非之塗，樊然殽亂，吾惡能知其辯!」

"또 내가 시험 삼아(嘗試) 너(女=汝)에게 물어보겠다. 사람은 습한 곳에서 잠자면 허릿병이 생기고 반신불수(偏死)가 되는데, 미꾸라지도 그러한가? 〔사람은〕 나무 〔위〕에서 살면 벌벌 떨며 두려워하는데, 원숭이도 그러한가? 이 셋 가운데 어느 쪽이 바른 거처를 아는 것일까? 사람은 소 · 돼지 등(芻豢)을 먹고, 사슴은 풀을 먹고, 지네(蝍且)는 뱀을 맛있게 먹고, 소리개(鴟)와 까마귀(鴉)는 쥐를 즐겨 먹으니, 이 넷 가운데 어느 쪽이 바른 맛을 아는 것일까? 원숭이(猨)는 편저(猵狙)라는 원숭이를 짝으로 삼고, 미(麋)라는 사슴은 사슴(鹿)과 교미하고, 미꾸라지는 물고기와 노닌다. 모장(毛嬙)과 여희(麗姬)는 사람들이 아름답다고 하는 바이지만, 물고기는 그들을 보면 〔물속〕 깊이 〔숨어〕들어가고, 새는 그들을 보면 높이 날아오르고, 사슴은 그들을 보면 곧장(決) 달아나니, 이 넷 가운데 어느 쪽이 천하의 바른 아름다움을 아는 것일까? 내 입장에서 보자면 인의(仁義)의 단서(端)와 시비(是非)의 조리(塗)는 어지러이(樊然) 뒤엉켜 있다. 〔그러니〕 내가 어찌 그 구분(辯=辨)을 알 수 있겠는가?"

女—너 여(汝). 濕—축축할 습. 寢—잠잘 침. 偏—한쪽 편. 鰌—미꾸라지 추. 惴—두려워할 췌. 慄—두려워할 률. 恂—두려워할 준. 懼—두려워할 구. 猨—원숭이 원. 猴—원숭이 후. 孰—누구 숙. 芻—꼴 추, 꼴 먹는 동물 추. 豢—곡식 환, 곡식 먹는 동물 환. 麋—사슴 미. 鹿—사슴 록. 薦—천거할 천, 꼴 천. 蝍—지네 즉. 且—구더기 저, 지네 저(蛆). 甘—달 감, 달게 먹을 감. 帶—띠 대, 뱀 대. 鴟—소리개 치. 鴉—까마귀 아. 耆—좋아할 기(嗜).

鼠-쥐 서. 猵-편저 편. 狙-원숭이 저. 嬙-궁녀 장. 姬-성 희. 驟-달릴 취. 端-단서 단. 塗-길 도, 조리 도. 樊-울타리 번, 어지러울 번. 殽-섞일 효.

• 惴慄恂懼 : 4자 모두 공포감에 두려워한다는 뜻이다. 번역에서는 '벌벌 떨며 두려워하다'로 풀었다.
• 猨猵狙以爲雌 : 직역하자면 '猨은 猵狙를 암컷으로 삼는다' 정도이다. 저자는 '猨은 猵狙를 가지고(以) 짝(雌)이 된다(爲)'라고 풀었다. 이 문장에서 猨을 목적격으로 보아 '猨을 猵狙는 암컷으로 삼는다'로 풀 수도 있다.
• 決驟의 決은 빠른 모양이다. 저자는 '곧장'으로 풀었다. 번역은 이를 따랐다.
• 天下之正色의 色을 저자는 '아름다움'으로 풀었다. 여기서 '아름다움'은 성적인 의미를 포함하고 있다. 번역은 저자의 번역을 따랐다.
• 自我觀之 : '나로부터 보자면'. '내 입장에서 보자면'의 뜻이다.

게다가 이것도 시험 삼아 그러는 거지만, 자네에게 질문 하나를 해보겠네.

대개 사람은 눅눅한 장소에 살면 허릿병이나 반신불수 같은 중병에 시달리지만, 미꾸라지는 줄곧 진흙 속에 살면서도 아무렇지 않다. 또 사람은 나무 위에 있으면 몹시 두려워 부들부들 떨며 오금도 못 펴지만, 원숭이는 이쪽 나무에서 저쪽 나무로 이리저리 뛰어다니면서도 아무렇지 않다. 사람과 미꾸라지와 원숭이, 이 셋 가운데 과연 어느 쪽이 진정으로 바른 거처를 알고 있는 것일까? 사람은 제멋대로 만물의 영장이니 하며 자만하여 자기의 거주양식이 최상인 양 착각하고 있지만, 이는 정말 괴이한 생각이다.

또 음식에 대한 기호 역시 그러하다. 사람은 소·양·돼지 등의 가축을 식용으로 삼고, 사슴은 들판의 풀을 먹고, 즉저(蝍且) 즉 **지네**는 뱀을 맛있게 먹고, 소리개와 까마귀는 쥐를 보면 군침을 흘리는데, 사람과 사슴과 지네와 소리개·까마귀, 이 넷 가운데 과연 어느 쪽이 진정으로 음식의 맛을 알고 있는 것일까? 게다가 색정(色情) 역시 그러하다. 원숭이(猨)는 원숭이의 일종인 편저(猵狙)와 자웅의 교합을 행하고, 사슴의 일종인 미(麋)는 흔히 말하는 사슴(鹿)과 **한 쌍**이 되고, 미꾸라지(鰌)는 물고기(魚)와 **희롱하지만**, 사람들이 절세의 미인이라며 법석을 떠는 모장(毛嬙)이나 여희(麗姬)가 그것들에게 가까이 가면, 물고기는 놀라 물속 깊이 도망가 숨고 새는 두려워 하늘 높이 날아오르고 사슴은 옆도 돌아보지 않고 달아날 것이다. 때문에 "이 세상에서 대체 무엇이 진정으로 매력적인 아름다움이며, 원숭이와 미꾸라지와 사슴과 사람, 이 넷 가운데 어느 쪽이 과연 그 진정한 것을 알고 있는 것인가?" 하는 것은 **일괄적**으로 결정지을 수 없는 문제이다.

이상과 같이 생각해보면, 인간의 판단 따위는 결코 절대적인 것이 아니며, 절대적이라고 생각하는 것은 인간의 자기중심적인 독선이거나 독단적인 편견이라는 사실을 알 수 있을 것이다. 때문에 세속 사람들이 "이것은 인의이다, 이것은 시비이다." 하면서 외쳐대지만, 그 단서나 조리는 번연(樊然), 즉 어지러이 뒤엉켜 있어 "무엇이 인(仁)이고, 무엇이 의(義)인가?" 또 "어느 쪽이 시(是)이고, 어느 쪽이 비(非)인가?" 등은 어지간해서는 도저히 판별할 수 없는 문제인 것이다.

여기에서 우리는 왕예(王倪)의 말 속에 보이는 인간과 자연물의 혼효(混淆), 인간의 자연으로의 혼돈화에 주목해야 할 것이다.

앞에서 인간의 개념적 인식과 실재와의 관계를 고찰하면서 인간 심지(心知)의 혼돈화(심지의 판단을 버린 미시유물未始有物의 경지로의 침잠)를 이야기한 장자는, 여기에서는 더 나아가 심지의 주체인 인간 그 자체의 자연으로의 혼돈화를 이야기한다.

인류의 역사는 그 스스로 '문화'라고 칭하는 것 속에서 자연에서 등을 돌린 채 걸어왔다. "문화라는 것은 인간과 자연의 괴리를 일컫는 말이었다."라고도 할 수 있을 것이다. 그러나 인류는 또한 이 자연과의 괴리 속에서 인간의 오만과 독선과 편견 역시 키워왔다. 인간은 자기가 태어나고 출발한 자연을 그 오만과 독선과 편견 속에서 능욕하고 유린하였다. 그리고 이제 인간은 그 능욕과 유린이라는 자만심 속에서 현대를 질식시키고 있다. 장자는 여기에서 이 현대인의 질식을 신랄하게 풍자하고 있는 듯하다.

분명 사람은 커틀릿을 먹고 사슴은 들판의 풀을 먹는다. "그러나 커틀릿을 먹는 사람이 들판의 풀을 먹는 사슴보다도 고등하다고 여겨지는 근거는 도대체 무엇인가?"라고 장자는 반문한다. 그렇지만 이렇게 반문하는 장자는, 사람에게 반드시 "커틀릿을 버리고 들판의 풀을 먹어라."고 이야기하고 있는 것이 아니다. 그는 인류의 근거 없는 자만심이 인류 그 자신을 파멸시키는 생명의 함정임을 경고하고 있는 것이다. 「모장과 여희는 사람들이 아름답다고 하는 바이지만, 물고기는 그들을 보면 물속 깊이 숨어들어가고, 새는 그들을 보면 높이 날아오른다〔毛嬙麗姬, 人之所美也, 魚見之深入, 鳥見之高飛〕」[44]-이 구절 속에서 우리는 상식적인 가치관의 질곡으로부터 해방된 장자의 분방한 홍소(哄笑)를 느낄 수 있다.

본문의 「偏死(편사)」는 류머티즘이나 중풍 등 반신불수의 병을 이른다. 「猨(원)」「猴(후)」「猵狙(편저)」는 모두 **원숭이**이다. 「麋(미)」「鹿(록)」은 모두 **사슴**이다. 「薦(천)」은 풀이고, 「帶」는 뱀이며, 「耆(기)」는 嗜(좋아할 기)와 같다. 「芻豢(추환)」의 「芻」는 소나 양과 같은 초식동물을 이르고, 「豢」은 개나 돼지처럼 곡식을 먹는 동물을 이른다. 「毛嬙」은 〈대종사편〉6-24의

---

44 모장(毛嬙)과 여희(麗姬)는……새는 그들을 보면 높이 날아오른다 : 문맥상 '모장(毛嬙)과 여희(麗姬)는'부터 '사슴은 그들을 보면 곧장 달아난다'까지 인용되어야 자연스럽다. 원문대로라면 다소 어색하기는 하지만 원문을 존중하여 일단 그대로 번역해 두었다.

「無莊(무장)」과 같으며, 옛 미인의 이름이다. 「麗姬」는 「驪姬」라고도 쓰며, 아랫글(2-31)에도 보이듯 춘추시대 진(晉)나라 헌공(獻公)에게 총애 받던 미인이다.

2-28

齧缺曰 : 「子不知利害, 則至人固不知利害乎?」 王倪曰 : 「至人神矣! 大澤焚而不能熱, 河漢沍而不能寒, 疾雷破山, 風振海而不能驚. 若然者, 乘雲氣, 騎日月, 而遊乎四海之外. 死生無變於己, 而況利害之端乎!」

설결(齧缺)이 말하였다. "선생님은 이(利)와 해(害)를 알지 못한다고 하였습니다. 그렇다면 지인(至人)은 본래 이와 해를 알지 못합니까?" 왕예(王倪)가 말하였다. "지인은 신묘하다. 거대한 연못(大澤)이 불타도 태울 수 없고, 거대한 강(河漢)이 얼어도 춥게 할 수 없고, 격한 우레가 산을 쪼개고 회오리바람(風=飄風)이 바다를 뒤흔들어도 놀라게 할 수 없다. 이러한 자는 구름과 안개를 타고 해와 달을 몰아 사해(四海) 밖에서 노닌다. 죽음과 삶도 자신을 변화시키는 일이 없는데, 하물며 이해(利害)의 단서이겠는가?"

澤-못 택. 焚-태울 분, 탈 분. 熱-뜨거울 열, 태울 열. 沍-찰 호, 얼 호. 雷-우레 뢰. 振-흔들 진. 騎-말 탈 기, 몰 기.

- 河漢 : 황하와 한수. 저자는 '거대한 강'으로 의역하였다.
- 저자는 風振海의 風을 飄風, 즉 '회오리바람'으로 풀었다.

왕예(王倪)의 설명을 들은 설결(齧缺)이 다시 물었다.

– 선생님은 인간의 가치판단 등은 상대적이기 때문에 무엇이 진정한 이로움이며 무엇이 진정한 해로움인가 따위는 도저히 판별할 수 없다고

말씀하십니다만, 그렇다면 물론 저 지인(至人) 즉 절대자도 이해득실(利害得失) 따위는 전혀 염두에 두지 않겠지요?

그러자 왕예가 답하였다.

– 절대자란 모든 인간적인 것을 초극한 영묘한 존재이다. 그는 거대한 연못이 불타는 정도의 뜨거움과 거대한 강이 얼어붙는 정도의 추위에도 아무렇지 않고, 격한 우레가 산을 쪼개고 매섭게 불어대는 회오리바람(飄風)이 바다를 뒤흔드는 정도의 천재지변에도 **꿈쩍도** 하지 않는다. 이러한 절대자는 세속으로부터 드높이 비상하여 하늘의 구름과 안개를 타고 해와 달을 몰아 우주 밖에서 소요(逍遙)하는 자이다. 그에게 있어서는 죽음 또한 삶과 마찬가지여서, 모든 사람이 가장 두려워하고 슬퍼하는 사생(死生)의 변화조차도 그 마음을 어지럽히지 못한다. 하물며 자잘한 이해득실의 단서 따위는 애초부터 염두에 두지도 않는 것이다.

본문의 「大澤焚而不能熱, 河漢冱而不能寒」은 〈소요유편〉1-11의 「大浸稽天而不溺, 大旱金石流, 土山焦而不熱〔홍수가 하늘에 닿아도 물에 빠지지 않고, 한발에 쇠붙이나 돌이 녹고 흘러 토산이 타더라도 화상을 입지 않는다〕」 혹은 〈대종사편〉6-2의 「入水不濡, 入火不熱〔물속에 들어가더라도 젖지 않고, 불속에 들어가더라도 뜨거워하지 않는다〕」과 마찬가지로, 장자가 그의 절대자를 형용할 때에 자주 쓰는 표현이다. 후세에도 선종(禪宗) 등에서는 해탈자의 경지를 나타내는 말로 이 표현을 자주 썼다. 또 「疾雷破山, 風振海」는 다른 판본[45]에 「飄風振海」로 되어 있는 것을 좇아, 「飄」자를 보충해야 할 것이다. 이 두 구는 대구(對句)가 아니면 어색하다.

---

45 송(宋) 진경원(陳景元)의 《장자궐오莊子闕誤》에서 인용한 강남이씨본(江南李氏本).〔원주〕

「沍(호)」는 凍과 같으며, 얼다라는 뜻이다. 「河漢」은 황하(黃河)와 한수(漢水)를 이른다(부도附圖 참조).

2-29

瞿鵲子問乎長梧子曰：「吾聞諸夫子：『聖人不從事於務, 不就利, 不違害, 不喜求, 不緣道; 無謂有謂, 有謂無謂, 而遊乎塵垢之外.』夫子以爲孟浪之言, 而我以爲妙道之行也. 吾子以爲奚若?」

구작자(瞿鵲子)가 장오자(長梧子)에게 물었다. “나는 이것을 우리 선생님께 들었습니다. ‘성인(聖人)은 〔세속〕일에 종사하지 않고, 이로움을 추구하지 않고, 해로움을 피하지 않고, 남이 찾아줌(求)을 기뻐하지 않고, 도(道)를 〔애써〕 따르지 않으니, 말한 것이 없어도 말한 것이 있고 말한 것이 있어도 말한 것이 없이 속세(塵垢) 밖에서 노닌다.’ 하였습니다. 우리 선생님은 〔이것을〕 허튼소리라고 하였습니다만, 나는 도를 깨달은(妙) 행위(行)라고 생각합니다. 그대는 어떻게(奚若) 생각하십니까?”

瞿-놀랄 구. 鵲-까치 작. 梧-벽오동나무 오, 책상 오. 諸-어조사 저. 就-나아갈 취, 좇을 취. 違-어길 위, 피할 위. 緣-따를 연. 塵-티끌 진. 垢-때 구. 孟-맏이 맹. 浪-물결 랑. 奚-어찌 해.

- 不就利 : 이로움에 나아가지 않다. 즉 ‘이로움을 추구하지 않다’.
- 妙道之行 : ‘영묘한 도의 행위’, ‘영묘한 도의 실천’ 정도로 풀이된다. 저자는 ‘도를 깨달은 자의 행위’로 의역해 놓았다. 번역은 이를 따랐다.
- 吾子 : 그대.

두 번째 설화.

여기서는 구작자(瞿鵲子)와 장오자(長梧子)의 문답을 빌어 절대자가 사생의 변화와 시비의 대립을 하나로 여기고, 시공을 초월한 절대의 세계에서 한없는 생(生)의 자유를 소요(逍遙)하는 우주적 인격이라는 것을 밝힌다. (瞿鵲子와 長梧子는 아마도 장자가 임의로 만들어낸 이름일 것이다. 長梧子는 큰〔長〕 오동나무〔梧〕 아래에 사는 명상가라는 의미일 것이다. 鵲子는 참새 같은 잔말쟁이라는 의미쯤 되는 듯하다. 여기에서는 공자의 제자인 것으로 되어 있다.)

어느날 공자의 제자인 구작자가 장오자라는 득도자에게 물었다.

– 내 스승이신 공자께 들은 이야기입니다만, 성인 즉 절대자는 드높이 세속을 초월하여 속사(俗事)에는 관계하지 않고, 이해를 하나로 간주하여 이로움을 추구하지도 해로움을 피하지도 않고, 남이 자기를 찾아 써 준다고 해서 기뻐하지도 않고, 새삼스레 도를 의식하여 그것을 좇아가지도 않는다더군요. 그는 또 침묵하고 있어도 말 없는 말로 무언가를 말하고 있고, 말하고 있어도 그 말은 무심(無心)의 언어이기 때문에 말하지 않은 것과 같고, 그 몸은 세속 가운데 있으면서도 그 마음은 멀리 세속세계 밖에서 소요하고 있다고 하더군요.

그런데 나의 선생님은 자신이 설명하는 이 절대자의 존재를 부정하여 그러한 경지는 현실에서는 도저히 바랄 수도 없는 언어의 허구, 관념의 유희라고 하십니다만, 저는 이것이야말로 도를 체득한 절대자의 드높은 실천이라고 생각합니다. 그대는 어떻게 생각하십니까?

본문의 「不喜求」는 '구(求)하기를 좋아하지 않는다'로 푸는 설도 있으나, 여기에서는 진(晉) 곽상(郭象)의 해석을 좇아 「求」를 '구함을 당하다'의 뜻으로 풀었다. 「孟浪」은 漫瀾(만란)이라고도 쓰며, '종잡을 수 없는 것', '확실한 근거가 없는 것'을 이르는데, 「맹랑한 말」은 이를테면 **허튼소리**라는 의미이다. 「奚若」은 何如(어떻게)와 같다.

2-30

長梧子曰 : 「是黃帝之所聽熒也, 而丘也何足以知之! 且女亦大早計, 見卵而求時夜, 見彈而求鴞炙. 予嘗爲女妄言之, 女以妄聽之, 奚? 旁日月, 挾宇宙, 爲其吻合, 置其滑涽, 以隸相尊. 衆人役役, 聖人愚芚, 參萬歲而一成純, 萬物盡然, 而以是相蘊.」

장오자(長梧子)가 말하였다. "이것은 황제(黃帝)가 듣고 당혹할 바인데, 공자가 어찌 족히 알겠는가? 또 그대 역시 너무(大=太) 성급하다(早計). 달걀을 보고 새벽을 알릴 것(時夜)을 구하고, 탄환을 보고 새구이(鴞炙)를 구하는 격이다. 내가 시험 삼아 그대를 위해 그것에 대해 망언(妄言)할 테니, 그대도 망청(妄聽)하라, 어떠한가? 〔성인은〕 일월(日月)과 나란하고 우주를 끼고서, 그 자신이 〔도와〕 하나(吻合)가 되어, 혼돈스럽고 그윽한 것(滑涽)에 처하고, 자신을 노예처럼 낮추고 남을 존중한다. 뭇 사람들은 악착같지만(役役) 성인은 멍하며(愚芚), 〔그는〕 끝없는 세월이 다하도록(參) 오로지(一) 도(純)를 이루고 만물이 모두 그러하다 여겨 이로써 서로 감싼다."

梧–벽오동나무 오, 책상 오. 熒–밝을 형, 현혹될 형. 彈–탄알 탄. 鴞–올빼미 효, 작은 비둘기 효. 炙–구울 자. 嘗–맛볼 상, 시험 삼아 상. 女–너 여. 旁–나란할 방. 挾–낄 협. 吻–입술 문, 꼭 맞을 문. 滑–흐릴 골, 어지러울 골. 涽–흐릴 혼. 隸–노예 예. 芚–어리석을 둔. 參–참여할 참. 純–순수할 순. 蘊–쌓을 온, 감쌀 온.

• 早計 : '때 이른 판단', '속단'. 아래 저자 설명에 따라 '성급하다'로 풀었다.

• 求時夜 : 〈대종사편〉6-16에도 나오는 표현이다. 時夜가 '닭' 자체를 의미하기도 하고 司晨報曉(사신보효)라고 하여 '닭이 새벽을 알리는 것'을 의미하기도 한다. 바로 뒤의 求鴞炙(구효자) 역시 같은 곳에 나온다.

• 以隸相尊 : 직역하면 '노예로써 서로 존중하다' 정도가 된다. 저자는 '자신을 노예의 낮음에 두고 상대방을 높여준다'라는 의미로 풀었다.

• 參萬歲而一成純 : 參萬歲는 '만세에 참여하다', 즉 '끝없는 세월이 다하도록'이라는 의미이다. 一成純은 '하나같이 순수함을 이루다'로 직역되는데, 저자는 純자를 '도'로 번역하고 설명에서는 직역에 가깝게 풀었다.

그러자 장오자(長梧子)가 대답하였다.

– 절대자의 경지는 저 인류 최고의 지자(智者)로 불리는 황제(黃帝)조차 그 설명을 듣고 진위의 판단을 내리지 못했다고 하는 정도이다. 하물며 공자 같은 사람에게 이해되지 않는 것은 무리도 아니다. 그는 “삶도 알지 못하는데 어찌 죽음을 알겠는가?”[46]라고 호언장담하는 철저한 현실주의자니까.

게다가 공자도 공자지만 그대도 너무 성급하다. 그 정도의 설명으로 절대자의 위대함을 이해했다고 생각하다니. 자, 비유에도 있지 않은가? ‘아직 닭도 되지 않은 달걀을 보고 새벽을 알리게 하겠노라 하고, 새를 사냥하는 탄환을 보고 새 구이를 요구한다.’라는 말 말일세. 지금부터 내가 그대를 위해 이 절대자의 진정한 위대함, 그 진면목을 이야기해줄 터이니 잘 들어보게. 다만 그 진면목은 말 따위로는 다 설명할 수 없는 것이니까, 어디까지나 잠시 편의적인 시도(試)로 그러는 거라네. 편의적인 시도인 만큼 진실의 정도는 보증할 수 없지만, 그대도 그렇게 생각하고 듣는 것이 좋을 걸세.

절대자란 그 위대한 덕화(德化)는 저 만물을 두루 비치는 일월과 빛을 같이 하고, 그 위대한 포용력은 광대무변(廣大無邊)한 우주도 겨드랑이에

---

46 해당 구절에 대한 저자와 朱子의 해석은 약간 상이하다. 저자는 공자가 죽음 문제에 대해서는 ‘전혀’ 무관심한 것으로 보고 해당 구절을 해석한 것에 반해, 주자는 공자가 귀신이나 죽음의 문제보다 현실 문제를 더 중요시한 것으로 파악하였다. 해당 구절의 주자 주에 근거한 해석은 다음과 같다. 《論語》〈先進〉11-11. “계로(季路)가 귀신(鬼神) 섬김을 묻자, 공자(孔子)께서 ‘사람을 잘 섬기지 못한다면 어떻게 귀신(鬼神)을 섬기겠는가?’ 하셨다. ‘감히 죽음을 묻겠습니다.’ 하자, 공자(孔子)께서 **‘삶을 모른다면 어떻게 죽음을 알겠는가?’** 하셨다〔季路問事鬼神. 子曰 : 「未能事人, 焉能事鬼?」 敢問死. 曰 : 「**未知生, 焉知死?**」〕”

끼울 정도이다. 그는 도(실재 그 자체)와 온전히 하나가 되어, 모든 분별지(分別知)를 버리고서, 혼돈스럽고 그윽한 '불명(不明)의 명(明)'(2-16)을 자기의 지혜로 삼고, 자신은 노예의 오욕에 처하고 다른 모든 이들을 존중한다. 세속 사람들은 헛되이 지(知)와 이(利)를 다투어 마차 끄는 말처럼 헐떡이며 달리는 삶을 살아가지만, 절대자는 시비의 분별을 버리고 이해득실을 하나로 간주하여 무심망아(無心忘我)의 경지에서 평온한 자기(自己)를 유락(愉樂)하기 때문에, 그 외모는 완전히 우둔한 사람과 같다. 그는 영겁의 시간 속에 참입(參入)하여 시간 그 자체와 하나가 되어, 그 하나가 된 경지에서 오로지 자기의 순수성을 온전케 한다. 그는 모든 존재의 대립상과 모순상을 대립되고 모순된 그대로 그러한 것으로 여겨 긍정하고, 도와 하나가 된 자기의 경지에서 만물을 포섭한다. 절대자란 이러한 경지를 자기의 경지로 삼는 지고지대한 인격인 것이다.

본문의 「聽熒(청형)」의 「熒」은 惑(혹)과 같다. 「丘」는 공자의 명(名)이다. 「時夜」는 닭이 울어 시간을 알리는 것이다. 「鴞(효)」는 작은 비둘기(小鳩)이다(진晋 사마표司馬彪의 설). 「奚」는 '어떠한가(何如)'라는 뜻이고, 「旁日月」의 「旁」은 方과 같으며 **나란하다**라는 뜻이다. 「吻合(문합)」은 딱 맞게 하나가 되는 것이다. 「滑涽(골혼)」은 앞서 보았던 「滑疑」(2-16)와 같은 의미일 것이다. 「置」는 處(처하다)의 의미로 풀이하였다. 다음의 「以隷相尊」은 난해한 구절이다. 자기를 노예의 비천함으로 낮추고 모든 사람을 존중한다는 의미인 듯하다. 곽상(郭象)은 이 구절을 위 구절의 아래에 이어서 「어지러이 뒤섞여 천하게 여기고 높이는 것을 버린다〔置其滑涽以隷相尊〕」라고 해석하고 있지만, 아마도 틀린 듯하다.[47] 「愚芚(우둔)」은 **어리석은** 모습이

47 곽상과 저자가 이 구절을 다르게 파악한 것은 '滑涽'의 의미를 어떻게 보느냐

다. 마지막의 「蘊(온)」은 包와 같으며 **싸다**라는 뜻이다.

2-31

「予惡乎知說生之非惑邪! 予惡乎知惡死之非弱喪而不知歸者邪! 麗之姬, 艾封人之子也, 晉國之始得之也, 涕泣沾襟, 及其至於王所, 與王同筐牀, 食芻豢, 而後悔其泣也. 予惡乎知夫死者不悔其始之蘄生乎!」

"내 어찌 삶을 기뻐하는(說) 것이 미혹됨이 아닌지를 알 수 있으며, 내 어찌 죽음을 싫어하는 것이 어린 나이에 고향을 떠나(弱喪) 돌아갈 줄 모르는 것이 아닌지를 알 수 있겠는가? 여희(麗姬)는 애(艾) 땅 국경지기(封人)의 딸(子)이었는데, 진(晉)나라가 처음 그녀를 손에 넣었을 때 옷깃을 적시도록 울었으나, 그녀가 왕의 처소에 이르러 왕과 근사한 침대를 함께 쓰고 맛난 음식(芻豢)을 먹게 된 이후에는 〔예전에〕 울었던 것을 후회하였다 한다. 내 어찌 죽은 사람이 처음에 살기를 바랐던 것을 후회하지 않는지를 알 수 있겠는가?"

惡-어찌 오. 說-기뻐할 열(悅). 邪-어조사 야. 弱-어릴 약. 喪-잃을 상. 艾-쑥 애.

에 따른 견해 때문이다. 즉, 滑涽을 '처해야 할 경지'로 볼 것인가, 아니면 '버려야 할 것'으로 볼 것인가에 따라 앞의 置자의 해석이 달라지는 것이다. 이 구절에 관한 곽상의 주를 보면 "천하게 여기는 바가 있으므로 尊卑가 생겨나 어지러이 뒤섞여 아무도 바루지 못하고 각각 스스로 한 쪽을 옳다고 여긴다〔以有所賤, 故尊卑生焉, 而滑涽紛亂, 莫之能正, 各自是於一方矣〕"라고 되어 있다. 주에 의하면 滑涽은 세상의 어지러이 뒤섞인 가치분별 정도로 볼 수 있을 것이다. 이처럼 곽상은 滑涽을 버려야 할 것으로 파악했기 때문에 置자를 '버리다' 내지는 '내버려두다'로 해석하였다. 반면 저자는 滑涽을 처해야 할 경지로 파악했기 때문에 置자를 '처하다'로 해석하였다.

涕-울 체. 沾-적실 점. 襟-옷깃 금. 筐-광주리 광, 침상 광. 牀-침상 상. 芻-꼴 추, 꼴 먹는 동물 추. 豢-곡식 환, 곡식 먹는 동물 환. 悔-후회할 회. 蘄-바랄 기.

• 麗之姬의 之는 인명에 쓰이는 어조사이다. 통상적으로 번역에서는 빼고 번역한다. 원래는 '오랑캐국 麗의(之) 여자(姬)'라는 뜻인데, 인명으로 굳어진 경우이다.

• 涕泣沾襟 : '눈물 흘리며 울어서 옷깃을 적시다'. 涕泣은 눈물을 흘리며 매우 슬프게 우는 것이다.

이상은 우선 절대자의 위대함을 설명한 것인데, 내친 김에 좀 더 설명하겠다.

장오자(長梧子)는 다시 말을 이었다. 나에게는 세속 사람들이 삶을 기뻐하고 죽음을 싫어하는 마음이 이해되지 않는다. 세속 사람들은 삶을 기뻐한다. 그러나 그 기뻐함이야말로 인간의 슬픈 미혹이 아니겠는가? 세속 사람들은 죽음을 싫어한다. 그러나 죽음이란 사람이 그 본래의 자연으로 돌아가는 것이 아니겠는가? 어린 시절 고향을 떠난 사람은 오랜 유랑생활 속에서 돌아가야 할 고향을 망각하는데, 그들이 죽음을 싫어하는 것이야말로 이 고향을 잃어버린 자의 비극이 아니겠는가?

옛날 여희(麗姬)라는 미인은 애(艾)라는 땅의 국경지기 딸이었는데, 진(晉)나라에서 처음 그녀를 손에 넣었을 때, 여희는 타국에 끌려가는 자신의 슬픈 운명에 옷깃이 **흥건하도록** 몹시 울었다. 그런데 마침내 진(晉)나라 궁전에 들어가 왕과 근사한 침대를 함께 쓰고 맛난 성찬을 먹게 되고부터는, 그 행복함이 몹시 기뻐 옛날에 흘렸던 눈물을 무척이나 후회했다는 거다. 삶과 죽음의 변화란 것도 이와 마찬가지가 아닐지 누가 보장할 수 있겠는가? 죽은 사람들도 죽던 당초에 좀 더 살고 싶다면서 울며 부르짖던 자신을 후회할지도 모르는 일이다.

본문의 「弱喪」의 「弱」은 若(어리다)과 같다. 「喪」은 고향을 떠나는 것이다. 어린 나이에 고향을 떠나 유랑하는 자를 「弱喪」이라고 한다. 「麗之姬」는 윗글(2-27)의 麗姬와 같다. 麗는 驪로도 쓰며, 중국 서방의 미개한 나라의 이름이다. 麗姬는 중국 서방 미개한 나라의 미인이었는데, 이 나라를 정벌한 진(晉)나라 헌공(獻公)에게 약탈되어 진(晉)나라 후궁(後宮)으로 들어가게 되었다. 그녀가 훗날 헌공의 총애를 이용하여 진나라를 어지럽힌 전말에 대해서는 《춘추좌씨전》에 자세히 보인다.[48] 「筐牀(광상)」은 안락한

---

48 《춘추좌씨전》 莊公 28년 2월. "晉獻公이 賈國에서 아내를 맞이하였으나 아들을 낳지 못하였고, 齊姜과 姦淫하여 秦穆公 夫人과 太子 申生을 낳았고, 또 戎에서 두 여자를 맞이하였는데, 大戎 狐姬는 重耳를 낳고, 小戎子는 夷吾를 낳았다. 晉나라가 驪戎을 토벌할 때 驪戎男이 驪姬를 獻公에게 주니 그녀를 데리고 돌아왔는데, 驪姬는 奚齊를 낳고 驪姬의 동생은 卓子를 낳았다. 獻公이 驪姬를 寵愛하니, 여희는 제 자식을 太子로 세우고자 하여, 外嬖 梁五와 東關嬖五에게 뇌물을 주고서 그들을 시켜 獻公에게 「曲沃은 임금님의 宗廟가 있는 곳이고, 蒲와 두 屈邑은 임금님의 邊境이니, 主管하는 사람이 없어서는 안 됩니다. 宗廟가 있는 고을에 主管하는 사람이 없으면 戎狄에게 침범할 마음을 갖도록 인도하는 것입니다. 戎狄이 침범할 생각을 내고 백성들이 임금의 政令을 輕視하는 것은 國家의 憂患이니, 만약 太子에게 曲沃을 主管하게 하고, 重耳와 夷吾에게 蒲와 屈을 主管하게 하신다면 백성들을 威服시키고 戎狄을 두렵게 할 뿐만 아니라 임금님의 功德을 드러낼 수 있습니다.」라고 말하게 하였다. 驪姬는 또 두 사람에게 함께 가서 獻公에게 「戎狄의 廣大한 땅이 晉나라의 都市가 될 수 있으니, 晉나라가 疆土를 開拓하는 것이 마땅하지 않습니까.」라고 말하게 하였다. 그러자 晉侯는 기뻐하여 여름에 太子를 曲沃으로, 重耳를 蒲城으로, 夷吾를 屈로. 여러 公子들을 모두 邊方으로 보내어 居住하게 하고, 오직 여희와 그 동생의 아들만을 絳에 남아 있게 하였다. 梁五와 東關嬖五가 마침내 여희와 함께 여러 公子들을 讒訴하여 奚齊를 태자로 세우니, 晉人이 이를 '二五耦'라 하였다.〔晉獻公娶于賈, 無子. 烝於齊姜, 生秦穆夫人及太子申生. 又娶二女於戎, 大戎狐姬生重耳, 小戎子生夷吾. 晉伐驪戎, 驪戎男女以驪姬, 歸, 生奚齊, 其娣生卓子. 驪姬嬖, 欲立其子, 賂外嬖梁五與東關嬖五, 使言於公曰 : 「曲沃, 君之宗也; 蒲與二屈, 君之疆也; 不可以無主. 宗邑無主, 則民不威; 疆埸無主, 則啓戎心; 戎之生心, 民慢其政, 國之患也. 若使大子主曲沃, 而重耳夷吾主蒲與屈, 則可以威民而懼戎, 且旌君伐.」使俱曰 : 「狄之廣莫, 於晉爲都. 晉之啓土, 不亦宜乎!」晉侯說之. 夏, 使大子

침대(진晉 사마표司馬彪의 설)라고도 하고 네모난 침대(진晉 최선崔譔의 설)라고도 하는데, 결국 근사한 침대를 이른다. 「芻豢」은 윗글(2-27)에도 나왔듯이, 소고기나 돼지고기 등으로 요리한 상품(上品)의 성찬이다. 「蘄生(기생)」의 「蘄」는 求와 같다.

2-32

「夢飮酒者, 旦而哭泣; 夢哭泣者, 旦而田獵. 方其夢也, 不知其夢也, 夢之中又占其夢焉, 覺而後知其夢也. 且有大覺而後知此其大夢也. 而愚者自以爲覺, 竊竊然知之, 君乎牧乎, 固哉! 丘也與女皆夢也; 予謂『女夢』亦夢也. 是其言也, 其名爲弔詭. 萬世之後, 而一遇大聖知其解者, 是旦暮遇之也.」

"꿈속에서 술을 마시던 자가 아침이 되면 소리 높여 울고, 꿈속에서 소리 높여 울던 자가 아침이 되면 사냥을 즐긴다. 한창(方) 꿈꿀 때는 그것이 꿈임을 알지 못하여, 꿈속에서 또 그 꿈을 점치다가 깨어난(覺) 이후에 그것이 꿈이었음을 알게 된다. 또한 큰 깨달음(大覺)[49](크게 깨어남)이 있은 이후에 이것(삶)이 큰 꿈임을 알게 된다. 그런데도 어리석은 자들은 스스로 깨달았다고(깨어났다고) 생각하고 잘난 척(竊竊然)하며 안다고 여겨 임금이라 하고 종이라 하니 고루하구나! 공자와 그대

居曲沃, 重耳居蒲城, 夷吾居屈. 群公子皆鄙. 唯二姬之子在絳. 二五卒與驪姬譖群公子而立奚齊, 晉人謂之二五耦.]" 인용문의 번역은 鄭太鉉 譯註, 《春秋左氏傳1》, 전통문화연구회, 2001, 452-453면을 따랐다.

49 큰 깨달음(大覺) : 覺자는 '깨어나다'와 '깨닫다'라는 뜻을 동시에 갖고 있다. 이러한 사정은 일본어의 'さだめ'라는 말의 경우도 마찬가지이다. 저자의 해석을 보아도 쉽게 알 수 있지만 본문의 '큰 깨달음'이라는 것은 '(꿈에서)크게 깨어나는 것'을 동시에 지칭하므로 두 의미를 다 넣어주었다.

(女)는 모두 꿈꾸고 있는 것이고, 내가 '그대는 꿈꾸고 있다(女夢)'라고 말하는 것 역시 꿈꾸고 있는 것이다. 이 말은 그 이름을 '더할 나위 없는 기괴함(弔詭)'이라 한다. 만세(萬世) 이후에 이것을 푸는 방법을 아는 큰 성인을 한 번 만나더라도, 이는 아침저녁으로 만나는 정도이다."

田–사냥할 전. 獵–사냥할 렵. 占–점칠 점. 覺–깨어날 교, 깨달을 각. 牧–소 치는 사람 목. 固–고루할 고. 弔–조상할 조, 지극할 적. 詭–속일 궤, 괴이할 궤.

• 一遇大聖知其解者 : 知其解者가 大聖을 꾸민다고 보고 '그 풀이를 아는 큰 성인을 한 번 만나는 것' 정도로 직역된다. 번역에서는 저자의 의역을 따랐다.

장오자(長梧子)의 말은 계속 이어진다.

또 꿈속에서 술을 마시며 환락의 극치를 맛보았던 자가 그 밤이 새면 슬픈 현실에 소리 높여 울고, 반대로 슬픈 꿈을 꾸어 울며 소리쳤던 자가 아침이 되면 언제 그랬냐는 듯 즐거이 사냥에 나서는 경우도 있다. 한창 꿈을 꾸고 있을 때는 꿈이 꿈이라는 것도 모르고, 심한 경우에는 꿈속에서 또 꾸었던 꿈을 해몽하는 경우조차 있지만, 눈을 뜨고서야 비로소 그것이 꿈이었다는 사실을 알아차리는 것이다. 사람의 일생도 이와 똑같은 것이 아니겠는가? 많은 사람들은 얽매인 삶을 꿈처럼 살아가고, 꿈과 같은 삶 속에서 아직 못다 꾼 꿈을 좇고 있다. 그러나 그것이 꿈이라는 사실을 알아차린 사람이 과연 몇이나 있겠는가?

그렇지만 대개 꿈이 꿈이라는 사실을 알아채기 위해서는 거대한 각성이 있어야만 한다. 크게 각성하는 자, 즉 절대의 진리에 눈뜬 자만이 거대한 꿈으로부터 해방되는 것이다. 그런데도 세속의 미혹된 자들은, 어리석게도 자기가 꿈에서 깨어났다고 여기고 잘난 척 지자(知者)를 자임하여, 자기가 좋아하는 자를 임금으로 공경하고 자기가 싫어하는 자를 노예처럼 천시하는 애증호오(愛憎好惡)의 편견 속에서 득의양양하고 있다. 그들의 구제할 수 없는 완미(頑迷)함이여!

요컨대 절대자라는 존재를 「맹랑(孟浪)한 말」(허튼 관념유희)로 여기는 공자도, 공자의 설명을 「묘도(妙道)의 행(行)」(해탈자의 훌륭한 실천, 2-29)이라고 여기는 그대도, 모두 거대한 꿈을 꾸고 있는 것이다. 아니, 공자와 그대뿐만이 아니다. '공자와 그대는 꿈을 꾸고 있다'고 말하는 나 자신도 꿈을 꾸고 있는 것이다. 그런데 이처럼 모두를 꿈이라고 말하는 내 말은 너무나도 기이하여, 상식적인 사고로는 도저히 받아들일 수 없을 것이다. 때문에 나의 이 말을 「적궤(弔詭)」(세속의 상식과는 더할 나위 없이 다른 말, 그로테스크한 수수께끼)라고 하는 것이다. 그러나 이 수수께끼를 풀 수 있는 절대자는 아마도 몇 십만 년에 한 명을 만날 수 있을까 말까하는 정도일 것이다. 몇 십만 년에 한 명을 만날 수 있다 하더라도, 그 만남은 평소 아침저녁으로 만나고 있다고 말해도 좋을 만큼 무척 드문 경우이다.

본문의 「田獵(전렵)」은 狩獵(수렵)과 같다. 「竊竊然」은 똑똑한 척 행동하는 모양이다. 「君乎牧乎」는 난해한 말이다. 곽상(郭象)은 「君」을 貴, 「牧」을 賤의 뜻으로 보고서(牧을 목어牧圉, 즉 소 치는 사람의 뜻으로 여겼다), 자기의 애증호오로 본래 하나인 만물을 시와 비로 구별하고 귀와 천으로 차별하는 것으로 풀이하였다. 여기에서는 이 해석을 따랐다. 「弔詭」의 「弔」은 至와 같으며, '더할 나위 없다'라는 뜻이다. 「詭」는 앞(2-12)에서 보았던 「恢恑譎怪(회궤휼괴)」의 「恑」와 같으며, '세상의 일상적인 것과 다른 것', '그로테스크한 것'을 이른다. 「만세 이후에 이것을 푸는 방법을 아는 큰 성인을 한 번 만나더라도, 이는 아침저녁으로 만나는 정도이다〔萬世之後, 而一遇大聖知其解者, 是旦暮遇之也〕」라는 것은, 만세에 한 번 만나더라도 그것은 평소 누차 만나고 있다고 말해도 좋을 만큼 '매우 드물다'라는 의미이다(世는 30년을 이른다). 이와 비슷한 표현은 선진(先秦)의 고전에 이따금씩 보인다. 예를 들면 《한비자》(〈난세편難勢篇〉)에 「요·순이나 걸·주는 천세에 한 번 나오더라도, 이것은 어깨를 나란히 하고 발꿈치를 좇아서 태어나는 것과 같은 것이다〔且夫堯·舜·桀·紂, 千世而一出, 是比肩隨踵而生也〕」라고 한 것이 그 일례이다.

2-33

「旣使我與若辯矣, 若勝我, 我不若勝, 若果是也, 我果非也邪? 我勝若, 若不吾勝, 我果是也, 而果非也邪? 其或是也, 其或非也邪? 其俱是也, 其俱非也邪? 我與若不能相知也, 則人固受黮闇, 吾誰使正之? 使同乎若者正之? 旣與若同矣, 惡能正之! 使同乎我者正之? 旣同乎我矣, 惡能正之! 使異乎我與若者正之? 旣異乎我與若矣, 惡能正之! 使同乎我與若者正之? 旣同乎我與若矣, 惡能正之! 然則我與若與人, 俱不能相知也, 而待彼也邪?」

"가령(旣使) 나와 그대(若)가 논쟁(辯)을 했다고 하자. 그대가 나를 이기고 내가 그대를 이기지 못했다면, 과연 그대가 옳고 나는 과연 그른 것일까? 내가 그대를 이기고 그대가 나를 이기지 못했다면, 과연 내가 옳고 그대(而)는 과연 그른 것일까? 그 누군가는 옳고 그 누군가는 그른 것일까? 그 모두가 옳거나 그 모두가 그른 것일까?
나와 그대가 서로 알 수 없다면 딴 사람은 완전한 어둠(黮闇)에 처하게(受) 될 것이니, 내가 누구에게 바로잡게 하겠는가? 그대와 〔의견이〕 같은 사람에게 바로잡게 할까? 이미 그대와 〔의견이〕 같다면 어찌 바로잡을 수 있겠는가? 나와 〔의견이〕 같은 사람에게 바로잡게 할까? 이미 나와 〔의견이〕 같다면 어찌 바로잡을 수 있겠는가? 나와 그대 〔모두〕와 〔의견이〕 다른 사람에게 바로잡게 할까? 이미 나와 그대

〔모두〕와 〔의견이〕 다른데 어찌 바로잡을 수 있겠는가? 나와 그대 〔모두〕와 〔의견이〕 같은 사람에게 바로잡게 할까? 이미 나와 그대 〔모두〕와 〔의견이〕 같은데 어찌 바로잡을 수 있겠는가? 그렇다면 나와 그대와 딴 사람은 모두 알지 못할 것이니, 다른 사람을 기다려야 할까?"

辯–말 잘할 변. 俱–모두 구. 固–진실로 고. 黮–어두울 탐. 闇–어두울 암.

• 旣使我與若辯矣, 若勝我, 我不若勝 : 저자는 '이미 나와 그대에게 논쟁을 시켜서 그대가 나를 이기고 내가 그대에게 이기지 못했다면'으로 직역해놓았다. 旣와 使 모두 '만약'이라는 뜻이 있기 때문에 번역은 본문과 같이 하였다.
• 人固受黮闇 : '제3자(人)가 진정 어둠을 받다', 즉 '딴 사람이 완전한 어둠에 처하다'.

장오자(長梧子)는 계속해서 말을 이었다.

위에서 나는 인간의 판단 따위는 완전히 일면적인 것이어서, 그 **분별없음**이란 꿈속에서 또 꾸었던 꿈에 대해 이야기하는 것과 같다고 말했는데, 좀 더 이 판단의 상대성에 대해 분석해 볼까 한다.

지금 가령 그대와 내가 어떤 주제에 관해 그 시비를 논의했다고 치자. 그 경우 만약 그대가 나에게 이기고 내가 그대에게 졌다고 한다면, 그대가 옳고 내가 그른 것이 되는 것일까? 혹은 반대로, 만약 내가 그대에게 이기고 그대가 나에게 졌다고 한다면, 내가 옳고 그대가 그른 것이 되는 것일까? 논의의 승패와 시비란 반드시 일치하는 것은 아니기 때문에 승패를 그대로 시비로 치환시킬 수는 없을 것이다.

그렇다고 한다면 그대와 나 가운데 어느 한쪽이 옳고 어느 한쪽이 그른 것이 되는 것일까? 아니면 두 쪽 모두 옳거나, 혹은 두 쪽 모두 그른 것이 되는 것일까? 그러나 이것은 논의의 당사자인 그대와 나로서는 결정할 수 없는 문제일 것이다.

그런데 당사자인 그대와 나로서는 결정할 수 없다고 한다면 제삼자의 판정을 기다리는 것이 되겠지만, 제삼자라는 것은 이를테면 **소외된 위치**여서, 「탐암(黮闇)」(완전한 어둠 속)에 처해 있는 것과도 같다. 때문에 그대와 나 사이의 시비를 누군가 제삼자에게 판정시키려 하더라도 그것은 불가능하다. 만약 판정시키려는 제삼자가 그대와 같은 의견이라면, 그대와 의견이 같은 사람이 나와 그대의 시비를 판정할 수 있을 리가 없고, 그 제삼자가 나와 같은 의견일 경우도 마찬가지인 것이다.

그렇다고 해서 또 나와 그대 어느 쪽과도 의견을 달리하는 사람에게 판정시킨다면, 어느 쪽과도 의견을 달리하기 때문에 바른 판정을 내리는 것은 불가능하고, 역으로 나와 그대 어느 쪽과도 의견을 같이하는 사람에게 판정시키더라도, 두 사람과 의견이 같은 사람으로서는 판정할 수 있을 리가 없다. 결국 나로서도 그대로서도 제삼자로서도 시비를 판정하는 것은 불가능하다. 그렇다면 이 이외 누군가에게 판정을 기대하는 것이 가능할까? 판정할 수 있는 사람은 아무도 없는 것이다.

2-34

「何謂和之以天倪? 曰 : 『是不是, 然不然. 是若果是也, 則是之異乎不是也, 亦無辯; 然若果然也, 則然之異乎不然也, 亦無辯. 化聲之相待, 若其不相待, 和之以天倪, 因之以曼衍, 所以窮年也. 忘年忘義, 振於無竟, 故寓諸無竟.』」

"무엇을 일러 천예(天倪)(천연적인 가지런함)로 조화한다고 하는가? 이르기를, '시(是)와 불시(不是)가 있고, 연(然)과 불연(不然)이 있다. 시가 만약 과연 시라면, 시가 불시와 다름은 또한 말할 것도 없을 것이며, 연이 만약 과연 연이라면, 연이 불연과 다름은 또한 말할 것도 없을 것

이다. 시비에 대한 논의(化聲)가 서로 의존하는 것은 서로 의존하지 않는 것과 마찬가지이니, 그것을 천예(天倪)로 조화시키고 만연(曼衍)(경계가 없음)**에 따르게 한다. 이것이 천수를 다하는 까닭이다. 나이를 잊고 옳고 그름(義)을 잊고서 경계 없는 세계(無竟)로 날아오른다(振). 때문에 경계 없는 세계에 머문다.'"**

倪-흘겨볼 예, 끝 예. 因-인할 인, 의지할 인. 曼-만연할 만. 衍-넘칠 연. 振-떨칠 진. 竟-경계 경. 寓-머물 우.

- 無辯 : '말이 필요 없다', 즉 '말할 것도 없다'.
- 化聲 : 직역하면 '변화하는 소리'이다. '시비에 대한 논의'를 의미한다.
- 忘年忘義의 義를 '옳고 그름'으로 의역하였다.
- 寓諸無竟 : 저자는 '경계 없는 세계에서 쉰다'라고 의역하였다. 저자가 '쉬다'라는 동사를 번역술어로 삼은 것은 아래 설명처럼 '소요유'의 의미를 강조하기 위해서인 듯하다. 본서에서는 '머물다'로 풀었다.

요컨대 시비의 대립은 언론심지(言論心知)의 입장에서 궁구되는 한, 당사자로서도 제삼자로서도 그 해결이 불가능하며, 그렇게 할 경우 대립은 다시금 대립을 낳기 때문에 다만 무한한 시끄러움이 정신의 끝없는 소모를 강요할 뿐이다. 때문에 만약 인간이 이러한 정신의 끝없는 소모를 본래의 평온함으로 온전히 바꾸려 한다면, 언론심지로 해결하려는 입장을 버리고 「그것을 천예로 조화시키는〔和之以天倪〕」 수밖에 없다-시비의 대립을 천예로 화해시키는 수밖에 없다. 천예란 이미 언급했던 「천균(天鈞)」(2-13)과 같은 의미이다. 그런데 이 천예, 즉 절대의 일(一)로 시비의 대립을 화해시킨다는 것은 어떠한 의미일까?

상식의 입장에서는 是는 不是와 대립하고, 不是는 是와 대립한다. 그러나 그들이 是라고 여기는 것이 만약 절대의 是라면, 그 절대의 是는 이것을 부정하는 不是를 허용할 리 없다(왜냐하면 否定을 허용하는 是는 절대의 是라고 말할 수 없기 때문이다). 그런데도 한쪽에 是를 부정하는 不是의 입장이 존재할 수 있다는 것은, 그 是가 절대가 아니라는 것을 보여주는 것이 아닐까? 또 세속의 입장에서는 「그렇다(然)」는 이것을 부정하는 「그렇지 않다(不然)」와 대립되지만, 그들이 「그렇다」라고 여기는 것이 절대적으로 「그렇다」라는 것이라면, 그 절대의 「그렇다」가 「그렇지 않다」라고 부정하는 입장을 허용할 리 없기 때문에, 「그렇지 않다」라고 부정된 「그렇다」는 절대적인 그러함이라고는 말할 수 없게 된다.

이리하여 是와 不是, 然과 不然은 그 상호부정 속에서 끝없이 순환하며 제자리를 맴돈다. 「화성(化聲)」, 즉 이 한없는 순환(변화)을 반복하는 시비에 대한 논의는 완전히 상대적인 것이며, 그것이 상대적인 것인 한, 그 대립은 「서로 의존하지 않는 것과 마찬가지이다〔若其不相待〕」-애초부터 존재하지 않는 것과 똑같다고 말하지 않을 수 없다.

여기에서 장자는 장오자(長梧子)의 설명에 의탁하면서, 시비의 대립은 의론(議論)으로 결론지으려 하는 한, 모든 사람이 납득하는 결론을 찾아내려고 하더라도 헛수고임을 말하려하고 있다. 인간 언지(言知)의 제1의 작용은 是와 不是를 변별하는 것이지만, 인간 언지가 언지 그 자체를 반성해 볼 경우, 반성된 언지가 발견하는 것은 제자리를 맴도는 정신의 공허한 현기증밖에 없다. 장자는 차분한 제정신에서 정신의 이 공허한 현기증을 가라앉히려고 하는 것이다.

장자의 이 부분의 논증은, 우리들에게 아리스토텔레스의 다음 증명(카뮈의 《시지프 신화》에 인용되어 있다)과 흥미로운 대조를 하게 해줄 것이다. 참고삼아 아래에 들어 보인다.[50] 아리스토텔레스는 두말할 것도 없이 그리스의

50 알베르 카뮈 지음, 김화영 옮김, 《시지프 신화》, 책세상, 2005, 33면 참조.

위대한 철학자이다. 기원전 384년에 출생하여 기원전 322년에 몰했으니 장자와는 거의 같은 시대라고 보더라도 지장 없을 것이다.

–「모든 것은 참이다」라고 확언하는 것은, 그 반대의 확언, 즉「모든 것은 허위이다」라는 확언도 참이라고 확언하는 것이 되어 우리들의 명제 자체가 허위라는 것을 확언하는 것이 된다(왜냐하면 반대의 확언은 우리들의 명제가 참일 수 있다는 것 따위는 허용하지 않기 때문이다). 또「모든 것은 허위이다」라고 확언한다면, 이 확언 그 자체도 또한 허위인 것이 되고, 또 만약「우리들의 확언에 반대하는 확언만이 허위이다」 혹은 또「우리들의 확언만이 허위가 아니다」라고 말하더라도, 그것 역시도 참 혹은 거짓의 무한한 판단을 허용하지 않을 수 없다는 것을 알 수 있다. 왜냐하면 어떤 참인 확언을 말하는 자는, 동시에 그 확언이 참이라는 것을 표명하고 있는 것이 되어, 이러한 식으로 제한 없이 계속되기 때문이다.[51]

이상 언급한 것처럼 시비에 대한 의론은 완전히 상대적인 것이며, 그것이 상대적인 것인 한, 그 대립은 애초부터 존재하지 않는 것과 똑같다고 말하지 않을 수 없다. 때문에 절대자는 그 애초부터 똑같은 경지(天倪, 즉 본래의 一)로 그 대립을 조화시키는 것이다.「그것을 천예로 조화시킨다〔和之以天倪〕」라는 것은, 바로 이러한 의미인 것이다.「만연에 따르게 한다〔因之以曼衍〕」–「曼衍」이란 경계질서가 확정되지 않은 것, 즉「애초부터 경계(封)가 있지 않은」(2-14) 경지이다. 시비의 대립을 천예(절대의 一)로 조화시키고, 심지(心知)의 분별을 만연(판단이전의 未始有封의 경지)에서 혼돈화할

---

51 《시지프 신화》 인용문 끝에 "야나이하라 이사쿠의 번역에 따름〔矢內原伊作氏訳による〕"이라고 되어 있다. 본서는 일본어를 다시 번역하여 이 말이 무의미해졌기 때문에 본문 번역에서는 뺐다.

경우, 진정으로 평온한 인간정신의 해방이 가능한 것이다. 이것이 「천수를 다하는〔窮年〕」(부여받은 자기의 천수를 온전히 하는) 까닭인 것이다.

그렇지만 진정으로 천수를 온전히 하기 위해서는 나이 그 자체를 잊어야만 한다. 그리고 시간이 낳은 허구인 연령에 대한 의식을 망각하고, 심지(心知)의 편견인 시비에 대한 분별(「義」)을 잊고서, 시간과 공간이 가지런하지 않은〔不齊〕 제상(諸相)을 초극하는 '경계 없는(無竟) 세계'에 소요하는 것이 절대자이다. 절대자란 바로 이 경계 없는 세계를 자기의 거처로 삼는 존재(「無竟에 자신을 두는 자」)인 것이다.

장오자(長梧子)는 이렇게 말하며 그의 긴 설명을 마쳤다.

본문의 「化聲」에 대해서는 예로부터 다양한 해석이 이루어졌으나, 여기서는 곽상(郭象)의 설을 좇아 '시비에 대한 논의'라는 뜻으로 풀었다. 「天倪」의 「倪」는 '갈아 부수다(硏)', '균일하게 하다(均)'라는 의미이다. 이 책의 〈우언편〉에 「천균(天均)이란 천예(天倪)이다〔天均者天倪也〕」라고 되어 있다. 「振於無竟」의 「竟」은 境과 같다. 「振」은 '높이 오르다', **'날갯짓하다'** 라는 의미일 것이다. 그리고 첫머리의 「何謂和之以天倪」 운운한 것은, 서술이 갑작스러운데다 앞 문장과 잘 이어지지 않기 때문에, 이 부분을 착간으로 보고 다음의 「化聲之相待」부터 「所以窮年也」까지 25자를 이 위로 옮겨야 한다는 설이 있다(송宋 여혜경呂惠卿의 설).[52] 어쩌면 이 설이 맞는지도

---

52 이 장은 저자의 번역을 따르자면 모두 장오자의 말이 된다. 반면, 여혜경의 설을 따르자면 장오자와 구작자의 문답형식이 되며, 曰 이하가 자연스럽게 연결된다. 여혜경 설에 따른 원문 및 번역문은 아래와 같다.

「化聲之相待, 若其不相待, 和之以天倪, 因之以曼衍, 所以窮年也.」「何謂和之以天倪?」 曰 : 「是不是, 然不然. 是若果是也, 則是之異乎不是也, 亦無辯; 然若果然也, 則然之異乎不然也, 亦無辯. 忘年忘義, 振於無竟, 故寓諸無竟.」

모르겠다.

"시비에 대한 논의(化聲)가 서로 의존하는 것은 서로 의존하지 않는 것과 마찬가지이니, 그것을 천예(天倪)로 조화시키고 만연(曼衍)에 따르게 한다. 이것이 천수를 다하는 까닭이다."

"무엇을 일러 천예(天倪)로 조화한다고 합니까?"

장오자가 말하였다. "시(是)와 불시(不是)가 있고, 연(然)과 불연(不然)이 있다. 시가 만약 과연 시라면, 시가 불시와 다름은 또한 말할 것도 없을 것이며, 연이 만약 과연 연이라면, 연이 불연과 다름은 또한 말할 것도 없을 것이다. 나이를 잊고 옳고 그름(義)을 잊고서 경계 없는 세계(無竟)로 날아오른다(振). 때문에 경계 없는 세계에 머문다."

2-35

罔兩問景曰：「曩子行, 今子止; 曩子坐, 今子起; 何其無特操與?」景曰：「吾有待而然者邪? 吾所待又有待而然者邪? 吾待蛇蚹蜩翼邪? 惡識所以然, 惡識所以不然?」

망량(罔兩)(그림자 가장자리의 엷은 그림자)**이 그림자(景=影)에게 물었다. "아까 그대(子)는 걷더니 지금 그대는 멈추었고, 아까 그대는 앉아 있더니 지금 그대는 일어서 있으니, 어찌 그리도 빼어난 지조가 없는가?" 그림자가 말하였다. "나는 의존하는(待) 것이 있어 그렇게 하는 자일까? 내가 의존하는 자도 또한 의존하는 것이 있어 그렇게 하는 자일까? 나는 뱀의 비늘이나 쓰르라미의 날개에 의존하는 것일까? 어찌 그러한 까닭을 알겠으며, 어찌 그러하지 않은 까닭을 알겠는가?"**

罔-그물 망, 어두울 망. 景-경치 경, 그림자 영. 曩-접때 낭. 操-지조 조. 蛇-뱀 사. 蚹-뱀 비늘 부. 蜩-매미 조, 쓰르라미 조. 翼-날개 익.

• 待 : 기다리다, 의존하다.

세 번째 설화.

여기서는 망량(罔兩)(그림자 가장자리의 엷은 그림자)과 그림자의 문답을 빌어, 상식적 사고가 습관 지운 사물에 대한 인과적 시각을 물리친다. 위에서 인간의 가치적 편견(시와 비의 대립)을 천예(天倪)(절대의 일一)로 조화시키고, 사생(死生)의 변화를 무경(無竟)(시간을 초월한 세계)에서 초극할 것을 이야기한 장자는, 이와 관련하여 여기에서는 인간의 인과적 사유(모든 존재를 그 모순되고 대립된 대로 절대의 일一로서 긍정하지 않고, 그것을 인과관계로 결부시키고 분별이라는 칼날로 해부하는 심지心知의 살육행위)를 파쇄한다.

세속 사람들은 형체(形)는 그림자를 생(生)하고, 그림자는 형체에 의존한다고 생각한다. 또 형체는 조물주에게서 조형되고, 조물주는 모든 형체의 궁극원인이라고 생각한다. 그러나 모든 형체를 형체로서 성립시키는 것(특수를 특수로서 성립시키는 존재)은 그 자신이 형체를 지닌 것(특수)일 수는 없기 때문에, 조물주란 형상이 없는 것, 인간의 형상개념(形象概念)으로는 파악할 수 없는 것, 즉 자연이라는 것이 되어야만 한다. 자연이란 스스로 그러한 것, 즉 인간의 인식을 초월한 것이라는 의미이다. 때문에 일체만물이 조물주에게서 조형되었다는 것은, 실은 일체만물이 자연으로서 존재한다는 것, 즉 인과적 파악을 초월한다는 것이다. 만물은 인간의 인과적 파악을 초월하여 그저 자생자화(自生自化)한다. 도(실재)라는 것은 바로 이 자생자화하는 일체만상의 생멸변화의 흐름 그 자체인 것이다. 때문에 모든 존재가 자생자화하는 실재의 세계에서는 형체도, 그림자도, 망량도, 다만 자연으로서 존재하고 또 자연으로서 변화하는 것이어서, 거기에서는 어떠한 인과관계도 없고 다른 것과 서로 의존하는 일도 없는 것이다. 장자는 상식이 가장 밀접한 상관관계에 놓여 있다고 여기는 그림자와 망량의 문답을 빌어 이 만상의 자생자화에 관해 설명한다.

어느날, 그림자 가장자리의 엷은 그림자(망량)가 그림자에게 물었다.

– 그대는 조금 전까지 걷고 있더니 지금은 멈춰 서 있고, 조금 전까지 앉아 있더니 지금은 서 있소. 어째서 그다지도 주체성 없이 행동하는 거요? 좀 더 제대로 해 주지 않으면, 나까지 미혹되지 않겠소?

– 세간에서는 「형영상의(形影相依)(몸과 그림자가 서로 의지하다)」라든가 「그림자가 몸에 바짝 붙듯」이라는 말이 있소. 이처럼 상식의 입장에서는 나라는 존재는 형체에 의존하고 나서야 비로소 존재하는 것, 형체와 가장 밀접한 관계에 놓여 있는 것으로 정해놓고 있소. 그렇지만 과연 그렇겠소?

또 세상 사람들은 이리저리 파헤쳐든 끝에, 내가 의존한다고 하는 형체 또한 절대적인 것이 아니고, 그것은 조물주라는 존재에게서 조형된 상대적인 것이라고 굳게 믿고 있소만, 과연 그렇겠소? 그들에 의하면 뱀이 비늘로 기어 다니고 쓰르라미가 날개로 나는 것처럼, 내가 **비늘**이나 날개라도 필요로 한다는 것이 되는 거요? 그런 어처구니없는 일이……. 그렇지만 나로서는 알 수가 없소. '세간의 상식이 설명하는 대로인지, 그렇지 않은지'에 대한 명확한 근거를 말이오. 왜냐하면 실재의 진상이란 심지(心知)의 판단을 초월한 것이어서, 인간의 인과적 사유 따위로는 파악할 수 없는 것이기 때문이오. 그대는 내 일 따위에는 신경 쓰지 말고, 그대 좋을 대로 행동하면 될 것이오.

본문의 「特操」는 '빼어난 지조', '남에게 끌려 다니지 않는 주체성'이라는 의미이다(「特」이 「持」로 된 판본도 있다). 「蛇蚹(사부)」의 「蚹」는 뱀의 아랫배에 있는 **비늘**이다. 「蜩」는 **쓰르라미**이며, 「翼」은 그것의 **날개**이다.

2-36

昔者莊周夢爲胡蝶, 栩栩然胡蝶也, 自喩適志與! 不知周也. 俄然覺則蘧蘧然周也. 不知周之夢爲胡蝶與, 胡蝶之夢爲周與? 周與胡蝶則必有分矣. 此之謂物化.

언젠가 장주(莊周)가 꿈에서 나비가 되었는데, 훨훨 나는 나비인 채, 스스로 즐거운 것이 뜻에 꼭 맞았다! 주(周)라는 사실도 알지 못하였던 것이다. 〔그런데〕 문득 깨어나니 분명 주(周)였다. 알지 못하겠다, 주(周)가 꿈에서 나비가 된 것인지, 〔아니면〕 나비가 꿈에서 주(周)가 된 것인지. 주(周)와 나비는 필시 구분이 있다. 이것을 일러 물화(物化)라 한다.

莊–풀 무성할 장. 胡–나비 호(蝴). 蝶–나비 접. 栩–기뻐할 후, 나는 모양 후. 喩–깨달을 유, 기쁠 유. 適–갈 적, 맞을 적. 俄–갑자기 아. 覺–깨달을 각, 깨어날 교. 蘧–뚜렷할 거.

〈제물론편〉의 마지막 글은 '호접몽(胡蝶夢)'이라는 유명한 설화이다. 「周」는 장자의 명(名)이다. 「栩栩然(후후연)」은 훨훨 나는 모양이다. 「蘧蘧然(거거연)」은 據據然(최선본崔譔本)과 같으며, 또렷한 것을 이르는 듯하다(〈대종사편〉6-17에 「蘧然히 깨어나다〔蘧然覺〕」라는 용례가 보인다). 「自喩(자유)」의 「喩」는 愉(유)와 같으며, **'즐거워하다'**라는 뜻이다. 「適志與」의 「與」는 여기에서는 영탄(詠歎)을 나타내는 조사이다.

언제 적 일이었던가? 잠시 잠들었던 장자는 꿈속에서 한 마리 나비가 되어 있었다. 훨훨 하늘을 나는 나비가! 그는 뭐라고도 말할 수 없는 즐거운 기분이 되어 나비의 자유 속에서 마음껏 훨훨 날고 있었다. 자기가 꿈에서 나비가 되었다는 사실도 잊은 채…….

이윽고 그는 문득 깨어났다. 그는 깨어난 그 순간, 분명 장주 자신으로 돌아간다. 그러나 나로 돌아온 장주는 다음과 같이 생각해 본다. 글쎄, 지금 깨어 있는 나는 도대체 무엇일까? 지금 깨어 있는 내가 나비가 된 꿈을 꾸고 있던 것일까, 아니면 지금껏 훨훨 날고 있던 나비가 꿈속에서 지금 사람이 되어 있는 것일까?

그로서는 결국 '지금껏 나비였던 꿈이 진짜 현실인지, 지금 사람인 현실이 실은 꿈인지' 전혀 알 수 없다. 그러나 그것이 대체 자기(自己)에게 어떠하다는 것일까? 물론 세간의 상식으로는 꿈은 현실과 구별되고, 현실은 꿈과 다르다고 여겨진다. 또 나비는 어디까지나 나비이지 사람이 아니고, 사람은 어디까지나 사람이지 나비가 아니라고 여겨진다. 그러나 그 꿈이 현실이 아니고 그 현실이 꿈이 아니라고 누가 보증할 수 있단 말인가? 실재의 세계에서는 꿈 또한 현실이고 현실 또한 꿈일 것이다. 장주 또한 나비이고 나비 또한 장주일 것이다. 모든 존재가 상식적인 분별의 장애를 돌파하여 서로서로 자유자재로 변화하는 세계, 이른바 물화(物化)의 세계야말로 실재의 진상(眞相)인 것이다. 인간은 다만 그 「물화」(만물의 끝없는 유전流轉) 속에서 주어진 현재를 주어진 현재로서 즐거이 소요하면 그만이다. 깨어나면 장주로서 살고, 꿈꾸면 나비로서 훨훨 날고, 말이 되면 소리 높여 울고, 물고기가 되면 물속 깊이 잠겨들고, 사자(死者)가 되면 가만히 무덤에 누워 있으면 그만 아니겠는가? 모든 경우를 자기에게 주어진 경우로서 늠름히 긍정해 가는 곳에 진정으로 자유로운 인간의 삶이 있다. 절대자란 바로 이러한 일체긍정을 자기의 삶으로 삼는 사람인 것이다.

여기에서 우리들은 장자에게 있어서의 꿈과 현실의 혼효(混淆)(현실의 꿈으로의 혼돈화)에 주목해야 할 것이다.

장자에게 있어 꿈도 현실도 「구분이 있다〔有分〕」라고 보는 것은 인간의 분별이며, 실재의 세계에서는 이른바 꿈도 현실도 도(진실재)의 일지속(一持續)에 지나지 않는다. 자기와 나비는 확실히 같은 것이 아니지만, 그렇다고 해서 하나를 꿈으로 여기고 다른 하나를 현실로 여길 필요는 어디에도 없는 것이다. 나비가 되면 나비인 자신을 즐기고, 장주가 되면 장주인 자신을 즐길 뿐, '나비가 장주가 되었는가, 장주가 나비가 되었는가' 하는 것은 어찌 되어도 좋은 문제이다. 그런데 세속 사람들은 꿈을 현실과 구별하고, 사람을 나비와 구별한다. 그들에게는 나비의 자유 속에서 날며 노니는 장자의 생(生)의 유락(愉樂)은 관심 밖이고, '그가 그때 나비었던가 장주였던가', '꿈이었던가 현실이었던가' 따위의 딱딱한 천착고증에만 안달한다. 인생의 진실은 그들의 그 딱딱한 천착고증 속에서 손가락 사이를 새어나가는 물처럼 새어나가 버린다는 사실을 알아차리지 못하는 것이다. 때문에 장자는 「알지 못하겠다, 주(周)가 꿈에서 나비가 된 것인지, 아니면 나비가 꿈에서 주(周)가 된 것인지〔不知周之夢爲胡蝶與, 胡蝶之夢爲周與〕」라고 말한다. 「알지 못하겠다」라고 답하는 장자는 꿈과 현실의 혼효 속에서 살아있는 혼돈으로서의 도를 살아있는 혼돈으로서 즐기라고 말하는 것이다. 살아있는 혼돈 속에서는 시(是)와 비(非), 가(可)와 불가(不可), 미(美)와 추(醜), 대(大)와 소(小), 장(長)과 단(短) 등, 모든 가치적 대립이 하나일 뿐 아니라, 꿈 또한 현실이며 인간 또한 나비(자연물)이다. 장자는 이 살아 있는 혼돈 속에서 주어진 자기의 현재를 자기의 현재로서 소요한다. 미(美)라도 좋고 추(醜)라도 좋고, 삶이라도 좋고 죽음이라도 좋고, 꿈이라도 좋고 현실이라도 좋고, 사람인 것도 좋고 나비인 것도 좋다. 모든 경우를 **좋은 것**으로 여겨 긍정하는 장자는, 이 편 첫머리의 남곽자기(南郭子綦)와 함께 만뢰(萬籟)의 울림을 천뢰(天籟)로서 듣고 있는 것이다.

양생주편(養生主篇) 3

〈소요유편〉에서 절대자의 자유무애한 경지를 이야기하고 〈제물론편〉에서 그 논리적 근거를 밝힌 장자는, 여기에서는 그 드높은 초월의 세계로부터 현실의 세속세계로 하강한다. 절대자의 초월이 진정한 초월이 되기 위해서는 세속에서의 삶을 살아야만 하기 때문이다. 〈양생주편〉은 이 세속 삶에서의 초월자의 삶의 지혜를 밝힌다. 양생주(養生主)란 생(生)을 기르는(養) 근본적인 도(道), 즉 사람이 이 현실세계에서 자기의 생(生)을 온전히 하기 위해서는 어떻게 해야 하는가에 관한 근본원리라는 의미이다. 이 편에서 장자는 자기(自己)를 진정한 자기로 온전하게 하기 위한 현실과의 이러한 교섭방식을 밝힌다.

3-1

吾生也有涯, 而知也無涯. 以有涯隨無涯, 殆已. 已而爲知者殆而已矣. 爲善無近名, 爲惡無近刑. 緣督以爲經, 可以保身, 可以全生, 可以養親, 可以盡年.

우리 삶은 한이 있지만 지식(知)은 한이 없다. 한이 있는 것으로 한없는 것을 좇으면 위태로울 뿐이다. 그러할 뿐인데도 지식(知)에 힘쓰는(爲) 자는 위태로울 뿐이다. 선(善)을 행하되 명예(名)에 가까이 가지 말고, 악(惡)을 행하되 형벌에 가까이 가지 말라. 가운데(督)를 따라 삶의 원리(經)로 삼는다면, 몸을 보전할 수 있고, 생(生)을 온전히 할 수 있고, 부모를 봉양할 수 있고, 천수를 다할 수 있다.

涯–물가 애, 끝 애. 隨–따를 수. 殆–위험할 태. 緣–따를 연. 督–감독할 독, 가운데 독. 經–날줄 경.

• 저자는 已而爲知者殆而已矣의 爲를 '힘쓰다', '애쓰다'의 의미로 풀었다. 2-13에 보이는 勞神明爲一의 爲와 같다.
• 盡年 : '(주어진) 햇수를 다하다.' 즉, '천수를 다하다'.

인간은 죽어야만 하는 존재이며, 인간 삶은 유한하다. 그렇지만 유한한 삶을 살아가는 인간의 지(知)는 한없이 대상을 추구하고 새로운 지식은 새로운 욕망을 낳고 새로운 욕망은 다시 새로운 지식을 낳아, 인간의 지(知)와 욕(欲)은 밖으로 밖으로 무한히 확장해 나간다. 분명 인류는 이 지(知)와 욕(欲)을 버팀목 삼아 그 높고 훌륭한 문화를 구축해 왔다. 그러나 다른 한편으로 인간의 비애와 공포, 미혹과 타락 등, 대개 인간의 평온한 생(生)의 충일(充溢)을 해치는 모든 것 또한 이 지(知)와 욕(欲)으로부터 나온 것이 아닐까? 지(知)는 인류의 빛나는 무기이지만, 그 무기는 또한 인류 그 자신에게 날을 휘두르는 '벌성(伐性)(본성을 해치다)의 도끼'[53]이기도

---

53 벌성의 도끼 : 《呂氏春秋》〈孟春紀〉 "부귀하면서 도를 알지 못한다면 다만 근심이 되기에 족할 뿐이니 빈천한 것만 못하다. 빈천하면 어떤 것을 얻기가 어려우니, 몹시 바라더라도 어떻게 얻겠는가? 문을 나서면 수레를 타고 문을 들어와서는 가마를 타며 스스로 편안해지길 힘쓰는 것을 '다릿병을 불러들이는 기틀'이라고 부른다. 살진 고기와 좋은 술을 먹는 것에 온 힘을 다 쓰는 것을 '장을 문드러지게 하는 음식'이라고 부른다. 고운 피부와 하얀 이를 찾고 정나라·위나라의 음란한 음악을 들으며 스스로 즐거워지는 것에 힘쓰는 것을 **'본성을 해치는 도끼'**라고 부른다. 이 세 가지 근심은 부귀함이 불러들인 것이다. 때문에 옛 사람 가운데 부귀해지려 하지 않은 사람이 있었으니 생명을 중시했기 때문이며, 명(名)을 과시함이 아니라 그 실(實)을 위함이니, 이 말은 살피지 않을 수 없다〔貴富而不知道, 適足以爲患, 不如貧賤. 貧賤之致物也難, 雖欲過之奚由? 出則以車, 入則以輦, 務以自佚, 命之曰招蹶之機; 肥肉厚酒, 務以自彊, 命之曰爛腸之食; 靡曼皓齒, 鄭衛之音, 務以自樂, 命之曰**伐性之斧**. 三患者, 貴富之所致也. 故古之人有不肯貴富者矣, 由重生故也, 非夸以名也, 爲其實也, 則此論之不可不察也〕."

하다. 그리고 인간의 진정한 행복이 평온한 생(生)의 충일에 있다고 여겨지는 한, 지(知)에 대해서는 언제나 진한 향기의 독과(毒果)라는 위험성을 끝없이 경고해야만 할 것이다. 때문에 장자는 「한이 있는 것으로 한없는 것을 좇으면 위태로울 뿐이다〔以有涯隨無涯, 殆已〕」라고 경고한다. 생(生)을 기르는 비결은 우선 지(知)와 욕(欲)의 방자함을 물리치고, 그 벌성(伐性)의 위험으로부터 자기를 지키는 것이라고 가르치는 것이다. 「그러할 뿐인데도 지식에 힘쓰는 자는 위태로울 뿐이다〔已而爲知者殆而已矣〕」-「已」는 위의 「殆已」를 받는 말이다. 위태로울 뿐인데도 오히려 더 지(知)의 방종에 자신을 내맡기는 자는 더할 나위 없이 위험하다고 그 무모함을 반복하여 경고하는 것이다.

「선을 행하되 명예에 가까이 가지 말고, 악을 행하되 형벌에 가까이 가지 말라〔爲善無近名, 爲惡無近刑〕」라는 것은, 선악의 피안(彼岸)에 서라는 의미이다. 첫머리에서 지(知)와 욕(欲)의 방자함으로부터 자기(自己)를 안으로 지킬 것을 이야기한 장자는, 여기서는 한 발 더 나아가 세속을 살아가는 초월자의 존재방식에 대해 설명하고 있다. 초월자는 자신의 생(生)을 온전케 하는 것을 삶의 가장 큰 가치로 여긴다. 그러나 그도 또한 사람인 이상, 현실을 살아가야만 한다. 현실이란 명(名)과 이(利)가 소용돌이치는 세계이다. 거기에서는 선이 악과 나뉘고, 영예가 오욕과 대립하고, 부(富)와 빈(貧)이 서로 다툰다. 세간적인 가치가 인간의 삶을 속박하고, 규범과 형벌이 인간의 일거수일투족을 위협한다. 명(名)을 얻어 기뻐하는 자는 명(名)을 잃는 실의와 비애 앞에 서고, 오늘의 영예를 기뻐하는 자는 내일의 형벌에 전율해야만 한다. 거기에서는 환희와 비애가 표리를 이루고, 영예는 뒤집혀진 오욕일 따름이다. 그리고 인간이 일단 이 세속의 소용돌이 속에 자신을 매몰시킬 경우, 그의 자기상실이 이 매몰로부터 끊임없는 하강으로 시작될 것이다. 때문에 장자는 자신의 생(生)을 온전케 하는 것을 삶의 가장 큰 가치로 여기는 자는 선악의 피안에 서서 그 질곡으로부터 멀리 벗어나라고 가르친다. 자기와 세속의 불화를 최소한으로 막고서 홀로 자기의 자유로운 삶을 즐기는 것(소요의 노닒을 마음껏 즐기는 것)이 양생(養生)의 비결이라는 것이다.

「가운데(督)를 따라 삶의 원리(經)로 삼는다면, 몸을 보전할 수 있고, 생을 온전히 할 수 있고, 부모를 봉양할 수 있고, 천수를 다할 수 있다〔緣督以爲經, 可以保身, 可以全生, 可以養親, 可以盡年〕」－「督(독)」은 中(중)의 뜻이다. 선과 악의 한가운데, 즉 선에도 악에도 치우치지 않고 선도 악도 없는 무심의 경지를 이른다. 선악 모두를 잊은 이 무심의 경지에 서서 만물의 자연에 명합(冥合)해가는 것, 이것을 「경(經)」(삶의 근본원리)으로 삼아 살아간다면, 모든 세간적인 질곡으로부터 자기를 평온히 지켜 자유로운 삶을 즐길 수 있을 뿐 아니라, 부모에게도 충분한 봉양을 다할 수 있고, 본래의 수명을 다하여 도중에 요사(夭死)하는 일 따위는 없을 수 있다는 것이다. 요컨대 장자에게 있어 생(生)을 기르는 비결이란 바로 도에 따르는 것이다. 그리고 도라는 것은 이미 밝혔듯이 자연이라는 것이기 때문에, 그것은 모든 인간적인 작위를 버리고서 만물의 자연에 명합하는 것을 의미한다. 지(知)와 욕(欲)은 이 자연을 훼손하며, 선악의 가치적 편견 또한 이 자연을 해친다. 때문에 자신의 생(生)을 온전히 하여 모든 속박을 내던져버린 자유로운 삶을 즐기려는 자는, 지(知)와 욕(欲)의 방종으로부터 자기를 지키고 선악의 피안에 서서 오로지 천리(天理)의 자연에 따르는 것을 삶의 근본원리로 삼으라고 장자는 말한다. 장자는 이러한 사정을 다시금 포정(庖丁)과 문혜군(文惠君)의 해우문답(解牛問答)을 빌어 구체적으로 설명한다. 우리들은 무엇보다 다음 설화의 핵심이 천리(天理)(3-3)라는 2자에 있음에 주목해야 할 것이다.

3-2

庖丁爲文惠君解牛, 手之所觸, 肩之所倚, 足之所履, 膝之所踦, 砉然嚮然, 奏刀騞然, 莫不中音, 合於桑林之舞, 乃中經首之會.

포정(庖丁)이 문혜군(文惠君)을 위해 소를 잡았는데, 손이 닿는 곳, 어깨가 기운 곳, 발로 밟은 곳, 무릎을 굽힌 곳에 서걱서걱(砉然) 하는 소리가 나고 툭(嚮然) 하는 소리가 나며, 칼(刀)을 놀리는(奏) 곳에 쓱싹쓱싹(騞然) 하는 소리가 나되, 음률에 맞지 않는 경우가 없어 〈상림桑林〉의 무악(舞樂)에 부합하였으며 경수(經首)의 곡조(會)에 꼭 맞았다.

庖-부엌 포, 요리사 포. 丁-사람 이름 정. 解-가를 해. 觸-닿을 촉. 肩-어깨 견. 倚-기울 의. 履-밟을 리. 膝-무릎 슬. 踦-정강이 기, 약간 굽힐 기. 砉-뼈 바르는 소리 획. 嚮-울릴 향. 奏-나아갈 주. 騞-소의 각 뜨는 소리 획. 桑-뽕나무 상. 舞-춤출 무.

• 저자는 解牛를 '소를 요리하다'라고 풀었다. 아래 설명 및 주석에서도 보이듯 여기에서의 '요리'는 도살을 포함하는 개념이다. 번역에서는 '소를 잡다'로 반영하였다.
• 會 : (소리가) 모인 것. 즉, 곡조.

첫머리에서 양생의 근본원리를 말하여 지(知)와 욕(欲)의 방자함으로부터 자기를 안으로 지키고, 상대적인 가치관을 초월한 선악의 피안에 서서 만물의 자연에 명합(冥合)해야 함을 밝힌 장자는, 이후로는 여느 때처럼 포정과 문혜군(文惠君)의 해우문답(解牛問答)에 의탁하여 양생의 비결이 천리(天理)의 자연에 따르는 것에 있음을 더 비유적이고 구체적으로 설명한다.

庖丁이란 요리(庖)[54]를 직업으로 삼은 丁(정)이라는 이름을 가진 사람이

54 요리(庖) : 오늘날과는 달리 고대 중국에서는 주방에서 가축을 도살하기도 하

다. 匠石(장석)이 목수(匠)를 직업으로 삼은 石(석)이라는 이름을 가진 사람이고, 輪扁(윤편)이 수레바퀴(輪)를 만드는 扁(편)이라는 이름을 가진 사람인 것과 마찬가지이다.[55] 문혜군은 〈소요유편〉1-14에서 이미 언급했던 양(梁)나라 혜왕(惠王)이다. 이 양나라 혜왕을 위해 요리의 달인인 포정이 어느날 소를 요리해 보였다는 것이다. 「손이 닿는 곳, 어깨가 기운 곳, 발로 밟은 곳, 무릎을 굽힌 곳〔手之所觸, 肩之所倚, 足之所履, 膝之所踦〕」이라는 것은, 소를 요리하는 그의 손동작, 어깨가 기운 모습, 발로 버티어 선 모습, 무릎이 굽혀진 모습 등, 그 몸놀림이 **높은 경지**에 이르러 있어 무어라 말할 수 없이 훌륭하다는 것을 이른다. 「서걱서걱 하는 소리가 나고 툭 하는 소리가 나며, 칼을 놀리는 곳에 쓱싹쓱싹 하는 소리가 나되, 음률에 맞지 않는 경우가 없었다〔砉然嚮然, 奏刀騞然, 莫不中音〕」라는 것은, 그가 칼을 움직여나감에 따라 살과 뼈가 서걱서걱(획연砉然) 소리를 내며 분리되고, 뼈에서 분리된 살이 툭(향연嚮然) 떨어지고, 다시 칼을 움직여나감에 따라 살코기가 쓱싹쓱싹(획연騞然) 잘려나가는 그 손놀림이 모두 리듬을 타고 있다는 의미이다. 「상림의 무〔桑林之舞〕」란 옛날 은(殷)나라 탕왕(湯王)이 상림(桑林)이라는 땅에서 기우제를 올렸을 때 썼다는 무악(舞樂)의 이름이다. 「經首(경수)」는, 고래 주석가들의 설명에 의하면, 요(堯)임금 시대의 음악이라고 전해지는 〈함지咸池〉라는 곡의 1악장 이름이다. 「會(회)」는 '오케스트라'라는 뜻이다. 포정의 능란한 몸**놀림**이 옛날 〈상림桑林〉에 맞추어 춤추는 모습도 이랬을까 여겨지게 하고, 그 리드미컬한 손놀림이 경

였다. 때문에 요리라는 행위는 도축을 아우르고 있었다. 이곳에서의 '요리'라는 것은 특히 도축을 의미한다.

55 오늘날 일본어에서 식칼을 庖丁이라고 하는 것은, 그의 이름에서 유래한 것이다.〔원주〕 일본어에서 '庖丁'은 '요리사'라는 의미 외에 '식칼'이라는 의미가 있다.

수(經首)의 오케스트라 선율 그대로라는 것이다.

3-3

文惠君曰 :「譆, 善哉! 技蓋至此乎?」 庖丁釋刀, 對曰 :「臣之所好者, 道也, 進乎技矣. 始臣之解牛之時, 所見無非牛者. 三年之後, 未嘗見全牛也. 方今之時, 臣以神遇而不以目視, 官知止而神欲行. 依乎天理, 批大郤, 導大窾, 因其固然. 技經肯綮之未嘗, 而況大軱乎!

문혜군(文惠君)이 말하였다. "아, 훌륭하구나! 기술(技)도 혹 여기에까지 이르는 것인가?"

포정(庖丁)이 칼을 내려놓고 대답하였다. "제가 좋아하는 것은 도(道)이니 기술(技)을 뛰어넘은(進) 것입니다. 처음 제가 소를 잡았을 때에는, 보이는 바가 소 아닌 것이 없었습니다. 3년이 지나자, 온전한 소는 보이지 않았습니다. 지금 저는 정신(神)으로 〔소를〕 다루고(遇) 눈으로 보지 않으니, 감각기관(官知)은 멈추고 정신의 작용(神欲)이 이루어집니다. 천리(天理)에 의지하여 커다란 빈틈(大郤)을 치고 커다란 공간(大窾)으로 〔칼을〕 들이되, 원래 그러한 바(固然)를 따릅니다. 기술을 부려 긍경(肯綮)을 닿은(經) 일도 일찍이 없었는데, 하물며 큰 뼈(大軱)이겠습니까?

譆-감탄할 희. 技-재주 기. 蓋-대개 개. 釋-풀 석, 놓을 석. 批-칠 비. 郤-틈 극. 窾-빌 관. 因-따를 인. 肯-뼈 사이 살 긍. 綮-힘줄 얽힌 곳 경. 軱-큰 뼈 고.

- 저자는 技蓋至此乎에서 蓋를 '대개', '혹'의 의미로 풀었다. 盍의 의미로 풀어서 '기술이 어찌 여기에까지 이를 수 있는가?'라고도 풀 수도 있는데, 이렇게 풀면 蓋를 '합'으로 읽어야 한다.
- 進乎技矣 : 기술에서 나아간 것, 기술보다 뛰어난 것, 기술을 뛰어넘는 것.
- 方今之時 : '今之時를 맞아(方)'로 직역된다. '지금'이라는 뜻이다.

• 以神遇 : '정신으로 만나다' 정도로 직역이 된다. 저자는 遇자를 '다루다'로 의역하였다.
• 導大窾 : '큰 공간으로 〔칼을〕 인도하다'. '큰 공간에서 칼을 놀리다'라는 의미이다.
• 技經肯綮之未嘗 : '기술이 긍경을 아직 닿은 적이 없다'. 저자는 經을 '닿다'로 풀었다. '지나다'의 의미로 푼 것이다.

포정이 능란하게 요리하는 모습을 바라보던 문혜군은 여기에서 감탄의 소리를 발하며 말한다.

– 아, 정말 훌륭하구나. 기술(技)도 오의(奧義)를 지극히 하면 이렇게까지 될 수 있는 것인가?

그러자 포정은 유유히 칼을 앞에다 내려놓고 문혜군에게 대답한다.

– 지금 폐하께서는 저의 요리를 훌륭한 기술(技)이라고 말씀하셨습니다만, 실은 제가 바라는 바는 「도(道)」로서 「기(技)」 이상의 그 무엇입니다. 그런데 제가 소를 막 처음으로 요리했을 당시에는 눈에 비치는 것이라고는 다만 소뿐이어서 어디서부터 손을 대야 좋을지 가늠할 수조차 없었습니다만, 3년이 지나자 겨우 소 몸의 각각의 부분이 눈에 보이게 되어 '칼날을 들일 곳이 이곳이구나' 하고 파악할 수 있게 되었습니다. 그리고 지금으로서는 이미 「정신으로 소를 대하여〔以神遇〕」(형체를 초월한 마음의 작용으로 소를 파악하여), 눈으로 보고 형체에 의지하여 일을 하는 경우는 없게 되었습니다. 「관지(官知)」(모든 감각지각)는 그 활동을 멈추고, 「신욕(神欲)」(정신의 작용)만이 활발히 이루어져, 「천리(天理)」(소 몸에 있는 본래자연의 결)를 따라 「대극(大郤)」(뼈와 살이 붙은 곳에 있는 빈틈〔空隙〕. 「郤」은 隙과 같다)에서 칼을 놀리고, 뼈마디의 커다란 공간으로 칼을 들이되, 소 몸의 본래의 생김새를 따라 처리하는 것입니다. 때문에 제가 솜씨(技)를 부리면, 한눈에 알아챌 수 있는 「대고(大軱)」(커다란 뼈)에 칼날을 부딪게 하는 경우가 없는 것은 물론이고, 「긍경

(肯綮)」(뼈와 살이 미묘하게 엉긴 부분)조차도 칼날을 부딪게 하는 경우 따위는 결코 없습니다.

3-4

「良庖歲更刀, 割也; 族庖月更刀, 折也. 今臣之刀十九年矣, 所解數千牛矣, 而刀刃若新發於硎. 彼節者有閒, 而刀刃者無厚. 以無厚入有閒, 恢恢乎其於遊刃必有餘地矣. 是以十九年而刀刃若新發於硎. 雖然, 每至於族, 吾見其難爲, 怵然爲戒, 視爲止, 行爲遲, 動刀甚微. 謋然已解, 如土委地, 提刀而立, 爲之四顧, 爲之躊躇滿志, 善刀而藏之.」

"솜씨 좋은 요리사는 해마다 칼을 바꾸니 가르기 때문이고, 평범한 요리사는 달마다 칼을 바꾸니 부러뜨리기 때문입니다. 지금 저의 칼은 19년 되었고 잡은 소가 수천 마리인데도, 칼날은 막 숫돌에서 간(發) 것 같습니다. 저 뼈마디에는 틈이 있지만, 칼날에는 두께(厚)가 없습니다. 두께가 없는 것으로 틈이 있는 곳에 들이니, 널찍널찍하여(恢恢乎) 그 칼날을 놀리는(遊) 데에 반드시 여유(餘地)가 있습니다. 이 때문에 19년이 되었는데도, 칼날은 막 숫돌에서 간 것 같은 것입니다. 그렇지만 늘 근육과 뼈가 잔뜩 엉켜 있는 곳(族)에 이르면, 저는 그 처리하기 어려움을 헤아리고는(見), 두려워하며(怵然) 경계하여, 시선을 멈추고, 서서히 움직여, 칼놀림(動刀)을 매우 세심하게 합니다. 털썩(謋然)하며 이미 분리되어, 마치 흙덩이(土)가 땅에 떨어지는 듯하면, 칼을 손에 들고 일어서서, 이 때문에 사방을 둘러보고, 머뭇거리며 흐뭇해하고는, 칼을 닦아(善) 간직합니다."

割-벨 할. 族-무리 족, 모여 있을 족. 折-꺾을 절, 부러뜨릴 절. 硎-숫돌 형. 節-뼈마디 절. 刃-칼날 인. 恢-넓을 회. 怵-두려워할 출. 戒-경계할 계. 謋-빠를 획. 委-버릴 위, 떨어질 위. 提-끌 제, 들 제. 顧-돌아볼 고. 躊-머뭇거릴 주. 躇-머뭇거릴 저. 藏-숨길 장, 감출 장.

• 折 : 아래 설명을 보면 '부러뜨리다'의 목적어가 '刀' 즉 칼로 되어 있다. 하지만 '割也〔가르기 때문이고〕'와 '折也〔부러뜨리기 때문입니다〕'가 대구가 되어 있기 때문에, 목적어는 소 혹은 소의 뼈가 되어야 자연스럽다. 일단 저자의 번역대로 두기로 한다.
• 若新發於硎의 發은 '꺼내다'의 의미이다. 숫돌에서 꺼내는 것은 간 것을 꺼내는 것이므로 '막 숫돌에서 간 것 같다'로 풀었다.
• 怵然爲戒, 視爲止, 行爲遲의 爲자를 저자는 다 새겨놓았다. '두려워하며 이 때문에 경계하여 시선을 이 때문에 멈추고 움직임을 이 때문에 느리게 하여' 정도로 풀었다. 한국어에서는 다소 어색하여 '이 때문에'를 다 뺐다. 아래 爲之四顧, 爲之躊躇滿志의 爲之도 저자는 다 새겨놓았는데, 번역에서는 앞의 것 한 번만 새겼다.
• 善刀 : '칼을 좋게 하다'. 즉 '칼을 닦다'.

문혜군에게 「도」로서의 해우(解牛)에 대해 설명하는 포정의 말은 계속 이어진다.

– 대개 「양포(良庖)」(솜씨 좋은 요리사)는 1년 정도 만에 칼을 바꾸는데, 그것은 그다지 무리를 하지 않고 소를 가르는 **방법**을 터득하고 있기 때문입니다. 그렇지만 「족포(族庖)」(평범한 요리사)의 경우, 늘 뼈에 부딪게 하여 칼을 부러뜨리기 때문에 한 달에 한 번은 칼을 바꾸어야만 합니다. 그런데 저의 칼은 처음 만든 날로부터 지금까지 이미 19년이요, 이것으로 요리한 소가 수천 마리에 이릅니다만, 막 숫돌에서 간 것처럼 이가 조금도 빠지지 않았습니다. 저 소의 뼈마디에는 틈이 있습니다만, 이 칼의 칼날은 날카롭고 얇아 두께라는 것이 없습니다. 두께가 없는 칼날을 틈이 있는 소의 몸속으로 들이기 때문에, 진정 「회회호(恢恢乎)」하여(널찍널찍하여) 칼을 제대로 놀리는 데에 반드시 충분한 **여유**가 있습니다. 19년을 계속해서 써 왔지만 갓 갈아낸 칼처럼 빠진 이가 하나도 없는 것은 이 때문입니다. 그렇지만 저의 경우에도 「족(族)」(소의 몸에 근육과 뼈가 잔뜩 엉켜 있는 곳)과 맞닥뜨리면,

그것을 처리하기 힘겨움을 헤아려 **두려워하며** 단단히 긴장하여 눈길을 그곳에 모으고, 서서히 손을 움직이고 칼을 놀리는 것도 더할 나위 없이 세심하게 합니다만, 이윽고 마치 흙덩어리가 땅에 떨어질 때처럼 털썩(획연謋然) 소리를 내며 살이 뼈에서 분리되면, 저는 **휴우** 하며 한시름 놓으며 칼을 든 채 일어서서 득의만면(得意滿面)하여 둘레를 빙 둘러보고, 급히 그 자리를 뜨기가 애석하다는 기분이 들어 잠시 머뭇거린 후, 회심의 미소를 지으며 칼을 닦아 그것을 소중히 간직합니다(「委」는 落과 같고, 「善」은 拭과 같다).

3-5

文惠君曰 :「善哉! 吾聞庖丁之言, 得養生焉.」

문혜군(文惠君)이 말하였다. "훌륭하구나! 나는 포정(庖丁)의 말을 듣고 생(生)을 기르는 법을 깨달았다."

포정이 말을 마치자, 문혜군은 다시 탄성을 발하며 말하였다.

– 정말 훌륭하구나. 나는 지금 포정의 말을 듣고 양생(養生)의 도(道), 즉 주어진 자기의 삶을 온전히 하는 근본원리를 터득했다.

이상은 포정의 해우(解牛) 묘기와 그 말에 의탁하여 설명한 양생의 비결(천리에 따름)이다. 여기에서 우리들은 장자의 이른바 천리에 따름(무위자연無爲自然)이라는 개념이 품고 있는 한 가지 근본적인 의미에 주목해야 할 것이다. 즉 장자에게 있어 무위자연이란, 자신을 비우고 자연에 따르는 것, 천리에 따르는 것이었는데, 이 무위(無爲)란 단순히 아무것도 하지 않는 것, 혹은 팔짱을 끼고서 모든 것을 방관한다는 것이 아니라, 경우에 따라서는 기교(技巧)의 극치로서의 무기교(無技巧), 상당한 단련 끝에서야 얻을 수 있는 무심(無心)의 경지이기조차 한 것이었다. 장자의 이른바 무위란 것은, 하지 않음이 없는 무위이며, 일종의 적극적인 행(行)으로서의 무위이기도 하다. 그는 이러한 사정을 「제가 바라는 것은 도(道)이니 기술(技)을 뛰어넘은(進) 것입니다〔臣之所好者, 道也, 進乎技矣〕」(3-3)라는 포정의 말로 설명한다. 포정에게 있어 기술(技)을 뛰어넘은 것으로서의 도는 「보이는 바가 소 아닌 것이 없었던〔所見無非牛者〕」(3-3) 미숙함으로부터 19년의 노력 끝에 터득한 것이었다. 단순한 수수방관으로서의 무위에 안주하는 한, 「정신으로 소를 대하고 눈으로 보지 않는〔以神遇而不以目視〕」(3-3) 그의 신기(神技)는 실현될 리 없는 것이다.

장자에게 있어 실재로서의 도는 자연이었는데, 이 실재로서의 자연에 따르는 한, 인간의 모든 적극적인 실천 또한 자연일 수 있다. 소를 요리하는 것은 물론 인간 삶의 온갖 행위도 그것이 천리에 따르고 「원래 그러한 도리」에 따라 이루어지는 한, 또한 하나의 자연이라는 것이 장자의 생각이다. 때문에 장자가 말하는 양생도 단순히 지(知)를 배격하고 욕(欲)을 물리쳐 주어진 생(生)을 온전히 한다는 소극적이고 퇴영적인 삶의 태도에 그치는 것이 아니라, 더 나아가 자기의 개성을 살리고 주어진 생(生)을 가장 풍성하게 그리고 가장 깊게 채워나가는 노력도 거대한 양생이어야 한다. 포정과 문혜군의 해우문답에서 장자는 천리에 따르는 것이 양생의 비결임을 밝히는 것은 물론, 양생이 또한 자기를 본연의 존재로 고양시키는 일종의 적극적인 행위(行)이기도 함을 밝히고 있다.

3-6

公文軒見右師而驚曰：「是何人也? 惡乎介也? 天與, 其人與?」曰：「天也, 非人也. 天之生是使獨也. 人之貌有與也. 以是知其天也, 非人也. 澤雉十步一啄, 百步一飮, 不蘄畜乎樊中. 神雖王, 不善也.」

공문헌(公文軒)이 우사(右師)를 보고는 놀라 말하였다. "이게 누구인가? 어디에서(惡) 다리를 잘렸는가? 하늘 탓인가, 사람 탓인가?" 우사가 말하였다. "하늘 탓이지 사람 탓이 아니다. 하늘이 나(是)를 낳음에 외발이가 되게 하였다. 사람의 용모는 부여받은 것이다. 이 때문에 하늘 탓이지 사람 탓이 아님을 알겠다. 못가의 꿩은 열 걸음에 한 번 쪼아 먹고 백 걸음에 한 모금 마시지만, 새장(樊) 속에서 길러짐을 바라지 않는다. 기력(神)은 왕성해지겠지만 즐겁지(善) 않기 때문이다."

軒-집 헌. 介-다리 자르는 형벌 개. 澤-못 택. 雉-꿩 치. 步-걸음 보. 啄-쫄 탁. 蘄-바랄 기. 畜-쌓을 축, 기를 휵. 樊-울타리 번, 새장 번. 王-왕성할 왕(旺).

- 天之生是使獨也 : '하늘이 이것을 낳음에 하나이게끔 하였다'. 여기에서 是는 '나'를 의미하며, 獨은 '다리 하나'를 의미한다.
- 人之貌有與也 : '사람의 용모는 부여받음이 있는 것이다'. 저자는 與를 '주다'라는 의미에서 '부여하다', '부여받다'의 의미로 파악하였다.

포정의 해우 묘기와 함께 양생의 비결이 천리의 자연에 따르는 것에 있음을 밝힌 장자는, 여기서는 한 발 더 나아가 현실 삶의 모든 화복(禍福) 또한 자연으로서 받아들이고 천리로서 편안히 여겨야 함을 가르친다. 그런데 현실의 삶에는 화(禍)만 많고 복(福)은 드물며, 괴로움만 많고 기뻐할 일은 적다. 진정 한(漢)나라 시인도 읊었듯 「삶은 백년도 되지 않는데 늘 천년의 근심을 품고 있다」[56]라고 한 것이 인생인 것이다. 그리고 화(禍)에

찌든 자는 불행을 저주하며 탄식하고, 불구자는 사지의 온전함을 갈망하고, 모습이 추한 자는 **외모**가 아름다운 자를 부러워하는 것이 세상의 관습일 것이다. 이에 대해 장자는 다음과 같이 말한다. 그렇지만 인간이 진정으로 자기에게 주어진 생(生)을 온전히 하려면, 그것들을 모두 자기의 운명으로서 사랑해야만 한다. 모든 필연을 자기의 운명으로서 사랑하는 곳에는 어떠한 것도 빼앗을 수 없는 절대적인 자유가 있다. 인간의 진정한 자유란, 자기의 모든 희구를 그대로 실현으로 바꾸어 놓는 능력에 있는 것이 아니라 오히려 현실의 모든 것을 자기의 필연으로서 긍정해 나가는 마음의 늠름함에 있는 것이 아닐까? 모든 필연을 필연으로서 그대로 **긍정하고** 자기에게 주어진 모든 것을 **자기 것**으로 사랑하는 곳에는 어떠한 것에도 얽매이지 않는 자유로운 삶이 있을 수 있다고 장자는 가르치는 것이다. 때문에 그는 세상 사람들이 몹시 싫어하는 월형(刖刑)(발 잘리는 형벌)을 처벌받은 우사라는 외발이 불구자를 데리고 와서 그에게 자기 삶의 자유와 행복을

---

56 인용된 시구는 《文選》 권29에 실린 〈古詩十九首〉의 제15수에 보인다. 작자는 미상이다. 제15수는 《古文眞寶》前集에도 실려 있다. 참고삼아 인용한다. 成百曉 譯註, 《古文眞寶》前集, 전통문화연구회, 2002, 96면 참조.

生年不滿百　　사는 年數 백 년도 못되는데
常懷千年憂　　항상 천 년의 시름 품고 있네
晝短苦夜長　　낮 짧고 밤 긴 것 괴로우니
何不秉燭遊　　어찌 촛불 잡고 놀지 않는가
爲樂當及時　　즐김은 제 때에 미쳐야 하니
何能待來玆　　어찌 내년을 기다리겠는가
愚者愛惜費　　어리석은 자는 비용 아껴
但爲後世嗤　　모두 세인들의 비웃음 받는다오
仙人王子喬　　신선 왕자교는
難可與等期　　그와 같이 장수함 기약하기 어렵다네

말하게 한다. 외발이 불구자에게도 자유롭고 행복한 삶이 있을 수 있음을 이야기하는 장자는, 모든 인간의 진정한 자유와 행복에 대해 궁구하고 있는 것이다.

어느날 공문헌이라는 사람이 월형을 처벌받은 우사라는 사람을 보고는 깜짝 놀라 말하였다.

– 아, 이게 누구인가, 그런 모습을 하고 있다니. 대체 어디서 그런 불구자가 되었는가? 하늘 **탓**인가, 아니면 사람 탓인가? 아마 법에라도 저촉되었던 거겠지.

– 하늘 탓이야. 사람 탓이 아니야. 하늘이 나를 낳음에 외발이가 되도록 운명 지웠기 때문이야. 대개 사람의 용모형체(容貌形體)는 선천적인 것이어서 인간의 능력 따위는 그것을 어떻게 할 수도 없다. 그러니 완전히 하늘 탓이지, 나와는 관계가 없는 거야. 필시 자유롭지 못할 거라고? 무슨 소리! 운명이라고 체념해 버리면 이것도 의외로 속편하다니까. 비유하자면 저 못가에서 노니는 꿩과 같다. 꿩은 열 걸음 정도 걸어서 모이를 쪼아 먹고 백 걸음 정도 걸어서 물을 마시니 남의 눈에는 더없이 가련해 보이지만, 새장 속에서 사육되는 것은 바라지 않을 것이다. 배불리 모이를 얻어먹어 기력은 가득 넘치겠지만, 새장 속의 새가 되어서는 산야를 자유로이 노니는 즐거움을 맛볼 수 없기 때문이다.

자기의 자유를 절대적인 것으로 여기는 자에게는 왕공(王公)이라는 높은 지위도, 천금이라는 막대한 이익도 해진 짚신짝에 지나지 않을 것이다. 그리고 월형을 처벌받은 자에게도 이러한 자유는 주어져 있는 것이다. 양생이란 산해진미를 배불리 먹는 것도 비단이불을 겹겹이 덮는 것도 아니며, 자신 속에 있는 이 자유를 따라 살아가는 것이다. 모든 부자유를 부자유로서 늠름히 받아들이는 자유, 거기에야말로 생(生)을 기르는 진정한 비결이 있음을 장자는 우사의 말을 빌어 밝히고 있는 것이다.

본문의 「惡(오)」는 의문부사로 「何處」와 같다. 「介」는 다른 판본에는 「兀(올)」로 되어 있는데, 「介」와 「兀」 모두 '다리를 절단하는 형벌'을 이른다. 「人之貌有與也」의 「與」는 곽상(郭象) 이래 '두 발'이라는 뜻으로 풀었으나, 「天之所與」 즉 '하늘로부터 부여받은 것'이라는 뜻으로 풀어야 할 것이다. 「王」은 旺(왕)과 같으며, '왕성하다'라는 뜻이다. 「善」은 '즐겁다'라는 뜻이다. 「기력은 왕성해지겠지만 즐겁지 않기 때문이다〔神雖王, 不善也〕」라는 것은, 아무리 정신기력(精神氣力)이 충일하더라도 자유로이 자기의 생(生)을 즐길 수 없다는 의미이다.

3-7

老聃死，秦失弔之，三號而出．弟子曰：「非夫子之友邪?」曰：「然.」「然則弔焉若此，可乎?」曰：「然．始也吾以爲其人也，而今非也．向吾入而弔焉，有老者哭之，如哭其子；少者哭之，如哭其母．彼其所以會之，必有不蘄言而言，不蘄哭而哭者．是遁天倍情，忘其所受，古者謂之遁天之刑．適來，夫子時也；適去，夫子順也．安時而處順，哀樂不能入也，古者謂是帝之縣解．指窮於爲薪，火傳也，不知其盡也.」

노담(老聃)이 죽었는데, 진일(秦失)이 조문을 가서 세 번 곡하고(號) 나와 버렸다.

노담의 제자가 말하였다. "선생님의 친구가 아니십니까?"

진일이 말하였다. "그렇다."

"그렇다면 조문을 이렇게 해도 괜찮습니까?"

진일이 말하였다. "그렇다. 처음에 나는 〔그가〕 훌륭한 사람(其人)이라고 생각했지만 지금은 그렇지 않다. 아까(向) 내가 들어가 조문하였을 때, 늙은이들은 곡하기를 제 자식을 곡하듯 하였고, 젊은이들은 곡하기를 제 어미를 곡하듯 하였다. 그가 이 사람들을 모아들인 것은, 말하기를 요구하지는 않았지만 말하게 하고 곡하기를 요구하지는 않았지만 곡하게 한 것이 필시 있어서일 것이다. 이것은 천리(天理)를 피하고 실정(實情)을 등져 받은 바를 망각하는 짓이다. 옛날에는 이를 일러 '천리를 피한 형벌'이라고 했다. 때마침 〔이 세상에〕 온 것은 선생이 때를 만났기 때문이고, 때마침 〔이 세상을〕 떠난 것은 선생이 〔운명을〕 따른 것일 뿐이다. 때를 편안히 여기고 〔운명을〕 편안히 따른다면 슬픔도 즐거움도 끼어들지 못할 것이다. 옛날에는 이를 일러 '천제의 속박에서 풀려남(縣解)'이라고 하였다. 땔나무를 지피며 다함을 지적하더라도 불은 옮겨가 그 다하는 바를 알지 못한다."

聃–사람 이름 담. 失–잃을 일. 弔–조문할 조. 向–접때 향. 蘄–바랄 기. 遁–달아날 둔. 倍–등질 배. 適–갈 적, 마침 적. 縣–매달 현(懸). 薪–땔나무 신.

• 夫子時也 : '선생의 때이다'. 저자는 '선생의 때의 운명이다'로 풀었는데, '운명이다'는 저자가 삽입한 말이다. 그대로는 우리말에서 어색하여 '선생이 때를 만났기 때문이다'로 풀었다. 이 아래 번역문 내의 '운명'이라는 단어는 저자가 삽입한 것들이며 번역에서는 저자의 번역을 따랐다.
• 安時而處順 : 저자는 '때를 편안히 여기고 따르는 것을 편안히 여긴다'로 번역하였다. 處를 '편안히 처하다' 정도의 의미로 본 것이다. 번역문에서는 저자의 이 번역을 참고하여 '處順'을 '편안히 따르다'로 풀었다.
• 指窮於爲薪, 火傳也, 不知其盡也 : 직역하자면 '땔나무를 지피는(爲) 것에 대해 (불이) 다 하는 것을 지적하더라도 불은 전해져 그 다함을 알지 못한다' 정도이다. 爲薪은 '땔나무를 지피는 것'을 말하며, 窮은 '불이 다하는 것'을 이른다.

공문헌(公文軒)과 우사(右師)의 문답을 통해 삶의 모든 화복을 자연으로서 받아들이고 천리로서 긍정해야 함을 이야기한 장자는, 마지막으로 인간에게 가장 큰 두려움이자 슬픔인 죽음도 천리의 자연으로 여겨 그 변화에 따르고 편안히 여기는 것이 양생의 가장 큰 비결이라고 말한다.

이미 언급했듯이 장자적 절대자에게 있어서는 주어진 자기의 생(生)을 온전히 하는 것이 삶의 가장 큰 가치였다. 그가 생을 기르는 것에 관해 말하는 것도 이 때문인 것이다. 그러나 생을 기르는 것(주어진 자기의 생을 가장 깊고 풍성하게 살아간다는 것)은, 결코 자기의 삶에 집착한다는 의미가 아니다. 그가 양생을 말하고 삶을 온전히 하는 것(全生)을 이야기하는 것은, 주어진 자기의 현재가 현재이기 때문에 그것을 충분히 살리려하기 때문이지, 주어진 것이 삶이기 때문이 아니다. 그에게 있어서는 화와 복이 모두 자신에게 주어진 것으로서 같은 것이었던 것처럼, 죽음과 삶 또한 그것이 자신에게 주어진 것이라는 점에서는 한가지인 것이다. 절대자는 주어진 모든 것(죽음이라고 할지라도)을 자신의 것으로서 긍정한다. 삶도 **나의** 삶이며, 죽음도 **나의** 죽음인 것이다. 모든 경지를 자기의 경지로서 편안히 여기는 늠름한 태도만이 모든 경지로부터 초월과 해방을 가능케 한다. 주어진 죽음을 죽음으로서 편안히 여기는 삶은, 동시에 주어진 삶을 삶으로서 편안히 여기는 삶이기도 하다. 그리고 삶을 편안히 여기고 죽음을 편안히 여기는 이러한 경지, 삶에 집착하지 않고 죽음을 두려워않는 경지에 서는 것이야말로 양생의 궁극적인 비결이라고 장자는 가르친다.

노담(老聃)은 두말할 것도 없이 《도덕경道德經》 오천언(五千言)의 저자로 알려진 노자(老子)를 이른다. 진일(秦失)은 그의 친구로 나오지만, 아마도 장자가 임의로 만들어낸 인물일 것이다. 「세 번 곡하였다」라는 것은, 사자(死者)에 대한 극히 형식적인 조의(弔意)의 표현이다. 때문에 그곳에 있던 노자의 제자가 '친구로서 그래도 되는가?' 하고 힐문한 것이다.

「처음에 나는 그가 훌륭한 사람이라고 생각했지만 지금은 그렇지 않다〔始也吾以爲其人也, 而今非也〕」라는 것은, '이전에 나는 노담이라는 자가 정말 훌륭한 사람이라고 생각했지만, 지금은 그 생각을 바꾸었다'라는 의미이다. 그 이유는 아까 내가 들어가 조문했을 때, 관(棺) 옆에 있던 늙은이들은 마치 제 자식이라도 잃은 듯 엉엉 울고 있었고, 젊은이들은 제 어미라도 잃은 것처럼 훌쩍훌쩍 울고 있어, **꼴불견**이었기 때문이라고 진일은 말한다. 그리고 노담이 이 사람들을 관 옆에 모아들인 것은, 말로는 애도한다든지 곡한다든지 하는 것을 요구하지 않았지만, 평소부터 주위 사람들이 자연스레 모여서 애도한다든지 슬피 탄식한다든지 하도록 해 두었기 때문임에 틀림없다. 대체 인간의 죽음이란 무엇인가? 온전히 천(天)(자연의 도리)이 아니겠는가? 그대들이 그것에 대해 이렇게까지 울어대고 아우성치는 것은, 천의 도리를 요리조리 피하고 인간존재의 실상을 등져 천으로부터 부여받은 자기 생명의 본질이 무엇인가를 망각했기 때문이다. 요컨대 이것은 노담의 철학이 **진정한 것**이 아니었다는 증거이다. 옛날에는 이것을 진리를 도피한 벌(천의 도리를 요리조리 피한 형벌)이라고 불렀다. 생각해 보라. 그 **선생**이 때마침 이 세상에 태어난 것은 그가 태어날 때를 우연히 만났기 때문이고, 때마침 이 세상을 떠난 것은 그 **선생**이 죽어야만 하는 자연의 도리에 따랐을 뿐이 아니겠는가? 어떠한 일도 그때그때 만나는 바에 맡겨 태어났다고 하여 기뻐하지 않고 어떠한 일도 자연의 도리에 따라 죽음이 찾아왔다고 하여 슬퍼 탄식하지 않고서 모든 것을 자연이 되어가는 대로 따라간다면, 슬픔도 기쁨도 마음을 어지럽힐 여지가 없을 것이다. 옛날에는 이러한 경지에 선 사람을 절대의 자유자(천제의 속박으로부터 해방된 인간)라고 불렀던 것이다.

대개 땔나무라는 것은 불을 지피면 다 타버리지만, 땔나무는 다 타버리더라도 불 그 자체는 땔나무가 존재하는 한, 계속해서 새로운 땔나무로 옮겨가 결코 없어지는 법이 없다. 그와 마찬가지로 인간의 생명 역시 개개의 인간에 관한 한 한 번은 죽어 없어지는 존재이지만, 생명 그 자체는 영원히 다하지 않는 법이다. 개개의 사상(事象)에 얽매이는 곳에 인간의 미혹과 슬픔이 있다. 그대들이 슬피 탄식하고 있는 것이 그 미혹됨이며, 그대들을 슬피 탄식하게 하는 곳에 노담 철학의 의심나는 점이 있는 것이다.

진일은 이렇게 말하며 노자의 제자를 꾸짖었다.

「帝之縣解」에서 「帝」는 인간의 길흉화복생사(吉凶禍福生死)를 지배한다고 하는 상제(上帝) 내지는 천제(天帝)이고, 「縣」은 懸과 같으며 속박이라는 뜻이다. '천제의 속박이 풀린다'라는 것은, 인간이 자기를 외부로부터 지배하는 모든 것, 신의 지배에서조차 해방되어 절대적으로 자유로운 경지에 서는 것을 이른다. 마지막의 「指窮於爲薪, 火傳也」라는 구절은 예로부터 몹시 난해하다고 여겨져 주석가들의 의론도 가지각색이다. 「窮」은 盡과 같으며 **다하다**라는 뜻이다. 「爲薪」은 일단 진(晉) 곽상의 설을 따라 '땔나무를 내어밀다', 즉 '땔나무를 불에 지피는 것'으로 풀이하면 좋을 것이다. 「指」는 **지적하다** 내지는 **가리키다, 확실히 하다**라는 뜻이다. 「땔나무를 지피며 다함을 지적하더라도 불은 옮겨간다」라는 것은, 땔나무를 불에 지펴 그것이 다 타는 것을 직접 보더라도 불 그 자체는 땔나무가 존재하는 한 이전의 땔나무에서 새로운 땔나무로 옮겨가 결코 다하지 않는 법이라는 의미일 것이다. 개개의 육체는 유한한 데 반해 생명 그 자체는 불멸이라는 것이다. 단 생명 그 자체는 불멸이라고 하더라도, 여기에서 우리들이 주의해야 할 것은, 그것이 장자에게는 반드시 이른바 혼령의 불멸이라든가 종교적인 영생이라든가 하는 사상과 같은 것은 아니라는 사실이다. 이미 언급했듯이 장자에게 있어 모든 존재는 방생방사(方生方死)요 방사방생(方死方生)이며(2-9), 이 생멸변화(生滅變化)해 나가는 끝없는 변화의 흐름 그 자체가 도(실재의 진상)인 것이다. 그리고 개체는 이 변화의 흐름 속에서 생(生)하였다가는 멸(滅)하고 멸하였다가는 생하는 물결과 같은 존재일 뿐이며 불멸하는 것은 이 변화의 흐름 그 자체이지 생멸하는 개체가 아니다. 불이란 이 변화의 흐름 그 자체, 도의 끊임없는 유동(流動)을 상징한다. 그리고 사람은 이 도의 끊임없는 유동에 그대로 따를 경우, 진정으로 삶과 죽음을 초월할 수 있다고 장자는 가르치는 것이다. 거기에서는 '개체의 생명이 사후에도 지속되는지 아닌지', '개체적인 혼령이 영원히 불멸인지 아닌지' 따위는 문제가 될 수 없다. 우리는 「만약 내가 죽어 왼팔이 닭이 된다면 새벽을 알리려 할 것이고, 만약 내가 죽어 오른팔이 탄환이 된다면 새 구이를 만들 새를 잡으려 할 것이다」라는 말(〈대종사편〉6-16) 속에서 장자 사생관의 진면목을 간취할 수 있을 것이다.[57] 

---

57 〈대종사편〉6-16의 말은 약간 변형되어 있다. 그대로 옮기면 다음과 같다. "차츰 진행하여(=병세가 악화되어) 내 왼팔을 변화시켜 닭이 되게 한다면 나는 그것을

따라 새벽을 알릴 것을 구할 것이고, 차츰 진행하여 내 오른팔을 변화시켜 탄환이 되게 한다면 나는 그것을 따라 새 구이를 구할 것이다〔浸假而化予之左臂以爲雞, 予因以求時夜; 浸假而化予之右臂以爲彈, 予因以求鴞炙〕."

인간세편(人間世篇) 4

인간세(人間世)란 인간의 사회라는 의미이다. 〈양생주편〉에서 인간이 현실의 삶에서 자기의 생(生)을 온전히 하기 위해서는 어떻게 해야 하는가에 관한 근본원리를 밝힌 장자는, 이 〈인간세편〉에서는 더 나아가 초월자가 세상에 처하는 방법, 절대자의 현실사회와의 교섭방식을 구체적으로 설명한다.

그런데 장자에게 있어 현실사회란 다름 아닌 중국 사회였으며, 그것은 그 어떤 사회보다도 정치적인 세계였다. 정치적인 세계는 권력이 검붉은 피를 뿜어대는 어둡고 위험한 세계이다. 거기에서는 권력이 인간을 군주와 신하로 엄격히 나누고, 군주의 방자함이 백성의 생명을 변덕스레 가지고 놀며, 영예와 형벌이 인간의 운명을 이리저리 제멋대로 놀린다. 그러나 장자적 절대자는 이 중국적 현실의 암울함과 위험성도 자기의 현실로서 살아나가야만 한다. 현실을 살아가면서도 현실에 해를 입지 않고 인간 세상에 섞이면서도 자기를 잃지 않는 지혜, 장자는 그러한 지혜를 이 편에서 구체적으로 밝힌다. 여기에서는 장자의 다리가 중국의 역사와 풍토 위에 단단히 버티고 서 있다. 우리들은 이 편에서 장자의 표정과 몸짓이 무엇보다도 중국적이라는 사실에 주목해야 할 것이다.

〈인간세편〉은 여덟 개의 설화로 구성되어 있다. 그 가운데 앞의 넷은 문답형식의 설화로, 맨 처음이 안회(顔回)와 공자, 다음이 섭공자고(葉公子高)와 공자, 다음이 안합(顔闔)과 거백옥(蘧伯玉), 다음이 장석(匠石)과 그의 제자와의 문답이다. 이 네 설화가 이 편의 주요한 내용을 이루고 있다. 네 번째인 장석과 그의 제자의 문답은 이미 〈소요유편〉에 동일한 주제의 설화가 보이는데, 이 편에서는 이와 내용적 관련이 있는 설화 셋

이 또 다섯 번째, 여섯 번째, 일곱 번째 설화로 덧붙여져 있다. 그리고 마지막에 공자와 광접여(狂接輿)의 이야기가 결말로서 위치해 있다. 다시 말해, 〈인간세편〉은 거의 문답형식의 설화가 이어져 구성되어 있는 것이다.

편중의 인물은 장석을 제하고는 모두 《논어》 등의 고전에 그 언행이 보이는 역사적 인물이다. 공자와 안회에 대해서는 새삼스레 설명할 필요도 없을 것이다. 섭공자고는 공자와 동시대인 춘추시대 말기의 초(楚)나라 가신(家臣)으로, 섭(葉)이라는 땅을 다스리고 있었기 때문에 섭공(葉公)으로 불렸다. 성(姓)은 심(沈), 명(名)은 제량(諸梁)이며, 자고(子高)는 그의 자(字)이다. 《논어》에 그가 공자에게 정치에 관해 물었던 일(〈자로편子路篇〉)[58]과 자로(子路)에게 공자의 인품에 대해 물었던 일(〈술이편述而篇〉)[59]이 실려 있다. 안합은 노(魯)나라의 현자(賢者)로, 이 책의 〈달생편〉(외편)과 〈양왕편〉(잡편)에도 그의 언행이 보이는데, 종생토록 관로에 나아가지 않고 누항(陋巷)에서 자기의 삶을 즐겼다고 한다. 거백옥 또한 공자와 동시대인 춘추시대의 위(衛)나라 현대부(賢大夫)로, 그 빼어난 인품을 칭찬한 공자의 말이 《논어》〈위영공편衛靈公篇〉 등에 실렸으며,[60] 이 책의 〈즉

---

58 子路篇 : 원문에 '憲問篇'으로 되어 있다. 그러나 섭공이 공자에게 정치에 관해 물었던 일은 〈헌문편〉이 아니라 〈자로편〉에 보인다. 명백한 오류이므로 번역문에서 고쳤다. 그 내용은 다음과 같다. 《論語》〈子路〉13-16. "섭공이 정치를 묻자, 공자께서 말씀하셨다. '가까이 있는 자들이 기뻐하며, 먼 곳에 있는 자들이 오게 하여야 한다.'〔葉公問政. 子曰 : 「近者說, 遠者來」〕"

59 《論語》〈述而〉7-18. "섭공이 자로에게 공자의 인물됨을 물었는데, 자로가 대답하지 못하였다. 공자께서 말씀하셨다. '너는 어찌 그의 사람됨이 분발하면 먹는 것도 잊고, 〈이치를 깨달으면〉 즐거워 근심을 잊어 늙음이 장차 닥쳐오는 줄도 모른다고 말하지 않았느냐?'〔葉公問孔子於子路, 子路不對. 子曰 : 「女奚不曰, 其爲人也, 發憤忘食, 樂以忘憂, 不知老之將至云爾」〕"

60 《論語》〈衛靈公〉15-6. "군자답다. 거백옥이여! 나라에 道가 있으면 벼슬하고,

양편〉(잡편)에서도 그 덕을 칭송하고 있다. 마지막 설화의 광접여는 이미 〈소요유편〉1-11에서 설명했던 초나라의 현자로, 역시 《논어》에 공자와의 대화가 기록되어 있다.[61]

그런데 상술한 것처럼 〈인간세편〉의 대부분은 문답형식의 설화로 이루어져 있는데다 그 대화자가 《논어》 등의 고전에 이름이 실린 역사적 실재 인물이지만, 그 문답 내용은 반드시 역사적 사실은 아니며 대부분 장자의 창작이다. 특히 여기에서는 장자의 사상과 재필(才筆)이 공자와 안회를 완전히 희롱거리로 만들어 놓았다. 장자는 이러한 역사적 유명인사의 명성을 몹시 효과적으로 활용하면서, 그들의 **대사**를 통해 자기의 사상을 이야기함은 물론이고 당대의 성현을 야유하고 있는 것이다. 거기에는 장자의 역사에 대한 희롱이 있으며, 세속 권력에 대한 도전이 있다. 이렇게 역사를 희화(戲畵)로 만들고 당대의 성현을 희롱하면서 상식적인 시공간의 세계를 비웃는 장자는, 모든 인간을 자유로운 자기의 세계로 드높이 해방시키면서, 어떠한 것에도 얽매이지 않는 소요유를 즐기게 하는 것이다. 우리들은 그의 자유자재한 붓과 그 붓을 지탱하고 있는 그의 분방한 정신에 주목해야 할 것이다.

4-1

顔回見仲尼請行. 曰 :「奚之?」 曰 :「將之衛.」 曰 :「奚爲焉?」 曰 :「回聞, 衛君其年壯, 其行獨, 輕用其國, 而不見其過; 輕用民

나라에 道가 없으면 거두어 속에 감추어 두는구나!〔君子哉蘧伯玉! 邦有道, 則仕, 邦無道, 則可卷而懷之!〕”

61 본서 〈인간세편〉4-29 해설에 《논어》 해당 부분이 실려 있다.

死, 死者以國, 量乎澤, 若蕉, 民其無如矣. 回嘗聞之夫子曰 :『治國去之, 亂國就之, 醫門多疾.』 願以所聞, 思其則, 庶幾其國有瘳乎!」

안회(顔回)가 중니(仲尼)를 만나 길 떠날 것을 청하였다.

"어디로 가려느냐?"

"위(衛)나라로 가려 합니다."

"무엇을 하려느냐?"

"제가 듣기에, 위나라 군주는 나이가 젊고(壯) 행동이 독단적이어서, 가벼이 그 나라를 다스리고도 그 과실을 돌아보지 못하며, 가벼이 백성의 목숨을 빼앗아 죽은 사람이 나라에 가득하여(以), 못으로 헤아리며 삼(蕉)과 같아서, 백성들이 돌아갈 곳이 없다고 합니다. 저는 일찍이 선생님께서 '잘 다스려지는 나라에서는 떠나고 어지러운 나라에는 갈지니, 의사 집에는 병든 자가 많은 법이다.'라고 하신 것을 들었습니다. 원컨대 들었던 바에 뜻 두고(以) 그 방법(則)을 생각해볼까 합니다. 그러면 거의 그 나라가 고쳐지지 않겠습니까?"

見-볼 견, 뵐 현. 仲-버금 중. 尼-중 니. 奚-어찌 해, 어디 해. 之-갈 지. 量-헤아릴 량. 澤-못 택. 蕉-누이지 않은 삼 초. 瘳-나을 추.

• '奚之'와 '將之衛'의 '之'는 '가다'라는 의미이다.

• 輕用其國 …… 輕用民死 : '가벼이 국권을 쓰고도 …… 가벼이 백성의 죽음을 써서' 정도로 직역된다. 번역은 다음과 같은 저자의 의역을 따랐다. '가벼이 그 나라를 다스리고도(用) …… 가벼이 백성의 목숨을 빼앗아(用)'

• 死者以國, 量乎澤, 若蕉 : 직역하자면 '죽은 사람을 나라로 하여, 못으로 헤아리며 삼과 같다'. 정도이다. 즉, '죽은 사람이 나라에 가득하여(以), 못으로 헤아리며 삼과 같다'는 의미이다. 못으로 헤아린다는 것은 사람을 일일이 세지 못하므로 못 단위로 센다는 의미이며, 삼과 같다는 것은 삼처럼 포개져 있다는 의미이다.

• 民其無如矣 : 저자는 '백성이 달아날 곳이 없다', '백성이 피할 곳이 없다' 정도로 풀었다. 如를 '가다'의 의미로 푼 것이다. 번역에서는 '돌아가다', '돌아가 쉬다'로 풀었다. 이 구절은 如를 '如之何'로 풀어 '백성이 어찌할 바를 모른다'로 풀기도

한다.

* 願以所聞, 思其則 : '원컨대 들었던 바로 그 원칙(방법)을 생각하여' 정도로 번역된다. 저자는 願以所聞을 '원컨대 들었던 바를 뜻 두고'로 의역하였다. '들었던 바'는 '선생님께 들었던 바'로 '선생님의 가르침'을 의미한다.

〈인간세편〉에 가장 먼저 등장하는 것은 공자와 그의 고제(高弟) 안회(顏回)이다. 무대는 두 사람의 문답으로 시작한다.

– 선생님, 저는 길을 떠나고자 합니다.

– 안회야, 어디로 가려느냐?

– 위(衛)나라입니다.

– 무엇을 하려는 것이냐?

– 위나라를 혼란에서 구해내고자 합니다.

안회가 구해내고자 하는 위나라는, 당시 정치적으로도 윤리적으로도 극도의 혼란 상태에 있었다. 당세에 음란함으로 악명을 떨쳤던 위(衛)나라 영공(靈公)이 세상을 떠나자, 태자 괴외(蒯聵)는 이전부터 달갑지 않게 여기던 어머니 남자(南子)를 죽이려고 꾀했지만 실패하여 국외로 망명하였다. 영공의 사후, 도읍에 머물고 있던 괴외의 아들 첩(輒)이 위(衛)나라 군주가 되었으나, 괴외는 이윽고 야심가를 앞잡이 삼아 내란을 일으켜 제 아들의 군주 자리를 빼앗고 반대파 가신(家臣)들을 탄압함은 물론 무모한 군국주의 지배를 꾀하였다. 이른바 위(衛)나라 장공(莊公)이 바로 이 사람이다. 이 이후 위나라에는 불행한 전란이 끊이지 않았다.[62] 안회는 이 위나라 장공의 사려 없는 전제지배와 무모한 군국주의로 인해 피 흘리는 위나

62 이 위나라의 내란에 대하여는 요시카와 코오지로오(吉川幸次郎)의 《중국의 지혜》에 자세히 설명되어 있다.〔원주〕 吉川幸次郎, 《中國の智慧》, 新潮社, 昭和57년(1982), 63-74면 참조.

라 백성들을 구해야겠다고 말하는 것이다. 「가벼이 백성의 목숨을 빼앗다〔輕用民死〕」라는 것은, 백성을 전쟁이나 중노동으로 죽이고 그들의 생명을 조금도 존중하지 않는다는 의미이다. 「死者以國量乎澤若蕉」는 난해한 표현으로 예로부터 다양한 해석이 이루어졌으나, 여기에서는 현대 중국의 학자 마서륜(馬敘倫)의 설을 좇아 「죽은 사람이 나라에 가득해 못으로 헤아리며 삼(蕉)과 같다〔死者以國, 量乎澤, 若蕉〕」라고 풀이해 보았다. 「死者以國量, 乎澤若蕉〔죽은 사람을 나라로 헤아리니 못가의 잡초(蕉) 같다〕」라고 구두(句讀)를 끊는 독법도 있다.[63] 「以國〔나라로 하다〕」이란 나라 안에 가득 찼다는 의미이다. 「못으로 헤아리며 삼(蕉)과 같다〔量乎澤, 若蕉〕」라는 것은, 죽은 사람이 엄청나게 많아 일일이 셀 수 없기 때문에 못을 단위로 삼아 계산할 정도이며, 그 시체는 잘라서 쌓아올린 삼(麻)처럼 겹겹이 포개어져 있다는 의미이다. 「蕉(초)」는 생시(生枲), 즉 삼이다(민국民國 장병린章炳麟의 설).

「回嘗聞之夫子」의 「夫子」는 두말할 것도 없이 공자이다. 이 구절은 「일찍이 선생님께서 '혼란한 나라야말로 잘 다스릴 필요가 있고, 환자 때문에야말로 의사가 존재한다'라고 말씀하신 그 의사로서 저는 이제부터 병든 위나라의 정치를 혼란에서 구해내고 싶습니다」라며 안회가 포부로 가슴이

---

63 死者以國量乎澤若蕉의 구두 방법은 ①'死者以國, 量乎澤, 若蕉'(저자) ②'死者以國量, 乎澤若蕉' 이렇게 둘로 나눌 수 있다. 蕉는 저자의 견해(포개어놓은 삼) 외에 '잡초'라는 의미로도 새길 수 있고, 또 焦의 가차자로 보아 '타다'로 새길 수도 있다. 구두를 乎澤若蕉(② 방식)로 끊어 읽으면 '못가에 있는 잡초'처럼 많다는 의미가 되어야 하기 때문에 蕉는 '삼'보다 '잡초'라는 뜻이 더 적합하다. 한편 蕉자를 '타다'(焦)로 풀되 저자의 구두 방식으로 끊으면(① 방식), '죽은 사람이 나라에 가득하여 못에 넘쳐나니(量=滿) (잡초를) 태우는 듯하다'가 된다. 또 ② 방식으로 끊어 '죽은 사람을 나라로 헤아리니 못가를 태우는 듯하다'로 풀 수도 있다. 이 경우는 못가의 잡초를 태우듯 학정으로 백성들을 깡그리 없애고 있다는 의미이다.

들뜬 채 공자에게 답하는 것이다.

4-2

仲尼曰 : 「譆! 若殆往而刑耳! 夫道不欲雜, 雜則多, 多則擾, 擾則憂, 憂而不救. 古之至人, 先存諸己而後存諸人. 所存於己者未定, 何暇至於暴人之所行! 且若亦知夫德之所蕩而知之所爲出乎哉? 德蕩乎名, 知出乎爭. 名也者, 相軋也; 知也者, 爭之器也. 二者凶器, 非所以盡行也.」

중니(仲尼)가 말하였다. "아, 너(若)는 아마도 가면 형벌을 받을 뿐일 것이다. 도(道)는 섞이기를 바라지 않나니, 섞이면 여럿으로 나뉘고, 여럿으로 나뉘면 요란스러워지고, 요란스러워지면 근심이 생기고, 근심이 생기면 〔남을〕 구해낼 수 없다. 옛날의 지인(至人)은 먼저 그것을 자기 안에 보존한 이후에 남에게 보존하게 해주었다. 자기 안에 보존된 것이 안정되지 않았는데, 어느 겨를에 난폭한 자의 행위에 미칠 수 있겠는가? 또한 너 역시 덕(德)이 상실되는 곳과 지(知)가 생겨 나오는 곳을 알겠지? 덕(德)은 명(名) 때문에 상실되고, 지(知)는 투쟁에서 생겨난다. 명(名)이란 서로 다투는 것이고, 지(知)란 투쟁에서의 도구이다. 이 둘은 흉기(凶器)이니, 행위를 온전히 하는 것이 되지 못한다."

譆-감탄할 희. 若-너 약. 殆-위태할 태, 거의 태. 刑-형벌 형. 擾-어지러울 요. 蕩-씻어낼 탕. 軋-삐걱거릴 알.

• 德之所蕩의 蕩은 원래 '씻어내다', '씻어 없애다'의 의미이다. 저자는 이 문구를 '덕이 상실되는 곳'으로 풀었다. 즉, 蕩을 '없애다'의 의미로 푼 것이다.

그러나 안회의 말을 들은 공자는 '그거 좋은 생각이다'라고 말하지 않았다.

공자는 다음과 같이 답한다. 아, 그렇지만 너로서는 힘들다. 아마 가봤자 죽임을 당하기 **십상**일 거다. 너는 아무래도 **속기(俗氣)**가 너무 많다. 남에게 손 쓸 것을 생각하기 전에, 좀 더 자기 자신에게 철저해야만 한다. 대개 남을 바루려는 사람은 자기 자신의 마음에 근심이 있어서는 안 된다. 자신의 마음에 근심이 없으려면 마음이 안정되어 있어야만 하고, 마음이 안정되어 있으려면 정신이 통일되어 있어야만 한다. 정신의 통일은 도(道)와 한 몸이 된 순수무잡(純粹無雜)한 경지에서만 가능하다. 문제는 우선 자기가 도와 한 몸이 되는 일이다. 때문에 옛날부터 도와 한 몸이 된 사람(지인至人)은, 우선 자기가 절대자가 된 이후에 남을 절대자가 되게 할 것을 생각하였다. 자기 자신에게 도(절대의 경지)가 확립되어 있지 않은 사람이 폭군의 행위를 바로잡는 일을 할 수 있을 리 없다.

안회야, 게다가 너는 아무래도 명예심이 왕성하고, 자신의 현명함을 믿는 마음이 너무 강하다. 하지만 절대자의 순수무잡한 덕이 무엇으로 인해 상실되고, 인간의 지(知)(지식)가 무엇으로 인해 생겨났는가를 너는 반성해 본 적이 있겠지? 절대자의 순수무잡한 덕은 명(名)(명예)에 얽매이기 때문에 상실되고, 인간의 지(知)는 투쟁 때문에 자라났다. 명(名)은 선악이 서로 다투는 대립에서 생겨나고, 지(知)는 서로 해치고 모함하는 투쟁에서의 무기이다. 명에 얽매이고 지를 믿는 것으로부터 인류의 모든 불행이 시작된다. 명과 지란 것은 인류가 제 스스로 자신을 죽이는 흉기인 것이다. 조심해야 한다. 명에 얽매이고 지를 믿는 너의 그 **헛똑똑함**이 너의 행위를 파멸로 이끌지 않을까 하는 것이 내가 염려하는 바이다.

4-3

「且德厚信矼, 未達人氣, 名聞不爭, 未達人心, 而彊以仁義繩墨之言, 術暴人之前者, 是以人惡有其美也, 命之曰菑人. 菑人者, 人必反菑之, 若殆爲人菑夫!」

"또 덕(德)이 두텁고 성실함(信)이 견고하나(矼) 남의 기분을 깨닫지(達) 못하고, 명성(名聞)을 다투지 않으나 남의 마음을 깨닫지 못하면서, 억지로 인의승묵(仁義繩墨)(법칙규범)에 대한 말을 난폭한 자 앞에서 이야기하는(術) 것은, 남의 악(惡)함으로 자기의 아름다움을 뽐내는 짓이다. 이를 이름 하여 재인(菑人)(남에게 재앙을 끼치는 자)이라 한다. 남에게 재앙을 끼치는 자는, 남들도 반드시 거꾸로 그에게 재앙을 끼칠 것이니, 너는 아마도 남에게 재앙을 당할 것이다."

矼-징검다리 강, 굳을 강. 彊-강할 강, 억지로 강. 術-말할 술(述). 菑-재앙 재. 若-너 약.

- 達은 '통하다'는 뜻에서 '통달하다'는 의미이다. 저자는 '깨닫다'로 풀었다.
- 是以人惡有其美也 : '이것은 남(人)의 악함으로 자신(其)의 아름다움을 두는 것이다'. 즉 '이것은 남의 악함으로 자기의 아름다움을 뽐내는(有) 짓이다'.

공자는 계속해서 말을 잇는다. 게다가 너는 아무래도 세간을 모르는데다 독선적이다. 가령 너의 덕이 충분히 두텁고 너의 성실함이 더할 나위 없이 견고하여 남들의 평가로 인해 마음을 어지럽히지 않는 자기의 순수함을 지니고 있다 하더라도, 자기가 성실하고 순수하기만 하면 그것으로 족하다고 생각하면 큰 오산이다. 대인관계에 있어서는 언제나 상대방 기분의 복잡함이나 인간심리의 미묘함을 통찰하는 것이 무엇보다 중요하다. 그러지 않으면 자기의 바름을 상대방에게 강매(强賣)(무리하게 강요함)하고, 자기의 선의(善意)로 남을 해치는 결과가 된다. 이른바 「남의 악(惡)함으로 자기의 아름다움을 뽐내는(有)」 녀석(남의 약점을 희생 삼아 자신의 장점을 과시하는 녀석)이다. 이러한 자들을 재인(菑人)(늘 주위 사람들을 해치는 자)이라 한다. 늘 남을 해치면서 자신만이 끝끝내 무사히 지낼 리는 만무하다. 너도 그 독선(獨善)과 선의(善意)를 강매하는 것을 조심하지 않으면 어처구니없는 화를 당할 거야. '게다가' 하고 말하며 공자는 계속 말을 잇는다.

본문의 「矼(강)」은 固(견고하다)와 같다. 「彊」은 强(억지로)과 같고, 「術」은 述(말하다)과 같다. 「仁義繩墨」의 「繩墨」은 목수가 곡직(曲直)을 바로잡는 데 쓰는 **먹줄**인데, 여기에서는 법칙규범(法則規範)이라는 뜻으로 쓰였다.

4-4

「且苟爲悅賢而惡不肖, 惡用而求有以異? 若唯無詔. 王公必將乘人而鬭其捷, 而目將熒之, 而色將平之, 口將營之, 容將形之, 心且成之. 是以火救火, 以水救水, 名之曰益多. 順始無窮, 若殆以不信厚言, 必死於暴人之前矣!」

"게다가 진정(苟) 어진 이를 반기고 못난 자를 싫어한다면 어찌 너(而)를 등용해서(用) 훌륭해지기를(異) 구하겠느냐? 너는 다만 아무 말도 말아라. 왕공(王公)은 필시 남의 약점을 틈타 이길 것을 다투려 할 것이니, 너(而)의 눈빛은 당혹될 것이고, 너(而)의 얼굴빛은 변할(平=變) 것이고, 입은 변명(營)을 할 것이고, 태도(容)는 공손해질(形) 것이고, 마음은 〔상대의 것을〕 이루어주려 할 것이다. 이는 불로 불을 끄고 물로 물을 막는 격이니, 이것을 일러 익다(益多)라고 한다. 처음(始)을 양보(順)하면 끝이 없다. 아마도 너(若)는 신임을 받지 못하면서 마음껏(厚) 말한다면, 반드시 난폭한 자 앞에서 죽을 것이다."

苟–진실로 구. 悅–기뻐할 열. 惡–미워할 오, 어찌 오. 詔–고할 조. 捷–이길 첩. 熒–밝을 형, 현혹될 형. 營–변명할 영. 暴–난폭할 포.

• 惡用而求有以異 : 직역하자면, '어찌 너를 써서 달라짐이 있기를 구하겠는가?' 정도이다. 여기에서 異는 '좋게 달라진다'는 의미이기 때문에, 저자는 '훌륭해지다'로 풀었다.
• 乘人 : '사람을 타다'. '남(의 약점)을 틈타다'라는 의미이다.
• 容將形之 : '용모는 장차 모양새를 갖추려 하다'. 즉, '태도는 장차 공손한 모양새를 갖추려 하다', '태도는 공손해질 것이다'.
• 心且成之 : '마음은 장차 그것을 이루어주려 하다' 정도로 직역된다. '그것'에 해당하는 之자의 해석에 따라 의미가 달라질 수 있다. 저자는 의역하여 '마음은 그를 따르려 할 것이다'라 하였다.
• 順始 : '처음을 따르다'. 즉, '처음을 양보하다'.
• 厚言 : 대개 '두터운 말'이라는 의미에서 '성실한 말'이라는 뜻으로 새긴다. 저자는 '마음껏 간하다'라는 의미로 풀었다. 번역은 일단 이를 따랐다. 안회가 마음껏 간하는 말이 성실한 말일 것이기 때문에, 의미는 결국 같아진다.

게다가 너는 권력자 앞에서 인간이 얼마나 비굴해지는가에 대해 절실한 자각이 너무 없다. 저 위(衛)나라의 군주는 악명 높은 폭군이다. 만약 그가 마음으로부터 어진 이를 가까이하고 어질지 못한 이를 멀리할 정도의 명군(明君)이라면, 새삼 네가 하는 말을 듣고서 훌륭해질 필요 따위는 없지 않느냐? 그 악명 높은 폭군을 설득하려는 짓은 관두는 것이 좋아. 그는 왕공(王公)의 권력을 **등에 업고서** 너의 약점을 틈타 도리어 너를 해치우려 할 것이다. 그렇게 되면 너는 권력 앞에서 기가 죽어 눈빛은 안정을 잃고, 얼굴빛은 변하고, 입은 우물우물 무언가 변명을 하려 하고, 태도는 줏대 없이 고분고분하게 되고, 마음은 상대방이 말하는 대로 되어버릴 것이다. 그렇게 되면 너의 설득도 역효과를 내어, 마치 불에 불을 더하고 물에 물을 붓는 꼴이 된다. 이른바 「익다(益多)」(한층 더 심하게 함)라는 것이 바로 그것이다.

일반적으로 권력자에게 의견을 진술할 경우 「처음을 양보하면 끝이 없다〔順始無窮〕」-맨 처음 이쪽에서 한 발 물러서면, 그 양보는 끝없는 양보가 되어 마침내는 돌이킬 수 없게 되어버리는 법이다. 어떠한 일도 처음이 중요하다. 아직 상대방에게 충분히 신용을 받지 못하면서 저 난폭한 자 앞에서 **서슴없이** 말을 해댄다면 죽임을 당할 것이 뻔하다. 나로서는 찬성할 수 없어. '게다가' 하고 말하며 공자는 계속 말을 이었다.

본문의 「詔(조)」는 告, 「熒」은 惑, 「平」은 變과 같다. 「而色」과 「而目」의 「而」는 **너**라는 뜻이다. 「口將營之」의 「營」은 '변명하다'라는 뜻이다.

4-5

「且昔者, 桀殺關龍逢, 紂殺王子比干, 是皆脩其身, 以下傴拊人之民, 以下拂其上者也, 故其君因其脩以擠之. 是好名者也. 昔者堯攻叢枝胥敖, 禹攻有扈, 國爲虛厲, 身爲刑戮, 其用兵不止, 其求實無已. 是皆求名實者也, 而獨不聞之乎? 名實者, 聖人之所不能勝也, 而況若乎!」

"게다가 옛날에 걸왕(桀)은 관용봉(關龍逢)을 죽이고, 주왕(紂)은 왕자 비간(比干)을 죽였다. 이들은 모두 몸을 수양하여, 신하(下)로서 남의 백성을 어루만지고(傴拊), 신하로서 그 군주(上)를 바로잡으려(拂) 한 자들이다. 때문에 그 군주는 그들이 수양한 것을 빌미로(因) 그들을 〔죄에〕 빠뜨렸다(擠). 이들은 명(名)(명예)을 좋아한 자들이다. 옛날에 요(堯)임금은 총(叢)·지(枝)·서오(胥敖)를 공격하고 우(禹)임금은 유호(有扈)를 공격하여, 나라는 폐허(虛厲)가 되고 군주 자신은 죽임(刑戮)을 당했다. 그들이 그침 없이 전쟁을 일으키고, 끊임없이 실(實)(부귀)을 추구했기 때문이다. 이들은 모두 명(名)과 실(實)을 추구한 자들인데, 너(而)만 유독 그것을 듣지 못하였느냐? 명(名)과 실(實)은 성인도 이기지 못하는 것인데, 하물며 너(若)이겠느냐?"

桀–임금 이름 걸. 紂–임금 이름 주. 比–견줄 비. 脩–닦을 수. 傴–구부릴 구, 불쌍히 여길 구. 拊–어루만질 부. 拂–거스를 불, 바로잡을 필. 擠–밀 제, 떨어뜨릴 제. 胥–모두 서. 敖–거만할 오. 扈–시종할 호. 厲–역질 려. 刑–형벌 형. 戮–죽일 륙.

• 以下傴拊人之民, 以下拂其上者也의 以下는 '아랫사람으로서'의 의미이다. 저자는 '신하로서'로 풀었다. 拂其上의 拂을 대개 '어기다'로 보아 '윗사람에게 거역하다'로 풀지만, 저자는 '바로잡다'의 의미로 보아 '윗사람을 바로잡다'로 풀었다.

공자는 계속해서 말을 이었다. 안회야, 게다가 옛날부터 명예심이나 물욕 때문에 몸을 망친 사람은 일일이 예를 들 수도 없다. 저 관용봉(關龍逢)이나 왕자 비간(比干)이 그러하며, 총(叢)·지(枝)·서오(胥敖)·유호(有扈)의 국왕들이 그러하다.

관용봉은 하(夏)나라 걸왕(桀王)에게 벼슬하였고 왕자 비간은 은(殷)나라 주왕(紂王)에게 벼슬하였는데, 그들은 품행을 닦은 현인이었지만, 명(名)을 좋아한 까닭에 몸을 망쳤다. 그들은 신하의 지위에 있으면서도, 남이 군주로서 지배하는 백성에게 인정을 베풀고 신하인 주제에 군주의 악행을 책망하였다. 때문에 걸(桀)과 주(紂)는 그들의 현덕(賢德)을 싫어하여 죄에 빠뜨리고 말았다. 자신이 빼어난 사람이라는 명예를 얻고자하는 것이 지나치면 이런 꼴이 된다.

또 옛날의 총·지·서오·유호라는 네 나라는, 그 국왕이 전쟁을 좋아하고 재화를 탐하여 만족할 줄 몰랐기 때문에, 총·지·서오는 요(堯)임금에게 공격당하였고 유호는 우(禹)임금에게 공격당하여, 나라는 멸절되고 그 국왕들은 모두 죽임을 당하고 말았다(「叢枝胥敖」에 대해서는 〈제물론편〉2-25의 설명을 참조).

이것들은 그저 일례에 불과하지만, 모두 명예심과 물욕에 빠져 몸을 망친 좋은 예이다. 너도 이 이야기는 잘 알고 있겠지. 요컨대 명(名)과 실(實)(명예심과 물욕)을 이겨내는 것은 성인이라 불리는 사람에게조차 어려운 일인 것이다. 하물며 너 같은 사람에게는 더 그럴 것이다.

'그렇지만' 하고 말하며 공자는 마지막으로 말을 덧붙였다.

4-6

「雖然, 若必有以也, 嘗以語我來!」

"비록 그렇지만 너에게는 필시 이유(以)가 있어서일 테니 시험 삼아 나에게 말해 보거라."

그렇지만 너도 내 제자 가운데서는 제일간다는 사람이다. 그러한 네가 굳이 위(衛)나라로 가겠다고 하는 데에는 그만한 이유가 있어서임에 틀림없어. 그 이유가 어떤 것인지 들려주지 않겠느냐? 자, 말해 보거라. 「來」는 동사 뒤에 붙어 권유하는 의미를 나타내는 조사이다.

공자가 이렇게 묻자 안회는 입을 열었다.

4-7

顏回曰 : 「端而虛, 勉而一, 則可乎?」

안회가 말하였다. "단정히 하여 〔마음을〕 비우고 힘써 일(一)이 되게 한다면 되겠습니까?"

「端(단)」은 용모와 태도가 단정한 것이다. 「虛(허)」는 마음에 잡념이 없는 것이다. 즉 명(名)(명예)과 실(實)(부귀)로 인해 마음이 어지럽혀지지 않는 경지이다. 「一(일)」은 이 문답 처음의 「도는 섞이기를 바라지 않나니, 섞이면 여럿으로 나뉜다〔夫道不欲雜, 雜則多〕」(4-2)의 多(다)에 대(對)가 되는 말이다. 이것은 도(道)와 한 몸이 된 순수무잡한 경지를 이른다.

안회가 답하였다. 선생님께서 지금 말씀하신 것처럼 권력자와 맞닥뜨리더라도 의연히 자기의 단정한 태도를 잃지 않고, 마음을 비워 명(名)과 실(實)로 인해 마음이 어지럽혀지지 않으며, 열심히 노력하여 순일무잡한 경지로 일관하도록 마음을 다잡으면 어떻겠습니까?

4-8

曰 :「惡! 惡可! 夫以陽爲充, 孔揚, 采色不定, 常人之所不違. 因案人之所感, 以求容與其心, 名之曰『日漸之德不成』, 而況大德乎! 將執而不化, 外合而內不訾, 其庸詎可乎!」

〔중니가〕 말하였다. "아, 어찌 되겠느냐? 겉을 꾸며 가득 찬 척하여 몹시(孔) 득의양양해(揚) 하더라도, 얼굴빛(采色)이 안정되지 않는 것은 세상 사람들(常人)과 다른 점이 없다. 때문에 남이 느끼는 바를 헤아려(案) 그 마음에 받아들이게 하는 것을 구하나, 이것을 일러 '날마다 진보하는 덕(德)조차 이루지 못하는 것'이라 한다. 하물며 큰 덕이겠는가? 자신을 고집하여 교화되지 않고, 겉으로는 동의하더라도(合) 속으로는 생각해보지도(訾) 않을 것이니, 어찌 되겠느냐?"[64]

---

64 저자는 夫以陽爲充 이하의 주체를 안회로 본 것인데, 위나라 군주를 주체로 하여 해석할 수도 있다. 참고삼아 적시한다. "아, 어찌 되겠느냐? 〔사나운〕 양기가 충만하여 〔밖으로〕 몹시 드러나고 얼굴빛이 일정하지 않아 보통 사람들은 거스를 수 없다. 이로 인해 남의 감정을 억누르고(案=按) 자기 마음에 받아들여질 것을 구하니 이것을 일러 '날마다 진보하는 덕(德)조차 이루지 못하는 것'이라 한다. 하물며 큰 덕이겠는가? ……"

陽-거짓 양. 孔-클 공. 揚-드날릴 양. 采-빛깔 채. 違-다를 위. 案-책상 안, 생각할 안. 容-얼굴 용, 용납할 용. 訾-헐뜯을 자, 생각할 자.

- 以陽爲充 : '거짓으로 가득함을 행하다'. 즉, '겉을 꾸며 가득 찬 척하다'.
- 孔揚 : 孔은 '매우'의 뜻이고, 揚은 '득의양양하다'의 뜻이다.

「惡惡可(오오가)」에서 앞의 「惡」는 감탄사이고 뒤의 「惡」는 반어의 조사이다. 「겉을 꾸며 가득 찬 척하다〔以陽爲充〕」란 겉으로만 점잖은 얼굴을 하여 자못 덕이 충일(充溢)된 사람처럼 보이게 하는 것이다. 「세상 사람들과 다른 점이 없다〔常人之所不違〕」란 겉모습만을 훌륭하게 한다면 그것을 아무리 훌륭하게 하려 해도, 본질은 세속의 일반 사람과 똑같다는 것이다. 「容與其心」의 「與」는 於(어)와 같다(마서륜馬敍倫의 설). 「날마다 진보하는 덕〔日漸之德〕」은 날마다 조금씩 진보하는 작은 덕을 이른다. 「將執而不化」 이하 두 구의 주어는 위군(衛君)이다. 마지막의 「용거(庸詎)」는 何以와 같으며, 반어의 조사이다. 「訾(자)」는 '생각하다'라는 의미이다.

그러나 안회의 말을 들은 공자는 이번에도 '좋은 생각이다'라고 말하지 않았다.

아, 안 돼, 안 돼. 그래서는 도저히 안 돼. 너는 다만 외형(形)에 얽매여 밖으로 드러난 것에만 신경 쓰고 있다. 너는 단정한 태도로 임한다고 하지만, 그것은 내면의 빈약함을 숨기는 이외의 그 무엇도 아니다. 내면의 빈약함을 숨기고 태도만을 유덕자(有德者)처럼 꾸며보았자, 당사자야 몹시 득의양양하겠지만 그 얼굴빛에는 어딘가 안정되지 못한 곳이 있는 법이다. 이러한 사람은 본질적으로는 속물과 조금도 다름이 없다. 이러한 속물이 권력자 마음의 움직임을 헤아려 자기의 주장을 그 마음에 받아들이게 하려고 해보았자 무슨 효과가 있겠느냐? 이것을 「날마다 진보하는 덕조차 이루지 못한다」-오랜 세월의 축적을 요하는 그날그날의 미미한 덕조차도 성취하지 못한다고 이르는 것이다. 하물며 일시적인 설득 정도로 거대한 덕을 성취하는 것 따위야 생각해볼 필요도 없을 것이다. 저 위군(衛君)은 필시 자기를 고집하여 네가 하는 말 따위로는 교화되지 않고, 겉으로야 '정말 그렇다'며 맞장구를 치겠지만 내심으로는 깊이 생각해보지도 않을 것이다. 그런 방법으로는 도저히 안 돼.

4-9

「然則我內直而外曲, 成而上比. 內直者, 與天爲徒, 與天爲徒者, 知天子之與己, 皆天之所子, 而獨以己言蘄乎而人善之, 蘄乎而人不善之邪? 若然者, 人謂之童子, 是之謂與天爲徒. 外曲者, 與人之爲徒也. 擎跽曲拳, 人臣之禮也, 人皆爲之, 吾敢不爲邪! 爲人之所爲者, 人亦無疵焉, 是之謂與人爲徒. 成而上比者, 與古爲徒. 其言雖教讁之實也, 古之有也, 非吾有也. 若然者, 雖直不爲病, 是之謂與古爲徒. 若是則可乎?」

"그렇다면 저는 안은 곧게 하고 밖은 〔자신을〕 굽히며, 논의를 내놓되(成) 옛날(上)에 견주겠습니다.

안을 곧게 한다는 것은 하늘과 같은 무리가 되는 것입니다. 하늘과 같은 무리가 된 자는 천자와 자기를 모두 하늘이 자식으로 삼는다는 것을 압니다. 그러니 유독 자기의 말을 이와 같은(而=若) 사람이 칭찬하기를 바라겠으며, 이와 같은(而=若) 사람이 칭찬하지 않기를 바라겠습니까? 이러한 자를 사람들이 어린아이(童子)라고 이르니, 이것을 일러 하늘과 같은 무리가 되었다고 합니다.

밖은 〔자신을〕 굽힌다는 것은 사람들과 같은 무리가 되는 것입니다. 홀을 들고(擎), 무릎을 꿇고(跽), 몸을 굽히고(曲), 무릎을 굽히는(拳) 것은 남의 신하된 자의 예(禮)입니다. 사람들이 모두 그것을 행하는데

제가 감히 행하지 않겠습니까? 남들이 행하는 바를 행한다면 남들도 비난하지 않을 것이니, 이것을 일러 사람과 같은 무리가 되었다고 합니다.
논의를 내놓되 옛날에 견준다는 것은 옛사람과 같은 무리가 되는 것입니다. 그 말은 비록 책망하여 깨닫게(敎謫) 하는 실효(實)가 있지만, 옛사람의 것이지 저의 것이 아닙니다. 이러한 자는 비록 곧더라도 병폐가 되지 않으니, 이것을 일러 옛사람과 같은 무리가 되었다고 합니다. 이와 같이 하면 되겠습니까?"

比-견줄 비. 蘄-바랄 기. 擎-들 경. 跽-꿇어앉을 기. 拳-주먹 권, 굽힐 권. 疵-흠 자. 謫-귀양 갈 적, 꾸짖을 적.

• 成而上比 : 成은 '이루어진 말'이라는 의미에서 '(자신의) 논의를 내놓다'라는 뜻으로 풀었다. 上比의 比는 1-9의 行比一鄕의 比와 같은 뜻이다. '나란히 하다', '친근히 하다' 정도의 의미이다. 上은 '윗대', 즉 '옛날'이다. 옛날과 나란히 하는 것은 옛날에 견주는 것이다.
• 其言雖敎謫之實也 : 저자는 敎謫을 한 단어로 보고 '가르쳐 꾸짖다', '가르쳐 깨닫게 하다'로 풀고 實은 '열매', 즉 '효과'로 풀었다. 其言雖敎, 謫之實也로 구두하여 '그 말은 비록 가르침이지만 실제로는 꾸짖음이다'라고 풀기도 한다.

'도저히 안 돼' 하며 공자가 책망하자 안회는 다시 한 번 생각을 고쳐보았다. 안회는 다음과 같이 말한다. 그렇다면 이렇게 하면 어떻겠습니까?

안과 밖을 구별하여 안은 어디까지나 곧바르게 직선 같이 행하고, 밖은 자신을 굽혀 곡선처럼 행동하는 겁니다. 그리고 의견은 모두 옛날을 구실 삼아 이야기하도록 하겠습니다.

그런데 안을 곧바르게 한다고 말씀드린 것은 「하늘과 같은 무리가 되는 것입니다〔與天爲徒〕」-절대세계에 사는 자가 되는 것입니다. 절대세계에 사는 자가 되면, 제왕도 자기도 모두 똑같이 진리의 자식으로서 평등한 인격이라는 것을 알게 됩니다. 거기에서는 세속적인 가치 따위는 문제가 되지 않기 때문에, 자기의 주장이 권력자에게 호평되든 혹평되든 큰 문제가 되지 않습니다. 자기 자신의 삶을 순수하게 살아가는 이러한 사람은 어린아이(어떠한 사심邪心도 없는 진리의 자식)라고 부를 수 있을 테지요. 이러한 삶의 방식을 절대세계에 사는 자가 되는 것이라고 이르는 것입니다.

밖을 굽힌다고 말씀드린 것은 「사람들과 같은 무리가 되는 것입니다〔與人之爲徒也〕」-세속세계에 사는 자가 되는 것입니다. 세속세계는 예교(禮教)의 세계입니다. 거기에는 군주와 신하라는 상하관계가 존재하고 번거로운 예의와 규범이 인간행위를 세세히 규정합니다. 홀(笏)을 손에 쥔다든지, 땅바닥에 두 무릎을 꿇는다든지, 상체를 굽히거나 무릎을 굽히거나 해서 절을 하는 것 등등 말입니다. 그렇지만 세속 사람들이 모두 그렇게 한다면, 저도 그렇게 하면 좋을 거라고 생각합니다. 세상 사람들이 행하는 대로 하고 있으면, 그들도 저를 비난하거나 해치는 일은 없겠지요? 이것을 세속세계에 사는 자가 되는 것이라고 이르는 것입니다.

마지막으로 자신의 의견은 모두 옛날을 구실 삼는다고 말씀드린 것은 「옛사람과 같은 무리가 되는 것입니다〔與古爲徒〕」-과거세계에 사는 자가 되는 것입니다. 어떠한 일도 옛날을 구실 삼아 발언한다면 군주를 책망하여 바로잡는 실제 효과를 거두면서도, 그 발언은 옛사람의 발언이므로 제게는 책임이 없게 됩니다. 무척 과감한 말을 하더라도 화를 입을 염려는 조금도 없을 테지요. 과거세계에 사는 자가 된다는 것은 이러한 의미입니다. 어떻겠습니까, 이런 방식으로 해 본다면 말입니다.

「蘄乎而人善之」의 「而」는 若과 같으며, **'이와 같은'**이라는 뜻이다. 「教讁(교적)」은 악(惡)을 책망하여 선(善)으로 이끄는 것이다.

4-10

仲尼曰 :「惡! 惡可! 大多政法而不諜, 雖固亦無罪, 雖然, 止是耳矣, 夫胡可以及化! 猶師心者也.」

중니가 말하였다. "아, 어찌 되겠느냐? 방법(政法)이 너무(大=太) 많아 안정되지 못하니, 비록 진정(固) 죄를 얻을 일도 없겠지만 다만(止) 그뿐이다. 어찌 감화를 미치게 할 수 있겠느냐? 〔너는〕 여전히 마음을 스승 삼는 자이다."

諜–염탐할 첩, 안정될 첩.

• 政法 : 저자는 '방법', '수단' 정도로 풀었다. 이 경우는 政을 '正'(바르다, 바르게 하다)으로 보고, 法을 '방법'으로 본 것이다. 즉, '(남을) 바로잡는 방법'을 이른다.

"아, 안 돼, 안 돼. 도저히 안 돼." 하며 이번에도 공자는 안회의 말을 부정하였다. 「방법이 너무 많아 안정되지 못하다〔大多政法而不諜〕」라는 것은, 온갖 수를 써서 꽤 궁리를 하고는 있으나 이상하리만치 **복잡하여** 불안정하다는 의미이다. 「진정 죄를 얻을 일도 없을 것이다〔固亦無罪〕」– 그저 탈은 없을 것이다. 그렇지만 이렇게 하는 것이 다만 탈이 없다는 것뿐이지, 상대방을 감화시키는 일 따위는 생각할 수도 없다. '너는 아직 「마음을 스승 삼는〔師心〕」 사람(자신의 분별에 얽매어 있는 사람)이다'라고 공자는 안회를 질책한다.

4-11

顔回曰 :「吾無以進矣, 敢問其方.」 仲尼曰 :「齋, 吾將語若! 有而爲之, 其易邪? 易之者, 皞天不宜.」 顔回曰 :「回之家貧, 唯不飮酒, 不茹葷者, 數月矣. 若此則可以爲齋乎?」曰 :「是祭祀之齋, 非心齋也.」 回曰 :「敢問心齋.」 仲尼曰 :「若一志, 無聽之以耳, 而聽之以心, 無聽之以心, 而聽之以氣! 聽止於耳, 心止於符. 氣也者, 虛而待物者也. 唯道集虛. 虛者心齋也.」

안회가 말하였다. "저는 더 이상 나아갈 수 없습니다. 감히 그 방법(方)을 묻습니다."
중니가 말하였다. "재계하여라. 내 장차 너(若)에게 일러주겠다. 〔마음을〕 지니고서(有) 행한다면, 그것이 쉽겠는가? 쉽다고 여기는 자는 밝은 하늘(皞天)이 마땅하다 여겨주지 않는다."
안회가 말하였다. "저희 집은 가난하여 줄곧(唯) 술을 마시지 않고 향이 강한 음식(葷)을 먹지 않은 지 여러 달입니다. 이와 같다면 재계했다고 할 만하지 않습니까?"
"그것은 제사 지낼 때의 재계이지 마음의 재계(心齋)가 아니다."
안회가 말하였다. "감히 마음의 재계에 대해 묻습니다."
중니가 말하였다. "너는 뜻(志)을 하나(一)가 되게 하여라. 귀로 듣지 말고 마음(心)으로 듣고, 마음으로 듣지 말고 기(氣)로 들어라. 귀는 듣는 것에서 그치고(=耳止於聽), 마음은 지각하는(符) 것에서 그친다. 기(氣)는 빈 채로 물(物)을 받아들인다(待). 도(道)는 오직 빈 곳에만 모인다. 비우는 것이 마음의 재계이다."

齋-재계할 재. 若-너 약. 易-바꿀 역, 쉬울 이. 皞-밝을 호. 宜-마땅할 의. 唯-오직 유. 茹-먹을 여. 葷-매운 채소 훈. 符-부절 부, 표시할 부.

• 有而爲之 : 곽상 주에는 有자가 有心으로 되어 있다. 저자는 '자신을 믿고 그것을 행하다'로 풀었다. 여기에서 '有'는 아래 저자 설명에서 알 수 있듯 '(분별심을) 지니다'라는 의미이다. 저자는 이것을 의역하여 '자신을 믿다'로 푼 것이다. 이곳의 분별심은 4-10의 '마음을 스승 삼다'의 '마음'에 해당하는 것이기 때문에 번역에서는 그냥 '마음'으로 풀었다.
• 心止於符의 符자는 '(마음에) 표시하다'라는 의미에서 '지각하다'의 의미로 쓰였다.
• 氣也者, 虛而待物者也의 待物은 '물을 기다리다'로 직역된다. 저자는 의역하여 '물

을 받아들이다'로 풀었다.

공자의 질책에 안회는 마침내 **두 손을 들었다.**

– 선생님, 저로서는 이제 이 이상 어떻게 하면 좋을지 알 수 없습니다. 제발 가르침을 주십시오.

– 가르침을 달라고 하면 가르쳐는 주지. 하지만 네가 자신의 분별에 얽매어 있는 한, 어떤 이야기를 들려주더라도 소용이 없다. 재계(齋戒)하고 오도록 하여라. 자신을 비우지 않고서는 어떠한 일을 행하더라도 어렵다. 어렵지 않다고 여기는 자가 있다면, 그는 진리를 부정하는 사람이다. 진리를 부정하는 사람은 진리로부터도 부정된다.

– 지금 선생님께서 재계하라고 말씀하셨습니다만, 저로서는 그럴 필요도 없다고 생각합니다. 저희 집은 가난하여 잘 아시는 것처럼 「한 그릇의 밥과 한 표주박의 음료」[65]뿐인지라, 술 같은 것은 좀처럼 마실 수 없고 향이 강한 음식은 요 몇 개월간 입에 댄 적이 없습니다. 그러니 재계한 것과 마찬가지 아니겠습니까?

– 내가 말하는 것은 마음의 재계이다. 제사 때의 재계와는 달라.

– 마음의 재계란 무엇입니까?

– 마음의 움직임을 통일하여 잡념을 없애는 것이다. 귀(耳)나 마음(心) 등과 같이 감각이나 지각을 통해 대상을 판단하는 것이 아니라, 「기(氣)」 즉 우주적 직관을 통해 파악하는 것이다. 귀는 단순히 감각적 판단을 주관

---

65 《論語》〈雍也〉6-9 "공자께서 말씀하셨다. '어질다, 안회여! 한 그릇의 밥과 한 표주박의 음료로 누추한 시골에 있는 것을 딴 사람들은 그 근심을 견뎌내지 못하는데, 안회는 그 즐거움을 변치 않으니, 어질다, 안회여!'〔子曰 : 「賢哉, 回也! 一簞食, 一瓢飮, 在陋巷, 人不堪其憂, 回也不改其樂. 賢哉, 回也!」〕"

하는 데에 그치고, 마음은 단순히 지각의 주체에 불과하다. 감각이나 지각은 형상에 얽매어 있어 작용으로서의 한계를 지닌다. 그러나 기(氣), 즉 우주적 직관은 그 자체 어떠한 내용도 지니고 있지 않기 때문에 천변만화(千變萬化)하는 모든 사상(事象)을 자유자재로 받아들일 수 있다. 도(실재의 진상)는 이 우주적 직관에 의존할 때 비로소 남김없이 포섭되는 것이다. 그리고 마음의 재계(심재心齋)란 바로 이 우주적 직관으로까지 자신의 마음을 비워나가는 것이다.

「皞天不宜」의 皞天(호천)은 밝은 하늘, 즉 명백한 진리라는 뜻이다. 「聽止於耳」는 청(淸) 유월(兪樾)의 설을 좇아 「耳止於聽〔귀는 듣는 것에서 그친다〕」으로 고쳐야 할 것이다. 「心止於符」의 「符(부)」는 **표시**라는 뜻인데, 여기에서는 외물을 마음에 표시하는 것, 즉 표상작용(表象作用)을 이른다.

여기에서 우리는 장자가 심재(心齋)로 설명하는 「허(虛)」라는 말에 주목해야 할 것이다. 「虛」는 이 문답의 결론인 동시에 〈인간세편〉 전체의 결론이기도 한데, 여기에서는 그것을 「氣」(나는 잠정적으로 '우주적 직관'이라고 번역해 두었다)와 결부시켜 설명하고 있다.

장자에게 있어서 氣란 「天地의 一氣」「陰陽의 氣」「六氣」 등으로 일컬어지듯, 우주에 두루 퍼져 있으며 일체만물을 일체만물로 성립시키는 원질(原質)이었다. 인간 또한 이 기를 받아 인간이 된 것이며, 인간 생명의 모든 영위도 이 기의 지탱으로 인해 **기능할** 수 있게 되는 것이었다. 다시 말해 우주와 인간은 본래 동질(同質)인 것이다. 장자는 우주와 인간이 동질이라는 데에서 모든 인간적인 작위의 정화(淨化)를 생각하고 있는 것이다. 그는 우주적으로 정화된 인간의 그러한 심적 경지를 「虛」라고 부른다. 「기로 들어라〔聽之以氣〕」라는 것은, 모든 인간적인 작위를 버리고 인간과 본래 동질인 우주 그 자체와 하나가 되는 것인데, 이처럼 우주 그 자체와 하나가 된 순수함을 「虛」라고 이르는 것이다. 허라는 것은 **아무 것도 없다**(nothing)는 것이 아니라, 자기를 우주적 자기로까지 지양(止揚)하는 것이다. 자기를 우주적 자기로까지 지양하기 때문에, 그 경지에서는 어떠한 것에도 얽매이지 않는 자유무애한 작용이 이루어진다. 이른바 「천지의 일기에서 노닌다〔遊乎天地之一氣〕」(〈대종사편〉6-20)라는 것이 바로 이것이다. '기로 듣는다'라는 것은 곧 천지의 일기에서 노니는 것을 이른다. 그리고 천지의 일기에서 노닌다는 것은 곧 장자의 소요유이기 때문에, 「虛」는 소요유를 즐긴다는 것이며 「心齋」는 소요유를 즐길 수 있는 경지에 자기를 위치시킨다는 의미이다. 때문에 장자는 「내 가르침을 듣고 싶다면 우선 심재하라」라고 공자의 입을 빌어 말한다. 일단 세속적인 모든 것으로부터 자기를 버리지 않는 한, 세속과 교섭하는 진정한 지혜는 도저히 터득할 수 없다고 장자는 말하고 있는 것이다.

4-12

顔回曰 : 「回之未始得使, 實自回也; 得使之也, 未始有回也; 可謂虛乎?」

안회가 말하였다. "저는 처음 가르침(使)을 받지 않았을 때는 실로 스스로 저였습니다만, 가르침을 받고서는 애초부터 제가 있지 않게 되었습니다. 이러하면 비었다고 할 수 있겠습니까?"

• 得使 : 직역하면 '시킴을 얻다' 정도이다. 선생이 시키는 것은 가르침을 주는 것이기 때문에, 저자는 '가르침을 받다'로 풀었다. 여기에서의 '가르침'은 마음의 재계(心齋)와 관련된 것이다.
• 實自回也 : 書自書, 我自我라는 말이 있다. '책은 책이고 나는 나다'로 번역되는데,

'책 따로 나 따로'라는 의미이다. 독서의 효과가 전혀 없음을 의미한다. 實自回也의 自자도 비슷한 용법으로 볼 수 있다. '재계 따로 안회 따로'이기 때문이다.

공자에게 심재(心齋)(허虛)에 관한 설명을 들은 안회는 과연 공문(孔門)의 준재답게 활연대오(豁然大悟)하였다.

안회는 다음과 같이 답한다. 지금 말씀을 듣기 전까지는 저는 너무도 자기에 얽매어 있었습니다. 그러나 이제는 다릅니다. 이 안회라는 사소한 자기 따위는 애초부터 어디에도 존재하지 않았다는 사실을 알게 된 것입니다. 이러한 심경(心境)은 「허」라고 말할 수 있을지요?

4-13

夫子曰：「盡矣. 吾語若! 若能入遊其樊而無感其名, 入則鳴, 不入則止. 無門無毒, 一宅而寓於不得已, 則幾矣. 絶迹易, 無行地難. 爲人使, 易以僞, 爲天使, 難以僞. 聞以有翼飛者矣, 未聞以無翼飛者也; 聞以有知知者矣, 未聞以無知知者也. 瞻彼闋者, 虛室生白, 吉祥止止. 夫且不止, 是之謂坐馳. 夫徇耳目內通而外於心知, 鬼神將來舍, 而況人乎! 是萬物之化也. 禹舜之所紐也, 伏戲几蘧之所行終, 而況散焉者乎!」

선생이 말하였다. "지극하구나. 내 너(若)에게 일러주겠다. 너(若)는 능히 그 새장에 들어가 노닐더라도 명(名)에 마음을 움직이는 일이 없도록 하여, 받아들여지면 울고 받아들여지지 않으면 그쳐라. 문도 없고 구멍(毒=竇)도 없게 하고, 거처를 일정하게 하여 부득이함에 처한다면 가까울 것이니라. 자취를 끊는 것은 쉽지만, 땅 위를 걷지 않는 것은 어렵다. 사람에게 부림을 받으면 거짓을 행하기 쉽지만, 하늘에게 부림을 받으면 거짓을 행하기 어렵다. 날개가 있어 난다는 말은 들었어도 날개가 없이 난다는 말은 아직 듣지 못하였고, 지(知)가 있어 안다는 말은 들었어도 지(知)가 없이 안다는 말은 아직 듣지 못하였다. 저 닫힌 방을 보건대, 빈 방(室)에 환한 빛(白)이 생기나니 〔세상의〕 길상은 빈 곳(止)에 모이는(止) 것이다. 또한 비우지(止) 않으니, 이를 일러 좌치(坐馳)(앉은 채 달리다)라고 한다.
이목(耳目)을 그대로 따라 마음(內)에 받아들이고 심지(心知)(분별)를 버린다면(外) 귀신도 와서 머물 것인데, 하물며 사람이겠는가? 이는 만물이 감화되는 바이다. 우(禹)와 순(舜)이 근본원리(紐)로 삼은 바이며, 복희(伏戱)와 궤거(几蘧)가 죽을 때까지 행한 바인데, 하물며 이보다(焉) 못한(散) 자들이겠는가?"

樊−울타리 번, 새장 번. 毒−독 독, 구멍 두(竇). 絶−끊을 절. 迹−자취 적. 易−바꿀 역, 쉬울 이. 翼−날개 익. 瞻−볼 첨. 闋−문 닫을 결. 馳−달릴 치. 徇−따를 순. 舍−집 사, 머물 사. 紐−끈 뉴, 근본 뉴. 几−안석 궤. 蘧−술패랭이꽃 거. 散−흩어질 산.

• 瞻彼闋者 : 직역하면 '저 닫힌 곳을 보건대' 정도이다. 번역에서 '방'은 저자가 삽입한 말이다.
• 吉祥止止 : 번역문의 '세상의 길상은'에서 '세상의'는 저자가 삽입한 말이다. '止止'에서 앞의 '止'는 '멈추다', '머물다'에서 파생된 '모이다'의 의미이고, 뒤의 '止'는 '멈추다', '고요하다'에서 파생되어 '비다'라는 의미이다.
• 夫徇耳目內通而外於心知 : '이목을 따라 안으로 통하게 하고 심지를 밖이 되게 하다'. 저자는 '이목을 그대로 따라 마음(內)에 받아들이고 심지(心知)를 버리다'로 의역하였다.
• 而況散焉者乎 : 散은 散木의 散과 같은 뜻이다. '쓸모없다', '평범하다', '대단하지 않다' 등의 의미이다. 이 구절은 비교의 의미를 지니고 있다. 이 경우 焉은 '於此' 내지 '於彼'의 의미로 쓰인 것으로, '이것보다'라고 푼다.

공자는 그것으로 충분하다고 답하였다. 안회에게 가르침을 받을 만한 마음의 준비가 충분히 되었다고 공자가 허여한 것이다. 그렇다면 지금부터 너에게 위(衛)나라에 가서 어떻게 그 폭군에게 대응해야 할지 이야기해

주겠다. 이리하여 이 문답 전체의 결론으로서 안회에게 답하는 공자의 설명이 시작된다.

「너는 능히 그 새장에 들어가 노닐더라도〔若能入遊其樊〕」-「들어가다〔入〕」란 위(衛)나라에 가는 것이다. 「樊(번)」은 새장인데, 여기서는 예교에 속박된 세속세계를 의미한다. 「노닐다〔遊〕」란 그 예교세계의 속박을 속박으로서 받아들이면서도, 그것에 얽매이지 않는 자기의 자유로운 세계를 지니는 것이다. 이른바 모든 필연 속에서 자유를 발견해나가는 태도이다. 「명(名)에 마음을 움직이는 일이 없도록 하라〔無感其名〕」라는 것은, 세속세계에 몸을 두더라도 세간의 명예와 부귀에 마음을 움직이지 말라는 의미이다. 「받아들여지면 울고 받아들여지지 않으면 그쳐라〔入則鳴, 不入則止〕」라는 것은, 자기의 주장을 무리하게 상대방에게 강요할 것이 아니라, 상대방의 심리를 제대로 통찰하여 받아들여질 것 같을 때는 발언하고 그렇지 않을 때에는 침묵하고 있을 정도의 마음의 여유를 지니라는 의미이다. 발언을 「울다(鳴)」라고 표현한 것은 예교세계를 새장(樊)이라고 했기 때문이다.

「無門無毒」-「毒」는 竇(두)의 가차(假借)로 **구멍**이라는 뜻이다(민국民國 장병린章炳麟의 설). 문도 없고 구멍도 없다는 것은, 자기 마음속을 누구도 엿보지 못하도록 지켜서 남에게 약점을 노릴 틈을 주지 않는 것이다. 「거처를 일정하게 하여 부득이함에 처한다〔一宅而寓於不得已〕」라는 것은, 오로지 자기의 내부세계를 지키고 어쩔 수 없는 경우 이외에는 따로 수를 쓰지 않으려 하는 것이다. 「그리하면 가까울 것이다〔則幾矣〕」라는 것은, 이렇게 한다면 크게 어긋나지 않고 해나갈 수 있다는 의미이다.

「자취를 끊는 것은 쉽지만, 땅 위를 걷지 않는 것은 어렵다〔絶迹易, 無行地難〕」라는 것은, 애초부터 발길을 끊고 걸으려하지 않는 것은 쉽지만 걸으면서도 땅을 밟지 않는 것은 어렵다는 것이다. 즉 정면으로 세속세계를 부정하여 심산유곡(深山幽谷)에서 세상을 피하는 것은 그다지 어렵지 않지만, 세속세계에 살아가면서 속진(俗塵)에 더렵혀지지 않고 자기를 해치지 않는 것은 무엇보다도 어렵다는 의미이다. 장자에게 있어 진정한 초월자는 인간 그 자체를 부정하는 자도 현실세계를 도피하는 자도 아니었다. 인간을 부정하고 현실을 도피하는 것이 아니라, 현실의 한가운데에 몸을 두고서 세속과 교섭하면서도 어떠한 것에도 속박되지 않는 자유무애한 삶을 살아가는 것, 거기에야말로 진정한 초월자의 삶이 있었다. 이른바 「큰 은자는 도시에 숨는다」[66]는 것이다. 그렇다면 어째서 진정한 초월자는 걸으면서도 땅을 밟지 않고 세속과 교섭하면서도 자기를 잃는 경우가 없는 것일까? 장자는 「인사(人使)가 되지 말고 천사(天使)가 되어라」라고 가르친다. 「人使」란 인간적인 작위에 몸을 내맡기는 자이며, 「天使」란 천리의 자연에 몸을 내맡기는 자이다. 「인사가 된 자는 거짓을 행하기 쉽지만〔爲人使, 易以僞〕」-인간적인 작위에 몸을 내맡기는 자는 허위의 포로가 되기 쉽지만, 「천사가 된 자는 거짓을 행하기 어렵다〔爲天使, 難以僞〕」-천리의 자연에 몸을 내맡기는 자는 인간 세상의 **계교**로 인해 고통당하는 경우가 없다.

「날개가 있어 난다는 말은 들었어도 날개가 없이 난다는 말은 아직 듣지 못하였고, 지(知)가 있어 안다는 말은 들었어도 지(知)가 없이 안다는 말은 아직 듣지 못하였다〔聞以有翼飛者矣, 未聞以無翼飛者也, 聞以有知知者矣, 未聞以無知知者也〕」-사람은 자신의 지혜재각(智慧才覺)에 날개처럼 의존하여 모든 것을 해결하려 하고, 날개 없는 비상, 무지(無知)의 지(知)가 존

---

66 《文選》권22에 실린 王康琚의 〈反招隱詩〉 "작은 은자는 산림에 숨지만 **큰 은자는 도시에 숨나니**, 백이는 수양산에 숨어들어갔지만 노자는 주사 벼슬에 숨었다〔小隱隱陵藪, **大隱隱朝市**, 伯夷竄首陽, 老聃伏柱史〕."

재한다는 사실조차 생각해보지 않지만, 날개 없는 비상이야말로 최상의 비상이며 무지의 지야말로 진정한 지혜가 아닐까? 무지의 지란 허라는 것이다. 자신의 **헛똑똑함**을 버리고 마음을 비운다는 것이다. 자신의 헛똑똑함을 버리고 무심이 되는 곳에 이 세상의 모든 행복이 모여든다. 그것은 흡사 닫힌 암실의 빈 공간이야말로 비쳐드는 햇빛이 환하게 드러나는 것과 비슷할 것이다. 「저 닫힌 방을 보건대, 빈 방(室)에 환한 빛(白)이 생긴다〔瞻彼闋者, 虛室生白〕」라는 것은, 「길상이 빈 곳에 모이는〔吉祥止止〕」 것을 환한 빛(白光)이 빈 방에 비쳐드는 것에 비유한 것이다. 「瞻彼闋者(첨피결자)」라는 어법은 중국고대의 가요집인 《시경詩經》에도 여러 차례 보인다.[67]

「또한 비우지(止) 않으니, 이를 일러 좌치라고 한다〔夫且不止, 是之謂坐馳〕」－「좌치」란 앉은 채로 달린다는 의미이다. 세상 사람들은 비록 그 육체는 꼼짝 않고 있어도 마음은 늘 명(名)과 이(利)를 좇아 잠시도 쉴 틈이 없다는 것이다. 마차 끄는 말과 같은 일생, 경주마처럼 쫓기는 삶, 그들의 그칠 줄 모르는 광조(狂躁)와 구제할 수 없는 미혹은 모두 자신을 비우지 않는 것으로부터 생긴다며 장자는 개탄한다.

「이목을 그대로 따라 마음에 받아들이고 심지를 버린다면 귀신도 와서 머물 것인데, 하물며 사람이겠는가〔夫徇耳目內通而外於心知, 鬼神將來舍, 而況人乎〕」－그런데 지금 여기에 진정으로 자신을 비울 수 있는 사람, 즉 모든 외계의 사상(事象)을 단지 이목에 비춰는 대로 마음에 받아들이고 자기의 주관이나 인간적 분별을 버리고서 무심히 외계의 만물과 응접할 수 있는 사람이 있다고 한다면, 그 순수무잡한 덕은 귀신조차 감동시키고

---

67 《시경》에 '瞻彼闋者'라는 말이 그대로 나오는 곳은 없다. 다만 '瞻彼~'라는 표현은 다수 보인다.

그 마음속에는 신(神)도 와서 머물 것이다. 귀신조차 감동시킨다고 한다면, 귀신 아닌 인간이 그 덕에 감화되는 것은 두말할 것도 없을 것이다. 「이는 만물이 감화되는 바이다」(「萬物之化」는 「萬物之所化」가 되어야 할 것이다)라는 것은, 위군(衛君)은 말할 것도 없고 살아 있는 모든 것이 그 덕에 감화된다는 의미이다.

「우(禹)와 순(舜)이 근본원리로 삼은 바이며, 복희와 궤거가 죽을 때까지 행한 바이다〔禹舜之所紐也, 伏戲几蘧之所行終〕」–禹·舜·伏戲(伏羲라고도 쓴다)·几蘧 네 사람은 모두 중국 고대의 전설상의 제왕(帝王)으로 성인이라 불린다. 「紐(뉴)」는 근본원리로 삼는다는 뜻이다. 이 「허」라는 것은, 먼 옛날부터 성인으로 불리던 사람들도 그 개인적·정치적 삶의 근본원리로 삼아 일생 준수했다는 것이다. 「하물며 이보다 못한 자들이겠는가〔而況散焉者乎〕」–하물며 이러한 성인들에게 훨씬 미치지 못하는 평범한 사람이 이 허라는 것을 종지(宗旨)로 삼아 세상에 처해야 하는 것은 두말할 것도 없을 것이다.

이상은 〈인간세편〉의 첫머리를 장식하는 공자와 안회의 처세문답(공자와 안회의 처세문답에 가탁하여 이야기한 장자의 처세의 지혜. 허의 철학)이다. 여기에서 우리는 장자의 이러한 처세의 지혜를 형성하고 있는 그의 날카로운 인간이해와 심각한 현실파악에 주목해야 할 것이다.

고전적 견해이긴 하지만, 이미 한대(漢代)에 중국고대의 역사학 속에서 노장사상의 성립을 기원 지우려는 시도(《한서漢書》〈예문지藝文志〉)가 있었듯이,[68] 노장사상은 본래 단순한 인간의 형이상학적 욕구나 철학적 관상(觀

---

68 新校本《漢書》〈藝文志〉, 1732면. "**道家者流, 蓋出於史官**, 歷記成敗存亡禍福古今之道, 然後知秉要執本, 淸虛以自守, 卑弱以自持, 此君人南面之術也. 合於堯之克

想)의 소산이 아니라 가혹한 중국사회의 역사적 현실 속에서 생겨난 것이었다. 오늘의 영예가 내일의 오욕으로 뒤집히고, 오늘의 삶이 내일의 죽음으로 뒤집히고, 오늘의 있음이 내일의 없음으로 뒤집히는 세계, 잘 다스려지다가는 혼란스럽고, 번영하다가는 쇠하고, 이루어졌다는 허물어지고, 흥하였다가는 망하는 세계, 서로 속이고 서로 모함하고, 서로 해치고 서로 빼앗고, 슬프고 두렵고 탄식이 나고 전율이 느껴지는 중국사회라는 역사적 세계의 한가운데에서 탄생한 중국민족의 삶의 지혜가 바로 노장사상이었다. 이를테면 중국 역사와 사회의 「어두운 곡간(谷間)(골짜기)」을 토양 삼아 자라난 민족의 지혜가 바로 노장사상인 것이다(노자가 누차 곡간을 비유로 인용하고 있는 것도 우연은 아니다).

그것은 본래 인간성의 선(善)과 미(美)를 기리는 희망과 신뢰의 철학이라기보다는, 인간성의 구제할 수 없는 위험성과 어두움을 통곡하는 절망과 불안의 철학이었다. 그것은 또한 권력을 믿고 부귀에 의지하는 지배자의 철학이라기보다는, 빈천과 오욕과 형벌에 전율하는 피지배자의 철학이기도 했다. 거기에는 애초에 고요한 명상이 있었던 것이 아니라 애초에 변전(變轉)하는 현실이 있었고, 애초에 자유로운 초월이 있었던 것이 아니라 애초에 운신할 수 없는 현실이 있었다. 노장사상은 그 운신할 수 없는 현실로부터 밖으로 내지는 위로 인간을 도피시키는 것이 아니라, 인간 그 자체 내에서 현실을 끊임없이 밑바닥으로 돌파해나가는 지혜를 가르치는 것이다. 현실을 밑바닥으로 돌파하는 곳에 노장의 초월과 자유가 있다. 노장의 초월이란 바로 모든 부자유를 그 밑바닥으로 돌파하는 자유를 향한 비상(飛翔)인 것이다.

攘, 易之嗛嗛, 一謙而四益, 此其所長也. 及放者爲之, 則欲絶去禮學, 兼棄仁義, 曰獨任淸虛可以爲治."

그런데 노장사상의 성립기반이 이상과 같은 것이고, 그 초월이 현실에서의 도피가 아니라 모든 부자유를 그 밑바닥으로 돌파하는 자유를 향한 비상이라고 할 경우, 장자의 초월(소요유)을 기초 짓고 있는 것 또한 그의 현실에 대한 철저한 파악, 인간에 대한 정치한 이해라는 것은 두말할 것도 없을 것이다. 인간이라는 존재의 약함·무름·추함·비굴함 등을 장자만큼 날카롭게 간파한 사상가는 드물 것이다. 인간사회의 겉과 속, 권력자의 본질과 권력자의 생태를 장자만큼 깊고 철저하게 이해한 철학자는 흔하지 않을 것이다. 장자는 위대한 인간학자인 동시에 탁월한 사회학자이기도 하다. 우리들은 무엇보다 이 〈인간세편〉을 일관하고 있는 인간이해의 날카로움과 풍성함, 그리고 장자의 사상 전체를 떠받치고 있는 현실파악의 주도면밀함과 정치함에 주목해야 할 것이다. 장자적 초월자는 장자의 이러한 인간과 인간사회에 대한 철저한 통찰(모멸과 연민과 자애) 속에서 탄생한 것이다.

4-14

葉公子高將使於齊, 問於仲尼曰 : 「王使諸梁也甚重, 齊之待使者, 蓋將甚敬而不急. 匹夫猶未可動也, 而況諸侯乎! 吾甚慄之. 子嘗語諸梁也曰 : 『凡事若小若大, 寡不道以懽成. 事若不成, 則必有人道之患; 事若成, 則必有陰陽之患. 若成若不成而後無患者, 唯有德者能之.』 吾食也執粗而不臧, 爨無欲淸之人, 今吾朝受命而夕飮冰, 我其內熱與! 吾未至乎事之情, 而旣有陰陽之患矣; 事若不成, 必有人道之患. 是兩也, 爲人臣者, 不足以任之, 子其有以語我來!」

섭공자고(葉公子高)가 장차 제(齊)나라에 사신으로 가게 되었을 때 중니(仲尼)에게 물었다. "왕이 저(諸梁)를 사신 보내는 것은 몹시 중대합니다. 제나라가 사신을 대하기는 아마(蓋) 몹시 공경히 하겠지만 〔일을〕 빨리 〔처리〕하지는 않을 것입니다. 필부(匹夫)조차 움직일 수 없는데, 하물며 제후이겠습니까? 저는 몹시 두렵습니다.

그대는 일찍이 저에게 이렇게 말했습니다. '무릇 일은 작든 크든 도(道)에 따르지 않고 만족스럽게(懽) 이루는 경우는 드물다. 일을 만약 성공하지 못하면 반드시 인도(人道)의 근심(형벌)이 있게 되고, 일을 만약 성공하면 반드시 음양(陰陽)의 근심(병)이 있게 된다. 성공하든 성공하지 못하든 그 후에 근심이 없는 것은 오직 유덕자(有德者)만이 할 수 있다.'

저는 음식을 먹을 때 거친 것을 먹고 좋은 것을 먹지 않으며, 부뚜막(爨)에는 시원함을 바라는 사람이 없는데도, 지금 저는 아침에 명(命)을 받고는 저녁에 얼음을 먹었습니다. 저는 몸속에 열이 있나 봅니다. 저는 아직 일의 실상(情)에 미치지 않았는데도 이미 음양(陰陽)의 근심이 있고, 일이 만약 성공하지 못하면 반드시 인도(人道)의 근심이 있을 것입니다. 이는 양쪽 〔모두(안과 밖)의 화〕이니, 남의 신하된 자가 감당할 수가 없습니다. 그대는 부디(其) 저에게 가르침을 주십시오."

葉–잎 엽, 성 섭. 使–사신 사, 사신 보낼 시(명사일 경우 '사'이고 동사일 경우 '시'이다). 蓋–아마도 개. 慄–두려워할 률. 嘗–일찍이 상. 懽–기뻐할 환. 執–잡을 집, 취할 집. 粗–거칠 조. 臧–착할 장, 좋을 장. 爨–불 땔 찬, 부뚜막 찬.

• 제량(諸梁)은 섭공자고의 명(名)이다.
• 執粗 : 직역하자면 '거친 것을 잡다', 즉 '거친 것을 취하다' 정도의 이미이다. 여기에서는 '거친 것을 먹다'라는 의미로 쓰였다.
• 我其內熱與의 其는 '아마도'의 의미이다. 其와 與는 호응하여 추측을 나타낸다.
• 子其有以語我來 : '그대는 부디 나에게 말함(가르침)을 두십시오' 정도로 직역된다. 來는 4-6에 나왔듯이 동사 뒤에 붙어 권유를 나타내는 조사이다. 이 경우 其자는 '부디' 정도로 풀면 된다.

공자와 안회(顔回)의 문답에 가탁하여 허(虛)의 처세(무심의 철학)를 이야기한 장자는, 이번에는 초(楚)나라의 가신(家臣) 섭공(葉公)을 공자 앞에 세워놓고 그들의 외교에 관한 문답에 의탁하여 현실에 처하는 초월자의 지혜를 밝힌다.

문답은 남방의 대국인 초나라 왕의 명을 받아 동방의 대국인 제(齊)나라에 사신으로 가는 섭공(葉公)(명名은 제량諸梁, 자字는 자고子高)이 두려움과 괴로움과 슬픔을 하소연하는 것으로 시작한다. 섭공의 두려움과 괴로움과 슬픔에 대한 하소연은 중국사회의 역사적 현실을 살아가던 자들 모두의 전율과 번민과 비탄을 대표하는 것이다.

어느날 초나라의 가신 섭공이 공자에게 말하였다.

– 저는 이번에 초나라 왕의 명령으로 제나라에 사신으로 가게 되었습니다. 무척 중요한 사명(使命)입니다만, 교섭의 전망은 극히 비관적입니다. 아무래도 경원(敬遠)히 대하며 지연책을 쓸 속셈인 것 같습니다. 속담에 「아무리 천한 자라도 그의 뜻(志)을 지배할 수는 없다」[69]는 말이 있는데, 하물며 상대방은 버젓한 대국의 군주이니 그 결심을 바꾸게 하는 것은 도

저히 불가능하겠지요? 그 생각을 하면 제 마음은 참기 힘들 정도로 전율하게 됩니다.

언젠가 그대는 저에게 이렇게 말했습니다. "무릇 일이란 큰 일이든 작은 일이든 자연의 도리에 따르지 않고서 만족스러운 성공을 이루는 경우는 드물다. 자연의 도리에 따르지 않는 행위는, 만약 그것이 실패하면 반드시 인간 세상의 **벌**을 받고, 설령 성공한다 하더라도 무리했기 때문에 탈이 나서 병이 생기는 법이다. 일이 잘 되건 잘 되지 않건 자기를 온전히 할 수 있는 삶의 태도, 그것이 가능한 것은 유덕자(有德者)(진정으로 도를 체득한 사람)뿐이다."

그런데 저는 식사를 극히 검소하게 하여 사치스런 것 따위는 먹은 적이 없고 부엌에서 밥 짓는 자들도 뜨거워 견딜 수 없을 정도로 불을 때는 경우가 없는데도 불구하고, 아침에 사신으로 가라는 분부를 받고서 저녁에는 얼음을 먹을 정도로 열이 생겼습니다. 저의 오장(五臟)이 근심과 괴로움에 들볶이고 있기라도 한 것일까요? 저는 아직 실제로 사신이 되어 떠난 것이 아닌데도 벌써 마음의 병으로 괴로워하는 형편입니다. 이로 인해 사신의 일을 그르치면 필시 나라의 형벌을 받게 될 것입니다. 그렇게 되면 안과 밖 양쪽의 화(禍)를 겹치는 꼴이 됩니다. 이렇게 해서는 군주를 섬겨 그 책임을 완수할 수 있을지도 의심스럽습니다. 대체 어떻게 처신하여 행하면 좋을지, 부디 가르침을 주셨으면 합니다.

---

69 《論語》〈子罕〉 9-25. "공자(孔子)께서 말씀하셨다. '삼군(三軍)의 장수(將帥)는 빼앗을 수 있으나, **필부(匹夫)의 뜻은 빼앗을 수 없다**'〔子曰 : 「三軍可奪帥也, **匹夫不可奪志也**」〕."

4-15

仲尼曰：「天下有大戒二：其一命也；其一義也. 子之愛親, 命也, 不可解於心；臣之事君, 義也, 無適而非君也, 無所逃於天地之間. 是之謂大戒, 是以夫事其親者, 不擇地而安之, 孝之至也；夫事其君者, 不擇事而安之, 忠之盛也；自事其心者, 哀樂不易施乎前, 知其不可柰何, 而安之若命, 德之至也. 爲人臣子者, 固有所不得已. 行事之情而忘其身, 何暇至於悅生而惡死！ 夫子其行可矣.

중니가 말하였다. "천하에는 크게 경계해야 할 일이 둘 있으니, 그 하나는 명(命)이고 또 하나는 의(義)입니다. 자식이 어버이를 사랑하는 것은 명(命)이어서 마음에서 버릴(解) 수가 없고, 신하가 군주를 섬기는 것은 의(義)이어서 가는 곳마다 군주 아닌 곳이 없으니, 천지 사이에서 벗어날 곳이 없습니다. 이를 일러 크게 경계해야 할 일이라고 합니다. 때문에 그 어버이를 섬기는 자는 처지를 가리지 않고 편안히 여기〔며 섬기〕는 것이 효(孝)의 지극함입니다. 〔또〕 그 임금을 섬기는 자는 일을 가리지 않고 편안히 여기〔며 섬기〕는 것이 충(忠)의 성대함입니다. 〔그리고〕 스스로 그 마음을 섬기는 자는 슬픔이나 즐거움이 눈앞의 것에 바뀌거나(易) 옮겨가지(施=移) 않고, 그 어쩔 수 없음을 알고서 편안히 여겨 명(命)에 따르는(若) 것이 덕(德)의 지극함입니다. 남의 신하되고 자식된 자는 본래 부득이한 바가 있습니다. 일의 실상(情)을 행하고 자기 자신을 잊을지언정 어느 겨를에 삶을 기뻐하고 죽음을 싫어하는 데에 미치겠습니까? 그대는 떠나는 것이 좋습니다."

戒–경계할 계. 適–갈 적. 施–베풀 시, 옮길 이(移). 柰–어찌 내. 悅–기뻐할 열. 惡–미워할 오.

- 不可解於心 : '마음에서 풀 수 없다'로 직역된다. 저자는 解를 '버리다'로 새겼다.
- 若命 : '명과 같이 하다', 즉 '명에 따르다'.

그러자 공자가 대답하였다.

이 세상에는 마음에 몹시 경계해야 할 일이 둘 있습니다. 그 하나는 「명(命)」(인간의 존재 그 자체와 함께 운명 지워진 **법도**, 즉 친자 관계)이며, 다른 하나는 「의(義)」(인간의 사회적 생존에 있어 규범 지워진 **법도**, 즉 군신 관계)입니다. 친자관계는 운명적인 것이기 때문에 자식이 어버이를 사랑한다는 것은 마음에서도 없애버릴 수 없는 자연한 심정이며, 군신관계는 규범적인 것이기 때문에 어떠한 사회에도 군주는 반드시 존재하고, 신하로서 군주를 섬기는 것은 세계 어디에 산다고 하더라도 벗어날 수 없는 인간의 필연입니다. 때문에 자신의 어버이를 섬기는 자는 어떠한 처지에 있더라도 기뻐하며 어버이의 분부에 따르는 것이 더할 나위 없는 효(孝)이며, 그 군주를 섬기는 자는 어떠한 일을 분부 받더라도 기뻐하며 군주의 명령에 따르는 것이 훌륭한 충(忠)입니다. 또 자기 자신의 마음을 충실히 섬기고자 하는 자는, 자기의 감정을 외부에서부터 어지럽히는 다양한 사상(事象)이 눈앞에 생기(生起)하더라도 태연하여 그로 인해 마음이 움직이지 않고, 인간의 노력으로 가능한 것과 불가능한 것을 철저히 궁구하여 인간의 힘으로는 어쩔 수 없는 운명적인 것에 대해서는 다만 그 운명을 사랑하며 그것에 자신을 내맡기는 것이 최상의 덕(德)인 것입니다.

그런데 사람이 이 세상에 살아 있는 한, 신하가 되거나 자식이 되는 것은 운명적인 자연 내지는 필연이며, 그것이 운명적인 자연 내지는 필연인 한, 사람은 자신을 잊고서 다만 주어진 현실을 무심(無心)히 살아갈 수밖에 없을 것입니다. 거기에는 삶을 좋아하고 죽음을 싫어하는 인간의 분별호오(分別好惡)의 정(情)은 작용할 여지가 전혀 없을 것입니다. 모든 필연을 다만 자기의 필연으로 순순히 받아들이는 거대한 운명에 대한 사랑과 긍정, 그곳에야말로 진정으로 해방된 자기와 평온한 삶이 있는 것입니다. 이런저런 생각으로 번민하지 말고 떠나는 것이 좋습니다. 지금 말씀드린 것과 같은 심경을 그대의 심경으로 삼는다면 두려워할 것도 전율할 것도 없으리라 생각합니다.

여기에서 우리들은 「그 어쩔 수 없음〔其不可柰何〕」「부득이한 바〔所不得已〕」라는 장자의 말에 주목해야 할 것이다.

장자는 누차 이 말을 쓰고 있는데, 그에게 있어 「부득이한 바」란 인간의 모든 의지와 노력을 훨씬 초월한 거대한 필연이며, 「어쩔 수 없음」이란 인간의 모든 저항과 **몸부림**의 밑바닥에서 응시되는 거대한 우연이었다.

확실히 인간은 자신이 생각하는 것보다도 훨씬 많은 우연 속에서 인간이 된다. 자기가 어느 나라에 태어나 누구를 부모로 둘 것인가, 혹은 남자로 태어날 것인가 여자로 태어날 것인가, 혹은 또 가난한 집에 태어날 것인가 부유한 집에 태어날 것인가 등은 모두 자기의 의지와 선택을 초월한 완전한 우연일 뿐이다. 각각의 인간은 이 우연을 자기의 필연으로 여기고 살아나간다. 필연이란 곧 자기에게 주어진 우연인 것이다. 인간이라는 존재는 이 거대한 우연(필연)에 의해 지탱되고 있다. 즉 인간은 '부득이한' 존재인 것이다.

인간은 또한 역사적 현실에 있어서의 구체적 존재로서는, 아버지이거나 아들이거나, 군주(지배자)이거나 신하(피지배자)이지 않으면 안 된다. 아버지도 아니고 아들도 아니고, 군주도 아니고 신하도 아닌 인간 일반이라는 것은 추상적인 개념에 불과하다. 인간이란 본래 인륜인 것이다. 인간은 때에 따라서는 이 인륜으로서의 자기에게 반발하고 저항한다. 그러나 그 반발과 저항에도 불구하고 인륜 그 자체는 인간이 사회적으로 존재하는 한, 그것을 부정하는 것도 그것으로부터 도피하는 것도 불가능할 것이다. 그것을 부정하는 것은 인간을 부정하고 인간 사회를 부정하는 것을 의미한다. 즉 인간은 「어쩔 수 없는〔不可柰何〕」 존재인 것이다.

그런데 친자 관계와 지배 관계가 인간의 의지와 선택을 초월한 어쩔 수 없는 필연(운명)이라고 한다면, 모든 소여(所與)(주어진 바)를 자기의 현실로 여기고 살아가는 장자적 절대자가 이 부득이한 것, 어쩔 수 없는 것에 철저하게 따르는 것 속에서 인간의 자유와 해방을 이야기하는 것도 또한 당연할 것이다. 장자의 초월과 비상은 이 부득이한 것, 어쩔 수 없는 인간적 현실로의 침잠으로부터 시작하는 것이다. 그는 현실을 도피하거나 방관하는 서재 속의 철학자가 아니라, 운신할 수 없는 현실의 중압, 그 밑바닥으로부터 늠름히 일어서는 삶의 실천자였다. 그는 권력이 검붉은 피를 뿜어대는 중국 정치사회의 어둡고 위험한 현실도 인간에게 있어 '부득이한 것'으로서 긍정한다. 그것을 부정하여 인간이 아니게 되기보다는, 그것을 긍정하여 인간인 것을 장자는 바라는 것이다. 거기에는 인간에 대한 장자의 철저한 긍정이 있다. 그리고 이 철저한 인간 긍정에 있어서, 장자는 무엇보다도 중국인으로서의 그 자신을 드러내고 있는 것이다.

4-16

「丘請復以所聞：凡交, 近則必相靡以信, 遠則必忠之以言, 言必或傳之. 夫傳兩喜兩怒之言, 天下之難者也. 夫兩喜必多溢美之言, 兩怒必多溢惡之言. 凡溢之類妄, 妄則其信之也莫, 莫則傳言者殃. 故法言曰：『傳其常情, 無傳其溢言, 則幾乎全.』」

"나는 청컨대 다시금 들은 바를 일러주고자 합니다. 무릇 교제는 가까우면 반드시 서로 성심(信)으로 맺고(靡=縻), 멀면 반드시 말로 성심(忠)을 나타냅니다. 말은 반드시 누군가가 전해야 합니다. 양쪽 모두를 기쁘게 하거나 양쪽 모두를 노하게 하는 말을 전하는 것은 천하에서 〔가장〕 어려운 일입니다. 양쪽 모두를 기쁘게 하는 것은 반드시 지나치게(溢) 칭찬하는(美) 말이 많고, 양쪽 모두를 노하게 하는 것은 반드시 지나치게 헐뜯는(惡) 말이 많습니다. 무릇 지나친 것(溢)은 엉터리(妄)이며, 엉터리이면 아무도 믿어주지 않고, 아무도 믿어주지 않으면 말을 전하는 자에게 화(殃)가 있습니다. 때문에 격언에 '그 있는 그대로의 진실을 전하고 지나친 말을 전하지 않으면 온전히 함에 가깝다' 했습니다."

丘-언덕 구. 復-다시 부. 靡-쓰러뜨릴 미, 맺을 미(縻). 溢-넘칠 일. 惡-악할 악, 헐뜯을 오. 殃-재앙 앙. 情-실정 정. 幾-거의 기, 가까울 기.

• 丘請復以所聞 : '復'자를 '다시 부'로 보지 않고 '사뢸 복'으로 읽기도 한다. 저자는 '저는 청컨대 다시금 들은 바로써 하겠습니다'를 의역하여 '以'자를 '사뢰다'로 새겼다.
• 凡溢之類妄 : '무릇 지나친 유의 것은 거짓이다'로 직역된다.
• 常情 : 직역하자면 '떳떳한 실정' 정도이다. 저자는 '있는 그대로의 진실'이라고 번역하였다.

「靡(미)」는 縻(미)와 같으며, **잇다** 혹은 **맺다**라는 뜻이다. 「其信之也莫」은 「莫信之也」의 도치이다. 「莫」은 無와 같다. 「法言」은 만인이 법칙으로 삼을 만한 말, 즉 격언을 이른다. 이것을 옛 책의 이름이라고 하는 해석도 있다.

공자는 계속해서 말을 이었다. 내가 배운 바를 좀 더 말씀드리지요. 그것은 언어의 진실성에 관한 것입니다.

대개 가까운 사이의 교제라면 상호간 서로 속이지 않는 **성심(誠心)**으로 직접 맺어지기 때문에 문제가 없지만, 멀리 떨어진 상대와 교제하는 경우에는 서로 성심을 표현하는 수단으로서 언어가 필요하게 됩니다. 언어라고 하면 이것을 전하는 중개자가 필요합니다만, 이 언어를 중개한다는 것이 무척이나 어렵습니다. 그 중에서도 특히 어려운 것은 쌍방이 기뻐한다거나 쌍방이 화를 내는 말을 전하는 경우입니다.

이렇게 말씀드리는 것은, 대개 쌍방이 기뻐하는 말이란 것은 반드시 사실 이상으로 좋게 과장한 말이 많고, 쌍방이 화를 내는 말이란 것은 사실 이상으로 나쁘게 과장한 말이 많은 법입니다만, 일반적으로 사실 이상으로 과장된 것은 **엉터리**이며, 엉터리이면 누구도 진심으로 그것을 믿지 않을 것이기 때문입니다. 누구도 믿지 않는다면 그런 엉터리 이야기를 전한 자는 필시 문책을 받아 화를 당할 것입니다. 때문에 옛 격언에도 「있는 그대로의 진실을 전하고 사실을 과장한 말을 전하지 않는다면 대체로 몸을 온전히 할 수 있다」라고 했습니다. '게다가 말입니다' 하며 공자는 계속해서 말을 이었다.

4-17

「且以巧鬪力者, 始乎陽, 常卒乎陰, 泰至則多奇巧; 以禮飮酒者, 始乎治, 常卒乎亂, 泰至則多奇樂. 凡事亦然, 始乎諒, 常卒乎鄙. 其作始也簡, 其將畢也必巨.」

"또 기교로 승부를 겨루는 자는 즐거움(陽)으로 시작하지만 늘 노여운 마음(陰)으로 마치고, 심한 경우에는 속임수(奇巧)가 많아집니다. 예를 갖추고 술을 마시는 자는 단정함(治)으로 시작하지만 늘 어지러움으로 마치고, 심한 경우에는 지나친 장난(奇樂)이 많아집니다. 모든 일이 그러하기 때문에 고상하게 시작하여 늘 비열하게 마칩니다. 그 시작할 때에 대충한다면(簡) 장차 마치려 할 때에는 반드시 커지게 됩니다."

巧–교묘할 교, 기교 교. 鬪–싸울 투, 다툴 투. 諒–진실될 량, 고상할 량. 鄙–다라울 비, 비열할 비. 簡–간략할 간(簡).

• 以巧鬪力 : '기교로 힘을 다투다'. 즉, '기교로 승부를 겨루다'.

• 始乎陽, 常卒乎陰 : '양에서 시작하지만 늘 음에서 마친다'. 양과 음은 각각 '즐거워하는 마음'과 '노여워하는 마음'을 의미한다.
• 多奇巧 : '기교가 많아지다'. 저자는 奇巧를 '속임수'로 풀었다.
• 多奇樂 : 奇樂은 '기이한 즐거움'이다. 저자는 '지나친 장난', '못된 장난'으로 풀었다.

「泰」는 太와 같으며, '심하다'라는 뜻이다. 「始乎諒(량)」의 「諒」은 청(淸) 유월(兪樾)의 설을 좇아 **都(도)**의 뜻으로 풀어야 할 것이다. **都**는 鄙(비)에 대(對)가 되며, '행동거지가 고상한 것'을 이른다.

공자는 계속해서 말을 이었다. 게다가 말입니다, 어떠한 일도 처음부터 끝까지 일관하는 것이 중요합니다. 비근한 예로 설명해 보겠습니다. 세간에서 무언가 기교로 승부를 겨룰 경우 처음에는 대부분 반 재미삼아 즐거운 마음으로 시작합니다만, 마지막에는 어느새 **정색**하여 화를 내고 거북한 기분으로 마치는 것이 보통입니다. 그리고 극단적인 경우에는 상대방을 모함하고 해치는 교묘한 술책을 부리게 됩니다.

예를 하나 더 들어보겠습니다. 그것은 자주 볼 수 있는 의식을 갖춘 연회에서의 풍경입니다. 처음에는 모두 예의바르고 단정하게 행동하지만, 어느새 술잔과 쟁반 등을 어지러이 흩어놓고 야단법석을 떨게 되며, 도가 지나치면 나체 춤, 지나친 장난, 난투극, 어처구니없는 여흥 등이 펼쳐지게 됩니다. 이것은 다만 한두 예에 불과합니다만, 세상일이란 만사가 이와 같아서 처음에야 고상하게 행동하지만 마지막에는 비열하게 되는 것이 세간 일반의 모습입니다. 하물며 처음부터 미온적으로 한다면 마지막에는 필시 **터무니**없이 번거롭게 되어 수습할 수 없게 될 것입니다. 때문에 맨 처음을 신중히 대비하는 동시에 마지막까지 긴장을 늦추지 않는 것이 무엇보다도 중요하다고 생각합니다.

4-18

「言者風波也; 行者實喪也. 夫風波易以動, 實喪易以危. 故忿設無由, 巧言偏辭. 獸死不擇音, 氣息茀然, 於是, 竝生心厲. 剋核太至, 則必有不肖之心應之, 而不知其然也. 苟爲不知其然也, 孰知其所終! 故法言曰 : 『無遷令, 無勸成.』過度益也. 遷令勸成, 殆事. 美成在久, 惡成不及改, 可不愼與!」

"말은 바람이나 물결과도 같고, 행위에는 득실(實喪)이 있습니다. 바람이나 물결은 쉽게 움직이고, 득실은 쉽게 위태로워집니다. 때문에 분노가 이는(設) 것은 〔다른〕 이유가 없고, 교묘한 말(巧言)과 거짓된 말(偏辭) 때문입니다. 짐승이 죽으려 할 때는 소리를 가리지 않아 숨소리가 거칠어지니, 여기에서 아울러 마음의 포악함도 생기게 됩니다. 〔사람도〕 엄한 문책이 너무 지나치면, 반드시 좋지 못한(不肖) 마음으로 응하게 되면서도 그러고 있는지 알지 못합니다. 만약 그러고 있음을 알지 못하게 된다면 누가 그 결말을 알겠습니까? 때문에 격언에 '명령을 변경시키지 말며, 억지로(勸) 이루려 하지 말라.' 하였으니, 도를 지나치는 것은 덧붙이기(益) 때문입니다. 명령을 변경시키고 억지로 이루려하는 것은 일을 위태롭게 만듭니다. 좋은 일이 이루어지는 데는 오랜 시간이 필요하지만, 나쁜 일이 이루어지면 미쳐(及) 고칠 수 없으니, 삼가지 않을 수 있겠습니까?"

易-바꿀 역, 쉬울 이. 茀-풀 우거질 불, 숨찰 발. 厲-사나울 려. 剋-이길 극, 심할 극. 核-엄할 핵, 조사할 핵. 苟-만약 구. 勸-권할 권, 힘쓸 권.

• 偏辭 : '치우친 말'. 즉, '거짓된 말'이다. 偏은 현대 중국어에서도 '속이다'의 의미로 쓰인다.

• 勸成 : 직역하자면 '힘써 이루다' 정도이다. 여기에서는 '억지로 이루다'라는 의미로 쓰였다.

• 美成在久 : '아름다움의 이루어짐은 오램에 달려 있다'. 좋은 일이 이루어지는 데에는 시간이 오래 걸린다는 의미이다.

「實喪」은 난해한 말이지만, 청(淸) 왕선겸(王先謙)의 설을 좇아 득실화복(得失禍福)이라는 뜻으로 풀어야 할 것이다. 「득실은 쉽게 위태로워진다〔實喪易以危〕」라는 것은, 인간의 득실화복은 항상 일정함 없이 뒤집히는 위험을 품고 있다는 의미일 것이다. 「氣息茀然(기식발연)」은 **숨결**이 거친 것이다. 「無遷令」의 令은 명령이라는 뜻이다.

좀 더 설명해 보겠습니다, 인간 언어의 불안정성에 관해서 말입니다.

대개 인간의 언어만큼 변덕스럽게 움직이는 것은 없습니다. 언어는 똑같은 말이 그것을 전하는 사람의 심리상태에 따라 제멋대로 변경된다든지 왜곡된다든지 과장된다든지 하는 불안정성을 늘 지니고 있습니다. 이러한 언어의 불안정성은 저 바람이나 파도의 정처 없는 움직임에 비유할 수 있을 것입니다. 이것은 인간의 행위가 득실화복(得失禍福)의 주체이며, 그 득실화복의 일정함 없는 뒤집힘이 인간을 끊임없는 위기 앞으로 내모는, 저 행위의 불안정성과 상응한다는 의미입니다. 때문에 인간 감정의 **혼란**도 다른 원인이 있어서가 아니라 온전히 왜곡된 언어(간살부리는 말이나 진실하지 못한 말)로부터 생기는 것입니다.

대개 짐승이 단말마에 임하게 되면 온갖 소리로 신음하고 짖어대어 그 숨결마저 거칠고 산란해져 반드시 포악해지기 마련입니다만, 사람도 마찬가지여서 너무 궁지에 몰리게 되면 괴로운 나머지 좋지 못한 생각을 일으켜 자신으로서도 왜 그러는지 알지 못한 채 어떠한 말도 서슴없이 하게 됩니다. 만일 그처럼 자신이 자신을 이해할 수 없는 상황에 빠지면, 종국에는 무슨 짓을 저지를지 알 수 없는 법입니다. 때문에 옛 격언에도 「남의 명령을 제멋대로 변경시켜서는 안 된다. 억지로 일을 이루려고 무리하지 말라」라고 경계하고 있는 것입니다. 대개 언어가 왜곡되는 것은 사람이 제멋대로 쓸데없는 것을 덧붙이기 때문입니다. 남의 명령을 제멋대로 변경시킨다거나 무리하게 일을 잘 하려고 하면, 오히려 일을 위태롭게 만듭니다. 원래 좋은 일이 성취되는 데에는 긴 시간을 요하고, 나쁜 일은 일단 이루어지면 좀처럼 고칠 수 없는 법입니다. 때문에 그대도 한때의 괴로움이 심하다 하여 거짓말이나 간살부리는 말을 해서 군명(君命)을 제멋대로 변경하려 한다거나 무리하게 일을 이루려고 안달하지 않는 것이 무엇보다도 중요하다고 여겨집니다.

4-19

「且夫乘物以遊心, 託不得已以養中, 至矣. 何作爲報也! 莫若爲致命, 此其難者.」

"또 물(物)에 맡겨(乘) 마음을 노닐게 하고, 부득이(不得已)함에 내맡겨 내면(中)을 기른다면 지극할 것입니다. 어찌 지어내어(作) 보고를 하겠습니까? 〔군주의〕 명령을 〔그대로〕 전하는 것보다 나은 것은 없습니다. 〔그러나〕 이것이 어려운 일입니다."

致-이를 치, 전할 치.

• 乘物 : '물(物)을 타다'. '물(物)에 맡기다', '물(物)에 내맡기다'의 의미이다. 작위하지 않음을 의미한다.
• 此其難者를 저자의 번역과는 달리 반어로 보고 '이것이 어렵겠는가?'로 보기도 한다.

마지막으로 공자는 다음과 같이 말을 맺었다.

게다가 말입니다, 요컨대 일체만물의 자연에 맡겨 자기의 마음을 무심의 경지에 노닐게 하고, 부득이한 자기와 세계의 필연에 몸을 내맡겨 오로지 자신의 내면을 길러나가는 것이 최상의 처세이며 절대자의 삶의 방식입니다. 그리고 이러한 경지에 서게 되면 사신으로서 어떠한 말을 할지 이리저리 신경 쓸 필요가 전혀 없으니, 다만 있는 그대로의 군명(君命)을 보고하면 그것으로 그만인 것입니다. 그러나 이 **있는 그대로**라는 것이 실은 무엇보다도 어려운 일입니다.

「물에 맡겨 마음을 노닐게 하고, 부득이함에 내맡겨 내면을 기른다〔乘物以遊心, 託不得已以養中〕」라는 것은, 이 문답의 결론인 동시에 〈인간세편〉 전체의 결론이기도 하다. 앞에서 공자와 안회의 문답에 의탁하여 허(虛)(무심)라는 것을 현실을 살아가는 절대자의 지혜라고 설명한 장자는, 여기에서도 그 무심(운명적 필연)을 따르는 것을 공자와 섭공(葉公)의 문답에 의탁하여 강조하고 있다.

장자는 인간의 가장 큰 슬픔과 두려움을 '미래에 대한 망설임' 속에서 포착한다. 미래에 대해 망설이는 것으로부터 인간의 모든 비참함과 자기상실이 시작된다는 것이 장자의 생각이다. 때문에 그는 현재를 현재로 여기며 그 속에서 철저하게 살아가라고 가르친다. 인간에게 만약 절대적인 자유가 있다면, 그것은 모든 필연을 자기의 필연으로 받아들이는 자유일 것이다. 그것이 오욕이라 하더라도 혹은 죽음이라 하더라도 모든 필연을 자기의 필연으로 여겨 늠름히 받아들이는 그 늠름함 속에 진정으로 건강하고도 평온한 인간의 삶이 있다고 장자는 가르치는 것이다. 장자의 무심이란 곧 이러한 일체긍정의 정신인 것이다. 모든 것을 긍정하는 곳에 어떠한 것에도 얽매이지 않는 진정한 자기가 있다. 장자는 이처럼 어떠한 것에도 얽매이지 않는 진정한 자기를 문제 삼고 있는 것이다. 그는 그것을 「물에 맡겨 마음을 노닐게 하고, 부득이함에 내맡겨 내면을 기르는 사람」으로 설명한다. 물에 맡겨 마음을 노닐게 하고 부득이함에 내맡겨 내면을 기르는 사람은 바로 장자적 초월자인 것이다.

4-20

顔闔將傅衛靈公太子, 而問於蘧伯玉曰 : 「有人於此, 其德天殺, 與之爲無方, 則危吾國; 與之爲有方, 則危吾身. 其知適足以知人之過, 而不知其所以過. 若然者, 吾柰之何?」

안합(顔闔)이 위(衛)나라 영공(靈公)의 태자의 스승이 되려 할 때 거백옥(蘧伯玉)에게 물었다. "여기에 어떤 사람이 있습니다. 그 덕(德)이 천성적으로 박하여, 그와 함께 제멋대로(無方) 행동하면 우리나라를 위태롭게 할 것이고, 그와 함께 바른 도리(有方)를 행하면 내 몸을 위태롭게 할 것입니다. 그 지(知)는 다만 남의 허물을 아는 것에만 족하고, 자신(其)의 허물된 바를 알지 못합니다. 이러한 사람을 제가 어찌하면 되겠습니까?"

闔-문짝 합. 傅-스승 부. 蘧-술패랭이꽃 거. 殺-죽일 살, 감할 쇄. 適-갈 적, 다만 적.

- 其德天殺 : '그 덕은 천성적으로 덜어져 있다'. 저자는 殺를 '쇄'로 읽었다.
- 無方과 有方의 方은 '법도'라는 의미이다.

〈인간세편〉의 세 번째 설화는 노(魯)나라의 현인 안합(顔闔)과 위(衛)나라의 현대부(賢大夫) 거백옥(蘧伯玉)의 태자(太子) 교육에 관한 문답이다.

안합이 교육하려고 하는 위(衛)나라 영공(靈公)의 태자는 이 편 처음(4-1)에 설명했던 괴외(蒯聵)라는 난폭하기로 악명 높은 인물이다. 그는 「그 덕이 천성적으로 박하다〔其德天殺〕」-하늘이 그의 덕을 깎아(殺) 없앴는가 여겨질 정도로 각박함과 광포함을 타고난 사람이다. 「그와 함께 제멋대로 행동하면 우리나라를 위태롭게 할 것이고〔與之爲無方, 則危吾國〕」-그의 악역무도함을 방임해 두고 거기에 장단을 맞추면 나라를 멸망에 빠뜨릴 것이고, 「그와 함께 바른 도리를 행하면 내 몸을 위태롭게 할 것이다〔與之

爲有方, 則危吾身]」-그것을 간언(諫言)하여 바른 도를 행하게 하려 한다면 골을 내어 이쪽이 죽임을 당하게 되는 감당할 수 없는 존재이다. 게다가 완전 바보인가 싶을 정도로, 남의 결점은 제대로 알아차릴 정도의 간지(奸智)는 지니고 있으면서도 자신이 어째서 감당할 수 없는 악한인가는 전혀 알지 못하는, 정말 감당하기 힘든 사람이다. 그래서 안합은 현대부로 명성이 자자한 위나라의 가신(家臣) 거백옥에게 물었다.

– 이러한 악덕(惡德)의 본보기 같은 사람은 대체 어떻게 이끌면 좋겠습니까?

그러자 거백옥이 대답하였다.

4-21

蘧伯玉曰 : 「善哉, 問乎! 戒之, 慎之, 正女身哉! 形莫若就, 心莫若和. 雖然, 之二者有患. 就不欲入, 和不欲出. 形就而入, 且爲顚, 爲滅, 爲崩, 爲蹶. 心和而出, 且爲聲, 爲名, 爲妖, 爲孽. 彼且爲嬰兒, 亦與之爲嬰兒; 彼且爲無町畦, 亦與之爲無町畦; 彼且爲無崖, 亦與之爲無崖. 達之入於無疵.」

거백옥(蘧伯玉)이 말하였다. "좋구나, 질문이여! 경계하고 삼가여 그대(女)의 몸을 바르게 하라. 겉(形)으로는 따르는(就) 것만 한 것이 없고, 마음으로는 화합(和)하는 것만 한 것이 없다. 그렇다고 하더라도 이 둘에는 염려되는 것이 있다. 따르더라도 빠져들지 말고, 화합하더라도 드러나지 않도록 하라. 겉으로 따르다가 빠져들면, 뒤집어지고(顚) 멸(滅)하고 무너지고(崩) 엎어지게(蹶) 될 것이다. 마음으로 화합하다가 드러나면, 소문(聲)이 나고 명성(名)을 얻고 화(妖)를 입고 벌(孽)을 받을 것이다. 그가 아기가 되면 또한 그와 함께 아기가 되고, 그가 개념 없이(無町畦) 행동하면 또한 그와 함께 개념 없이 행동하고,

그가 끝없는 방종(無崖)을 행하면 또한 그와 함께 끝없는 방종을 행하라. 〔이렇게〕 그를 인도하여(達) 흠 없는 경지에 들게 하라."

女–계집 녀, 너 여. 就–나아갈 취, 따를 취. 顚–뒤집힐 전. 蹶–넘어질 궐. 妖–재앙 요. 孽–서자 얼, 재앙 얼. 嬰–갓난아이 영. 町–밭두둑 정, 경계 정. 畦–밭두둑 휴, 경계 휴. 崖–벼랑 애, 끝 애. 達–도달할 달, 이끌 달. 疵–흠 자.

• 無町畦와 無崖는 뜻이 거의 같다. 원래 '경계가 없다' 정도의 의미이며 '경계를 넘어섰다'라는 의미로 쓰였다. 즉 '개념 없이 행동하다', '끝없이 방종하다' 정도의 의미이다.

거백옥은 다음과 같이 답하였다.

참 좋은 질문이다. 신중에 신중을 더한 태도로 임하고 우선 그대 자신이 바른 덕을 몸에 지녀야 한다. 그리고 외형으로는 상대방에게 맞장구를 치고 내심으로는 그와 융화하여 자연히 자기의 덕으로 감화시켜 나가는 방법 이외에는 없다. 그러나 이처럼 외형으로는 상대방에게 맞장구를 치고, 내심으로는 그와 융화하여 자연히 자기의 덕으로 감화시켜 나가는 것에도 저마다 난점이 있다. 맞장구를 치더라도 자기의 주체성을 잃고서 상대방에게 끌려가지 않고, 상대방을 감화시키면서도 그 작용이 겉으로 드러나지 않도록 하는 것이 어려운 것이다. 만약 자기의 주체성을 잃고서 상대방에게 끌려들게 되면, 그대 자신이 미라 도굴꾼이 미라가 되는 꼴이 되어 자기를 파괴하고 붕괴시키는 결과를 초래할 것이고, 또 상대방을 감화시키려는 의도가 드러나게 되면, 명성과 그 명성에 동반되는 모든 불길한 화를 한 몸에 부르게 될 것이다. 때문에 자신을 비워 철저히 상대방을 따르고, 그렇게 철저하게 따르면서 그가 알아차리지 못하는 사이에 감화시켜 나가는 것이 무엇보다 중요하다. 때문에 그가 만약 아기처럼 **응석**을 부리면, 그대도 똑같이 아기의 **응석**을 부리고, 그가 개념 없이 방자하게 막된 행동을 하면, 그대도 똑같이 개념 없이 방자하게 막된 행동을 하고, 그가 끝없는(無崖) 방종에 자신을 내맡기면, 그대도 끝없는 방종에 자신을 내맡겨야 한다. 이처럼 철저히 그가 행동하는 대로 행동하는 가운데 자연히 그를 감화시켜 훌륭한 인격으로 이끌어가는 것, 이 외에는 그처럼 흉악한 사람을 교육할 방법이 없는 것이다.

4-22

「汝不知夫螳蜋乎? 怒其臂以當車轍, 不知其不勝任也, 是其才之美者也. 戒之, 愼之! 積伐而美者以犯之, 幾矣. 汝不知夫養虎者乎? 不敢以生物與之, 爲其殺之之怒也; 不敢以全物與之, 爲其決之之怒也. 時其飢飽, 達其怒心. 虎之與人異類, 而媚養己者, 順也; 故其殺者, 逆也. 夫愛馬者, 以筐盛矢, 以蜃盛溺, 適有蚉虻僕緣, 而拊之不時, 則缺銜, 毁首, 碎胸. 意有所至而愛有所亡, 可不愼邪!」

"그대는 저 사마귀를 알지 못하는가? 그 팔을 치켜들고(怒) 수레바퀴에 맞서서는 자신이 감당할 수 없음을 알지 못하니, 〔이는〕 자신의 재능이 훌륭함을 자만하는(是) 것이다. 경계하고 삼가라! 그대(而)의 아름다움을 심히(積) 자만하여(伐) 그에게 간언한다면(犯) 위태롭다(幾). 그대는 저 호랑이 사육하는 자를 알지 못하는가? 감히 살아있는 것을 주지 않음은 그것을 죽일 때에 노기를 일으키기 때문(爲)이며, 감히 온전한 것을 주지 않음은 그것을 〔물어〕 찢을 때에 노기를 일으키기 때문(爲)이다. 그 배고픔과 배부름에 때를 잘 맞추어 그 노기 띤 마음을 누그러뜨린다. 호랑이는 사람과 유(類)를 달리하지만 자기를 길러주는 자를 잘 따르는 것은 〔본성을〕 따르기 때문이다. 까닭에 〔물어〕 죽이는 것은 〔본성을〕 거스르기 때문이다.

말을 사랑하는 자는 대바구니로 똥을 담고 대합으로 오줌을 담지만, 마침 모기나 등에가 달라붙어서(僕緣) 갑자기(不時) 그것을 때리면, 재

갈을 물어뜯고(缺) 〔사람의〕 머리와 가슴을 깨부순다. 마음은 지극한 바가 있으면서도 사랑을 잃은 바가 있으니, 삼가지 않을 수 있겠는가?"

螳-사마귀 당. 蜋-사마귀 랑. 臂-팔 비. 當-맞설 당. 轍-바퀴자국 철. 勝-이길 승, 능할 승. 任-멜 임, 감당할 임. 積-쌓을 적. 伐-자랑할 벌. 犯-범할 범, 거스를 범. 幾-거의 기, 위험할 기. 決-찢을 결. 飢-배고플 기. 飽-배부를 포. 達-이끌 달. 媚-아첨할 미, 따를 미. 筐-광주리 광. 矢-똥 시. 蜃-대합조개 신. 溺-오줌 뇨. 蚊-모기 문. 虻-등에 맹. 僕-붙을 복. 拊-칠 부. 缺-빠질 결, 깨뜨릴 결. 銜-재갈 함.

- 怒其臂以當車轍 : 怒其臂의 怒는 怒而飛(1-1)의 怒와 용법이 거의 같다. '힘을 쓰다', '힘을 주다'라는 의미이다. '그 팔에 힘을 잔뜩 주다' 정도로 직역된다. 번역은 저자의 의역에 따라 반영하였다. 車轍은 원래 수레바퀴 자국을 의미한다. 때문에 當車轍은 직역하자면 '수레바퀴 자국에서 맞서다' 정도의 의미이다. 저자는 車轍의 轍을 바퀴로 해석하여 車轍을 '수레바퀴'라고 번역하였다. 번역은 이를 따랐다.
- 是其才之美者也 : '그 재주의 아름다움을 옳다고(是) 여기다'.
- 積伐而美者以犯之, 幾矣 : 積은 '쌓다'는 뜻으로 '쌓여서 많다'는 의미이다. 伐은 '자랑하다'이며 저자의 아래 설명에서도 알 수 있듯이 '자만하다'라는 뜻에 가깝다. 而는 2인칭 대명사이다. 犯은 犯諫의 뜻으로 '낯빛을 붉히더라도 간할 것은 하는 것'을 의미한다. '그대의 아름다움을 심히 자만하여 그에게 (낯빛을 붉히면서까지) 간한다면 위험하다'로 직역된다.
- 達其怒心 : 達자를 '인도하다'로 볼 수도 있고, '트여주다'로 볼 수도 있다. '그 노한 마음을 인도해준다' 혹은 '그 노한 마음을 트이게 해준다(발산시킴)' 모두 '그 노한 마음을 누그러뜨린다' 정도로 의역이 되기 때문이다. 저자는 達을 '가지런히 하다', 즉 '가라앉히다'로 의역해 놓았다.
- 僕緣 : '붙어서 잇따르는 것', '붙어서 마구 돌아다니는 것'. 즉 '벌레가 꾀는 것'을 말한다.

일반적으로 흉포한 권력자를 섬길 때 거듭 삼가야 하는 것은, 자기의 재(才)와 덕(德)을 **과시하여** 자신의 선(善)을 상대방에게 강요하려는 태도이다.

분수도 모르고 팔을 치켜들고서 길 가는 수레바퀴에게 덤벼들어 깔려죽는 저 당랑(螳螂), 즉 **사마귀**의 자만에 찬 어리석음을 그대도 본 적이 있을 것이다. 그것은 자기의 재능을 자만하고 자신의 훌륭함(美)을 믿는 자의 어리석은 비극의 상징이다. 거듭 경계해야 한다. 자신의 미덕(美德)을 믿고 자만하여, 저 난폭한 자에게 간언하면 화를 입지 않는 쪽이 이상한 것이다.

대개 권력자의 자의(恣意)는 굶주린 호랑이의 광포함에도 빗댈 수 있을 것이다. 그대는 저 무시무시한 호랑이를 사육하는 사람에 대해 알고 있겠지. 그는 호랑이에게 먹이를 줄 때 절대 살아있는 동물을 먹이로 주지 않는다. 그 까닭은 호랑이가 그 먹이를 물어 죽이려고 노기(怒氣)를 일으키는 것을 두려워하기 때문이다. 또 설령 죽은 동물이라 하더라도 한 마리를 통째로 먹이로 주는 일은 절대로 없다. 그 까닭은 호랑이가 그 먹이를 찢어발기려고 노기를 일으키는 것을 두려워하기 때문이다. 그는 호랑이의 배고픔과 배부름을 먹이로 적절히 안배하면서 그 광포한 노기가 격발하는 것을 교묘히 억제한다. 호랑이와 사람은 서로 다른 동물이다. 그러나 자기를 길러주는 자를 잘 따르게 되는 것은 그 본성을 제대로 따르기 때문이다. 까닭에 반대로 호랑이에게 물려 죽는 것은 호랑이의 본성을 거슬렀기 때문이다. 즉 호랑이 기르는 법을 모르기 때문이다.

이상 논한 것에서도 명백하듯 대개 대인관계에서는 상대방의 본성을 제대로 간파하여 그 본성에 자신을 비운 채 따르는 것이 무엇보다 중요하다. 만약 상대방의 본성을 거스르면 저 광포한 맹수인 호랑이는 물론이고 말처럼 유순한 가축조차도 감당치 못하게 될 것이다. 저 말을 소중히 여기는 사람은 더러운 말똥을 담는 것으로 근사한 바구니를 아낌없이 사용하고 말의 오줌을 받는 것으로 아름다운 대합(大蛤) 껍질을 사용하면서 더할 나위 없는 대접을 한다. 그처럼 정성으로 예뻐해 주더라도 마침 말의 몸에 모기나 등에가 꾀어 있는 것을 보고서 갑자기 그 몸을 때리면, 말은 광분하여 재갈을 물어뜯고 사육사의 머리를 부수고 가슴을 차서 부서뜨리는 등

감당할 수 없을 정도로 광포해지는 법이다. 이 정도라면 말에게 더할 나위 없는 애정을 쏟는 것이지만, 대수롭지 않은 부주의 때문에 그 애정을 망쳐 버리고 만 것이다. 요컨대 어떠한 일도 세심한 주의를 늦추지 말고, 그 본성의 자연을 거스르지 않는 것이 중요한 것이다. 태자(太子) 괴외(蒯聵)의 교육에 있어서도 이 점을 신중히 생각하여 아무쪼록 화를 입지 않도록 충분히 주의해야 한다.

장자는 이 설화에서도 거백옥의 말을 빌어 그의 무심(無心)과 수순(隨順)(따름)의 철학을 이야기하고 있다. 다만 여기에서 우리가 주목해야 할 점은 그의 무심과 수순의 진의, 그의 무위자연 사상의 근본적인 성격 가운데 하나가 여기에서는 한층 더 명확하게 제시되어 있다는 사실이다.

장자에게 있어 무심 혹은 수순 등은 단순히 '권력 있는 자에게는 순종하라'라는 식의 무기력한 굴종이나 비열한 타협이 아니라, 자기를 무화(無化)하는 가운데 진정한 자기를 지향하고 대상에 철저히 따르는 가운데 거대한 실천을 지향하는 적극적인 삶을 향한 태도였다. 이른바 「無爲而無不爲」(하는 것이 없지만 하지 않음이 없음)의 자기 방하(放下)(내려놓음)와 일체 수순(隨順)이 장자의 궁극경지인 것이다. 단순한 타협이나 단순한 굴종으로부터는 모든 것을 하지 않음이 없는 절대자의 자유무애한 **작용**은 생겨나올 리 만무하다. 장자의 「무위」는 「무불위」를 위한 「무위」이며, 그 수순은 거대한 긍정을 위한 자기부정인 것이다. 장자는 이러한 수순의 철학의 진의를 여기에서는 굶주린 호랑이를 사육하는 사육사의 비유와 함께 설명한다. 굶주린 호랑이를 사육하는 사육사의 비유를 이야기하는 장자는, 호랑이를 사육하는 것을 문제 삼고 있는 것이지 호랑이를 때려죽인다거나 호랑이로부터 도피하는 방법을 설명하고 있는 것이 아니다. 그는 호랑이를 호랑이로서 그 흉포성과 함께 긍정하고 그 등에 올라타서 **노니는** 방법을 설명하고 있는 것이다. 여기에 장자 사상의 대담함과 능름함이 있으며, 또 노장사상 전반에 관류하는 강렬한 주아성(主我性)과 예측할 수 없는 노회(老獪)함이 있다.

여기에서 우리가 또 하나 주목해야 할 점은, 권력자의 자의(恣意)를 굶주린 호랑이에 비유하고 그 사육법을 설명하는 장자의 서술을 읽노라면, 저 역린(逆鱗)의 비유로 유명한 《한비자韓非子》〈세난편說難篇〉 문장을 쉬이 연상하게 된다는 사실일 것이다.[70]

한비자는 장자보다 반세기 남짓 후대 인물이며, 주지하는 바처럼 전국말 진초(戰國末秦初)에 살았던 법가사상의 집대성자로, 철저한 현실주의 사상가였다. 이 한비자의 인간이해와 권력자를 설득하는 교지(巧智)가 장자의 '현실의 지혜'와 통하는 많은 것을 내함(內含)하고 있다는 점은 일단 주목해야 할 것이다.

노장사상은 사상으로서의 성립이나 본질을 차치하고서, 일반적으로 그 후차적 전개에 있어서는 한대(漢代) 이후의 중국사상사가 보여주는 것처럼 법가 사상과 밀접한 관계를 지닌다. 나는 그 이유 가운데 하나를 장자와 한비자에게 공통적으로 보이는 인간과 인간사회에 대한 예리하고 풍성한

---

70 한비자는 〈세난편〉에서 권력자를 설득(說)하기 어려움(難)에 대해 이야기한다. '역린'(용의 턱 아래에 거꾸로 난 비늘)에 관한 언급은 〈세난편〉 마지막에 나오며, 〈세난편〉 전체의 결론이라고도 할 수 있다. 내용은 다음과 같다. "때문에 간언을 하거나 담론을 펴고자 하는 사람은 군주로부터 자신이 총애를 받는지 미움을 받는지 살핀 이후에 설득하지 않을 수 없다. 용이라는 짐승은 길들여 탈 수 있다. 그러나 그 턱 아래에는 직경 한 자 가량의 '역린'이 있는데, 만일 사람이 그것을 만지면 반드시 사람을 죽인다. 군주에게도 또한 '역린'이 있다. 설득하는 자가 능히 군주의 '역린'을 저촉하지 않는다면 그 설득을 기대할 만하다〔故諫說談論之士, 不可不察愛憎之主而後說焉. 夫龍之爲虫也, 柔可狎而騎也; 然其喉下有逆鱗徑尺, 若人有嬰之者, 則必殺人. 人主亦有逆鱗, 說者能無嬰人主之逆鱗, 則幾矣〕."

이해에서 찾을 수 있지 않나 생각한다. 장자와 한비자 모두 전국 말기라는 중국사회의 혼란과 혼미 속에서 태어나고 또 자랐다. 그들은 모두 그 광란의 역사적 현실의 암울함과 위험 속에서 인간을 응시하고 인간사회를 이해하였다. 장자는 그것을 내부로 초월하려 하였고 한비자는 그것을 외부에서 다스리려 하였지만, 그들이 이해한 현실은 동일한 중국사회의 현실이었다. 장자는 정신의 절대자에 대해 이야기하였고 한비자는 권력의 절대자에 대해 이야기하였지만, 그들이 마음속에 그린 절대자는 모두 중국사회의 현실에 처한 절대자였다. 그리고 절대자에 관한 철학이 권력국가의 이데올로기에 부합하게 되고 또 왜곡되는, 그러한 사상사적 운명은 니체의 철학과 나치즘의 관계를 상기한다면 깊이 생각해볼 필요조차 없을 것이다. 노장사상도 진한(秦漢)이라는 통일국가 성립과 함께 서서히 변모한다. 적어도 그것은 서서히 변모할 가능성을 내함하고 있었다. 그리고 그 변모의 이유 내지는 근거 가운데 하나를 초월의 철학으로서의 장자사상이 지닌 현실성에서 찾아보고 싶다는 것이 내 생각이다. 莊子

4-23

匠石之齊，至乎曲轅，見櫟社樹．其大蔽牛，絜之百圍，其高臨山，十仞而後有枝，其可以爲舟者旁十數．觀者如市，匠伯不顧，遂行不輟．弟子厭觀之，走及匠石曰：「自吾執斧斤以隨夫子，未嘗見材如此其美也．先生不肯視，行不輟，何邪?」曰：「已矣，勿言之矣! 散木也，以爲舟則沈，以爲棺槨則速腐，以爲器則速毁，以爲門戶則液樠，以爲柱則蠹．是不材之木也，無所可用，故能若是之壽.」

장석(匠石)이 제(齊)나라에 가다가(之) 곡원(曲轅)에 이르러 역사(櫟社)의 나무를 보았다. 그 크기는 소〔폐〕를 가릴 정도였고 재어보니 백 아름 나갔으며, 그 높이는 산을 내려다볼(臨) 정도여서 〔지상에서〕 10인(=80척) 올라간 후에 가지가 뻗었으며, 배를 만들 수 있는 것이 가지(旁) 중에 열 몇 개나 있었다. 구경꾼들로 저자 같았으나 장백(匠伯)은 돌아보지도 않고서 끝내 멈추지 않고 〔계속〕 걸어갔다. 제자들이 유심히(厭) 구경하다가 장석에게 달려가 말하였다. "저희들이 도끼를 쥐고 선생님을 따른 이래 일찍이 재목이 이처럼 아름다운 것을 본 적이 없습니다. 선생님께서는 보려고도 않으시고 멈추지 않고 〔계속〕 걸어가시니 어째서입니까?"

장석이 말하였다. "그만두게, 그런 소리 말게나. 쓸모없는 나무(散木)야. 배를 만들면 가라앉고, 널(棺槨)을 만들면 곧 썩고, 기물을 만들면 곧 망가지고, 문(門戶)을 만들면 진이 나오고, 기둥을 만들면 좀이 생긴다네. 이것은 쓸모(材) 없는 나무야. 쓸 만한 곳이 없는 까닭에 이와 같이 장수할 수 있었어."

之-갈 지. 轅-끌채 원. 櫟-상수리나무 력. 蔽-덮을 폐. 絜-헤아릴 혈. 圍-둘레 위, 아름 위. 臨-임할 림, 내려다볼 림. 仞-길 인. 旁-곁 방. 顧-돌아볼 고. 輟-그칠 철. 厭-물릴 염, 족할 염. 執-잡을 집. 斧-도끼 부. 斤-도끼 근. 肯-옳이 여길 긍. 散-흩을 산, 쓸모 없을 산. 棺-널 관. 槨-덧널 곽. 毁-헐 훼. 液-진 액. 樠-송진 만. 蠹-좀먹을 두.

• 匠伯은 匠石을 이른다. 伯을 字라고 하는 설도 있고, 우두머리라 하는 설도 있으며, 伯자와 石자가 통용된다는 설도 있다.
• 門戶의 門은 '대문'이고 戶는 '방문'이다. 아래 저자 설명에도 보인다.
• 液樠 : 진이 흘러나오다.

앞에서 공자와 안회(顔回), 공자와 섭공자고(葉公子高), 거백옥(蘧伯玉)과 안합(顔闔)의 세 문답을 빌어 무심(無心)과 수순(隨順)의 처세를 설명해 온 장자는, 여기에서 화제를 돌려 장석(匠石)과 그 제자와의 문답에 의탁하여 다시금 '무용(無用)의 용(用)'의 처세를 강조한다.

무용의 용에 관하여는 이미 〈소요유편〉 끝(1-13, 1-14)에 장자와 혜시(惠施)의 두 문답으로 보였는데, 여기에서는 그것이 장자적 초월자의 처세의 지혜로서 한층 구체적이고 현실적으로 설명된다.

석(石)이라는 이름을 지닌 목수(匠)의 명인(名人)이, 어느날 제(齊)나라를 여행하여 곡원(曲轅)이라는 곳에 이르러 그곳 사(社)(사당)에 우뚝 솟아 있는 상수리나무(櫟)를 보았다. 「社」는 토지신을 제사지내는 장소이며, 「櫟社(역사)」라는 것은 신목(神木)으로 상수리나무(櫟)가 쓰이는 것을 이른다. 측백나무(柏)가 쓰이면 백사(柏社)라고 하고, 밤나무(栗)가 쓰이면 율사(栗社)라 하는 것과 마찬가지이다. 「그 크기는 소떼를 가릴 정도이다〔其大蔽牛〕」라는 것은, 울창하게 우거진 그 나무그늘에 소떼가 쉴 수 있을 정도로 대목(大木)이라는 의미이다. 「재어보니 백 아름 나가고〔絜之百圍〕」의 「絜(혈)」은 量과 같으며, '재다'라는 뜻이다. 줄기의 둘레를 재어 보았더니 백 아름이나 되고, 「그 높이는 산을 내려다볼 정도여서 지상에서 10인(=80척) 올라간 후에 가지가 뻗었으며〔其高臨山, 十仞而後有枝〕」-그 높이는 산을 내려다볼 정도여서 지상에서 80척 정도 올라가서야 가지가 뻗었으며, 「배를 만들 수 있는 것이 가지 중에 열 몇 개나 있었다〔其可以爲舟者旁十數〕」-배 만드는 재목으로 쓸 수 있을 정도로 거대한 가지가 열 몇 개나 옆으로 뻗어 있는 세상에 보기 드문 거목(巨木)이었다. 「구경꾼들로 저자 같다〔觀者如市〕」라는 것은, 그 보기 드문 거목을 구경하려는 사람들로 저자처럼 분답하다는 의미이다.

그러나 도목수 석(石)은 그것에 눈길도 주지 않고 종종걸음으로 그대로 지나가 버렸다. 넋을 잃고 그 나무를 바라보던 제자들이 당황하여 스승의 뒤를 급히 쫓아갔다.

– 저희들이 도끼(斧斤)를 쥐고 선생님의 제자가 된 이후로 이렇게 훌륭한 재목(材木)은 본 적이 없습니다. 그런데도 선생님께서는 눈길도 주지 않고 지나가 버리시니 대체 어찌된 일입니까?

– 어리석은 소리 말게나. 저것은 산목(散木), 다시 말해 무용(無用)한 대목(大木)일세. 저 나무로 배를 만들면 가라앉아 버리고, 널을 만들면 곧 썩고, 기물을 만들면 곧 망가지고, 대문(門)이나 방문(戶)을 만들면 진이 흘러나오고, 기둥으로 삼으면 좀이 생긴다네. 어떠한 쓸모도 전혀 없는 무용한 대목이야. 어떠한 쓸모도 없었다는 바로 그 이유 때문에 이처럼 오래 살 수 있었던 것이야.

4-24

匠石歸, 櫟社見夢曰:「女將惡乎比予哉? 若將比予於文木邪? 夫柤梨橘柚果蓏之屬, 實熟則剝, 則辱; 大枝折, 小枝泄. 此以其能苦其生者也, 故不終其天年而中道夭, 自掊擊於世俗者也, 物莫不若是. 且予求無所可用, 久矣, 幾死, 乃今得之, 爲予大用. 使予也而有用, 且得有此大也邪? 且也若與予也, 皆物也, 柰何哉其相物也? 而幾死之散人, 又惡知散木!」

장석(匠石)이〔집에〕돌아오자 역사(櫟社)가 꿈에 나타나 말하였다.

"너(女)는 무엇에다 나를 비교하려고 하느냐? 너(若)는 나를 문목(文木)(쓸모 있는 나무)에 비교하려고 하느냐? 저 아가위나무(柤)·배나무(梨)·귤나무(橘)·유자나무(柚) 등의 나무열매(果)·풀열매(蓏)들은 열매가 익으면 잡아 뜯기고(剝) 욕을 당한다. 큰 가지는 꺾이고 작은 가지는 구부러진다(泄). 이들은 자신의 능력으로 제 삶을 괴롭히는 것들이다. 까닭에 천수를 다하지 못하고 중도에 요절한다. 스스로 세속에게 타격을 받는 것들이니, 물(物) 가운데 이와 같지 않은 것이 없다. 또한 나는 쓸 만한 곳이 없기를 바란 것이 오래되었는데, 죽음에 가까워 지금에서야 그것을 얻어 나의 큰 쓰임(大用)으로 삼게 되었다. 가령 내가 쓸모가 있었더라면 또한 이렇게 커질 수 있었겠는가? 또 너와 나는 모두 물(物)인데, 어찌 서로 물(物)로 여길 수 있겠는가? 너(而)는 죽음에 가까운 산인(散人)(쓸모없는 사람)인데, 또 어찌 〔내가〕 산목(散木)임을 알겠는가?"

見-나타날 현. 比-견줄 비. 文-아름다울 문. 柤-아가위나무 사. 梨-배나무 리. 橘-귤나무 귤. 柚-유자나무 유. 果-나무열매 과. 蓏-풀열매 라. 剝-벗길 박. 折-꺾을 절. 泄-샐 설, 당길 예. 掊-가를 배, 칠 부. 擊-칠 격. 使-만약 사.

- 櫟社見夢의 見은 '보이다', '나타나다'의 의미이기 때문에 '현'으로 읽는다.
- 柰何哉其相物也의 物은 동사로 쓰였다. '物로 여기다', '物로 취급하다'의 의미이다.

목수 석(石)은 여행을 마치고 제 집으로 돌아갔다. 그날 밤 단잠에 빠져 있던 그의 꿈속에 나타난 것은 그 신목(神木) 상수리나무의 정령이었다.

여보게, 석(石). 너는 나를 무엇에다 비교하려고 산목(散木)(쓸모없는 나무)이라는 둥 입을 놀린 것이냐? 너는 나를 문목(文木)(인간 세상에 유용한 재목)에라도 비교하려는 것이냐?

무릇 사람들이 귀하게 여기는 아가위나무(柤)·배나무(梨)·귤나무(橘)·유자나무(柚) 등의 「과라(果蓏)」(나무열매와 풀열매)는 그것이 귀하게 여겨지기 때문에 열매가 익으면 잡아 뜯기고 뜻밖의 모욕을 당하게 된다. 큰 가지는 꺾이고 작은 가지는 구부러지는 등, 생각지도 않은 재난을 당하는데, 이러한 것도 다름이 아니라 그 열매가 사람들의 입을 즐겁게 하는 쓸모가 있기 때문인 것이다. 때문에 천연(天然)의 수명도 온전히 못하고서 중도에 죽어버리는 것이다. 완전히 자업자득으로 세속에게 타격을 받는 것들이다. 그러나 이것은 유독 식물에게만 국한된 경우가 아니다. 세상의 만물이 그러하다. 그렇지만 나는 다르다. 나는 훨씬 오래전부터 인간 세상에서 무용(無用)하기를 바라왔다. 그 바람이 죽음이 가까워진 지금에서야 겨우 이루어져 너에게 산목 취급을 당하게 되었지만, 이 때문에 나도 진정으로 쓸모있음이 가능한 것이다. 그런데 내가 어딘가 쓸모 있는 나무이기라도 했다면 훨씬 옛날에 잘려져서 도저히 이러한 대목(大木)이 될 수는 없었을 것이다. 게다가 대개 나를 쓸모없다고 여기는 너도, 너로부터 쓸모없다고 취급당하는 나도, 원래는 모두 똑같은 대자연 속의 일물(一物)이 아니겠는가? 똑같은 대자연 속의 일물이라 한다면, 일체만물(一切萬物)은 제동(齊同)한데 어찌 서로서로 남을 가치 지우는 자격 따위가 있겠는가? 너처럼 죽어가는 쓸모없는 인간이 내가 산목인지 어떤지 따위를 알 리 없는 것이다.

4-25

匠石覺而診其夢. 弟子曰 : 「趣取無用, 則爲社何邪?」 曰 : 「密! 若無言! 彼亦直寄焉, 以爲不知己者詬厲也. 不爲社者, 且幾有翦乎! 且也彼其所保, 與衆異, 而以義譽之, 不亦遠乎!」

장석(匠石)이 깨어나 그 꿈을 이야기해 주었다. 제자가 말하였다. "자진해서(趣) 무용(無用)을 취한다면서 사(社)가 된 것은 어째서입니까?"

장석이 말하였다. "조용히 하게. 자네(若)는 아무 말 말게. 그는 또한 단지 〔몸을〕 의탁하고 있을 뿐이니, 자기를 알지 못하는 자의 욕지거리로 여길 것이다. 사(社)가 되지 않았다 해도, 또 어찌(幾=豈) 잘리는 일이 있었겠느냐? 또 그가 지키는 바는 뭇 사람과는 다른데, 일반적인 도리(義)로 그를 헤아린다면(譽) 또한 멀지 않겠느냐?"

覺-깨달을 각, 깰 교. 診-고할 진. 趣-뜻 취. 密-조용할 밀. 直-다만 직. 寄-의탁할 기. 詬-욕할 후. 厲-미워할 려. 幾-어찌 기. 翦-자를 전. 譽-기릴 예, 잴 예.

- 趣取無用 : '뜻이 무용을 취하다'. 저자는 '자진해서 무용을 취하다'로 의역해 놓았다.
- 詬厲 : 저자는 '욕하고(詬) 욕보이는(厲) 것'으로 풀었다.
- 義 : 저자는 '일반적인 도리'로 풀었다.
- 不亦遠乎 : '또한 (실정과) 너무 멀지 않겠는가'의 의미이다.

꿈에서 깨어난 장석(匠石)은 그 이상한 꿈 이야기를 제자에게 들려주었다. 그러자 제자가 반문하였다.

– 스스로 자진해서 무용을 바란다면서 어째서 신목(神木)처럼 유용하고 현귀한 지위에 몸을 둔 것일까요?

– 쓸데없는 말 말게. 저 역사(櫟社)의 나무는 임시방편으로 사(社)(사당)에 몸을 의탁하고 있는 것뿐이야. 현귀한 지위 따위는 애초부터 문제 삼지도 않았던 걸세. 쓸데없는 것에만 천착해대면, 그는 자기의 진의를 모르는 자가 제멋대로 지껄이는 욕지거리로밖에 생각하지 않을 거야. 또 그와 같은 초월자는 특별히 신목이 아니었다고 하더라도, 사람들에게 잘려지는 것 같은 화를 입는 일 따위는 없는 것이다. 게다가 저 역사의 나무가 품고 있는 가치관은 세간 일반의 그것과는 차원이 다른 것이다. 전혀 차원을 달리하는 가치관으로 살아가는 역사의 나무를 세간 일반의 상식적인 사고로 판단하려 하는 것은 애초부터 지나치게 잘못된 것이야.

본문의 「診(진)」은 告와 같다. 「且幾有翦乎」의 「幾」는 豈와 통하는 것으로 풀어야 할 것이다. 「以義譽之」의 「義」는 인간세상에서의 바른 도리이며, 여기에서는 '세속적인 가치관'이라는 뜻으로 쓰였다. 「譽」는 稱과 같으며 '재다'라는 뜻이다. 「또 그가 지키는 바는 뭇 사람과는 다르다〔且也彼其所保, 與衆異〕」는 두말할 것도 없이 역사(櫟社)의 나무가 「文」에 대비되는 「散」, 그리고 유용에 대비되는 무용을 삶의 원리로 삼고 있다는 것을 의미하는데, 이 말은 어떤 의미에서는 이 설화의 결론이라고도 볼 수 있을 것이다.

세상 사람들은 '문인(文人)'·'문목(文木)'의 유용성을 소중히 여긴다. 그러나 세속에서 유용하다는 것은 결국 세속에 속박되어 상식적인 가치의 세계에서 부침(浮沈)한다는 것이 아니겠는가? 때문에 세속의 모든 속박을 드높이 초월하는 초월자는 모든 세속적 가치관을 부정하고서 '산인'·'산목'이 되는 것이다. '산인'·'산목'이란 곧 세속에서의 무용을 자기의 유용으로 삼는 존재이다. 장자는 '산인'·'산목'을 드높이 칭송한다.

그런데 장자에게 있어서 이러한 「散」의 사상(무용의 용의 처세)을 근저에서 지탱하고 있는 것은 도대체 무엇일까? 그것은 두말할 것도 없이 세속의 실리주의·공리주의에 대한 장자의 통렬한 반격이다. 이미 언급했듯이 장자는 당시 지식인의 위선과 형식주의를 철저히 배격한다. 그와 함께 당시 사회의 실리주의·공리주의에 대해서도 가차 없는 비판과 통매(痛罵)를 퍼붓는다. 그는 세속 사람들이 모든 가치의 잣대라 여기는 세간적 유용성이 '자유로운 삶'에 있어서는 무용하다는 것을 강조하면서, 진정한 유용성은 오히려 세간적인 무용성 속에 존재한다는 것을 밝힌다.

우리는 여기에서 장자의 격렬한 반속정신(反俗精神)을 간취할 수 있을 것이다. 그리고 뭇 어리석은 자들의 대열에 끼는 것을 부끄럽게 여기는 그의 고고(孤高)와 자부(自負)를 간취할 수 있을 것이다. 그는 그 고고와 자부와 반속의 드높은 곳에서, 지금 일단 세속의 뭇 어리석은 자들 속으로 내려온다. 그의 일체긍정과 무사(無私)의 수순(隨順)이 거기에서부터 시작되는 것이다. 그러나 우리가 여기에서 무엇보다 간과해서는 안 될 사항은, 이러한 그의 일체긍정과 무사의 수순 깊은 곳에서 소용돌이치는 장자의 강렬한 자아(自我), 격렬한 부정(否定)의 정신일 것이다. 무용의 용이란 초월자가 세속을 살아가는 처세의 지혜인 동시에 세속적인 것에 대한 장자의 반역을 드러내는 말인 것이다. 「또 그가 지키는 바는 **뭇 사람과는 다르다**〔且也彼其所保, **與衆異**〕」-우리는 바로 이 말 속에서 장자의 반역을 가장 잘 감지할 수 있을 것이다. 그리고 이러한 장자의 반역과 부정의 정신을 이해하지 않고서는 그의 사상을 제대로 파악하는 것은 곤란하지 않을까 하는 것이 나의 생각이다.

4-26

南伯子綦遊乎商之丘, 見大木焉, 有異, 結駟千乘, 隱將芘其所藾. 子綦曰 :「此何木也哉? 此必有異材夫?」仰而視其細枝, 則拳曲而不可以爲棟梁; 俯而視其大根, 則軸解而不可以爲棺槨; 咶其葉, 則口爛而爲傷; 嗅之, 則使人狂酲, 三日而不已. 子綦曰 :「此果不材之木也, 以至於此其大也. 嗟乎, 神人以此不材!」

남백자기(南伯子綦)가 상(商)의 언덕에서 노닐 때에 큰 나무를 보았는데 특별함이 있었다. 말 네 필이 끄는 수레를 천 대나 매었어도 가려져서(隱) 그 그늘진(藾) 곳에 덮이려(芘) 하였다.
자기(子綦)가 말하였다. "이것은 무슨 나무일까? 이것은 필시 특별한 쓸모(材)가 있겠지?" 우러러 그 잔가지를 살펴보니 꾸불꾸불하여(拳曲) 마룻대나 들보로 삼을 수 없었고, 굽어 커다란 뿌리를 살펴보니 속이 갈라져 있어 널을 만들 수 없었고, 그 잎을 핥았더니 입이 문드러져 상처가 났고, 그것을 냄새 맡았더니 사람을 몹시 취하게 하여 3일이 지나도 가시지 않았다. 자기가 말하였다. "이것은 과연 쓸모없는 나무여서 이와 같은 거대함에 이르렀구나. 아, 신인(神人)도 이 쓸모없음으로써 하였구나!"

綦-무늬비단 기. 商-상나라 상. 駟-사마(四馬) 사. 芘-가릴 비. 藾-덮을 뢰. 咶-핥을 시. 爛-문드러질 란. 嗅-냄새 맡을 후. 酲-숙취 정.

• 隱將芘其所藾 : 藾는 원래 '덮다'라는 의미이다. 여기에서는 '덮여서 그늘지다'는 의미이다. 저자는 '가려져서(隱) 장차(將) 그(其) 그늘진(藾) 곳(所)에 덮이려(芘) 하였다'로 풀었다. 번역은 이를 따른 것이다.
• 軸解의 軸은 바퀴의 굴대처럼 속이 빈 것이다. 軸解는 속이 치밀하지 않고 드문드문 벌어져 있는 것을 의미한다.

이 장 또한 무용의 용을 설명한 것으로, 앞의 설화와 동공이곡(同工異曲)이다.

「南伯子綦(남백자기)」는 이미 〈제물론편〉의 첫머리(2-1)에 나온 南郭子綦(남곽자기)와 동일인물이다. 「상(商)의 언덕〔商之丘〕」은 장자의 고국 송(宋)나라의 지명일 것이다(현재 하남성에 상구商邱라는 도읍이 있다). 아직도 상구(商丘)라는 지명은 이 설화가 성립한 곳을 가리키는 것으로 주목받는다.[71] 「駟千乘(사천승)」[72]은 말 네 필이 끄는 수레 천 대라는 뜻이다. 「駟」는 말 네 필을 이른다. 「가려져서 그 그늘진 곳에 덮이려 한다〔隱將芘其所藾〕」라는 것은, 수레 천 대가 사천 필의 말과 함께 그 나무그늘에서 더위를 피해 쉴 수 있을 정도로 거대하다는 의미이다. 「아, 신인도 이 쓸모없음으로써 하였구나〔嗟乎, 神人以此不材〕」-옛날의 절대자도 이 부재(不材)의 재(材), 무용의 용을 처세의 원리로 삼아 자기의 생(生)을 온전히 하였다는 것이다.

4-27

宋有荊氏者, 宜楸柏桑. 其拱把而上者, 求狙猴之杙者斬之; 三圍四圍, 求高名之麗者斬之; 七圍八圍, 貴人富商之家求禪傍者斬之. 故未終其天年而中道之夭於斧斤, 此材之患也. 故解之以牛之白顙者, 與豚之亢鼻者, 與人有痔病者, 不可以適河. 此皆巫祝以知之矣, 所以爲不祥也. 此乃神人之所以爲大祥也.

송(宋)나라에 형씨(荊氏)라는 곳이 있는데 개오동나무(楸) · 측백나무(柏) · 뽕나무(桑)가 잘 자란다. 그 가운데 한두 줌 이상인 것은 원숭이

---

71 商之丘, 商邱, 商丘는 같은 곳을 지칭하는 듯하며, 원문을 존중하여 일단 글자 그대로 번역에 반영하였다.

72 駟千乘 : 원문에 '結駟千乘'으로 되어 있다. '結'자까지 넣으면 아래의 설명과 의미가 완전히 동일하지는 않기 때문에 '結'자를 뺐다.

용 홰를 구하는 자가 베어가고, 서너 아름 되는 것은 높은(高) 집(名=宀)의 마룻대(麗)를 구하는 자가 베어가고, 일고여덟 아름 되는 것은 귀인이나 부유한 상인 집안에서 널의 측면 재목을 구하는 자가 베어갔다. 까닭에 그 천수를 마치지 못하고 중도에 도끼에 〔잘려〕 죽으니, 이는 쓸모 있음(材)의 재앙이다. 까닭에 해(解) 제사에는 이마가 흰 소와 코가 위로 젖혀진(亢) 돼지와 치질 앓는 사람은 황하에 데리고 갈 수 없다. 이러한 것은 모두 무당(巫祝)도 알고 있어 불길하다고 여기는 바이다. 이것은 곧 신인(神人)이 대길하다고 여기는 바이다.

荊–가시나무 형, 땅이름 형. 楸–개오동나무 추. 柏–측백나무 백. 桑–뽕나무 상. 拱–양손으로 쥘 공. 把–한손으로 쥘 파. 狙–원숭이 저. 猴–원숭이 후. 杙–말뚝 익. 圍–둘레 위, 아름 위. 麗–아름다울 려, 마룻대 려. 傍–곁 방. 斧–도끼 부. 斤–도끼 근. 解–제사이름 해. 顙–이마 상. 亢–들릴 항.

• 저자는 中道之夭於斧斤의 之를 번역하지 않았다. 之를 없애거나 而의 의미로 새겨야 한다는 설이 있는데, 저자는 설명하지 않았지만 이에 따르고 있는 것이다.
• 저자는 不可以適河의 適을 '가다'로 풀었다. '이것을 가지고(以) 황하(河)에 갈(適) 수 없다(不可)'로 직역된다.

이 장도 절대자에게 있어서의 가치의 전환(유용의 무용성과 무용의 유용성)을 이야기한 것이다.

「荊氏(형씨)」는 지명이다. 개오동나무(楸)·측백나무(柏)·뽕나무(桑) 등의 유용한 나무가 자라는 데에 적합한 장소라고 한다. 「拱把(공파)」의 「拱」은 양손으로 쥘 정도의 굵기이고, 「把」는 한 손으로 쥘 정도의 굵기이다. 「杙(익)」은 원숭이를 매어 그 위에서 놀리는 나무이다. 「高名之麗」의 「名」은 宀(면)의 가차이다. 宀은 家와 같다(마서륜馬敍倫의 설). 「麗(려)」는 마룻대이다. 「禪傍(선방)」은 널의 측면에 사용하는 온전한 나무판이다. 다른 판본에는 「樿(선)」으로 되어 있다.

「解」는 봄에 황하의 신에게 지내는 제사 이름이다. 이 제사에는 소나 돼지 등의 동물, 때에 따라서는 사람이 희생으로 쓰이는데, 이마가 흰 소나 코가 높이 위쪽으로 젖혀진 돼지, 치질을 앓는 사람은 희생으로서 실격이다. 때문에 제사를 담당하는 무당은 그것들을 불길한 것으로 여겨 절대 황하 물가에 데리고 가서 희생으로 사용하지 않는다. 그 불길함, 실격성(失格性)이 그들을 죽음으로부터 구해내고, 더할 나위 없는 행복을 가져다준다는 의미이다.

「신인이 대길하다고 여기는 바이다〔神人之所以爲大祥也〕」-자기에게 주어진 생(生)을 온전히 하는 것을 삶의 가장 큰 가치로 여기는 장자적 절대자에게는, 세속 사람들이 불구라 여기고 추악하다 여기고 불길하다고 여기는 그 무용성이 최대의 유용성이며, 그 세간적 불행이 자기에게 있어서의 진정한 행복이라고 말하는 것이다. 그리고 이렇게 말할 때, 장자는 만면에 웃음을 띠며 상식이 편애하는 미(美)와 선(善)과 모든 가치에 대담하게 도전한다. 웃음을 띠며 모든 상식적 가치에 대담한 도전을 하면서, 그는 화(禍) 속에서 행복을 창조하고 기괴한 것·추악한 것 속에서 무한한 아름다움을 발견해 나간다. 장자에게 있어 신인은 새로운 가치의 창조자인 것이다.

4-28

支離疏者, 頤隱於齊, 肩高於頂, 會撮指天, 五管在上, 兩髀爲脅. 挫鍼治繲, 足以餬口; 鼓筴播精, 足以食十人. 上徵武士, 則支離攘臂於其間; 上有大役, 則支離以有常疾不受功; 上與病者粟, 則受三鍾與十束薪. 夫支離其形者, 猶足以養其身, 終其天年, 又況支離其德者乎!

지리소(支離疏)는 턱은 배꼽(齊=臍)에 가려 있고, 어깨는 정수리보다 높고, 상투(會撮)는 하늘을 가리키고, 오장은 위에 있고, 두 넓적다리는 겨드랑이에 닿아 있다. 바느질(挫鍼)과 빨래(治繲)를 하면 족히 입에 풀칠할 수 있고, 키(筴)로 까불어(鼓) 쌀(精)을 고르면(播) 족히 열 사람을 먹일 수 있다. 나라(上)에서 병사를 징집하면 지리(支離)는 그 사이에서 팔을 휘젓고, 나라에 큰 부역이 있으면 지리는 고질병(常疾)이 있어 일(功)을 받지 않고, 나라에서 병자에게 곡물을 〔나눠〕 주면 3종(鍾)의 곡물과 열 다발(束)의 땔나무를 받는다. 그 몸을 지리하게 한 자도 족히 그 몸을 길러 그 천수를 마칠 수 있는데, 또 하물며 그 덕(德)을 지리하게 한 자이겠는가?

支–가를 지, 사지 지. 離–흩어질 리. 疏–성글 소. 頤–턱 이. 齊–배꼽 제(臍). 髀–넓적다리 비. 脅–겨드랑이 협. 挫–꺾을 좌, 누를 좌. 鍼–바늘 침. 繲–헌옷 해. 餬–풀칠할 호. 鼓–칠 고. 筴–점대 책, 키 책. 播–뿌릴 파, 까부를 파. 精–씨 정. 食–먹일 사. 徵–부를 징, 징집할 징. 攘–떨칠 양. 臂–팔 비. 鍾–되 이름 종. 束–묶을 속.

• 會撮(괄촬) : 뒷목의 뼈(項椎)라는 설도 있고 상투라는 설도 있는데, 저자는 상투라고 풀었다.

• 兩髀爲脅 : '두 넓적다리가 겨드랑이이다'. '두 넓적다리가 겨드랑이에 닿다'라는 의미이다.

• 鼓筴(고협)의 筴은 '키'이다. 저자는 鼓를 '흔들다'로 풀었다. '키로 까부는 것'을 의미한다.

• 저자는 播精의 精을 '쌀', '쌀알'이라 하였다. 播는 '채로 쳐서 가려내다'로 풀었다.

여기서 장자의 붓은 지리소(支離疏)라는 세상에 둘도 없이 추한 불구자를 묘사하여, 그를 통해 무용의 용을 찬미하고 있다.

지리소라는 사람은 심한 꼽추로 턱은 배꼽 근처에 가려 있고, 어깨는 돌출하여 정수리보다 높고, 상투는 하늘을 가리키고, 오장은 머리 위에 위치하고, 두 넓적다리는 겨드랑이 근처에 닿아 있다. 세상에 둘도 없이 추한 불구자인 것이다.

그러나 그는 바느질과 빨래로 하루하루 입에 풀칠을 하고, 또 키질을 해서 쌀을 고르면 그것으로 충분히 열 명 정도는 부양해나갈 수 있는 괜찮은 처지이다. 또 가령 전쟁이 일어나 나라에서 병사 징집을 시작하더라도, 그는 다행히 불구자인지라 병사로 끌려가지도 않아 질질 끌려가는 장정들 사이를 활개 치며 이보란 듯이 돌아다닌다. 또 나라에 대규모 토목공사가 거행되어 인부가 징발되는 경우에도, 그는 불구자이기 때문에 힘겨운 노동으로 혹사당하지 않는다. 그런데도 나라에서 불구자와 병자에게 곡물을 베풀 때에는, 그는 3종(三鍾)(1종은 6곡斛 4두斗라고 한다)의 곡물과 열 묶음의 땔나무를 받을 수 있다. 그는 더할 나위 없이 행복한 사나이인 것이다.

장자는 이 사랑스러운 불구자를 유머러스한 필치로 묘사하면서 마지막으로 이렇게 덧붙인다.

「그 몸을 지리하게 한 자도 족히 그 몸을 길러 그 천수를 마칠 수 있는데, 또 하물며 그 덕을 지리하게 한 자이겠는가〔夫支離其形者, 猶足以養其身, 終其天年, 又況支離其德者乎〕」-육체적인 불구자조차 삶의 부자유 없이 천수를 온전히 할 수 있다고 한다면, 하물며 정신적인 덕을 불구하게 하는 자, 즉 세간적인 인의도덕(仁義道德)을 파쇄하는 사람이 자기본래의 생(生)을 온전히 할 수 있음은 두말할 것도 없을 것이다.

지리소(支離疏)의 지리(支離)는, 지리멸렬(支離滅裂)이라는 말이 있는 것처럼 불구불완전(不具不完全)이라는 뜻이다. 절대자는 그 덕을 지리하게 한다는 부분에서, 우리들은 유가적 예교주의의 위선과 형식성에 대한 장자의 통렬한 반격과 신랄한 풍자를 엿볼 수 있다. 그리고 거기에는 분명 장자의 그로테스크한 것에 대한 기호, 일반적이지 않은 것에 대한 동경이 엿보인다. 그가 누차 불구자를 즐겨 묘사하고, 게다가 그 묘사가 항상 정치한 관찰과 생기 넘치는 필치로 약동하고 있는 것도 이 때문일 것이다. 다시 말해 장자의 기질과 성격 속에는 본래부터 정통적인 것, 정상적인 것에 대한 반발과 저항이 있으며, 그것이 그의 사상에 일정한 근본적 특징을 부여하고 있으리라 여겨지는 것이다.

4-29

孔子適楚, 楚狂接輿遊其門曰 :「鳳兮鳳兮! 何如德之衰也? 來世不可待, 往世不可追也. 天下有道, 聖人成焉; 天下無道, 聖人生焉. 方今之時, 僅免刑焉. 福輕乎羽, 莫之知載; 禍重乎地, 莫之知避. 已乎已乎! 臨人以德. 殆乎殆乎! 畫地而趨. 迷陽迷陽! 無傷吾行. 吾行郤曲, 無傷吾足. 山木自寇也, 膏火自煎也. 桂可食, 故伐之; 漆可用, 故割之. 人皆知有用之用, 而莫知無用之用也.」

공자가 초(楚)나라에 갔을 때 초나라의 광접여(狂接輿)가 그 문 〔앞〕에서 노닐며 말하였다. "봉(鳳)이여, 봉이여! 어찌하여 덕(德)이 쇠하였는가? 미래(來世)는 기다릴 수 없고 과거(往世)는 좇을 수 없다. 천하에 도(道)가 있으면 성인은 이루고, 천하에 도(道)가 없으면 성인은 살아갔다. 지금의 때를 만나서는(方) 그저 형벌을 면할 뿐. 복은 깃털보다 가벼운데도 〔주워〕 담을 줄 모르고, 화는 대지보다 무거운데도 피할 줄 모른다. 그만두어라, 그만두어라! 사람들에게 덕으로 임함은. 위태롭도다, 위태롭도다! 땅에 금 긋고 달려감은. 미친 척하라(迷陽), 미친 척하라(迷陽)! 내 걸음에 상처 내지 않을 것이다. 내 걸음 뒷걸음치고(郤) 우회한다면(曲), 내 발에 상처 내지 않을 것이다. 산의 나무는 스스로 해치고, 등불(膏火)은 스스로 태운다. 계피나무는 먹을 수 있는 까닭에 베고, 옻나무는 쓸모 있는 까닭에 쪼갠다. 사람들은 모두 유용(有用)의 용(用)은 알면서도 무용(無用)의 용(用)은 알지 못한다."

輿-수레 여. 鳳-봉황새 봉. 僅-겨우 근. 免-면할 면. 載-실을 재. 避-피할 피. 畫-그림 화, 그을 획. 郤-멎을 각. 寇-도둑 구, 해칠 구. 膏-기름 고. 煎-달일 전, 태울 전.

〈인간세편〉의 마지막 설화는 공자와 초(楚)나라의 은자 광접여(狂接輿)의 문답이다(광접여는 〈소요유편〉1-11의 접여와 동일 인물이다. 「狂」이라는 것은 세속과 다른 자 내지는 세속의 삶의 방식을 자기의 삶의 방식으로 삼지 않는 자라는 의미이다). 공자와 광접여의 문답은 《논어》〈미자편微子篇〉에도 보인다. 그 내용은 다음과 같다.

> 초나라 광인(狂人)인 접여가 공자 앞을 지나며 노래하였다. "봉이여, 봉이여! 어찌하여 덕이 쇠하였는가? 지나간 것은 간(諫)할 수 없고 오는 것은 오히려 따를 수 있으니, 그만두어라, 그만두어라! 오늘날 정사(政事)에 종사하는 자들은 위험하다." 공자께서 수레에서 내리시어 더불어 말하려고 하셨는데, 빨리 걸어 피하므로 함께 말씀하시지 못하였다.[73]

장자는 《논어》에 실린 이 공자와 광접여의 문답을 빌어, 마지막으로 거듭 무용의 용을 강조하면서 이 편을 마친다.

「봉이여, 봉이여! 어찌하여 덕이 쇠하였는가〔鳳兮鳳兮! 何如德之衰也〕」–봉은 태평성세에 나타난다는 서조(瑞鳥)의 이름이다. 여기에서는 공자를 가리킨다. 봉은 성덕(聖德)을 갖춘 천자의 상징으로서 태평성세에 나타난다고들 하는데, 이러한 난세에 나타났으니 이는 덕이 쇠한 봉이다. "자기의 이상을 난세에서 행하고자 하여 집 잃은 개처럼[74] 동분서주하는 공자 모습의 측은함이여!" 하고 광접여가 탄식하는 것이다.

「미래는 기다릴 수 없고 과거는 좇을 수 없다〔來世不可待, 往世不可追

---

73 《論語》〈微子〉18-5. "楚狂接輿歌而過孔子曰 : 「鳳兮鳳兮! 何德之衰? 往者不可諫, 來者猶可追. 已而已而! 今之從政者殆而.」 孔子下, 欲與之言, 趨而辟之, 不得與之言."

74 집 잃은 개처럼 : 新校本《史記》〈孔子世家〉, 1921-1922면. "孔子適鄭, 與弟子相失, 孔子獨立郭東門. 鄭人或謂子貢曰 : 「東門有人, 其顙似堯, 其項類皐陶, 其肩類子產, 然自要以下不及禹三寸. **纍纍若喪家之狗**.」 子貢以實告孔子. 孔子欣然笑曰 : 「形狀, 末也. 而謂**似喪家之狗**, 然哉! 然哉!」"

也〕」-사람은 현실의 고통을 미래에 대한 기대로 가시게 하고 과거의 추억으로 위로하려고 하지만, 미래는 미래이지 현재가 아니고 과거는 과거이지 현재가 아니다. 어둡고 위험하고 좋지 못한 현실이라 하더라도 이 주어진 현실을 살아가는 것 이외에 어떠한 자기의 삶이 있다는 것인가? 「천하에 도가 있으면 성인은 이루고, 천하에 도가 없으면 성인은 살아갔다〔天下有道, 聖人成焉, 天下無道, 聖人生焉〕」-옛날의 성인은 잘 다스려지는 세상에서는 세상으로 나와 벼슬하여 자기의 이상을 실현시키고, 어지러운 세상에서는 물러나 초야에 숨어 다만 제 몸을 온전케 하였다. 이것이 절대자가 세상에 처하는 도이다.

그런데 현재와 같은 상란(喪亂)의 세상을 만나서는, 사람은 다만 형벌의 오욕으로부터 벗어나는 것만으로도 최선의 삶의 방식으로 여겨야만 한다. 행복이란 평온한 자기 삶을 살아가는 것을 이르는 것이 아닐까? 평온한 자기 삶을 살아가는 것은 땅에 떨어진 깃털을 주워드는 것보다 쉽다. 그럼에도 불구하고 세상 사람들은 그 깃털보다도 가벼운 행복을 주워드는 방법을 알지 못한다. 화(禍)의 고통은 대지(大地)의 무거움으로 인간의 삶을 짓이긴다. 그렇지만 세상 사람들은 헛되이 명(名)과 이(利)에 광분하여 이 대지보다도 무거운 고통으로부터 벗어나는 방법을 알지 못한다.

「그만두어라, 그만두어라! 사람들에게 덕으로 임함은〔已乎已乎! 臨人以德〕」-그만두어라, 그만두어라, 이 난세에 도덕을 내세워 사람들을 교화하려는 짓 따위는. 「위태롭도다, 위태롭도다! 땅에 금 긋고 달려감은〔殆乎殆乎! 畫地而趨〕」-아, 위험하기 짝이 없다, 위험하기 짝이 없다, 드넓은 대지를 구획하여 그 구획 속을 달리려 하는 것 같은 옹색한 규범주의는.

「미친 척하라, 미친 척하라! 내 걸음에 상처 내지 않을 것이다〔迷陽迷陽! 無傷吾行〕」-오늘날과 같은 불안한 세상 속에서 해를 입지 않기 위해서는 미치광이인 척하는 것보다 나은 것은 없다. 「迷陽(미양)」이란 양광(佯狂)(미치광이인 척하다)이라는 뜻이라고 진(晉)의 곽상(郭象)은 주해하였다. 「내 걸음 뒷걸음치고 우회한다면, 내 발에 상처 내지 않을 것이다〔吾行郤曲, 無傷吾足〕」 - 「郤曲(각곡)」은 뒷걸음질치고 길을 돌아가는 것이다. 인생행로에서 장애를 만나면 저돌적으로 돌진하는 것은 무엇보다 금물이다. 후퇴하고 우회하여 해를 입지 않는 것이 무엇보다 현명한 처세이다.

「산의 나무는 스스로 해치고, 등불은 스스로 태운다〔山木自寇也, 膏火自煎也〕」 운운–산의 나무는 아름답기 때문에 베어져 스스로 화를 초래하고, 등불은 밝기 때문에 불살라져 제 스스로 몸을 태운다. 계피는 식용이 되고 옻은 도료(塗料)가 되기 때문에 베이고 쪼개지는 것이다.

아, 세간의 사람들은 쓸데없이 유용의 용만을 알고, 무용의 용을 아는 자가 아무도 없다. 진정 슬퍼할 만하지 않은가?

요컨대 장자에게 있어서는 현재의 자기 삶을 살아가는 것이 삶의 가장 큰 가치였다. 이 자기는 어떠한 목적의 수단도 되지 않는 그 자체로 절대적인 존재이며, 이 현재는 미래로 보상할 수도 과거로 대신할 수도 없는 절대적인 소여(所與)였다. 그에게 있어서는 주어진 자기 삶을 주어진 현재 속에서 어떻게 살아갈 것인가 하는 문제가 모든 것이다. 거기에는 현재를 역사의 진보 속에서 인과 지운다든지, 자기가 인류의 이상 앞에 수단화된다든지 하는 것은 허용되지 않는다. 장자가 유용의 용에 대비되는 무용의 용을 강조하면서 공자적 이상주의에 강한 비판적 태도를 취한 것도 당연할 것이다. 그렇다고는 하지만 공자에 대한 장자의 이러한 비판적 태도의 근저에는 모든 이상주의자의 애처로운 비극적 운명에 대한 깊은 공감이 있으며, 인간 그리고 인간 사회의 암울함과 위험에 대한 소리 없는 통곡이 있다. 장자는 이 통곡과 공감 속에서 공자를 이해하고 광접여를 이해하고 있는 것이다. 공자와 광접여. 이들은 현대에도 볼 수 있는 자기와 인생에 성실한 두 가지 인간상이 아닐까?

덕충부편(德充符篇) 5

〈인간세편〉에서 무용(無用)의 용(用)(초월자에게 있어서의 가치의 전환)을 강조한 장자는, 다시금 이 〈덕충부편〉에서 세속 사람들의 형해(形骸)에 대한 집착을 타파하고 진정한 덕(德)이란 형상(形象)을 초월한 드높은 내면성임을 밝힌다.

덕충부(德充符)란 덕(德)이 충만한(充) 표시(符), 즉 진정으로 도를 체득한 사람이 그 드높은 내면성에 걸맞은 것으로서 지니고 있는 형상이라는 의미이다. 그런데 장자에게 있어 도를 체득한다는 것은, 바로 인간이 세속적인 가치관과 상대적인 편견을 초월하여 자기 안에 절대자유한 세계를 지닌다는 것이기 때문에, 덕이 충만한 사람에게 걸맞은 형상이란 실은 형상에 얽매이지 않는 것, 형상을 초월해 있는 것이다. 장자는 이러한 사실을 밝히기 위해 세속 사람들이 가장 추하다고 여기는 것, 다시 말해 **절름발이**나 **꼽추**나 **언청이** 같은 불구자를 채택하여 그들의 입을 빌어 도를 이야기한다. 그로테스크하고 기형불구(畸形不具)한 사람들의 입을 빌어 도를 이야기하는 장자는, 형체에 얽매이고 외적인 것에 집착하는 세속 사람들의 서글픈 어리석음을 홍소(哄笑)하고 있는 것이다. 〈덕충부편〉은 장자의 이러한 홍소의 메아리로 가득 차 있다.

5-1

魯有兀者王駘, 從之遊者, 與仲尼相若. 常季問於仲尼曰 :「王駘兀者也, 從之遊者, 與夫子中分魯. 立不教, 坐不議, 虛而往, 實而歸, 固有不言之敎, 無形而心成者邪? 是何人也?」 仲尼曰 :「夫子聖人

也，丘也直後而未往耳．丘將以爲師，而況不若丘者乎！奚假魯國！丘將引天下而與從之.」 常季曰：「彼兀者也，而王先生，其與庸亦遠矣．若然者，其用心也，獨若之何?」仲尼曰：「死生亦大矣，而不得與之變，雖天地覆墜，亦將不與之遺．審乎無假，而不與物遷，命物之化，而守其宗也.」

노(魯)나라에 올자(兀者) 왕태(王駘)가 있었는데 그를 좇아 배우는(遊) 자가 중니(仲尼)와 서로 같았다.

상계(常季)가 중니에게 물었다. "왕태는 올자(兀者)인데도 좇아 배우는 자가 선생님과 노나라를 반씩(中) 가릅니다(分). 서서도 가르치지 않고 앉아서도 의논하지 않는데도, 텅 빈 채로 갔다가 가득 채워 돌아오니, 진정 말하지 않는 가르침이 있으며, 형체 없이 마음으로 이루는 자이겠지요? 이 사람은 어떤 사람입니까?"

중니가 말하였다. "그(夫) 사람(子)은 성인이다. 나는 다만(直) 뒤쳐져서 아직 가지 못했을 뿐이다. 나는 장차 스승으로 삼으려 하는데, 하물며 나보다 못한 자들이겠는가? 어찌 다만(奚假) 노나라뿐이겠는가? 나는 장차 천하를 이끌고 함께(與) 그를 좇을까 한다."

상계가 말하였다. "그는 올자(兀者)인데도 선생님보다 훌륭하다면(王=旺), 뭇 사람들(庸)보다는 훨씬 훌륭하겠습니다. 이와 같은 사람은 그 용심(用心)이 대체(獨) 어떠합니까?"

중니가 말하였다. "사생(死生) 또한 중대하지만 그를 변화시킬 수 없고, 비록 천지(天地)가 뒤집히고 꺼져도 역시 그것과 함께 추락하지 않을 것이다. 거짓 없는 도를 잘 살펴서 물(物)과 함께 옮겨가지 않고, 물(物)의 변화를 명(命)으로 여겨 그 근원(宗)을 지킨다."

兀-발뒤꿈치 벨 올. 駘-어리석을 태. 王-왕성할 왕(旺). 覆-뒤집힐 복. 墜-떨어질 추. 遺-잃을 유, 떨어질 유. 宗-근원 종.

• 其與庸亦遠矣 : 其는 '그 사람', 즉 왕태이다. 與자는 '~보다'의 의미이며, 庸은 '뭇 사람'이다. '그 사람은 뭇 사람보다 또한 멀다'로 직역되며, '그 사람은 뭇 사람보

다 훨씬 뛰어나다'라는 뜻이다.

- 獨若之何 : '유독 어떠한가', 즉 '대체 어떠한가'.
- 不得與之變 : '그(之)에게 변화(變)를 줄(與) 수 없다(不得)', 혹은 '그것(之)과 함께(與) 변화하게(變) 할 수 없다(不得)'로 직역된다. 전자로 해석하면 之는 왕태가 되고, 후자로 해석하면 之는 사생이 된다. 하지만 의미하는 바는 결국 같다.
- 亦將不與之遺 : 직역하면 '역시(亦) 장차(將) 그것(之)과 함께(與) 추락하지(遺) 않을(不) 것이다' 정도이다. 여기에서 '그것'은 앞 구절의 뒤집히고 꺼져버린 '천지'를 가리킨다.
- 審乎無假의 '無假'는 '거짓이 없는 것' 정도로 직역된다. 번역문은 '거짓 없는 도'라고 하였는데, '도'는 저자가 삽입한 것이다.

〈덕충부편〉은 네 개의 문답형식 설화를 주요내용으로 하여 구성되어 있다. 왕태(王駘)·신도가(申徒嘉)·숙산무지(叔山無趾)·애태타(哀駘它)가 그 네 설화 각각의 주인공이다. 그들이 모두 기형불구(畸形不具)의 그로테스크한 사람들이라는 것은 이미 언급하였다. 우선 여기에 등장하는 것은 노(魯)나라의 올자(兀者)(형벌로 발을 잘린 전과자) 왕태라는 사람이다.

왕태는 공자의 모국인 노(魯)나라에서 꽤 인망이 높다. 그 문하에 출입하는 제자의 수도 공자에 필적할 정도이다. 그래서 상계(常季)라는 공자의 제자가 어느날 공자에게 물었다.

– 저 왕태라는 사람은 발 잘리는 형벌을 받은 전과자입니다만, 그의 문하에 출입하는 제자의 수는 선생님과 노나라 인구를 반씩 가를 정도로 많습니다. 왜일까 하고 시험 삼아 살펴보았더니, 그는 별달리 이렇다 하게 서서 제자들을 가르치고 있지도 않았고, 또 앉아서 제자들과 의논하지도 않았습니다. 그렇지만 그의 문하를 방문하는 자들은 「텅 빈 채로 갔다가 가득 채워 돌아오니〔虛而往, 實而歸〕」–아무것도 없이 가더라도 반드시 무언가를 얻어 돌아오는 것을 보니, 확실히 그는 「말하지 않고 가르치는〔不言之教〕」 것(암묵暗黙 중에 제자들을 교화하고 있는 것)이 틀림없으며, 「형체 없이

마음으로 이루는〔無形而心成〕」 자(눈에는 형체로 보이지 않지만 마음속에는 교화가 자연히 이루어진다는 그러한 인격을 갖춘 자)가 아니겠습니까? 그건 그렇다고 하더라도 대체 어떠한 사람일까요? 정말 기이한 사람입니다.

그러자 공자는 이렇게 말하였다.

– 그 분은 성인(聖人)이시다. 나는 다만 꾸물거리다가 아직 찾아뵙지 못했지만, 장차 그 분을 스승으로 모시고 가르침을 받을까 생각하고 있다. 나조차 그러하니 나에게 미치지 못하는 자들은 더 그러할 것이다. 그래서 다만 노나라 사람들뿐 아니라 온 천하 사람들을 이끌고 가서 함께 가르침을 받을까 생각하고 있을 정도이다.

– 그 사람은 발 잘리는 형벌을 받은 전과자입니다. 그러면서도 선생님보다 훌륭하다고 한다면, 보통 사람들 따위는 발끝에도 미치지 못하겠습니다만, 대체 그처럼 훌륭한 사람의 마음 쓰는 법(用心), 다시 말해 심경(心境)이라는 것은 어떠한 것일까요?

– 사생(死生)이라는 것은 진정 인생의 일대사(一大事)이지만 그 사생의 변화도 그를 변화시킬 수 없고, 설령 천지가 뒤집히고 꺼지더라도 그를 추락시킬 수 없는 경지, 그리고 인생과 우주의 진상(眞相)을 잘 살펴 유전(流轉)하는 모든 것의 밖에 서서 변화하는 제상(諸相)을 다만 자연으로서 관조하고 도의 근원에 자기를 위치시켜 잠시도 그것에서 떨어지지 않는 경지, 왕태는 그러한 경지를 자기의 심경으로 삼고 있는 사람이다.

본문의 「奚假」는 何但(어찌 다만)과 같다(곽상郭象의 설). 「其與庸亦遠矣」의 「庸」은 衆과 같다. 이 구절은 뭇 사람들보다 훨씬 훌륭하다는 의미이다. 「無假」는 거짓이 없는 것, 즉 **진(眞)**이라는 의미이다. 「거짓 없는 도를 잘 살핀다〔審乎無假〕」라는 것은, 실재의 진상을 체관(諦觀)하는 것을 이른다. 「물의 변화를 명으로 여긴다〔命物之化〕」라는 것은, 일체만물이 생성변화하는 상(相)을 명(命)으로서, 즉 천(天)(자연)으로서 관조하는 것을 이른다. 命은 天과 같은 뜻이다. 「守其宗也」의 「宗」은 근원이라는 의미이다. '근원을 지킨다'라는 것은 모든 상대의 근원으로서의 도(절대의 일一)와 한 몸이 되는 경지에 서는 것을 이른다.

5-2

常季曰：「何謂也?」 仲尼曰：「自其異者視之, 肝膽楚越也; 自其同者視之, 萬物皆一也. 夫若然者, 且不知耳目之所宜, 而遊心乎德之和; 物, 視其所一, 而不見其所喪, 視喪其足, 猶遺土也.」 常季曰：「彼爲己, 以其知得其心, 以其心得其常心, 物何爲最之哉?」 仲尼曰：「人莫鑑於流水, 而鑑於止水, 唯止能止衆止. 受命於地, 唯松栢獨也在, 冬夏青青; 受命於天, 唯舜獨也正, 幸能正生以正衆生. 夫保始之徵, 不懼之實. 勇士一人, 雄入於九軍. 將求名而能自要者, 而猶若是, 而況官天地, 府萬物, 直寓六骸, 象耳目, 一知之所知, 而心未嘗死者乎! 彼且擇日而登假. 人則從是也, 彼且何肯以物爲事乎!」

상계(常季)가 말하였다. "무슨 말씀입니까?"

중니(仲尼)가 말하였다. "그 다른 점에서 보면 간담(肝膽)도 초월(楚越)이고, 그 같은 점에서 보면 만물도 모두 하나이다. 그러한 사람은 이목(耳目)이 마땅하다고 여기는 바를 알지 못한 채, 마음을 덕(德)이 융화된 곳에서 노닐게 하려 한다. 물(物)은 그 하나인 곳을 보고 그 잃은 바를 보지 않으니, 발을 잃는 것을 마치 흙덩이를 버리는 것처럼 여긴다(視)."

상계가 말하였다. "그는 자신을 닦는(爲) 데에, 자신의 지(知)로 자신의 마음을 터득하고, 자신의 마음으로 그 변하지 않는(常) 마음(心)을 터득했는데도, 사람들(物)이 어째서 그에게 모이는(最=撮) 것입니까?"

중니가 말하였다. "사람들은 아무도 흐르는 물을 거울로 삼지 않고 고요한 물(止水)을 거울로 삼나니, 오직 고요한 것만이 뭇 고요하고자 하는 것들을 고요하게 할 수 있다. 땅에서 생명을 받은 것 가운데 오직 소나무(松)와 측백나무(栢=柏)만이 홀로 오래 살아(在), 겨울과 여름 내내 푸르디푸르고, 하늘에서 생명을 받은 것 가운데 오직 순(舜)임금만이 홀로 발라, 요행히 바른 생(生)을 지녀 뭇 생(生)을 바르게 할 수 있었다. 시원(始)을 보존했다는 것의 징험은 두려워하지 않는 행실(實)이다. 용사는 단신으로 용감하게(雄) 구군(九軍) 속으로 뛰어든다. 명성을 구하여 스스로에게 요구할 줄 아는 자도 오히려 이와 같거늘, 하물며 천지를 다스리고(官), 만물을 품고(府), 육해(六骸)를 다만 임시거처로 여기고, 이목(耳目)을 임시방편으로 여기고, 지(知)가 아는 바를 하나로 여겨 마음이 일찍이 죽은 적이 없는 자이겠는가? 그는 장차 날을 택하여 머나먼 하늘에 오르려 할 것이다. 사람들이 이 사람을 따르는 것일지언정, 그가 또 어찌 남들(物)을 일로 삼으려 하겠느냐?"

肝-간 간. 膽-쓸개 담. 宜-마땅할 의. 遺-잃을 유, 버릴 유. 最-으뜸 최, 모일 촬(撮). 徵-징험할 징. 官-관직 관, 다스릴 관. 府-곳집 부, 품을 부. 寓-깃들 우. 象-모양 상. 假-거짓 가, 멀 하(遐).

• 自其異者視之의 視는 '보다'라는 의미이지만 '비교하다'라는 뉘앙스를 가진다.
• 唯止能止衆止에서 동사는 두 번째 止이다.
• 저자는 '唯松栢獨也在'의 在를 '오래 살다'로 풀었다. 청(淸) 유월(兪樾)은 正으로 보고 '바르다'로 풀었다. 일단 번역에서는 저자를 따랐다.
• 官天地, 府萬物 이하는 이 장 끝의 저자 설명을 참조 바란다.
• 直寓六骸, 象耳目 : '육해를 다만 깃드는 것으로 여기고, 이목을 가상으로 여기다'. 즉, '육해를 다만 임시거처로 여기고, 이목을 임시방편으로 여기다'. 저자는 '象'자를 '빌린 것'으로 해석하고 해설에서 '임시방편'으로 풀었다. 이 장 끝의 저자 설명 참조.
• 登假(등하) : 직역하면 '머나먼 곳에 오르다'이다. 아래 저자 설명 참조 바람.

– 그것은 어떠한 의미입니까? 좀 더 설명해 주십시오.

상계(常季)의 이 질문에 답하여 공자는 계속해서 설명해 주었다.

– 만물은 다르다는 점에서 보면 하나도 똑같은 것은 없으니, 가장 비슷하다는 간(肝)과 담(膽) 사이에도 초(楚)나라와 월(越)나라 정도의 다른 점이 있다. 이와 반대로 만물은 모두 같다는 점에서 보면 어떠한 것도 똑같지 않은 것은 없으니, 만물은 하나인 것이다. 그런데 저 왕태(王駘)와 같은 사람은 미추호오(美醜好惡)라는 감각적인 판단을 초월하여 마음을 덕과 혼연히 융화된 경지, 즉 만물이 하나인 도의 근원에서 노닐게 하고 만물을 일체제동(一切齊同)의 입장에서 관조하여 득상성패(得喪成敗)라는 차별상에 얽매이지 않기 때문에, 발 하나 정도 잃었다고 해도 흙덩이 버린 것으로밖에 생각하지 않는 것이다.

– 지금 하신 말씀으로 그가 올자(兀者)(발을 잘린 전과자)라는 사실조차 잊은 드높은 경지에 있다는 것은 알게 되었습니다. 그렇다 하더라도 저 왕태는 자신을 수행하는 것(자기의 해탈)을 목적으로 삼아, 그 밝은 지혜로 자기내심(自己內心)의 진리를 궁구하고, 그 궁구한 자기내심의 진리로 절대부동의 자유로운 경지를 자기 것으로 삼은 사람입니다. 이를테면 개인적인 득도자인 것입니다. 그런데도 다른 사람들이 그에게 감화되어, 이처럼 많은 수의 사람들이 그 주위에 모여드는 것은 어째서일까요?

– 물론 왕태는 개인적인 득도자일지도 모른다. 그러나 사람은 누구도 흐르는 물에 자신의 모습을 비춰보는 법은 없고, 고요히 가라앉은 수면이라야 거울로 삼을 것이다. 마찬가지로 오직 움직이지 않는 것만이 부동(不動)을 바라는 모든 존재를 부동하게 하는 것이다.

대개 지상에 자라나는 나무의 종류는 수없이 많지만 겨울과 여름 내내 늘 푸르디푸른 것은 오직 소나무와 측백나무뿐이며, 하늘에서 생명을 받아 이 세상에 태어나는 사람의 수는 수없이 많지만 완전히 바른 사람은 저 성인으로 불리는 순(舜)임금 정도일 것이다. 그 완전히 바른 순임금만이(그 바름은 「행(幸)」, 즉 완전 우연이지만) 자기의 바른 천성(天性)으로 바르지 않은 수많은 사람들을 바르게 하는 것이다. 왕태의 주위에 사람들이 모이는 것도 이러한 이치이다. 그의 빼어난 덕이 많은 사람들을 자연히 그의 주위에 모으는 것이다.

그건 그렇고 왕태는 위대한 초월자이다. 대개 어떠한 것도 두려워하지 않는 불퇴전(不退轉)의 용기는 그것이 도에 근본하고 있음의 가장 좋은 증거이다. 그저 전장의 용사조차도 무용(武勇)이 있다는 명성을 바란다면 용기를 떨쳐 단신으로 대군 속으로 뛰어 들어가는 법이거늘, 하물며 천지를 비예(睥睨)하고, 만물을 병탄(倂呑)하고, 형해(形骸)를 다만 임시거처로 여기고, 이목(耳目)의 감각을 일시의 **방편**으로 여기고, 모든 지적 인식의 상대성을 절대의 일(一)로 지양하여 영겁의 생(生)을 살아가는 왕태와 같은 사람이 어떠한 것도 두려워하지 않는 불퇴전의 용사임은 두말할 것도 없을 것이다. 그는 이 인간세계 따위에는 어떠한 미련도 없는 사람이다. 아마도 길일(吉日)을 택하여 신선처럼 승천하는 사람일 것이다. 세상 사람들이 그를 사모하여 모여드는 것일지언정, 왕태 자신은 결코 남들의 훼예포폄(毁譽褒貶) 따위에 **안달**하는 그런 사람이 아닌 것이다.

여기에서 우리들은 상계가 공자에게 하는 질문, 「그는 자신을 닦는 데에……사람들이 어째서 그에게 모이는 것입니까〔彼爲己……物何爲最之哉〕」에 주목해야 할 것이다.

상계의 이 질문은 장자 사상에 있어서의 개인주의적 입장이 어떻게 사회성을 획득하는가를 문제 삼고 있는 것이다. 장자 사상은 본래 철저한 개인주의 입장에 서 있으며, 경우에 따라서는 극단적인 독선주의(獨善主義)·이기주의로도 나타난다. 그러나 장자는 그 개인주의도 일종의 사회성을 지닌다고 생각한다. 장자에게 있어 절대자는 「남들(物)을 일로 삼지 않는」 존재, 즉 대타적(對他的)인 모든 관심을 초월하여 순수하게 자기의 절대성으로 살아가는 존재이다. 그 절대성은 이른바 「말하지 않는 가르침〔不言之敎〕」(5-1)으로서 일종의 교화 작용을 지니는 것이다. 장자에게 있어 절대자는 해탈자이다. 그의 해탈은 해탈을 바라는 모든 자들의 모범이 되며, 그들을 자기의 주위에 모은다는 점에서 일종의 사회성을 지니는 것이다. 장자는 그것을 「오직 止만이 衆止를 止하게 한다」라든지 「正生만이 衆生을 正하게 한다」라는 말 등으로 표현한다. 해탈자만이 해탈을 바라는 모든 사람들을 해탈자가 되게 한다는 것이다. 그리고 여기에서 우리들은 막스 베버(1864-1920)의 이른바 예시적 종교(例示的宗敎)로서 장자 사상의 종교적 성격을 궁구해보는 것이 가능할 것이다. 장자 사상은 철저한 개인주의이기는 하지만, 그것은 단순한 이기주의가 아니라 소극적인 교화성에 있어 일종의 사회성을 예상케 하는 것이다.

본문의 「이목이 마땅하다고 여기는 바〔耳目之所宜〕」라는 것은, '귀로 듣고서 유쾌하다고 여기는 것, 눈으로 보고서 아름답다고 여기는 것'이라는 의미로, 감각을 매개로 하는 가치판단 일반을 가리킨다. 「알지 못한다」라는 것은, 그러한 감각적 판단에 얽매이지 않는 것이다. 「最」은 撮(촬)과 같으며 '모이다'라는 뜻이다. 「시원을 보존한다는 징험은 두려워하지 않는 행실이다〔保始之徵, 不懼之實〕」는 난해한 표현이지만, 「徵(징)」은 징험·증거라는 뜻이므로, 직역하자면 '도의 근원에 서 있음의 가장 좋은 증거는 아무것도 두려워하지 않는다는 사실에 다름 아니다'라는 의미이다. 즉 도의 근원과 한 몸이 된 경지에서는 두려워하는 것이 아무것도 없다는 의미이다.

「천지를 다스리고, 만물을 품고, 육해를 다만 임시거처로 여기고, 이목을 임시방편으로 여긴다〔官天地, 府萬物, 直寓六骸, 象耳目〕」-「官」은 **다스리다** 내지는 **지배하다**라는 뜻이고, 「府(부)」는 **품다** 내지는 **수장(收藏)하다**라는 뜻이고, 「象」은 단순한 형상(形象)으로 지닌다는 뜻이다. 육해(六骸)는 몸·머리·양 손·양 다리를 이르며, 형해(形骸)와 같다. 이 구절은 형상이 있는 모든 것을 초월하여 우주적 정신의 입장에 서는 것을 이른다.

「登假(하)」는 登遐(하)와 같으며, 머나먼(遐) 하늘에 오르는 것이다. 遐(격)을 格과 같은 것으로 보고 **이르다**로 푸는 설도 있다. 「사람들이 이 사람을 따른다〔人則從是也〕」라는 것은, 남들이 그의 덕(德)을 사모하여 그 문하에 모여든 것이지, 그가 일부러 모여들게 하려고 의도한 것이 아니라는 의미이다.

5-3

申徒嘉, 兀者也, 而與鄭子產同師於伯昏無人. 子產謂申徒嘉曰 : 「我先出則子止, 子先出則我止.」 其明日又與合堂同席而坐. 子產謂申徒嘉曰 : 「我先出則子止, 子先出則我止. 今我將出, 子可以止乎, 其未邪? 且子見執政而不違, 子齊執政乎?」 申徒嘉曰 : 「先生之門, 固有執政焉如此哉? 子而說子之執政而後人者也. 聞之, 曰 : 『鑑明則塵垢不止, 止則不明也. 久與賢人處, 則無過.』 今子之所取大者, 先生也, 而猶出言若是, 不亦過乎!」 子產曰 : 「子既若是矣, 猶與堯爭善, 計子之德, 不足以自反邪?」 申徒嘉曰 : 「自狀其過, 以不當亡者衆, 不狀其過, 以不當存者寡, 知不可柰何而安之若命, 唯有德者能之. 遊於羿之彀中, 中央者, 中地也; 然而不中者, 命也. 人以其全足, 笑吾不全足者, 衆矣, 我怫然而怒; 而適先生之所, 則廢然而反. 不知先生之洗我以善邪? 吾與夫子遊十九年矣, 而未嘗知吾兀者也. 今子與我遊於形骸之內, 而子索我於形骸之外, 不亦過乎!」 子產蹵然改容更貌曰 : 「子無乃稱!」

신도가(申徒嘉)는 올자(兀者)인데 정(鄭)나라의 자산(子產)과 함께 백혼무인(伯昏無人)을 스승으로 모셨다.
자산이 신도가에게 말하였다. "내가 먼저 나가면 자네는 남아 있게. 자네가 먼저 나가면 내가 남겠네."
그 다음날 또 함께(與) 한집(堂)에 모여(合) 자리를 함께하여 앉았다. 자산이 신도가에게 말하였다. "내가 먼저 나가면 자네는 남아 있게. 자네가 먼저 나가면 내가 남겠네. 내가 지금 나가려는데 자네는 남아 있어 주겠나, 못하겠나? 또 자네는 집정자를 보고서도 피하지 않으니, 자네가 집정자와 같은가?"
신도가가 말하였다. "선생님의 문하에 원래부터 집정자 같은 것이 있었던가? 자네는 바로(而) 자네가 집정자임을 즐거워하여(說=悅) 남을 깔보는(後) 사람이네만, 〔내〕 듣기에 '거울이 밝으면 티끌(塵垢)이 붙지(止) 않고, 붙으면 밝지 않다. 오랫동안 현인(賢人)과 함께 처하면 허물이 없어진다.' 했네. 지금 자네가 큰 도(大)를 배우겠다(取)는 사람은 선생님인데도, 여전히 말하는 것이 이와 같다면 정말(亦) 잘못되지 않았는가?"

자산이 말하였다. "자네가 이미 이와 같이 되었는데도 여전히 요(堯) 임금과 선(善)을 다투려 하니, 자네의 덕(德)을 헤아려보고 스스로 반성할 수 없겠나?"

신도가가 말하였다. "스스로 자신의 잘못을 변명하여(狀) 잃는 것이 부당하다고 생각하는 자는 많지만, 그 잘못을 변명하지 않고 남기는 것이 부당하다고 여기는 자는 적다. 어쩔 수 없음을 알고서 편안히 여겨 명(命)에 따르는(若) 것은 오직 유덕자(有德者)만이 할 수 있다. 예(羿)의 활의 사정거리 안(彀中)에서 노닌다면 한가운데는 적중되는 곳이지만, 그러면서도 적중되지 않는 것은 명(命)이다. 사람들 가운데 그 온전한 발로 나의 온전하지 못한 발을 비웃는 자들이 많다. 〔그러면〕 나는 발끈(怫然) 노하지만, 선생님이 계신 곳에 가면 싹 잊고(廢然) 돌아온다. 모르겠다, 선생님께서 선(善)으로 나를 씻어주었을까? 나는 선생님과 교유한 지 19년이지만, 아직 〔한 번도〕 내가 올자(兀者)임을 알지 못하였다. 지금 자네는 나와 함께 형해(形骸)의 밖(內=外)에서 교유하면서 자네는 나를 형해(形骸)의 안(外=內)에서 찾으니 정말(亦) 잘못되지 않았는가?"

자산이 삼가며(蹵然) 낯빛을 고치고 태도를 고쳐 말하였다. "자네는 이 이상(乃=仍) 말하지 말아주게나."

徒-무리 도. 嘉-아름다울 가. 兀-발뒤꿈치 벨 올. 昏-어두울 혼, 저녁 혼. 堂-집 당. 齊-가지런할 제. 說-기뻐할 열. 鑑-거울 감. 塵-티끌 진. 垢-때 구. 狀-형용할 상. 羿-궁술명인 이름 예. 彀-활 쏠 구, 활의 사정거리 구. 怫-발끈할 불. 蹵-삼갈 축.

• 固有執政焉如此哉 : 직역하자면 '원래부터(固) 집정이 있음이 이와 같은가?' 정도

이다. '원래부디 이와 같이 집정이 있었단 말인가?'의 의미이다.
• 今子之所取大者, 先生也 : 직역하자면 '지금 자네가 큰 것을 취하고자 하는 곳은 선생님이다' 정도이다. 저자의 번역에 따라 '지금 자네가 큰 도(大)를 배우겠다(取)는 사람은 선생님이다'로 번역하였다.
• 自狀其過 : '스스로 그 잘못을 (무죄라고) 형용하다'. 즉, '스스로 자신의 잘못을 변명하다'.

첫머리에서 발 잘리는 형벌을 받은 전과자 왕태(王駘)를 장자적 절대자로 꾸며놓고 공자의 입을 빌어 그 덕(德)을 찬미하면서 당대의 성현을 야유하고 희롱한 장자는, 이번에는 정(鄭)나라의 명재상 자산(子産)을 무대 위에 올려놓고 그 재필(才筆)로 희롱하면서, 역시 발 잘리는 형벌을 받은 전과자인 신도가(申徒嘉) 앞에 평신저두(平身低頭)하게 만든다.

자산은 기원전 522년, 공자보다 약 50년 앞서 세상을 떠난 춘추시대 정나라의 철인 정치가(哲人政治家)이다. 공자도 젊은 시절에는 그와 교섭이 있었다고 하며(《사기》〈정세가鄭世家〉), 《논어》에도 그의 인격이나 정치적 수완을 칭찬한 공자의 말이 몇 군데 보인다.[75] 그가 백혼무인(伯昏無人)을 스

75 대표적으로 다음 내용들을 들 수 있다.
·《論語》〈公冶長〉5-15 "공자께서 자산을 평하셨다. '군자의 도 네 가지가 있었으니, 몸가짐이 공손하고, 윗사람 섬김이 공경스러웠으며, 백성을 기름이 은혜로웠고, 백성을 부림이 의로웠다'〔子謂子産 : 「有君子之道四焉 : 其行己也, 恭; 其事上也, 敬; 其養民也, 惠; 其使民也, 義」〕."
·《論語》〈憲問〉14-9 "공자께서 말씀하셨다. '정나라에서 외교문서(外交文書)를 만들 때에 비침(裨諶)이 초안을 작성하고 세숙(世叔)이 검토하여 따지고 행인(行人)인 자우(子羽)가 수식(修飾)을 하고 동리(東里)의 자산(子産)이 윤색(潤色)을 하였다'〔子曰 : 「爲命, 裨諶草創之; 世叔討論之; 行人子羽修飾之; 東里子産潤色之」〕."
·《論語》〈憲問〉14-10 "혹자가 자산의 인품을 묻자, 공자께서 말씀하셨다. '은혜로운 사람이다'〔或問子産, 子曰 : 「惠人也」〕."

승으로 모셨다든지 신도가와 학우였다는 것들이 역사적 사실이 아닌 것은, 공자가 올자인 왕태와 본래 아무런 관계도 없었던 것과 마찬가지일 것이다. 백혼무인 역시 아마도 우화적 인물일 것이다. 덧붙이자면 백혼무인은 열자(列子)의 스승으로 이 책의 〈전자방편〉(외편)과 〈열어구편〉(잡편)에도 그 문답이 보인다.[76]

일찍이 신도가라는 올자(형벌로 발을 잘린 전과자)가 있었다. 그는 정나라의 자산과 함께 백혼무인이라는 사람을 스승으로 모시고 배우고 있었다. 그러나 당시 정나라에서 집정자의 위치에 있던 자산은 전과자에다 외발이인 신도가 같은 사람과 남들이 보는 앞에서 동석하는 것이 부끄러워 그에게 이렇게 말했다.

– 내가 먼저 나가면 자네는 나오지 말고 있어 주게. 만약 자네가 먼저 나가면 나는 남아 있겠네.

그런데 그 다음날 변함없이 외발이가 자산과 함께 있게 되었고, 천연덕스럽게 자산의 옆자리에 앉았다. 자산은 어이가 없어서 다시 한 번 반복하였다.

– 내가 먼저 나가면 자네는 나오지 말고 있어 주게. 만약 자네가 먼저 나가면 나는 남아 있겠네. 지금 내가 이곳을 나가려는데, 자네는 뒤에 남아 주겠나, 어쩌겠나? 게다가 대관절 자네는 너무 뻔뻔스럽네. 일국의 집정자를 보고서도 거리낌이 없다니. 아니면 자네는 자신을 집정자와 동일한 위치의 사람이라고 생각하기라도 하는 겐가?

그러자 신도가가 대답하였다.

---

76 본서 〈응제왕편〉7-5 이하의 설화에는 열자의 스승으로 백혼무인이 아니라 호자(壺子)라는 인물이 나온다. 호자는 호구자림(壺丘子林)을 일컫는다.

– 애당초 선생님의 문하에서 집정자 따위의 세간적 지위가 그렇게 문제 되었던가? 자네는 자신이 집정자라는 사실을 뽐내며 사람을 사람으로 생각하지도 않지만, 이런 말이 있다네. "거울이 흐리지 않으면 티끌이 붙지 않고, 티끌이 붙으면 거울은 흐리다. 오랫동안 현자(賢者)와 함께 처하면 잘못을 범하는 일이 없다." 지금 자네가 스승으로 모시고서 인격의 향상을 기하고 있는 분은 선생님이네. 그럼에도 불구하고 이런 말을 입에 담다니 지나친 잘못이 아니겠는가?

자산도 지고 있지는 않았다.

– 뭐라고 했나? 병신 주제에. 그 꼴을 하고서 요(堯)임금 같은 큰 성인과 덕을 다투기라도 하겠다는 심산일지 모르겠지만, 스스로 자신의 덕을 헤아려보고서 자신의 비참함을 깨달을 정도의 반성도 못하는가?

– 대개 세상에는 자기가 나쁜 짓을 해 놓고 발 잘리는 형벌에 처해지면, 그것은 부당하다며 애써 변명하는 자들은 많다. 그렇지만 나처럼 나쁜 짓을 한 이상은 발을 잘리는 것도 당연하다며 변명도 하지 않는 사람은 그리 **흔히** 있지 않을 것이다. 이렇게 되는 것도 운명이다. 인간의 힘으로는 어떻게 할 수 없음을 깨달아 그 운명을 편안히 여겨 따르는 태도, 그것은 유덕자(有德者)만이 가능한 것이다. 좀 더 예를 들어 설명해 보겠네.

예(羿)라는 사람은 옛날의 명궁이다. 이 예(羿)의 화살이 미치는 범위에 노닐면서, 게다가 그 한가운데에 있다면, 화살에 맞지 않는 경우는 만에 하나도 없을 것이다. 그럼에도 불구하고 그의 화살에 맞지 않는 사람이 있다면, 그것은 완전한 우연(운명)이라는 것이다. 현실을 살아가는 사람의 삶도 비유하자면 예(羿)의 구중(彀中)(화살이 미치는 범위 이내)에서 노닐고 있는 것과 같은 것이 아니겠는가? 자신이 운 좋게도 발 잘리는 형벌을 면했다고 해서 발 잘린 사람을 비웃는 자가 많다. 나는 그것을 보면 **울컥하게** 된다. 그리고 울컥해진 그 분노를 다 억누르지 못하게 되면 선생님이 계신 곳으로 간다. 그러나 선생님의 얼굴을 뵈면 그 분노도 **싹** 잊고서 돌아온다. 아마도 선생님은 그 덕으로 내 마음의 때를 씻어주시나 보다. 그렇다고 하더라도 나는 선생님 문하에서 배우고부터 이제 19년이 되지만, 이 19년 동안 나는 선생님과 함께 있으면서 자신이 외발이라는 사실을 한 번도 의식한 적이 없다. 지금 자네와 나는 형해를 초월한 세계에서 서로 교유하고 있는 것일 터이다. 그럼에도 불구하고 자네가 형해에 얽매인 입장에서 나를 보려고 하는 것은 너무도 잘못되지 않았는가?

자산은 신도가의 이 말에 꼼짝 못하게 되어 **풀이 죽었다. 풀어 죽어** 지금까지의 오만한 태도와 얼굴빛을 급히 바꾸어

– 내가 잘못했네. 이제 아무 말도 말아 주게나.

하고 신도가에게 평신저두(平身低頭)하였다.

이 설화에서 자산이 세속적 가치(귀貴과 영榮)의 상징으로 묘사되어 있고, 신도가가 세속적 무가치(천賤과 욕辱)의 상징으로 묘사되어 있다는 것은 두말할 필요도 없을 것이다. 장자는 이 두 사람을 초월자인 백혼무인 앞에 세워놓고, 진정으로 덕이 충만한 자는 귀·천을 둘 다 잊고 미·추를 모두 품고서 만물을 그 품속에서 노닐게 한다는 사실을 밝힌다. 「나는 발끈 노하지만, 선생님이 계신 곳에 가면 싹 잊고 돌아온다〔我怫然而怒, 而適先生之所, 則廢然而反〕」라고 하고 「나는 선생님과 교유한 지 19년이지만, 아직 한 번도 내가 올자임을 알지 못하였다〔吾與夫子遊十九年矣, 而未嘗知吾兀者也〕」라고 하는 부분에서는, 간결한 표현 속에 해탈자의 면목이 생동감 있게 묘사되어 있다. 장자의 초월자는 세상의 모든 상처 입은 자, 학대받는 자, 추한 자, 천한 자들의 구원과 해방의 '복음(福音)'(이것은 진晉의 곽상이 장자의 사상을 비평하여 썼던 말이다)이기도 한 것이다.

본문의 자산의 말 가운데 「君可以止乎, 其未邪」의 「其未邪」는 其未可以止邪가 축약된 형태이다. 여기에서는 앞의 의문문에 붙어 재차 다짐을 받는 뉘앙스를 나타낸다. 「子而說子之執政而後人者也」의 「說(열)」은 悅(열)과 같다. 그 앞의 「而」는 **바로**라는 뜻이다. 마지막 부분의 신도가의 말 가운데 「不知先生之洗我以善邪」는 난해한 구절이다. 다른 판본(북송北宋 장군방본張君房本)에는 이 뒤에 「吾之自寤邪」 5자가 있었다고 한다. 이것을 보충하면 「선생님께서 내 마음을 그 덕으로 씻어 주었는가, 내 스스로 도리를 깨달았는가, 그것도 알 수가 없다」[77]라는 의미가 되어, 문의가 꽤 명료해진다. 진(晉)의 곽상(郭象)이 주해한 판본에도 이 5자가 있었던 듯하다. 「今子與我遊於形骸之內, 而子索我於形骸之外」는 이미 선인(청淸 왕무횡王懋竑)도 논했듯이 「形骸의 外에서 교유하면서……形骸의 內에서 찾으니」로, 즉 內와 外를 바꾸어 넣고 해석해야 할 것이다. 〈대종사편〉6-20에 도(道)의 체득자를 「형해를 소홀히(外) 하는 자」라든지, 또 「이 세상 밖〔方之外〕」 「이 세상 안〔方之內〕」이라는 어법이 있는 것 등을 참조할 수 있다. 마지막의 「蹵然(축연)」은 장자가 누차 사용하는 형용어 가운데 하나인데, 두려워 삼가는 모습, 혹은 마음이 안정되지 않은 모습을 표현하는 말이다. 「子無乃稱」의 「乃」는 仍(잉)과 같으며, **이 이상, 더**의 뜻이다.

---

77 직역하자면 '모르겠다, 선생님께서 선으로 나를 씻어주었는지, 내가 스스로 깨우쳤는지' 정도이다.

5-4

魯有兀者叔山無趾, 踵見仲尼. 仲尼曰 :「子不謹前, 旣犯患若是矣. 雖今來, 何及矣!」 無趾曰 :「吾唯不知務, 而輕用吾身, 吾是以亡足. 今吾來也, 猶有尊足者存, 吾是以務全之也. 夫天無不覆, 地無不載, 吾以夫子爲天地, 安知夫子之猶若是也!」 孔子曰 :「丘則陋矣. 夫子胡不入乎, 請講以所聞!」 無趾出. 孔子曰 :「弟子勉之! 夫無趾兀者也, 猶務學以復補前行之惡, 而況全德之人乎!」 無趾語老聃曰 :「孔丘之於至人, 其未邪? 彼何賓賓以學子爲? 彼且蘄以諔詭幻怪之名聞, 不知至人之以是爲已桎梏邪?」 老聃曰 :「胡不直使彼以死生爲一條, 以可不可爲一貫者, 解其桎梏, 其可乎?」 無趾曰 :「天刑之, 安可解!」

노(魯)나라에 올자(兀者)인 숙산무지(叔山無趾)라는 사람이 있었는데, 중니를 찾아가(踵) 뵈었다(見).

중니가 말하였다. "그대는 이전의 행위를 삼가지 않아 이미 죄(患)를 범하여 이와 같이 되었소. 비록 지금 온다한들 어찌 미칠 수가 있겠소?"

무지가 말하였다. "나는 다만 힘써야 할 것을 알지 못하여 내 몸을 가벼이 썼습니다. 나는 이 때문에 발을 잃었습니다. 지금 내가 온 것은 아직 발보다 중요한 것이 남아 있어서입니다. 나는 이 때문에 그것을 온전히 하려고 애씁니다. 하늘은 덮어주지 않는 것이 없고 땅은 실어주지 않는 것이 없습니다. 나는 선생님을 천지(天地)로 여겼습니다. 어찌 선생님이 오히려 이와 같을 줄 알았겠습니까?"

공자가 말하였다. "제 생각이 좁았습니다. 선생님께서는 들어오십시오. 청컨대 내 들은 바를 말씀드리겠습니다."

무지가 나가버렸다.

공자가 말하였다. "제자들아 힘쓸지어다. 저 무지는 올자(兀者)인데도 오히려 배움에 힘써 이전 행실의 악함을 보상(復補)하려고 하는데, 하물며 온전한 덕(全德)을 지닌 사람이겠는가?"
무지가 노담(老聃)에게 말하였다. "공구(孔丘)는 지인(至人)에게는 아직 멀었겠지요? 그는 어째서 공손히(賓賓) 그대에게 배우려는 걸까요? 그는 또 거짓되고(諔詭) 헛된(幻怪) 명성으로 소문나기를 바라지만, 지인(至人)은 그것을 자신의 질곡(桎梏)으로 여긴다는 것을 알지 못하겠지요?"
노담이 말하였다. "어찌하여 다만(直) 그의 사생(死生)을 하나의 이치로 여기고 가불가(可不可)를 일관된 것으로 여기는 자에게 그 질곡을 풀어주도록 하지 않으십니까, 그것은 되겠지요?"
무지가 말하였다. "하늘이 벌하였으니 어찌 풀 수 있겠습니까?"

叔-아재비 숙. 趾-발가락 지. 踵-발꿈치 종, 이를 종. 陋-좁을 루. 蘄-바랄 기. 諔-속일 숙. 詭-속일 궤. 幻-허깨비 환. 怪-괴이할 괴. 桎-차꼬 질. 梏-수갑 곡.

- 저자는 子不謹前의 前을 '이전의 행위'로 풀었다. '이전에 삼가지 않고 행위를 했었다'는 의미이다.
- 夫子胡不入乎 : '선생님은 어찌 들어오지 않으십니까?'로 직역된다.
- 저자는 無趾出을 무지가 이야기 듣는 것 자체를 거절하고 '나가버렸다'고 보았다. 번역은 이에 따랐다. 이야기를 다 듣고 '나갔다'는 해석도 있다.
- 復補(부보)는 '보완하다', '때우다'의 의미이다.
- 彼何賓賓以學子爲 : '그는 어째서 공손히 그대에게 배우는 것을 할까요?'로 직역된다. 저자는 賓賓을 '공손한 모양'으로 풀었다.
- 胡不直使彼以死生爲一條, 以可不可爲一貫者…… : 저자는 彼를 만물제동 이치를 깨달은 자로 보았다. 한편, 한문에서는 시제가 나타나지 않지만 여기에서 '胡不'을 과거로 해석하여 '어찌……하지 않았는가?'라고 풀면 힐책하는 문장이 되고, '어찌……하지 않습니까?'라고 풀면 권유하는 문장이 된다. 아래 저자 설명을 참조해보면 저자는 후자로 풀었음을 알 수 있다. 따라서 이 문장은 '사생을 하나의 이치로 여기고 가불가를 일관된 것으로 여기는 그(彼)에게 다만(直)……하시지 그러십니까?'라는 의미이다. 본문 번역은 저자의 번역에 따라 직역에 가깝게 해놓은 것이다.

세 번째 설화.

주인공은 앞 설화의 주인공들과 마찬가지로 형벌로 발가락을 잘린 전과자, 노(魯)나라의 숙산무지(叔山無趾)라는 사람이다(無趾는 발가락이 없는 사람이라는 뜻이다). 공자와 노자가 조연으로 등장한다. 여기에서는 공자의 학문 문화주의, 예교적 규범주의가 인간의 진실을 허영과 위선으로 왜곡시키고, 인간의 풍성한 내면성을 밖에서 속박하는 질곡(桎梏)(수갑과 차꼬)이라며 통렬히 깎아내리고 있다. 마지막에 무지가 공자를 비평한 「하늘이 벌하였다〔天刑之〕」라는 말은, 〈인간세편〉 끝에서도 언급했듯이 오히려 모든 이상주의자들의 숙명적인 비극성에 대한 장자의 연민과 통곡에 찬 **푸념**으로 볼 수 있을 것이다.

숙산무지는 노나라 사람으로, 발 잘리는 형벌을 받은 전과자이다. 그러한 그가 어느날 부자유한 발을 질질 끌고서 공자의 집 문 앞에 이르렀다(踵은 至와 같다. '이르다'라는 뜻이다).

공자–그대는 이전에 몸가짐을 삼가지 않아 결국 죄를 범하여 이 **몰골**이 되었소. 이제 새삼 나에게 찾아와도 때가 늦었소이다.

무지–나는 다만 세상일에 힘써야함을 알지 못한 탓에 경솔히 처신하여 이처럼 발을 잘리고 말았습니다. 그러나 지금 이렇게 찾아온 것은 발보다도 중요한 것이 아직 남아 있다고 생각하기 때문입니다. 나는 발보다 중요한 그것을 잃지 않으려고 애쓰고 있는 것입니다. 하늘은 일체만물을 널리 덮어주고 땅은 일체만물을 모두 실어서 길러줍니다. 나는 선생님이 이 천지처럼 광대한 덕을 지닌 분이라고만 생각하고 있었습니다. 이처럼 **좀스런** 소견을 지닌 사람이라니, 정말 의외입니다.

무지가 이렇게 힐책하자 공자는 부끄러워하며 급히 말투를 바꾸어 정중히 답하였다.

– 과연 그렇습니다. 제 생각이 좁았습니다. 자, 안으로 들어오십시오. 지금부터 내가 공부한 것을 말씀드리겠습니다.

그러나 무지는 거절하고 공자의 집을 떠났다. 그 뒷모습을 바라보며 공자는 제자들을 돌아보고 말하였다.

– 노력해야 한다. 저 무지는 외발이 전과자이다. 저 불구자조차 저렇게 학문에 힘써 과거의 허물을 보상하려 하고 있다. 하물며 너희들처럼 온몸이 멀쩡한 사람은 더욱 그러해야 할 것이다.

「丘則陋矣, 夫子胡不入乎」는 '丘則陋矣夫, 子胡不入乎'로 구두를 끊는 설도 있지만, 무지에게 역습당하여 공자가 급히 말투를 정중히 바꾸어 무지를 「夫子」로 부른 것으로 보는 쪽이 바람직하다.

「저 무지는 올자인데도 오히려 배움에 힘써 이전 행실의 악함을 보상하려고 하는데, 하물며 온전한 덕을 지닌 사람이겠는가〔夫無趾兀者也, 猶務學以復補前行之惡, 而況全德之人乎〕」–무지의 형해(形骸)를 초월한 세계에 대한 동경을 공자의 입을 빌어 **배움에 힘쓴다**고 말하고 제자들의 온몸이 멀쩡한 외형적 완전함을 공자의 입을 빌어 **덕이 온전한** 사람이라고 말하는 것에서, 유가의 학문주의(주지주의主知主義)와 형식주의(예모주의禮貌主義)에 대한 장자의 야유와 풍자에 찬 필치를 엿볼 수 있을 것이다.

한편, 거절하고 공자의 집을 떠난 무지는 다시금 **절뚝절뚝** 다리를 절며 이번에는 노담(老聃) 집의 문을 두드렸다. 그리고는 이렇게 말하였다.

– 저 공구(孔丘)라는 사람은 아직 진정한 절대자와는 몹시 거리가 먼 속물이더군요. 그 사람은 무슨 생각으로 공손히 그대에게 배움을 구걸하고 그러는 걸까요? 자신이 박학하다는 얼토당토않은 세간의 평판을 바라고 있는 걸까요? 그러한 속물에게는 세간의 평판 따위가 절대자에게는 자기의 자유로운 삶을 속박하는 수갑과 차꼬일 뿐이라는 사실이 이해되지 않겠

지요?

노담–완전히 어쩔 도리가 없는 사람이군요. 그러한 사람은 만물제동의 철리(哲理)를 체득한 사람(사생의 변화를 일여一如로 관조하고 가불가의 가치적 대립을 일체一體로 간주하는 사람)에게 그 속박을 풀어주도록 하는 것 이외에는 깨닫게 하는 방법이 없을 것입니다.

무지–그 사람은 글렀습니다. 그의 세속성(世俗性)은 숙명적인 것입니다. 인력 따위로는 어떻게 하는 것도 불가능합니다.

무지와 노담의 문답 가운데 「어째서 공손히 그대에게 배우려는 걸까요〔何賓賓以學子爲〕」라는 무지의 말은, 장자 당시 일반에게 알려져 있던 「공자가 노담에게 예(禮)에 대하여 물었다」라는 이야기에 근거하여 쓴 것인 듯하다. 공자가 노담에게 예에 대하여 물었다는 이야기는 진한(秦漢)의 문헌 각처에 보이며,[78] 사마천(司馬遷)이 지은 공자의 전기(《사기》〈공자세가〉)에서도 이것을 채록하였다.[79] 「사생을 하나의 이치로 여기고 가불가를 일관된 것으로 여긴다〔以死生爲一條, 以可不可爲一貫〕」라는 것은, 두말할 것도 없이 〈제물론편〉의 사상이다. 이는 모든 차별과 대립을 그 근원에서 초극하는 만물제동의 입장에 선다면, 세간적인 가치 지움, 세속의 훼예포폄(毁譽褒貶) 따위는 문제시되지 않는다는 의미이다. 「지인은 명(名)을 자

78 대표적인 것으로 《禮記》〈曾子問〉을 꼽을 수 있다. 이곳에는 禮에 관해 질문하는 제자에게 "나는 노담에게서 들었는데〔吾聞諸老聃曰〕"라며 답하는 공자의 대답이 여럿 보인다. 하나를 예로 들어 보겠다. "曾子問曰 : 「下殤 : 土周葬于園, 遂輿機而往, 途多邇故也. 今墓遠, 則其葬也如之何?」 孔子曰 : 「**吾聞諸老聃曰** : 昔者史佚有子而死, 下殤也. 墓遠, 召公謂之曰 : 『何以不棺斂於宮中?』 史佚曰 : 『吾敢乎哉?』召公言於周公, 周公曰 : 『豈不可?』 史佚行之. 下殤用棺衣棺, 自史佚始也.」"

79 新校本《史記》孔子世家, 1909면. "魯南宮敬叔言魯君曰 : 「請與孔子適周.」 魯君與之一乘車, 兩馬, 一豎子俱. 適周問禮, 蓋見老子云."

신의 질곡으로 여긴다」라는 것은, 〈소요유편〉1-9의 「聖人無名(성인무명)」을 설명한 것이다. 즉 〈덕충부편〉[80]의 이 글은 무지와 노담의 문답을 빌어 〈소요유편〉의 사상을 설화화한 것이라 할 수 있다.

80 덕충부편 : 원문에 '人間世篇'으로 되어 있다. 명백한 오류이므로 고쳤다.

5-5

魯哀公問於仲尼曰：「衛有惡人焉，曰哀駘它．丈夫與之處者，思而不能去也，婦人見之，請於父母曰『與爲人妻，寧爲夫子妾』者，十數而未止也．未嘗有聞其唱者也，常和人而已矣．無君人之位以濟乎人之死，無聚祿以望人之腹，又以惡駭天下．和而不唱，知不出乎四域，且而雌雄合乎前．是必有異乎人者也．寡人召而觀之，果以惡駭天下．與寡人處，不至以月數，而寡人有意乎其爲人也；不至乎期年，而寡人信之．國無宰，寡人傳國焉，悶然而後應，氾而若辭．寡人醜乎卒授之國，無幾何也，去寡人而行．寡人卹焉若有亡也，若無與樂是國也．是何人者也?」

노(魯)나라 애공(哀公)이 중니(仲尼)에게 물었다. "위(衛)나라에 추남(惡人)이 있는데 애태타(哀駘它)라고 하오. 남자들 가운데 그와 함께 지낸 자는 사모하여 떠나지 못하며, 여자들 가운데 그를 보고서 부모에게 청하여 '다른 사람의 처가 되느니 차라리 선생님의 첩이 되겠다'고 하는 자가 열 몇에서 그치지 않소. 아직 한 번도 그가 주창하는 것을 들어본 적이 없고, 늘 남에게 화답할 뿐이었소. 사람들을 죽음에서 구제할 수 있는 군주의 지위도 없고, 사람들의 배를 채울(望) 수 있는 모아놓은 녹봉도 없소. 게다가 추함은 천하를 놀라게 할 정도요. 화답하기만 하고 주창하지 않고, 지식은 국경(四域)을 벗어나지 않소. 게다가 자웅(雌雄)이 눈앞에서 교합하오. 이는 필시 남들(人)보다 훌륭함(異)이 있어서일 것이오. 과인이 불러 살펴보니 과연 추함이 천하를 놀라게 할 정도였소. 과인과 함께 있은 지 몇 달이 되지 않아 과인은 그의 사람됨에 마음이 끌렸고, 1년(期年)이 되지 않아 과인은 그를 믿게 되었소. 나라에 재상이 없어 과인이 나라를 전해주〔려 하〕니, 멍하니(悶然) 있다가 응답을 하더니, 무심히(氾=氾然) 사양하는 것 같았소. 과인은 부끄러워하며(醜乎) 마침내 그(之)에게 나라를 맡겼으나, 얼마 안 되어 과인을 버리고 떠났소. 과인은 슬퍼(卹焉) 〔무언가〕 잃어버린 듯하고, 이 나라를 함께 즐길 자가 없는 듯하오. 이 사람은 어떠한 사람일까요?"

駘－둔마 태, 추할 태. 它－낙타 타. 駭－놀랄 해. 召－부를 소. 宰－재상 재. 氾－떠다닐 범. 卹－슬플 술.

- 與爲人妻, 寧爲夫子妾 : 與A寧B는 'A 하느니 차라리 B 하겠다'라는 의미이다.
- 無聚祿以望人之腹 : '모아놓은 녹봉으로 사람들의 배를 채움이 없다'. 여기서 望은 '가득 채우다'라는 의미이다. '가득 찬 달', 즉 보름달을 望이라고 한다.
- 不至以月數 : '달(月)로(以) 세는(數) 것에 이르지 않다(不至)'로 직역된다. '달로 세는 것'의 해석에 따라 '1개월에 미치지 못했다'고 볼 수도 있고 '여러 달이 되지 않았다'고 볼 수도 있다. 저자는 후자로 보았다.
- 寡人有意乎其爲人也 : '과인은 그 사람됨에 뜻을 두게 되었다'. 즉, '과인은 그 사람됨에 마음이 끌렸다'.
- 傳國은 '나라를 전해주다'로 직역된다. 아래 저자 설명에서도 알 수 있듯이 '국정을 일임해버리다'의 의미이다.
- 無幾何 : '얼마(幾何)도 없이(無)'. '얼마 있지 않아'의 의미이다.

네 번째 설화.

주인공은 애태타(哀駘它)라는 천하에 둘도 없는 추남이다. 앞서 발 잘리는 형벌을 받은 전과자인 왕태(王駘)·신도가(申徒嘉)·숙산무지(叔山無趾)를 덕이 충만한 초월자로 꾸며놓고서 진정한 덕은 형해를 초월한 세계에서 노닌다는 것을 밝힌 장자는, 이번에는 몸은 멀쩡하지만 세상에 둘도 없는 추한 모습을 한 애태타라는 사람을 사랑받는 유도자(有道者)로 꾸며놓고서 노(魯)나라 애공(哀公)과 공자의 문답을 통해 그의 덕을 찬미한다. 여기에서 노나라 애공은 현실세계에서의 정치권력의 상징으로, 공자는 세속세계에서의 도덕가치의 상징으로 묘사되어 있다는 것은 두말할 것도 없을 것이다. 문답은 우선 애공이 공자에게 묻는 것으로 시작한다.

어느날 노나라 애공이 공자에게 다음과 같이 물었다.

위(衛)나라에 애태타라는 세상에 둘도 없는 추남이 있소만, 덕이 있다는 소문이 꽤나 자자하오. 그 훌륭한 인격은 모든 사람들의 경애(敬愛)의 대상이며, 남자들 가운데 그와 함께 지낸 자는 그 덕을 사모하여 그의 곁에서 떠나지 못하고, 여자들 가운에 그를 보고서 그 인품에 매혹되어 「다른 사람의 정실이 되느니 차라리 그분의 첩이라도 되고 싶다」고 부모에게 조르는 자가 열 몇 명을 넘는 모양이오. 그렇지만 애태타는 별달리 자신의 훌륭함을 과시하여 남들을 이끄는 것도 아니고 늘 남에게 장단을 맞춰주는 것뿐, 결코 남의 이목을 끌만한 일은 하지 않소이다. 또한 그에게는 백성에 대해 생사여탈(生死與奪)의 권력을 쥔 지배자의 지위가 있는 것도 아니고, 그렇다고 해서 백성들의 물질적 욕망을 만족시켜줄 정도의 풍부한 재력을 지니고 있는 것도 아니오. 게다가 그 얼굴로 말할 것 같으면 차마 눈뜨고 볼 수 없는 몰골이오. 남에게는 장단을 맞춰주고 어떠한 일도 앞장서서 하지 않기에 대단히 박식하기라도 한가 여겼더니, 그 지식은 기껏해야 나라 안의 사정을 알고 있을 정도로 견문이 좁았소이다. 요컨대 권력도 재력도 미모도 재지도 없는, 세간적으로는 아무 쓸모도 없는 사람인 것이오. 그런데 기이한 것은 그의 위대한 덕화력(德化力)이오. 그 덕화는 인간뿐 아니라 자연세계의 날짐승이나 들짐승에게까지 미쳐, 그 암컷과 수컷이 그 사람 앞에서는 태연히 즐거워하며 **짝짓기를 한다**고 하오. '이것은 필시 그가 세상 사람들과 다른 무언가를 지니고 있어서임에 틀림없다'고 생각한 나는, 어느날 시험 삼아 그를 불러 **유심히** 관찰해 보았소만, 역시 그의 얼굴은 천하에 둘도 없는 것이었소. 그 추함이란 모든 세상 사람들을 경악시킬 정도로 대단하오. 그렇지만 기이하게도 그와 함께 지낸 지 몇 달도 안 되어 나는 그의 사람됨에 뭐라 말할 수 없는 매력을 느끼기 시작했고, 1년도 안 되어 나는 온전히 그를 믿게 되었소. 그래서 때마침 노나라에 적당한 집정자가 없기에 나는 그에게 국정을 맡기려고 하였지만, 그는 생각 없이 응답을 하더니 이리저리 피하며 좀처럼 이야기에 응해주지 않았소. 나는 그의 무욕염담(無慾恬淡)함에 조금 부끄러워졌으나, 결국 큰마음 먹고 그에게 국정을 일임해 버렸소. 그런데 얼마 지나지 않아 그는 나를 버리고 어디론가 가버리고 만 것이오. 이후 나는 무언가 소중한 것을 잃은 듯 왠지 모르게 슬퍼져 마음이 안정되지 않고, 이제는 노나라의 부귀를 함께 즐길 상대도 그 사람 이외에는 찾을 수 없을 것만 같소. 그건 그렇고 이다지도 기이한 매력을 지닌 사람, 즉 애태타는 도대체 어떠한 사람일지요?

애공은 이렇게 말하고서 공자의 설명을 기다렸다.

본문의 「군주의 지위로 사람들의 죽음을 구함이 없다〔無君人之位以濟乎人之死〕」는 「사람들의 죽음을 구하는 군주의 지위가 없다」는 의미이다. 백성을 사지에서 구해줄 정도의 정치적인 힘을 지닌 지위에 있는 것도 아니라는 의미이다. 「모은 녹으로 사람들의 배를 채움이 없다〔無聚祿以望人之腹〕」도 같은 표현법이다. 「望」은 滿과 같은 뜻이다. 「지식이 국경을 벗어나지 않다〔知不出乎四域〕」는 지식의 범위가 국경을 넘지 않을 정도로 좁다는 것이다. 「자웅이 눈앞에서 교합한다〔雌雄合乎前〕」라는 것은, 그 사람 앞에서는 자연계의 동물이 놀라거나 두려워하지도 않고 짝짓기를 즐길 정도로 그의 인격이 위대한 친화력을 지녔다는 의미이다. 마지막의 「氾而若辭」는 앞의 「悶然而後應」과 대(對)를 맞추어 「氾然而若辭」가 되어야 할 것이다. 悶然은 뚜렷하지 않은 모양이며, 氾然은 마음에 집착이 없는 상태를 이른다.

5-6

仲尼曰 :「丘也嘗使於楚矣, 適見㹠子食於其死母者, 少焉眴若, 皆棄之而走. 不見己焉爾, 不得類焉爾. 所愛其母者, 非愛其形也, 愛使其形者也. 戰而死者, 其人之葬也, 不以翣資; 刖者之屨, 無爲愛之; 皆無其本矣. 爲天子之諸御, 不爪翦, 不穿耳; 取妻者, 止於外, 不得復使. 形全, 猶足以爲爾, 而況全德之人乎! 今哀駘它, 未言而信, 無功而親, 使人授己國, 唯恐其不受也, 是必才全而德不形者也.」

중니가 말하였다. "저는 일찍이 초(楚)나라에 사신을 갔었는데, 마침(適) 새끼돼지(㹠子)가 죽은 어미에게서 젖 빠는 것(食)을 보았습니다. 얼마 있다(少焉) 깜짝 놀라(眴若) 모두 그 어미(之)를 버리고 달아났습니다. 자기를 보아주지 않았기 때문일 뿐이며, 같을(類) 수가 없었기 때문일 뿐입니다. 그 어미를 사랑하는 것은 그 외형(形)을 사랑하는 것이 아니라, 그 외형을 부리는 것을 사랑하는 것입니다. 전장에서 죽은 자는 그 사람을 장례할 때에 삽(翣)으로 〔장식하여〕 보내지(資) 않고, 발 잘린 자는 신발을 아끼지 않으니, 모두 그 근본이 없기 때문입니다. 천자의 후궁(諸御)이 된 자는 귀밑머리(翦=鬋)를 깎지(爪=搔) 않고 귀를 뚫지 않으며, 아내를 맞은 사람은 밖에 머물게 하여 다시 숙직시키지(使=使入) 못합니다. 외형이 온전하여도 오히려 족히 이와 같은데, 하물며 덕(德)을 온전히 한 사람이겠습니까? 지금 애태타는 말하지 않아도 신뢰를 얻고, 공이 없어도 친애 받고, 남이 자기 나라를 주면서도 오직 그가 받지 않을까 염려하게 하니, 이 사람은 필시 재(才)가 온전하고 덕(德)이 드러나지 않는 자일 것입니다."

嘗–일찍이 상. 使–사신 갈 시. 㹠–돼지 돈(豚). 眴–눈 깜빡일 순. 爾–뿐 이. 類–같을 류. 翣–운삽(雲翣) 삽, 불삽(黻翣) 삽. 資–밑천 삼을 자, 보낼 자. 刖–발꿈치 벨 월. 屨–신 리.

• 刖者之屨, 無爲愛之 : '발 잘린 자의 신발은 그것을 사랑함을 함(爲)이 없다'로

직역된다.

- 諸御 : 御는 천자를 모시는 사람을 의미한다. 여기서는 '여러 후궁'으로 풀이된다.
- 猶足以爲爾 : '오히려(猶) 이로써(以) 이러함(爲爾)에 족하다(足)'로 직역된다.
- 使人授己國, 唯恐其不受也의 人과 己는 군주이고 其는 애태타이다.

공자는 애공의 질문에 직설적으로 답하는 대신 몇 가지 비유를 끌어와 설명을 시작하였다.

어느날 저는 초(楚)나라에 사신으로 갔습니다. 도중에 저는 새끼돼지가 죽은 어미돼지 몸에 달라붙어 젖을 빠는 광경을 보게 되었습니다. 잠시 보고 있자니 새끼들은 깜짝 놀라 어미를 버린 채 앞 다투어 달아났습니다. 그것은 무엇 때문이겠습니까? 그것은 어미가 더 이상 살아 있을 때처럼 새끼들을 따뜻한 눈길로 보지 않기 때문이며, 죽은 것과 산 것은 완전히 세계를 달리하기 때문입니다. 즉 새끼돼지가 어미돼지를 사랑하는 것은 그 외형을 사랑하는 것이 아니라, 그 외형을 지배하고 있는 것(어미로서의 본질)을 사랑하는 것입니다. 좀 더 예를 들어 설명해 보겠습니다.

전장에서 패사(敗死)한 사람은 그 장례식에서 전공(戰功)을 표창하는 삽(翣)이라는 장식물을 사용하지 않고, 또 발 잘리는 형벌을 받은 사람은 신발 따위는 소중히 여기지 않는 법입니다. 그 이유는 두말할 것도 없이 전자에게는 삽(翣)에 값하는 전공이 없고, 후자에게는 신발을 신을 만한 발이 없기 때문입니다. 즉 문제는 사물의 외형이 아니라 그 본질이며, 절대자란 외형을 초월한 이러한 본질을 문제 삼는 사람입니다.

그런데 또 천자의 후궁으로 뽑힌 여자는 그 아름다운 육체를 상하지 않게 하기 위해 귀밑머리를 깎거나 귀를 뚫어 귀고리를 하지 않고, 또 새로 아내를 맞은 자에게는 젊은 아내를 위해 관청 밖에서 숙박하는 것을 허가하고 숙직 등의 근무에는 부리지 않는다는 규정이 있습니다. 이처럼 젊고 아름다운 육체를 지닌 자들의 경우조차 그러한데, 하물며 내부에 덕이 충일한 사람이 주위 사람들로부터 아낌과 사랑을 받는 것은 당연할 것입니다.

우선 몇 가지 비유를 이야기한 공자는, 이제 애공이 바라는 대답으로 화제를 돌렸다.

이제 애태타라는 사람에 대해 말씀드리겠습니다. 그는 한마디 말도 하지 않는데도 사람들로부터 신뢰를 얻고, 이렇다 할 공이 없는데도 남들로부터 친애 받고, 일국의 군주가 그 소중한 국가를 맡기면서도 오히려 그가 사양할까 애태우게 합니다. 이는 필시 이 사람이 「재(才)가 온전한 자」(완전한 재지才智의 소유자)이며, 「덕(德)이 드러나지 않는 자」(내부에 충일한 덕을 형해 속 깊이 가득 채운 사람)이기 때문임에 틀림없습니다. 요컨대 애태타라는 사람을 한마디로 설명하자면, 그는 「재가 온전하고 덕이 드러나지 않는〔才全而德不形〕」 사람이라고 할 수 있을 것입니다. 공자는 애공의 질문에 이렇게 답하였다.

본문의 「㹠子(돈자)」의 「㹠」은 豚과 같다. 「眴若(순약)」은 眴然과 같으며, 눈을 깜짝이며 놀라는 모양이다. 「같을 수가 없다〔不得類〕」라는 것은, '카테고리(category)가 다르다' 내지는 '별개의 종류이다'라는 의미이다. 여기에서는 산 것과 죽은 것이 세계를 달리하는 것을 이른다. 「不爪翦(불조전)」은 '손톱을 깎지 않다'라고 푸는 것이 통설이지만, 여기에서는 마서륜(馬敍倫)의 고증(考證)을 좇아 「翦」은 鬋(전), 「爪」는 搔(조)와 같다고 풀어 '귀밑머리(鬋)를 깎지(搔) 않다'라는 뜻으로 해석하였다. 「爪翦」 내지는 「搔鬋」이라는 말은 《예기》와 《회남자》 등의 고전에 그 용례가 보인다. 「穿耳」는 귀에 구멍을 뚫어 귀고리를 하는 것이다. 오늘날의 귀고리와 같은 종류이다. 「取妻者, 止於外, 不得復使」의 「不得復使」의 해석에 대해서는 여러 설이 있지만, 진(晉) 최선(崔譔)의 판본에 「不得復使入」으로 되어 있는 것을 좇아, '관청에 다시 숙직시키지 않다'라는 뜻으로 풀어야 할 것이다. 《예기》(〈예운편禮運篇〉)에 「신혼인 자에게는 1년간 숙직근무를 면제한다」[81]라는 규정이 있는 것을 참조할 수 있다.

5-7

哀公曰 :「何謂才全?」 仲尼曰 :「死生存亡, 窮達貧富, 賢與不肖, 毁譽飢渴寒暑, 是事之變, 命之行也; 日夜相代乎前, 而知不能規乎其始者也. 故不足以滑和, 不可入於靈府. 使之和豫, 通而不失於兌, 使日夜無郤而與物爲春, 是接而生時乎心者也. 是之謂才全.」

애공이 말하였다. "무엇을 재(才)가 온전하다고 이르오?"
중니가 말하였다. "사생존망(死生存亡), 궁달빈부(窮達貧富), 현(賢)과 불초(不肖), 훼예(毁譽), 기갈(飢渴), 한서(寒暑)는 사(事)의 변(變)이며 명(命)의 행(行)입니다. 밤낮 없이 눈앞(前)에 잇달아(相) 갈마들지만(代) 지능으로는 그 근원을 헤아릴(規) 수 없습니다. 때문에 족히 평온함(和)을 어지럽히지(滑) 못하며 마음(靈府)에 침입하지 못합니다. 그것을 평온하고(和) 즐겁게(豫) 만들고 확 트여(通) 기쁨(兌=悅)을 잃지 않게 만들어, 밤낮 쉼 없이(無郤) 물(物)과 더불어 봄을 이루게 하니, 이는 〔만물과〕 접하여 마음속에 시간을 만들어내는 자입니다. 이를 일러 재(才)가 온전하다고 합니다."

毁-비방할 훼. 譽-칭찬할 예. 滑-흐릴 골, 어지러울 골. 豫-즐거울 예. 兌-빛날 태, 기뻐할 열(悅). 郤-틈 극.

• 知不能規乎其始者也의 規(규)는 '자'라는 의미이기 때문에, 동사로 쓰일 경우에는 '(자로) 재다', '헤아리다'의 의미이다.

---

81 《禮記》禮運. "三年之喪, 與新有昏者, 期不使."

공자가 애태타(哀駘它)를 비평하여 「재(才)가 온전하고 덕(德)이 드러나지 않는 사람」이라고 답하자, 애공은 다시금 물었다.

– 재가 온전하고 덕이 드러나지 않는 사람이라, 어려운 표현이구려. 좀 더 설명해 주겠소? 우선 재가 온전하다는 것은 무슨 뜻이오?

그러자 공자가 대답하였다.

– 인간의 상황은 천변만화하여 혹은 태어나고 혹은 죽고, 혹은 오래살고 혹은 죽어 없어지고, 역경(逆境)으로 운신도 못 하나 했더니 순경(順境)으로 영달하고, 궁핍함으로 몸부림치나 했더니 돈과 물질이 풍성하게 됩니다. 또 혹은 현명하고 혹은 어리석고, 혹은 세간에서 매도당하고 혹은 세상의 칭송을 받고, 굶주리나 했더니 목이 마르고, 추위에 떠나 했더니 더위에 괴로이 헐떡거리는 법입니다. 이러한 것은 모두 「사(事)의 변(變), 명(命)의 행(行)」(만상의 끊임없는 변화, 운명이 유전流轉하는 상相)인 것입니다. 그리고 한순간도 그치지 않는 일체만상의 변화, 운명이 유전하는 상(相)은 밤낮없이 우리들의 눈앞에 잇달아 갈마들며 나타나지만, 다함이 없기에 인간의 인식능력으로는 도저히 그 근본원인을 규명하는 것이 불가능합니다. 다만 절대자는 형상개념을 초월하여 유동변화(流動變化)하는 실재 그 자체와 한 몸이 되기 때문에 만상의 변화와 유전도 그 마음의 평온함(화和)을 어지럽히지 못하고, 그의 정신은 모든 변화와 유전의 상(相)을 드높이 밖으로 초월하기 때문에 그 변화와 유전 그 자체 속에서 조화와 환희를 발견하고, 어떠한 것에도 구애됨 없이 언제나 생의 유열(愉悅)로 충일하기 때문에 밤낮 그침 없이 생성유전(生成流轉)하는 일체만물과 함께 화창한 봄날 같은 조화를 즐기는 것입니다. 즉 일체만물과 접하면서 생성유전하는 시간의 세계 그 자체를 자기 마음속에 창조해 나가는 존재, 그러한 존재가 절대자인 것입니다. 그리고 이러한 절대자의 존재방식을 「재가 온전하다」(완전한 지혜)라고 이르는 것입니다.

본문의 「日夜相代乎前, 而知不能規乎其始者也」는 〈제물론편〉2-5의 「日夜相代乎前, 而莫知其所萌」과 같은 표현이다. 「靈府」는 마음이다. 「마음에 침입하지 못한다〔不可入於靈府〕」라는 것은, 마음을 어지럽히는 것이 불가능하다는 의미이다. 「그것을 평온하고 즐겁게 만든다〔使之和豫〕」의 「그것〔之〕」은 앞의 「死生存亡」부터 「飢渴寒暑」에 이르는 인간존재의 모든 변화유전을 받는 대명사로 보아야 할 것이다. 「郤」은 隙과 같다. 「물과 더불어 봄을 이룬다〔與物爲春〕」라는 구절은 절대자의 오달(悟達)의 경지를 나타내는 것으로 후세에도 종종 인용되었다.

5-8

「何爲德不形?」 曰 : 「平者, 水停之盛也. 其可以爲法也, 內保之而外不蕩也. 德者, 成和之脩也. 德不形者, 物不能離也.」

"무엇을 덕(德)이 드러나지 않는다고 이르오?"
중니가 말하였다. "평평한 것은 물이 정지한 것을 지극함(盛)으로 삼습니다(=정지한 물은 평평한 것의 지극함입니다). **그것이 본보기(法)가 될 수 있음은 안으로 보존하고 밖으로 출렁이지(蕩) 않기 때문입니다. 덕(德)은 완전한(成) 평정(和)의 닦음입니다**(=덕은 완전한 평정을 닦는 것입니다). **덕(德)이 드러나지 않는 자는, 사람들이 떠나가지 못합니다."**

形-형태 형, 드러날 형. 停-머무를 정, 정지할 정. 盛-성할 성. 蕩-움직일 탕.

"그렇다면 「덕이 드러나지 않음」이란 어떠한 것이오?"하고 애공이 또 물었다. 그러자 공자가 대답하였다.

– 평면을 이룬 모든 것 가운데 이상적인 평면은 정지한 물의 표면입니다. 이것은 모든 높낮이를 측정하는 기준으로 삼을 수 있습니다. 그 이유는

정지한 물이란 것은 속으로 가득 채워져 밖으로 어지러이 출렁이지 않기 때문입니다. 이와 마찬가지로 인간의 덕이란 것도 자신의 마음을 「성화(成和)」 즉 완전한 평정상태가 되도록 닦은 경지를 이르는 것이며, 「덕이 드러나지 않음」이란 곧 속에 가득한 이 정신의 평정과 안정을 이르는 것입니다. 그리고 덕이 드러나지 않는 사람, 즉 마음이 완전한 평정의 경지에 있는 사람은 마치 물이 모든 평면의 기준이 되는 것처럼 일체만물의 모범이 되기 때문에, 모든 사람들은 그의 덕을 사모하고 그의 곁을 떠날 수 없게 되는 것입니다.

「평평한 것은 물이 정지한 것을 지극함으로 삼는다」는 「정지한 물은 평평한 것의 지극함(盛)이다」를 도치한 표현이다. 정지한 물의 표면이 평면 가운데 가장 이상적인 평면이라는 의미이다. 「덕은 완전한 평정(成和)의 닦음이다」도 도치법인데, 일반적인 표현으로 바꾼다면 「덕은 완전한 평정을 닦는 것이다」가 된다. 「脩」는 修와 같다.

5-9

哀公異日以告閔子曰 : 「始也, 吾以南面而君天下, 執民之紀而憂其死, 吾自以爲至通矣. 今吾聞至人之言, 恐吾無其實, 輕用吾身而亡吾國. 吾與孔丘, 非君臣也, 德友而已矣.」

애공이 훗날(異日) 이 일을 민자(閔子)에게 일러주었다. "처음 나는 남면(南面)하여 천하에 군주 노릇하여 백성을 다스리는 법을 쥐고서 그들의 죽음을 염려하였는데, 내 스스로는 〔그것이〕 지극한(至) 도리(通)라 생각하였소. 지금 나는 지인(至人)에 관한 이야기를 듣고서는, 내가 그 실력(實)도 없이 가벼이(輕) 처신하여(用吾身) 내 나라를 망칠까 두려워졌소. 나와 공구(孔丘)는 군신(君臣)이 아니라 덕우(德友)일

뿐이오.”

閔–성 민. 執–잡을 집. 紀–벼리 기, 법 기. 憂–근심할 우.

• 哀公異日以告閔子曰 : ‘애공이 다른 날 이로써 민자에게 고하여 일렀다’로 직역된다. 以는 앞의 사건 전체를 받는다. ‘중니와 있었던 일로써’의 의미이다.
• 執民之紀 : 백성을 다스리는 법을 쥐다. 執은 ‘쥐다’, ‘집행하다’ 정도의 의미이다. 저자는 ‘백성의 정사(紀)를 행하다(執)’로 풀었다. 번역에서는 직역에 가깝도록 두었다.
• 至通 : 저자는 ‘지극한 도(道)’로 풀었다.

공자로부터 애태타(哀駘它)(장자적 절대자)의 위대한 재(才)와 덕(德)에 대한 가르침을 받은 애공은 훗날 공자의 제자인 민자건(閔子騫)을 만나 다음과 같이 술회하였다.

– 지금까지 나는 지배자로 천하에 군림하여 백성 통치의 대권을 쥐고서 그들을 죽음으로부터 구해내는 것이 최고의 도덕이라고 생각하였소. 그러나 지금 그대의 스승인 공자로부터 절대자에 대한 설명을 듣고서는, 내가 군주라는 것은 완전 이름뿐이고 어떠한 덕도 없으니, 이렇게 무가치한 사람인 내가 무언가를 훌륭하게 하려고 경솔히 행동한다면 결국은 나라를 망칠 뿐이라는 생각이 들어 두려워졌소이다. 그건 그렇고 내가 절대자의 위대함과 나 자신의 무력함에 눈 뜰 수 있었던 것은 온전히 공자의 덕이니, 나에게 있어 공자라는 존재는 단순한 군신관계 이상의 것, 즉 덕으로 교제하는 벗인 것이오.

민자건은 《논어》에서 안연(顔淵)과 나란히 그 덕을 칭찬하였고(〈선진편先進篇〉)[82], 공자도 「효성스럽다. 민자건이여!」[83]라고 그 성실함을 칭찬하였으며, 「저 사람이 말을 하지 않을지언정, 말을 하면 반드시 도리에 맞다」[84]라고 그 중후함에 감탄했던 공문(孔門)의 유덕자(有德者)이다. 이 민자건 앞에서 애공에게 공자를 덕우(德友)로 칭하게 하는 장자는, 두말할 것도 없이 세속적 권력에 대비되는 도덕적 가치의 우위를 강조하고 있는 것이다. 또한 그 공자에게 애태타의 위대함을 칭찬하게 하는 곳에서, 우리들은 공자적 도덕에 대한 장자의 대담한 야유와 도전을 엿볼 수 있을 것이다.

장자는 자기의 절대자를 공자에게 「재(才)가 온전하고 덕(德)이 드러나지 않는 자」라고 설명하게 한다. 자기의 절대자를 재가 온전하고 덕이 드러나지 않는 자라고 설명하게 하는 장자는, 은근히 공자적 유덕자를 「재가 온전하지 않고 덕이 드러나는 자」라고 하여 유가적 도덕주의의 형식성과 세속성을 비난하고 있는 것이다. 때문에 장자는 천하에 둘도 없는 추남 애태타를 장자적 절대자로 꾸며놓고 그 덕이 충만한 위대한 내면성을 칭찬하게 하면서, 외형에 얽매이고 세속적 가치에 연연해하는 유가적 예교주의를 통렬히 풍자한다. 그리고 천하에 둘도 없는 추남인 애태타를 장자적 절대자로 꾸며놓은 곳에서는 상적적인 미(美), 단순한 아름다움에 대한 장자의 반발과 반속정신을 엿볼 수 있는 것은 물론이거니와, 상식이 기괴함으로 여기는 것, 추하게 여기는 것 속에서 오히려 새로운 미를 창조해 내고자하는 그의 적극적인 의도 또한 간취할 수 있을 것이다. 근대의 회화는

---

82 《論語》〈先進〉11-2. "德行 : 顔淵·閔子騫·冉伯牛·仲弓."

83 《論語》〈先進〉11-4. "공자께서 말씀하셨다. '효성스럽다. 민자건이여! 사람들이 그 부모·형제의 〈칭찬하는〉 말에 트집 잡지 못하는구나!'〔子曰 : 「孝哉閔子騫! 人不間於其父母昆弟之言!」〕"

84 《論語》〈先進〉11-12. "노나라 사람이 장부라는 창고를 짓자, 민자건이 말하였다. '옛 일을 그대로 이용하는 것이 어떻겠는가? 하필 고쳐 지어야 하는가?' 공자께서 말씀하셨다. '저 사람이 말을 하지 않을지언정, 말을 하면 반드시 도리에 맞다'〔魯人爲長府. 閔子騫曰 : 「仍舊貫, 如之何? 何必改作?」 子曰 : 「夫人不言, 言必有中.」〕"

소박한 사실주의를 타파하여 시각적 원근법을 그로테스크하게 과장하거나 물체의 합리적 관계를 불합리하게 치환하는 가운데 사물의 숨겨진 본질을 표현하려고 한다. 그러한 새로운 미의 창조와 통하는 것을 우리들은 장자에게서도 찾아볼 수 있을 것이다. 장자도 초현실주의(surrealism)의 거장들과 마찬가지로 인간의 타성적 감각과 이지에 도전하고 평속(平俗)한 사실주의에 반역한다.

5-10

闉跂支離無脤說衛靈公, 靈公說之, 而視全人, 其脰肩肩. 甕㼜大癭說齊桓公, 桓公說之, 而視全人, 其脰肩肩. 故德有所長而形有所忘. 人不忘其所忘而忘其所不忘, 此謂誠忘. 故聖人有所遊, 而知爲孽, 約爲膠, 德爲接, 工爲商. 聖人不謀, 惡用知? 不斲, 惡用膠? 無喪, 惡用德? 不貨, 惡用商? 四者, 天鬻也, 天鬻者, 天食也. 旣受食於天, 又惡用人! 有人之形, 無人之情. 有人之形, 故群於人, 無人之情, 故是非不得於身. 眇乎小哉, 所以屬於人也! 謷乎大哉, 獨成其天!

인기지리무신(闉跂支離無脤)이 위(衛)나라 영공(靈公)에게 이야기 하였는데 영공이 기뻐하더니, 온전한 사람을 보면 그 목이 야위고 가늘게(肩肩) 여겨졌다. 옹앙대영(甕㼜大癭)이 제(齊)나라 환공(桓公)에게 이야기 하였는데 환공이 기뻐하더니, 온전한 사람을 보면 그 목이 야위고 가늘게(肩肩) 여겨졌다. 까닭에 덕(德)이 뛰어난 바가 있으면 외형은 잊는 바가 있다. 사람들은 그 잊어야 할 바를 잊지 않고 그 잊지 말아야 할 바를 잊으니, 이를 일러 진짜 망각(誠忘)이라 한다. 까닭에 성인은 노니는 바가 있다. 그리하여 지(知)를 움(孽)으로 여기고, 약(約)(규범)을 아교풀(膠)로 여기고, 덕(德)을 이어 붙이는 것(接)으로 여기고, 공(工=巧)(기교)을 장사(商)로 여긴다. 성인은 도모하지 않으니 지(知)를 어디에 쓰겠는가? 깎아내지 않으니 아교풀을 어디에 쓰겠는가? 잃음이 없으니 얻는 것(德=得)을 어디에 쓰겠는가? 팔지 않으니 장사를 어디에 쓰겠는가? 이 넷은 천육(天鬻)(하늘의 양육)이니, 천육은 하늘이 먹여주는 것이다. 이미 하늘에게 먹여줌을 받으니 또 인위(人)를 어디에 쓰겠는가? 사람(人)의 형체(形)를 지니고 있으나 사람의 정(情)은 없다. 사람의 형체를 지니고 있는 까닭에 사람들과 무리 짓지만, 사람의 정(情)이 없는 까닭에 시비(是非)를 몸에서 얻을 수 없다. 미미하게 작구나, 사람에게 속한 바여! 아득히 크구나, 홀로 그 하늘을 이룸이여!

闉-구부러질 인. 跂-육발이 기, 다리 기. 脤-입술 신. 說-말씀 설, 설득할 세. 脰-목두. 甕-독 옹. 盎-동이 앙. 癭-혹 영. 孽-서자 얼, 움 얼. 膠-아교 교. 商-헤아릴 상, 장사 상. 斲-깎을 착. 貨-재화 화, 팔 화. 鬻-팔 육, 기를 육. 食-먹일 사. 眇-작을 묘. 謷-클 오.

• 闉跂支離無脤 : 闉跂의 跂는 肢(지) 또는 기(企)라고 한다. 闉跂는 '굽은 다리', 혹은 '구부정한 발걸음'이라는 의미이다. 支離는 〈인간세편〉4-28에 보이는 支離疏의 支離이다. 無脤은 '입술이 없다'이므로 脤은 脣(순)이다. '인기지리무신'은 저자의 발음에 따랐다.

이상 왕태(王駘)·신도가(申徒嘉)·숙산무지(叔山無趾)·애태타(哀駘它) 등 네 명의 불구자를 각각 주인공으로 하는 네 가지 설화를 통해 덕이 충만한 초월자의 면모를 묘사한 장자는, 마지막으로 지상최대의 그로테스크(인기지리무신闉跂支離無脤과 옹앙대영甕盎大癭의 이야기)를 점묘하여 장자적 절대자가 요컨대 형해(形骸)를 초월한 세계, 세속적 편견을 버린 만물제동의 세계에서 자기본래의 자유를 소요하는 존재라는 결론을 내린다.

闉跂支離無脤(인기지리무신)은 절름발이(闉跂)에 꼽추(支離)에 언청이(無脤)라는 삼박자를 고루 갖춘, 진정 더할 나위 없는 불구자이다. 甕盎大癭(옹앙대영)은 목에 항아리(甕盎) 같은 커다란 혹(大癭)이 있는 불구자라는 의미이다. 이 **절름발이**에 **꼽추**에 **언청이**인 인기지리무신이라는 위대한 불구자가 어느날 위(衛)나라 영공(靈公)에게 도에 대해 이야기 하였는데, 영공은 그의 인품에 몹시 매혹되어 그 이후로 그를 보았던 눈으로 온몸이 멀쩡한 세상 사람들을 보면 비뚤지도 부풀지도 않은 그들의 목덜미가 오히려 야위고 가늘어 추한 것으로 보이기 시작했다. 또 옹앙대영은 제(齊)나라 환공(桓公)에게 도에 대해 이야기 하였는데, 그의 말을 들은 환공은 그의 인품에 아주 매료되어 그 이후로 온몸이 멀쩡한 세상 사람들을 보면 그

미끈하게 뻗은 목덜미가 오히려 그로테스크하게 보이기 시작했다.

장자는 이 두 이야기(아마도 그가 지어낸 엉터리 이야기일 것이다)를 끌어들여 다음과 같이 이 〈덕충부편〉의 결론을 내린다.

– 까닭에 이상 언급했던 덕이 충만한 몇몇 위대한 불구자들의 이야기를 통해서도 확실해졌듯이, 자기 내면에 훌륭한 덕을 갖추고 있는 사람은 형체의 미추(美醜)·완불완(完不完) 따위는 잊어버리는 법이다. 그런데도 세속의 사람들은 「그 잊어야 할 바를 잊지 않고 그 잊지 말아야 할 바를 잊는다〔不忘其所忘而忘其所不忘〕」–초월자가 잊어버리는 형해의 세계에 집착하고, 초월자가 마음에 새기는 형체(形)보다 귀한 것, 즉 내면의 덕에 대해서는 생각해 보려고도 하지 않는다. 이것을 진짜 망각(구제할 수 없는 자기 망실自己忘失)이라고 이르는 것이다. 때문에 성인은 형해를 잊은 만물제동의 세계에서 잊어버리지 않은 자기의 자유를 소요한다. 그는 자기 내면의 얽매임 없는 자유의 삶을 살아가기 때문에, 모든 편견의 근원인 지적 분별을 「움(孽)」(생명의 잉여분비)으로 여기고, 인간의 건강한 생명을 속박하는 세속적 규범을 「아교풀(膠)」(작위적 강제)로 여기고, 상식적인 도덕 가치를 「이어 붙이는 것(接)」(타협적인 허식)으로 여기고, 모든 기예기교를 「장사(商)」(자기를 세상에 파는 수단)로 여긴다. 왜냐하면 성인은 「도모하지 않기」 때문에, 즉 모든 것을 자연의 추이에 내맡기고서 사려(思慮)하지 않기 때문에 지(知)를 쓸 필요가 없고, 「깎아내지 않기」 때문에, 즉 본래 존재 그대로의 자기로 살아가고 인위적 조탁을 가하지 않기 때문에 외부로부터 무언가를 붙일 필요가 없으며, 「잃지 않기」 때문에, 즉 본래의 자기를 상실하지 않기 때문에 후차적인 도덕 가치를 지닐 필요가 없고, 「팔지 않기」 때문에, 즉 자기를 세간의 매물(賣物)로 삼지 않기 때문에 기예기교로 자기를 상품화할 필요가 없는 것이다. 그런데 「도모하지 않음〔不謀〕」「깎아내지 않음〔不斲〕」「잃지 않음〔無喪〕」「팔지 않음〔不貨〕」, 이 넷을 「천육(天鬻)」 즉 '하

늘의 양육'이라고 이른다. 하늘의 양육이란, 천(天) 즉 절대세계로부터 얻은 생명의 양식이란 의미이다. 이미 생명의 양식을 절대세계로부터 얻어 만족스런 삶을 즐기는 이상, 세속세계에 바라는 것은 어떠한 것도 없을 것이다. 때문에 성인은 「사람의 형체를 지니고 있으나 사람의 정은 없다〔有人之形, 無人之情〕」-형해는 세속 세계에 머물러 있지만, 그 삶은 세속적 인간의 모든 정념(情念)을 초극한다. 그는 형해를 세속 세계에 머물러 두었기 때문에 세속에서 살아가고 세간으로부터 도피하지 않는다. 그러나 또한 모든 세속적인 인간의 정념을 초극하기 때문에, 시비호오(是非好惡)라는 가치적 편견에 얽매이지 않는다. 그 존재는 인간세계에 속하는 일개의 형해적 존재로서는 있는 듯 없는 듯 미미하게 작은 존재이지만, 우주 사이를 독보하여 어떠한 것에도 얽매이지 않고 「그 하늘을 이룬다는〔成其天〕」 점(자기가 본연의 존재가 된다는 점)에서는 「아득히 큰」 존재(끝없이 거대한 우주적 존재)인 것이다.

5-11

惠子謂莊子曰：「人故無情乎?」 莊子曰：「然.」 惠子曰：「人而無情， 何以謂之人?」 莊子曰：「道與之貌， 天與之形， 惡得不謂之人?」 惠子曰：「旣謂之人, 惡得無情.」 莊子曰：「是非吾所謂情也. 吾所謂無情者， 言人之不以好惡內傷其身， 常因自然而不益生也.」 惠子曰：「不益生, 何以有其身?」 莊子曰：「道與之貌, 天與之形, 無以好惡內傷其身. 今子外乎子之神, 勞乎子之精, 倚樹而吟, 據槁梧而瞑. 天選子之形, 子以堅白鳴!」

혜자(惠子)가 장자에게 말하였다. "사람은 본래(故) 정(情)이 없는가?"
장자가 말하였다. "그렇다."
혜자가 말하였다. "사람이면서 정(情)이 없다면 어떻게 사람이라 할 수 있겠는가?"
장자가 말하였다. "도(道)가 그에게 모습(貌)을 주었고 천(天)이 그에게 형체(形)를 주었으니 어찌 사람이라 할 수 없겠는가?"
혜자가 말하였다. "이미 사람이라 한다면, 어떻게 정(情)이 없을 수 있겠는가?"
장자가 말하였다. "이것은 내가 말한 정(情)이 아니다. 내가 말한 정(情)이 없다는 것은, 사람이 호오(好惡)로 안으로 자신의 몸을 해치지 않고, 항상 자연(自然)을 따르고 생(生)을 늘리지 않는 것을 말한다."
혜자가 말하였다. "생(生)을 늘리지 않으면서 어떻게 그 몸을 보존할(有) 수 있겠는가?"
장자가 말하였다. "도(道)가 그에게 모습(貌)을 주었고 천(天)이 그에게 형체(形)를 주었으니, 호오(好惡)로 안으로 자신의 몸을 해치는 일이 없다. 지금 자네는 자네의 신(神)을 밖으로 향하게 하고 그대의 정(精)을 지치게 하여, 나무에 기대어 신음하고 책상에 기대어 눈을 감는다. 하늘이 자네의 형체를 갖추어 주었는데도(選), 자네는 견백(堅白)을 떠들어댄다."

貌-얼굴 모, 모양 모. 與-줄 여. 倚-기댈 의. 吟-읊조릴 음, 신음 음. 據-의거할 거, 기댈 거. 槀-마를 고(槁). 梧-오동나무 오. 瞑-눈감을 명. 選-가릴 선. 堅-굳을 견. 鳴-울 명.

• 저자는 何以有其身의 有를 '보존하다'로 풀었다.
• 倚樹而吟, 據槀梧而瞑 : '나무에 기대어 신음하고 책상에 기대 눈을 감는다'. 槀梧는 마른 벽오동나무로 만든 책상이다. 나무에 서서 기대어 힘들어하고 책상에 앉아서 기대어 꾸벅꾸벅 존다는 의미이다.
• 天選子之形 : '하늘이 자네의 형체를 가려주다'로 직역된다. 選은 '가려서 주는 것'이다. 저자는 '갖추어 주다'로 풀었다.

앞서 덕이 충만하고 그로테스크한 몇몇 초월자를 묘사하여 성인(장자적 절대자)이 「사람의 형체를 지니고 있으나 사람의 정은 없는〔有人之形, 無人之情〕」(5-10) 해탈자라는 결론을 내린 〈덕충부편〉은, 마지막으로 이 결론과 관련된 장자와 혜자의 논쟁을 덧붙여 이 편을 마감한다.

어느날 장자의 좋은 논적인 혜자가 여느 때처럼 장자에게 논박을 해왔다.

혜자-자네는 「성인은 형체를 지니고 있지만 정은 없는」 존재라고 결론 내렸는데, 성인이란 과연 본래부터 정이 없는 존재인가?

장자-그렇다.

- 성인도 사람이다. 사람이 사람일 수 있는 것은 희노애락 등의 정이 있기 때문이 아닐까? 즉, 정은 사람이라는 개념의 실체이기 때문에, 이 개념실체를 부정한다면 사람이라는 개념 그 자체도 부정되는 것이 된다. 즉, 정이 없는 사람이란 것은, 물고기를 팔지 않는 어물전을 어물전이라고 할 수 없는 것과 마찬가지로 더 이상 사람이라고 할 수 없는 것이 아닐까?

- 사람은 우주의 이법에 따라 사람의 모습(貌)을 받고, 자연의 도리에 따라 사람의 형체(形)를 받는다. 이미 사람으로서의 형모(形貌)를 부여받고

사람으로 태어난 이상, 어찌 사람이 아니라고 할 수 있겠는가?

– 일단 사람이라는 개념규정이 내려진 이상, 개념에는 필연적으로 개념의 실체가 포함되지 않으면 안 된다. 사람이라는 개념의 개념적 실체는 정이기 때문에 정이 없는 사람이란 것은 완전히 난센스가 아닐까?

– 자네의 논의는 형식논리이다. 나는 그러한 개념 실체로서의 정의 유무를 문제 삼고 있는 것이 아니다. 내가 「성인은 정이 없다」라고 하는 것은, '정 그 자체의 존재함이 **없다**'는 것이 아니라, '정에 얽매임이 **없다**'는 의미이다. 다시 말해 희노(喜怒)·애락(哀樂)·호오(好惡)·시비(是非) 등의 정으로 마음을 어지럽혀 자기를 해치는 일이 없고, 항상 자연의 도리에 몸을 내맡겨 인간적 분별로 생명의 자연을 조장(助長)하지 않는다는 의미이다.

– 그러나 자연에 내맡길 뿐 생명의 인위적 조장을 도모하지 않는다면, 자네가 말하는 자기의 생을 온전히 한다는 것도 불가능하게 되는 것이 아닐까?

– 정말 어쩔 수 없는 사람이군. 우주의 이법이 사람이라는 모습(貌)을 부여하고 자연의 도리가 사람이라는 형체(形)를 부여하여 사람으로서 이 세상에 태어난 이상, 호오시비(好惡是非) 등의 정념의 분등(奔騰)으로 자기의 '자연'을 해치는 일이 없이 평온하게 이 생을 마치는 것이야말로 인간 삶의 모든 것이 아닐까? 나에게는 자네의 **헛똑똑함**(자네가 자기 내부의 순수한 마음의 작용을 외부에서 어지럽히고 본래 평온해야 할 자네의 정신을 기욕嗜欲과 광조狂躁의 진흙구덩이에서 헐떡이게 하여, 지친 삶으로 정원수에 기대어 신음하고 공허한 명상으로 책상에 턱을 괴고 초췌히 있는 그 **헛똑똑함**)이 어리석고 애처로워 보여 견딜 수 없네. 천지자연의 이법에 의해 사람으로서 태어났으면서도 얼토당토않은 몹시 번거로운 궤변적 논리를 헛되이 외치고 있으니, 아!

「吟」은 呻吟의 吟으로 '신음하다'라는 뜻이다. 「槁梧(고오)」는 마른 벽오동 재목으로 만든 책상을 이른다(당唐 성현영成玄英의 설). 「堅白」은 이미

〈제물론편〉2-15에서 설명한 견백이동론(堅白異同論)이다. 혜시가 즐겨 이 궤변을 논했기 때문에 「견백을 떠들어댄다〔以堅白鳴〕」라고 비꼬고 있는 것이다.

이 장자와 혜자의 문답에서 문제시되고 있는 「성인에게 정이 있는가 없는가」라는 테마는 훗날 위진(魏晉) 시대가 되면 당시의 청담(淸談)(대화형식의 일종의 철학토론)을 통해 재차 중요한 논제로 채택된다. 그 대표적인 논의인 왕필(王弼)과 하안(何晏)의 문답의 요지를 참고삼아 아래에 실어보겠다.

하안-성인이란 초월적인 인격이며 그에게는 본래 범속과 같은 희노애락의 정은 없다.

왕필-아니, 틀렸다. 성인도 본질적으로는 범속과 같다. 성인에게도 희노애락의 정은 있다. 다만 그는 범속이 지니지 않은 영묘(靈妙)한 정신작용을 지니고 있기 때문에, 그 빼어난 정신작용으로 외계의 사상(事象)에 접하여 자기의 마음을 희노애락의 정으로 어지럽히는 일이 없을 뿐이다(《삼국지三國志》권28〈왕필전王弼傳〉주).[85]

두 사람의 「聖人無情」에 관한 논의 가운데, 왕필의 주장이 장자의 진의(眞意)를 얻었다는 것은 두말할 것도 없을 것이다.

85 新校本《三國志》〈王弼傳〉, 795면의 注 부분. "何晏以爲聖人無喜怒哀樂, 其論甚精, 鍾會等述之. 弼與不同, 以爲聖人茂於人者神明也, 同於人者五情也, 神明茂, 故能體沖和以通無, 五情同, 故不能無哀樂以應物, 然則聖人之情, 應物而無累於物者也."

대종사편(大宗師篇) 6

대종사(大宗師)란 크게(大) 존숭(宗)할만한 스승(師), 즉 도(道)라는 의미이다. 장자에게 있어서 도란 이미 밝혔듯이 우주의 실재(實在)로서의 자연(自然)이라는 것이었으며, 이 도를 스승 삼는 곳에서, 즉 이 자연을 따르고 우주의 실재와 하나가 되는 곳에서 어떠한 것에도 얽매이지 않는 진정으로 자유로운 인간의 삶이 실현된다고 하였다. 장자는 이러한 도를 스승 삼아 진정으로 자유로운 삶을 살아가는 사람을 진인(眞人)이라 부른다. 〈대종사편〉에서는 이 진인을 찬미하고 그 지대한 덕(德)을 밝힌다.

6-1

知天之所爲, 知人之所爲者, 至矣. 知天之所爲者, 天而生也; 知人之所爲者, 以其知之所知, 以養其知之所不知, 終其天年而不中道夭者, 是知之盛也. 雖然, 有患. 夫知有所待而後當, 其所待者, 特未定也. 庸詎知吾所謂天之非人乎? 所謂人之非天乎? 且有眞人而後有眞知.

하늘이 하는 바를 알고 사람이 하는 바를 아는 자는 지극하다. 하늘이 하는 바를 아는 자는 하늘을 따라 살아가고, 사람이 하는 바를 아는 자는 그 지(知)가 아는 바로써 그 지(知)가 알지 못하는 바를 기른다. 〔이리하여〕 그 천수를 다하고 중도에 요절하지 않는 것이 지(知)의 지극함이다. 그렇다고 하지만 염려가 있다. 지(知)는 기다리는 바가 있은 이후에 합당해지는데, 그 기다리는 바는 유독 일정하지 않다. 내가 이른바 하늘이 사람이 아니라는 것과 이른바 사람이 하늘이 아니라는 것을 어찌(庸詎) 알겠는가? 또한 진인(眞人)이 있은 이후에야 참된 지(知)가 있다.

庸-어찌 용. 詎-어찌 거.

• 天而生也 : 저자는 '하늘이 하는 대로 살아간다'로 풀었다. 즉, 자연 그대로 살아간다는 의미이다.

세간에는 지자(智者)로 불리는 사람이 있다. 그는 그 빼어난 지혜로 하늘(天)의 운행을 이법화(理法化)하고 사람의 행위를 법칙화하여 우주와 인간에 관한 보편적인 이법을 자세히 살핀다. 이러한 지자는 확실히 「지극하다〔至矣〕」-인지(人知)의 위대함의 극한에 선 자라고 할 수 있을 것이다. 그는 우주의 신비를 이법화하고 그 이법에 근거하여 자기의 삶을 규범 짓는다. 그는 또 사람의 행위를 법칙화하고 이미 획득한 지식으로 미지의 사상(事象)을 인과 지워서 뜻하지 않은 재화(災禍)를 피하면서 그 천수를 온전히 하여 평온한 일생을 보낸다. 이러한 삶의 태도는 온전히 그의 빼어난 지력(知力)의 성과이며, 인류가 지닌 지혜의 빛나는 승리라고도 할 수 있을 것이다.

그렇지만 이러한 주지주의(主知主義)에는 근본적인 약점이 하나 있다. 왜냐하면 대개 인간의 앎이라는 작용은 대상에 의거해야 비로소 바른 판단을 얻을 수 있는데, 그 대상은 결코 일정불변한 것이 아니라 끊임없이 생성하고 변화하는 실재 그 자체이기 때문이다. 그러므로 인간의 인식과 실재 사이에는 언제나 건널 수 없는 거리가 남고, 인간의 판단은 그것이 아무리 정밀한 것이라 하더라도 결코 절대적인 것이 될 수 없다는 근본적인 약점을 지(知) 자체가 내함(內含)하고 있는 것이다.

여기에서 장자는 간결하긴 하지만 인간의 지(知)(인식능력)에 대한 비판을 시도하고 있다. 그것은 칸트의 인식비판처럼 정치한 논리는 아니지만 칸트가 궁극적인 문제라고 여겼던 것을 장자도 수천 년 전에 문제시하고 있는 것이다.[86]

장자에게 있어 지(知)란 「그 아는 바로써 그 알지 못하는 바를 기르는」, 대상세계를 인과적·통일적으로 파악하기 위한 노력이었다. 인간은 이 대상세계의 인과적·통일적 파악 속에서 인류의 행복을 쌓아나가려 한다. 그리고 분명 인류는 이러한 지적 노력 속에서 많은 행복을 쌓아왔다. 이 점은 장자도 인정하는 것이다. 그러나 또한 장자는 인지(人知)의 한계와 그 상대성도 예리하게 반성한다. 그는 인간의 인식과 실재 사이에 놓인 결코 메워지지 않는 구렁을 자각한다. 모든 인식은 이 구렁의 바로 앞까지로 한계지워져 있는 것이다. 장자는 이러한 인간인식의 한계를 「내가 이른바 하늘이 사람이 아니라는 것과 이른바 사람이 하늘이 아니라는 것을 어찌 알겠는가〔庸詎知吾所謂天之非人乎, 所謂人之非天乎〕」라는 말로 표현한다. 장자는 모든 판단이 여기에서 그 절대성을 잃고 상대화된다고 말하는 것이다.

그러나 장자적 절대자가 진정한 절대자가 되기 위해서는, 이러한 인식의

---

86 칸트 이전의 연구방식에서는 우리의 인식이 일방적으로 대상에 근거한다고 여겼는데, 이 경우 우리는 대상에 대한 경험적 인식만을 획득할 수 있다는 결론이 나온다. 칸트는 이를 역전시켜 우리의 인식능력이 주어진 사물들에 본질적 특성들을 자발적으로 부여한다고 보았다. 이 경우 우리는 대상에 대한 선천적 인식을 획득할 수 있다는 결론이 나온다. 우리들의 인식이 대상에 의거한다는 사고를 뒤집어, 대상에 대한 인식이 우리들의 해석에 의해 가능한 것이라고 한 이러한 혁명적 사고방식을 '코페르니쿠스적 전환'이라 부른다. 대상에 대한 인식이 우리들의 해석에 의한 것이라면, (과학적 지식에 있어서조차) 우리 마음이 인식하는 세계는 유한한 인간적 조건들의 필연적 조건들과 한계에 의해 변형된 것이며, 있는 그대로의 물자체(Das Ding an sich, 인식주관으로부터 독립하여 그 자체로 존재하는 것)의 세계는 아닌 것이다. 칸트가 물자체를 있는 그대로 인식하는 것이 불가능하다고 여긴 것은, 저자가 장자의 사상을 설명하며 진실재(道의 세계)는 인간의 인식능력(知)으로 파악하는 것이 불가능하다고 지적한 것과 흡사하다. 칸트의 인식론에 관해서는 김정주, 《칸트의 인식론》, 철학과 현실사, 2001. 참조.

한계를 초극하여 실재 그 자체에 참입(參入)해야만 한다. 실재 그 자체에 참입하여 그것을 자기의 온몸으로 꼭 껴안는 지혜, 이른바 절대의 지(知)를 지녀야만 하는 것이다. 그것은 어떻게 가능할까? 「또한 진인이 있은 이후에야 참된 지식이 있다〔且有眞人而後有眞知〕」-장자는 진인만이 그것이 가능하다고 답한다. 그렇다면 진인은 대체 어떠한 존재일까? 이리하여 장자의 진인에 대한 서술이 시작된다.

6-2

何謂眞人? 古之眞人, 不逆寡, 不雄成, 不謨士. 若然者, 過而弗悔, 當而不自得也; 若然者, 登高不慄, 入水不濡, 入火不熱. 是知之能登假於道也, 若此.

무엇을 진인(眞人)이라 하는가? 옛날의 진인은 〔행복이〕 적음을 거스르지 않고, 〔위세〕 성대함(成=盛)을 뽐내지 않고, 일(士=事)을 도모하지(謨) 않았다. 이러한 자는 실패하더라도(過) 후회하지 않고, 성공하더라도(當) 자득하지 않는다. 이러한 자는 높은 곳에 올라가더라도 두려워하지 않고, 물속에 들어가더라도 젖지 않고, 불속에 들어가더라도 뜨거워하지 않는다. 이는 지(知)가 능히 도(道)까지 올라가 이른 것(登假)이 이와 같은 것이다.

謨-꾀 모. 弗-아닐 불. 悔-뉘우칠 회. 慄-두려워할 률. 濡-젖을 유. 熱-뜨거울 열. 假-이를 격(格).

장자는 우선 다음과 같이 설명한다. 진인이란 모든 상황을 단지 천명(天命)으로 여기고서 무심히 그 천명에 따르는 사람이다. 그는 모든 상황을 천명으로 여기고서 따르기 때문에 「적음을 거스르지 않고〔不逆寡〕」-행복이 적은 역경에 처하더라도 이것을 편안히 여기고서 거역하지 않고, 「성대함을 뽐내지 않고〔不雄成〕」-위세가 성대한 영달에 몸을 두더라도 뽐내지 않고, 「일을 도모하지 않는다〔不謨士〕」-인생만사를 그저 있는 그대로 받아들여 사려분별을 쓰지 않는다. 이러한 진인은 모든 소여(所與)를 단지 자연으로서 그대로 받아들이기 때문에, 실패하더라도 후회하지 않고 성공하더라도 득의양양해하지 않는다. 이러한 진인은 어떠한 상황에 처하여도 자기를 잃지 않기 때문에, 아득하니 높은 곳에 있더라도 두려워 떨지 않고, 물속에 들어가거나 불속에 들어가더라도 태연하여 동요하는 일이 없다. 이러한 불퇴전(不退轉)의 용기야말로 진인의 지혜(진지眞知)이며, 이러한 진지는 단순한 분별지(分別知)를 초월하고 도의 근원에 도달하여 실재 그 자체에 참입(參入)하는 경우에 가능한 것이다.

「不雄成, 不謨士」의 「成」은 盛과 같고, 「士」는 事와 같다. 「登假於道」의 「假(격)」은 至와 같으며 '이르다'라는 뜻이다. 「登假」이라는 말은 〈덕충부편〉5-2에도 보인다.

6-3

古之眞人, 其寢不夢, 其覺無憂, 其食不甘, 其息深深. 眞人之息以踵, 衆人之息以喉. 屈服者, 其嗌言若哇, 其耆欲深者, 其天機淺.

옛날의 진인은 잠을 자도 꿈꾸지 않고, 깨어 있어도 근심이 없고, 먹을 때 맛있게 여기지 않고, 숨 쉴 때는 깊고 깊었다. 진인은 발꿈치로 숨쉬고 뭇 사람들은 목구멍으로 숨 쉰다. 굴복된 자는 그 막힌 말(嗌言)이 토해내는 듯하며, 그 기욕(耆欲)이 깊은 자는 그 천기(天機)가 얕다.

寢-잠잘 침. 覺-깨달을 각, 깰 교. 憂-근심할 우. 甘-달 감, 맛있을 감. 息-숨쉴 식. 踵-발꿈치 종. 喉-목구멍 후. 嗌-목구멍 익, 목 막힐 익. 哇-토할 와. 耆-좋아할

기(嗜). 機–작용 기.

• 眞人之息以踵 : '진인의 호흡은 발꿈치로 한다'로 직역된다.
• 嗌言(익언)은 '목이 막혀서 목 메인 소리로 하는 말'이다. 저자는 의론에 져서 말이 제대로 나오지 않을 때를 형용한 것으로 보았다.

장자는 또 그의 진인에 대해 다음과 같이 설명한다.

진인은 모든 망상과 잡념과 탐닉을 초월하여 얽매임 없는 자유의 삶을 살아가기 때문에, 잠을 자도 꿈꾸지 않고 깨어있어도 근심하지 않는다. 어떠한 진미(珍味)에도 마음이 어지러워지지 않고, 그 호흡은 느긋하여 깊고 평온하다. 세속 사람들은 목구멍으로 급한 호흡을 헐떡이고 있지만, 진인은 대지를 꽉 밟고 선 그 발꿈치 바닥에서부터 생명전체를 호흡한다. 마차 끄는 말과 같은 세속 사람들의 헐떡임, 그들의 헐떡임은 의론의 패배자가 토해내는 익언(嗌言)(할 말이 막힌 말)처럼 갈팡질팡한다. 그들의 만족할 줄 모르는 기욕(嗜欲)의 깊이가 그들 정신의 본연적인 작용을 얕고 탁하게 하고 있는 것이다.

6-4

古之眞人, 不知說生, 不知惡死, 其出不訢, 其入不距, 翛然而往, 翛然而來而已矣. 不忘其所始, 不求其所終, 受而喜之, 忘而復之, 是之謂不以心捐道, 不以人助天, 是之謂眞人.

옛날의 진인은 삶을 기뻐할 줄 모르고 죽음을 싫어할 줄 몰라, 나옴을 기뻐하지 않고 들어감을 거부하지 않았다. 홀가분히(翛然) 갔다가 홀가분히(翛然) 올 뿐이다. 그 시작한 바를 잊지 않고 그 마치는 바를 구하지 않았으니, 받아서는 기뻐하고 잃어서는 돌려보내었다. 이것을 일러 마음으로 도(道)를 버리지 않고 인위(人)로 하늘을 조장하지 않

는다고 한다. 이런 사람을 진인이라 한다.

說–기뻐할 열. 惡–미워할 오. 訢–기뻐할 흔. 距–막을 거, 거부할 거. 翛–자유로울 소. 復–돌아올 복. 捐–버릴 연.

장자는 또 그의 진인에 대해 다음과 같이 설명한다.

진인은 자기에게 주어진 모든 것을 자기의 모든 것으로 받아들이기 때문에, 삶을 기뻐하지도 죽음을 싫어하지도 않는다. 그는 이 세상에 태어난다 해도 새삼 기뻐하지 않고, 저 세상으로 간다고 하더라도 별달리 싫어하며 거부하지 않는다. 그것이 삶이든 죽음이든 그는 다만 주어진 현재를 현재로 여기고 홀가분히(翛然) 왔다가 홀가분히 갈 뿐이다. 翛然(소연)이란 세상사에 구애되지 않는 모양을 이른다. 그는 자기 존재가 하나의 자연으로서 시작함을 명심하고 그 끝 또한 하나의 자연으로 체관(諦觀)하여, 죽음에 대해 이리저리 천착하는 짓을 하지 않는다. 자기에게 주어진 것이 삶이라면 그 삶을 순순히 받아들여 기쁘게 살아가고, 자기에게 주어진 것이 죽음이라면 모든 집착을 잊고서 자기를 대자연으로 돌려보낸다. 이러한 경지를 「마음으로 도를 버리지 않고〔不以心捐道〕」(인간의 분별로 자연의 도리를 부정하지 않고), 「인위로 하늘을 조장하지 않는다〔不以人助天〕」(인간의 **헛똑똑함**으로 하늘의 진리에 괜한 참견을 하지 않는다)고 이르는 것이다. 진인이란 바로 이러한 존재인 것이다.

6-5

若然者, 其心志, 其容寂, 其顙頯, 凄然似秋, 煖然似春, 喜怒通四時, 與物有宜而莫知其極. 故聖人之用兵也, 亡國而不失人心; 利澤施乎萬世, 不爲愛人. 故樂通物, 非聖人也; 有親, 非仁也; 天時,

非賢也; 利害不通, 非君子也; 行名失己, 非士也; 亡身不眞, 非役人也. 若狐不偕·務光·伯夷·叔齊·箕子·胥餘·紀他·申徒狄, 是役人之役, 適人之適, 而不自適其適者也.

그러한 자는 그 마음은 잊었고(志=忘), 그 모습은 고요하고, 그 이마는 우뚝하다. 서늘하여 가을과 같고, 따스하여 봄과 같다. 희노(喜怒)는 사시(四時)와 통하고, 물(物)과 적절히 어울려(宜) 그 끝을 알 수 없다. 까닭에 성인이 군대를 움직임에 나라를 멸망시켜도 인심을 잃지 않고, 은택(利澤)은 만세에 베풀어지지만 사람들을 사랑한다고 여기지 않는다. 때문에 물(物)을 다스리는(通) 것을 바라면(樂) 성인이 아니고, 친애함이 있으면 인(仁)이 아니고, 때를 하늘에 맞추면 현(賢)이 아니고, 이해(利害)를 하나로 여기지 않으면 군자가 아니고, 명(名)을 좇아 자기를 잃으면 선비가 아니고, 몸을 잃어 참되지 못하면 남을 부리는 자가 아니다. 호불해(狐不偕) · 무광(務光) · 백이(伯夷) · 숙제(叔齊) · 기자(箕子) · 서여(胥餘) · 기타(紀他) · 신도적(申徒狄) 같은 자들은, 남의 일을 일삼고, 남의 즐거움(適)을 즐거움 삼아, 스스로 자신(其)의 즐거움을 즐거움으로 삼지 않은 자들이다.

容-모습 용. 寂-고요할 적. 顙-이마 상. 頯-돌출할 규. 凄-차가울 처. 煖-따뜻할 난. 宜-마땅할 의. 澤-은택 택. 施-베풀 시. 偕-어울릴 해. 胥-함께 서. 紀-벼리 기. 狄-오랑캐 적.

• 不爲愛人에서 爲(여기다)의 주체를 성인으로 볼 수도 있고 백성으로 볼 수도 있다. 저자는 주체를 성인으로 보았다.
• 樂通物 : 樂은 즐거이 원하는 것이며, 通은 뜻대로 하는 것이다. 저자는 '물(物)을 다스리는(通) 것을 바라다(樂)'로 풀었다.
• 天時 : '때를 하늘로 하다'. 즉, '때를 하늘에 맞추다'.
• 利害不通 : '이해(利害)를 통하지 않게 하다', '이해를 다르게 여기다'. 다시 말해, '이해를 하나로 여기지 않다'.
• 行名은 '명예로운 일을 행하다'라고 직역되며 '명예를 좇다'라는 의미로 쓰였다.
• 適人之適 : 직역하자면, '남의 적절함을 적절함으로 여기다' 정도이다. 저자는 '남의 즐거움(適)을 즐거움 삼다'로 풀었다.

장자는 계속하여 다음과 같이 설명한다.

이러한 진인은 그 마음은 일체만물의 차별되고 대립된 상(相)을 잊고서 실재 그 자체와 하나가 되고, 그 풍모는 모든 움직임을 내면에 감추어 적연(寂然)히 고요하고, 그 이마는 우뚝이(頯然) 높아 수려하다. 그 사람됨은 「서늘하여 가을과 같고〔凄然似秋〕」-혹은 가을날의 대기가 마음을 긴장시키는 징철(澄徹)함을 연상시키고, 「따스하여 봄과 같다〔煖然似春〕」-혹은 온화한 봄날 햇살의 따스함을 느끼게 한다. 그 감정의 움직임은 춘하추동의 추이처럼 지극히 자연스러우며, 그 자유무애한 정신의 작용은 끝없이 변전(變轉)하는 외계의 사상(事象)에 적시에 적절히 응하여 그치는 일이 없다. 진인이란 이처럼 자유자재한 무심(無心)의 경지를 자기의 심경(心境)으로 삼는 사람이다. 때문에 이와 같은 진인은 설령 무력을 써서 남의 나라를 공격하여 멸망시켜도 백성의 신뢰를 잃지 않는다. 또 그의 은택은 만세에 미칠 정도로 광대무변(廣大無邊)하지만, 그 사랑은 무심(無心)의 사랑이기 때문에 그 자신은 백성을 사랑하고 있다고 의식하지 않는다.

진인의 지대한 덕이 이상과 같은 것이라고 할 경우, 「물(物)을 다스리는(通) 것을 바라는(樂)〔樂通物〕」-인간과 만물의 작위적인 화육(化育)을 의식하고 그것을 목적으로 삼는, 이른바 유가적 성인이 진정한 성인이 아니고, 그들의 의식적인 사랑이 진정한 사랑이 아니라는 것은 두말할 것도 없을 것이다. 마찬가지로 진정한 현자(賢者)란 때의 길흉을 잊고서 그때그때의 마땅함에 따르는 자이며, 억지로 때를 하늘에 맞추려고 궁리하는 자는 진정한 현자라 할 수 없다. 또 이해(利害)의 대립이 결국 통(通)하여 하나임을 달관하지 못한 자는 군자라 할 수 없고, 세간의 명성을 추구하여 자기의 삶을 저버리는 사람은 진정으로 학식을 갖춘 사람이라 할 수 없는 것이다. 자기의 외부에 존재하는 모든 것, 세간적인 가치나 규범에 속박되어 자기가 진정한 자기가 아니게 된 사람은 남들과 세간의 노예이며, 천지

사이에서 독보(獨步)하며 일체만물을 부리는 절대적으로 자유로운 자일 수 없다. 때문에 청렴하다는 명성을 구하여 독선(獨善)과 견개(狷介)로 그 생명을 끊었던 옛날의 현자들, 혹은 자기의 선(善)을 고집하여 충간(忠諫)으로 몸을 잃었던 역사상의 인물들, 예컨대 호불해(狐不偕)·무광(務光)·백이(伯夷)·숙제(叔齊)·기자(箕子)·서여(胥餘)·기타(紀他)·신도적(申徒狄) 같은 자들은 모두 남에게 끌려 다니고 남의 위로거리가 된 자기상실자(自己喪失者)들이며, 진정으로 자기의 삶을 자기의 삶으로서 즐기는 자유로운 사람이 아니었던 것이다.

호불해(狐不偕)(不偕라는 이름은 세속과 보조를 맞추지 않는다는 의미이다)는 옛날 전설상의 은자이다. 요(堯)임금이 천자의 지위를 물려주려하자 그것을 수치로 여겨 강에 몸을 던져 죽었다고 한다. 무광(務光)에 대해서는 이 책의 〈외물편〉과 〈양왕편〉에도 보인다. 그는 은(殷)나라 탕왕(湯王)이 천자의 지위를 물려주려하자 그것을 오욕(汚辱)으로 여겨 노수(盧水)에 몸을 던져 죽었다고 한다. 백이(伯夷)와 숙제(叔齊)는 두말할 것도 없이 주(周)나라 무왕(武王)에게 간언하였다가 받아들여지지 않자 수양산(首陽山)에서 고사리를 캐먹다가 아사했다는 은나라 말기의 형제 현자들이다. 이 책의 〈변무〉〈추수〉〈양왕〉〈도척〉 등의 여러 편에 그 행적이 보인다. 기자(箕子)는 은나라의 왕족이다. 주왕(紂王)의 무도(無道)함을 간언하였다가 감옥에 갇혔는데 미친 척하여 화를 면하였다고 한다. 서여(胥餘)에 대해서는 여러 설이 있어 일정하지 않지만, 접여(接輿)가 음전(音轉)된 것일 거라고 풀었던 마서륜(馬敍倫)의 설이 맞는 듯하다. 접여는 〈소요유편〉1-11·〈인간세편〉4-29 등에 이미 나왔던 옛 은자의 이름이다. 기타(紀他)는 이 책의 〈외물편〉에 무광과 동시대의 은자로 나온다. 탕왕[87]이 무광에게 천자의 지위를 물려주려 했다는 말을 듣고 분개하여, 제자들과 함께 관수(窾水)라는 못에 몸을 던졌다고 한다. 마지막의 신도적(申徒狄)에 대해서는 이 책의 〈도척편〉에 군주의 무도함을 간언하였으나 받아들여지지 않자 돌을 지고 강에 몸을 던져 물고기와 자라의 밥이 되었다는 이야기가 실려 있다.

본문 첫머리의 「其心志」의 「志」자는 청(淸) 왕무횡(王懋竑) 등의 설을 좇아 忘자로 바꾸어 풀어야 할 것이다. 그렇게 하면 다음의 「其容寂」과 대(對)를 이루어 문의가 한층 명확해진다. 「其顙頯」의 「顙(상)」은 額(액)(이마)과 같다. 「頯(규)」는 돌출한 모양을 이른다.

6-6

古之眞人, 其狀義而不朋, 若不足而不承; 與乎其觚而不堅也, 張乎其虛而不華也; 邴邴乎其似喜乎! 崔乎其不得已乎! 滀乎進我色也, 與乎止我德也; 厲乎其似世乎, 警乎其未可制也; 連乎其似好閉也, 悗乎忘其言也. 以刑爲體, 以禮爲翼, 以知爲時, 以德爲循. 以刑爲體者, 綽乎其殺也; 以禮爲翼者, 所以行於世也; 以知爲時者, 不得已於事也; 以德爲循者, 言其與有足者至於丘也; 而人眞以爲勤行者也. 故其好之也一, 其弗好之也一, 其一也一, 其不一也一. 其一與天爲徒, 其不一與人爲徒. 天與人不相勝也, 是之謂眞人.

옛날의 진인은 그 모습은 우뚝하면서도(義=峨) 무너지지(朋=崩) 않고, 부족한 듯하지만 받지 않았다. 위의 반듯하여(與乎=與與如) 단정하면서도(觚) 완고하지 않고, 광대하여(張乎) 비었지만 꾸미지 않았다. 환하여(邴邴乎) 기뻐하는 듯하고, 내키지 않아하니(崔乎=摧乎) 마지못해 하였구나. 충만하여(滀乎) 자기 얼굴빛에 나타나지만(進), 느긋하

87 탕왕 : 원문에 '堯'로 되어 있으나 맹백한 오류이므로 고쳤다.

게(與乎=趣乎) 자기의 덕(德)에 머물렀다. 도량이 드넓어(厲乎=廣乎) 세상 사람과 닮았으나, 초연하여(謷乎) 제약할 수 없었다. 은밀하여(連乎) 닫힌 것을 좋아하는 듯하고, 멍하니(悗乎) 말을 잊고 있었다. 형(刑)을 몸체로 삼고, 예(禮)를 날개로 삼고, 지(知)를 때〔의 적절함으〕로 삼고, 덕(德)을 따를 것으로 삼았다. 형(刑)을 몸체로 삼음은 여유롭게(綽乎) 죽이는 것이다. 예(禮)를 날개로 삼음은 세상에 행해지기 위해서이다. 지(知)를 때〔의 적절함으〕로 삼음은 일에 부득이해서이다. 덕(德)을 따를 것으로 삼음은 그가 다리 있는 자와 함께 구릉에 이르는 것〔과 같음〕을 말한 것이다. 그런데도 사람들은 진정 애써 행하는 자로 여긴다. 까닭에 그 좋아하는 것도 하나이고, 그 좋아하지 않는 것도 하나이고, 그 하나인 것도 하나이고, 그 하나 아닌 것도 하나이다. 그 하나인 것은 하늘과 같은 무리가 됨이고, 그 하나가 아닌 것은 사람과 같은 무리가 됨이다. 하늘과 사람이 서로를 이기지 않으니, 이를 일러 진인이라 한다.

觚–술잔 고, 네모 고. 承–받을 승. 張–펼 장, 넓을 장. 華–꾸밀 화. 邴–환한 모양 병. 滀–모일 축. 謷–클 오. 悗–잊을 문. 綽–여유로울 작. 循–따를 순. 丘–언덕 구, 구릉 구. 勤–부지런할 근.

• 이 장은 진인을 묘사한 말들 때문에 난해한 편이다. 저자의 설명은 이 장 끝을 참조 바란다.
• 謷乎其未可制也의 謷乎는 〈덕충부편〉5-10에도 나온다. '아득히 크고 높은 모양'을 의미하는데, 여기에서 의미가 파생되어 '초월한 모양'을 뜻하기도 한다.
• 저자는 連乎其似好閉也의 連乎를 '닫힌 모양'이라 풀고 번역에서는 '은밀히', '남들이 모르게'로 풀었다.

장자는 계속하여 진인의 면모를 다음과 같이 묘사하고 있다.

옛날의 진인은 그 풍모를 접해보면 우뚝 솟은 산처럼 당당하지만 무너짐을 볼 수 없고, 그 드넓은 풍격(風格)은 종잡을 수 없어 어딘가 부족한 곳이 있는 듯하지만 아무것도 남에게서 구하여 받을 필요가 없다. 위의(威儀)는 절도에 맞고 그 태도는 **단정**하여 방정(方正)하지만 완고하지 않고, 아무것에도 얽매이지 않는 마음의 공허를 지니면서도 **겉만 번지르르한** 바가 조금도 없다. 그 환하디 환한 표정에는 어두운 그림자가 없어 자못 즐거운 듯하고, 일에 임하여서는 늘 내키지 않아하며 정말 부득이하여 하는 식이다. 또 그의 내부에 충만한 덕은 솟아나는 샘처럼 저절로 그 얼굴빛에 나타나기는 하지만, 그 마음은 외부로 치닫지 않고 가만히 그 깊은 내면성을 줄곧 품고 있다. 그는 또 자신을 숨기고 세상과 홍진(紅塵)을 함께 하는 넓은 도량을 지니고 있기 때문에 일견 세속 사람들과 다르지 않은 듯하지만, 그 정신은 드높이 세속을 초월하여 어떠한 것에도 속박되지 않는다. 그는 또한 은밀히 자기를 응시하는 닫힌 세계로 침잠하는 것을 좋아하는 듯하고, 모든 형상개념(形象概念)을 잊고서 실재 그 자체 속에서 황홀한 자기의 삶을 유락(愉樂)한다.

이상 장자는 그의 절대자(진인)의 면모를 다양한 표현으로 묘사하였다. 그렇다면 이러한 진인이 천하의 왕자(王者)로서 정치적 권력을 획득한 경우, 그가 행하는 지배는 대체 어떠한 것일까? 장자는 마지막으로 지배자로서의 진인을 묘사하여 아래와 같이 설명한다.

진인이 천하의 왕자(王者)로서 세상을 다스리는 경우, 그는 형법(刑法)을 지배의 제1원리로 삼고, 예의(禮儀)를 그 보조수단으로 삼고, 지(知)로 「시(時)」(그때그때의 타당성)를 판단하고, 덕(德)으로 「순(循)」(무위자연의 화육化育)을 실현해 나간다. 그런데 형법은 인간의 자의(恣意)와 사정(私情)을 초월한 행위의 객관적인 기준을 성문화한 것이기 때문에 이것을 근본으로 삼아 정치를 해나가면 설령 사형을 시행한다 하더라도 주관에 어지럽혀지지 않고, 예의는 사회의 관습적인 규범이기 때문에 이것을 빌어 정치를 해나가면 현실에 입각한 원활한 지배가 행해진다. 또 왕자가 자기의 밝은 지혜로 그때그때의 타당성을 판단해 나간다면 만사에 지나침이 없이, 이른바 '부득이하여 일에 응하는' 정치가 실현될 것이며, 또 지대한 덕으로 일체만물의 자연성에 따르는 무위자연의 화육을 베풀어나가면 그 덕화(德化)는 마치 두 다리 멀쩡한 사람과 함께 약간 높은 구릉 위를 오르는 것처럼 알아차리지 못하는 사이에 목적을 이룰 수 있을 것이다. 진인의 지배란 이러한 형(刑)·예(禮)·지(知)·덕(德)으로 행하는 무위자연의 정치인 것이다. 그런데도 세속 사람들은 이러한 진인의 무위의 지배를 진정으로 이해하지 못하고 그가 행하는 정치를 힘써 행하는 것, 작위적인 지배라고 생각한다. 이는 너무 심한 오해라고 하지 않을 수 없다.

요컨대 진인이란 모든 차별과 대립을 초월하여 실재 그 자체와 하나가 되는 존재이며, 실재 그 자체와 하나가 되기 때문에 그 경지에서는 「좋아하는 것도 하나이고, 좋아하지 않는 것도 하나이다」-호(好)(애愛)와 오(惡)(증憎)는 통하여 하나인 것이다. 다만 호오애증은 본래 하나이지만 그것이 드러난 형태에 입각해서 보자면 둘이며, 「그 하나인 것도 하나이고, 그 하나 아닌 것도 하나이다〔其一也一, 其不一也一〕」-이러한 의미에서 실재는 하나라고도 할 수 있고 하나가 아니라고도 할 수 있다. 그 하나라는 입장, 즉 만물제동의 경지에 서는 것을 「하늘과 같은 무리가 됨〔與天爲徒〕」(절대세계에 사는 자가 되는 것)이라고 하며, 그 하나가 아니라는 입장, 즉 현상차별(現象差別)의 세계에서 살아가는 것을 「사람과 같은 무리가 됨〔與人爲徒〕」(세속세계에 사는 자가 되는 것)이라고 한다. 그리고 절대세계에 몸을 두면서 동시에 세속세계에서도 살아가는 사람, 초월자인 동시에 현실자(現實者)인 사람, 다시 말해 「천(天)」과 「인(人)」이 서로를 부정하지 않고 혼연융화(渾然融化)되어 있는 인격을 진인이라고 이르는 것이다.

여기에서 우리들은 일단 「형을 몸체로 삼고, 예를 날개로 삼고〔以刑爲體, 以禮爲翼〕」 운운한 말에 주의할 필요가 있을 것이다.

장자에게 있어 진인이란 본래 정신의 자유를 소요하는 초월자이며, 내부 세계의 제왕이었다. 이 내부 세계의 제왕은 또한 그 절대성 때문에 외부 세계의 지배자도 될 수 있다고 여겨진다. 이른바 「내성외왕(內聖外王)」(〈천하편〉)인 것이다. 그러나 진인의 지배는 다음의 〈응제왕편〉에서도 설명되겠지만, 어디까지나 인간의 작위를 부정하는 무위자연의 다스림이며 정치를 부정하는 정치여야만 한다. 거기서는 권력의 위협에 의한 법치가 부정될 뿐 아니라, 예교규범(禮教規範)에 의한 덕치(德治)조차 인간성의 자연을 왜곡하는 것으로서 내쳐지는 것이다. 그런데 형(刑)을 몸체로 삼는 지배란 무엇인가? 그것은 두말할 것도 없이 법(法)에 의한 지배, 즉 권력정치이다. 여기에서는 '권력의 행사를 무심(無心)히 한다면 권력정치의 지배 또한 무위자연이다'라는 교묘한 논리에서 권력정치가 긍정되고 있다. 이것은 분명 무위자연에 대한 새로운 해석, 아니 오히려 왜곡이라고도 할 만한 것이다. 그렇다면 이 새로운 해석 내지는 왜곡은 장자에게 있어 어떠한 의미를 지니는 것일까?

전국말 한초(戰國末漢初), 즉 기원전 3세기부터 2세기에 걸쳐 노장사상이 법가사상과 혼효절충(混淆折衷)된 사실은 앞(4-22)에서도 잠시 언급하였지만, 나는 이 부분의 서술도 법가사상에 의한 장자적 절대자에 대한 새로운 성격 지움으로 보고 싶다. 현재 전하는 《장자》 텍스트는 비교적 오래되었다고 하는 내편에서조차 후차적 부회(附會)로 여겨지는 부분이 적지 않다. 다만 그 정확한 본문비평에 관해서는 학자들 사이에 의견이 일정치 않으며 그것을 일정하게 하기 위해서는 곤란한 문제가 많이 남아있기 때문에, 이 책에서는 그것을 모두 무시하는 입장을 취하였다. 그러나 이곳에서는 문제가 장자 사상의 본질과 관련되기 때문에 오해를 방지하는 차원에서 굳이 사견(私見)을 덧붙이고 문제의 소재(所在)만을 지적해 둔다.

본문의 「義而不朋」은 청(淸) 유월(兪樾)의 설을 좇아 「峨而不崩(아이불붕)」의 뜻으로 풀어야 할 것이다. 「峨」는 높이 솟은 모양이다. 「與乎其觚」의 「與乎」는 《논어》(〈향당편鄕黨篇〉)의 與與如[88]와 같으며 '위의(威儀)가 반듯한 모양'을 이르는 말일 것이다. 「觚」는 단정하여 바른 것이다. 「張乎其虛而不華」의 「張乎」는 광대한 모양이고, 「虛而不華」는 마음은 세속을 초월해 있지만 다리는 현실을 꽉 밟고 서 있다는 의미이다. 「華」란 외견만의 아름다움, 즉 내용이 없고 착실한 실천성이 결여되어 있다는 의미이다. 「邴邴乎」는 마음이 평온해지고 즐거워하는 모양이다. 「崔乎」는 摧乎(최호)와 같으며 마음에 내켜하지 않는 모양이다. 「滀乎(축호)」는 마음에 꽉 찬 모양이다. 「與乎止我德」의 「與乎」는 마서륜(馬敍倫)의 설을 좇아 趣乎(여호)의 뜻으로 풀어야 할 것이다. 「趣乎」는 느긋하게 걷는 모양이다. 「厲乎」의 「厲」는 다른 판본(崔本)에 「廣乎」로 되어 있는데 이것을 채택해야 할 것이다. 「連乎」는 닫혀진 모양이다. 「悗乎」는 모든 것을 잊어버린 모양이다. 「悗(문)」은 '잊다'라는 뜻이다. 「綽乎」는 마음에 여유가 있는 모양이다. 마지막의 「하늘과 같은 무리가 되다〔與天爲徒〕」「사람과 같은 무리가 되다〔與人爲徒〕」는 〈인간세편〉4-9에 이미 나온 말이다.

6-7

死生, 命也, 其有夜旦之常, 天也. 人之有所不得與, 皆物之情也. 彼特以天爲父, 而身猶愛之, 而況其卓乎! 人特以有君爲愈乎己, 而身猶死之, 而況其眞乎!

---

88 《論語》〈鄕黨〉 10-2. "임금이 계실 때에는 축척하시고 여여하게 하셨다〔君在, 踧踖如也. 與與如也〕."

사생(死生)은 명(命)이고, 밤과 아침에 일정함이 있는 것은 천(天)이다. 사람이 관여할 수 없는 바가 있음은 모두 물(物)의 실상(情)이다. 그는 다만 사람(天=人)조차도 아버지로 여겨 몸소 사랑하는데, 하물며 몹시 위대한 것에 있어서랴? 사람은 다만 군주조차 자기보다 낫다고 여겨 몸소 목숨을 바치는데, 하물며 진정한 것에 있어서랴?

旦-아침 단. 與-줄 여, 관여할 여. 卓-뛰어날 탁. 愈-나을 유.

• 彼特以天爲父, 而身猶愛之 : 직역하면 '그는 다만 사람(天=人)을 아버지로 여겨 몸소 오히려 그를 사랑한다' 정도이다.
• 人特以有君爲愈乎己, 而身猶死之 : 저자는 '사람은 다만 군주 있음을 자기보다 낫다고 여겨 몸을 오히려 죽인다'로 풀었다. 본서에서는 有자를 새기면 문장이 애매해져서 위와 같이 번역하였다.

앞에서 우선 진인의 면모를 다양한 말로 묘사해온 장자는, 여기에서는 화제를 돌려 眞人(진인)의 「眞(진)」에 대해 설명한다. 이것은 곧 진인이 스승으로 삼아 그로 인해 진인이 되는 우주의 진실재(도)이다.

'사람은 무엇 때문에 이 세상에 태어나고, 무슨 까닭에 죽지 않으면 안 되는가' 하는 물음은, 모든 사람이 필시 한 번 쯤은 자기 마음에 의문을 던지는 말일 것이다. 그러나 장자는 자기가 무엇 때문에 이 세상에 태어났는가를 묻는 것만큼 어리석은 일은 없다고 대답한다. 「사생은 명이다〔死生, 命也〕」-사람이 태어나는 것도 죽는 것도 「명(命)」(자연의 이법)이며, 그것은 밤이 아침이 되고 아침이 밤이 되는 천체의 규칙적인 운행이 천(天)(자연의 이법)인 것과 마찬가지이다. 자연이라는 것은 인력(人力)을 초월한 것, 인간의 의지나 노력으로는 어떻게 할 수 없는 것이라는 의미이다. 인간의 힘을 초월한 이 우주적 의지에 지배받는 것이 일체만물의 진상(眞相)인 것이다.

「그는 다만 사람(天=人)조차도 아버지로 여겨 몸소 사랑한다〔彼特以天

爲父, 而身猶愛之〕」-그, 즉 사람은 자기를 낳아준 육친의 아버지에게 마음으로부터의 애정과 순종을 바친다. 육친의 아버지에게조차 그러하다면 육친의 아버지보다 훨씬 위대한 아버지, 즉 자연의 이법을 사랑하고 따라야 함은 두말할 것도 없을 것이다. 또 사람은 「다만 군주조차 자기보다 낫다고 여겨 몸소 목숨을 바친다〔特以有君爲愈乎己, 而身猶死之〕」-군주라는 존재를 자기 이상의 존재로 여겨 그를 위해서는 생명조차 버린다. 인간세계의 지배자에게조차 그러하다면 그보다 훨씬 위대한 진정한 지배자(우주의 이법)를 최고의 것으로 여기고 따라야 함은 두말할 것도 없을 것이다.

「以天爲父」는 이대로는 난해하기 때문에, 고래의 해석에서는 「以父爲天」으로 고치거나 天을 人으로 고쳐 「以人爲父」로 풀이하였다. 여기에서는 후자를 따랐다. 「而況其卓乎」의 「卓」은 몹시 훌륭하다는 뜻이다. 「爲愈乎己」의 「愈」는 **낫다**라는 뜻이다.

6-8

泉涸, 魚相與處於陸, 相呴以濕, 相濡以沫, 不如相忘於江湖. 與其譽堯而非桀也, 不如兩忘而化其道. 夫大塊, 載我以形, 勞我以生, 佚我以老, 息我以死. 故善吾生者, 乃所以善吾死也.

샘이 말라 물고기들이 함께(相與) 땅 위에 있으면서 습기를 서로 뿜어주고 거품으로 서로 적셔주는 것은, 강이나 호수에서 서로를 잊는 것만 못하다. 요(堯)를 기리고 걸(桀)을 비방하는 것은, 둘 다 잊고 도(道)와 하나가 되는 것만 못하다. 천지(大塊)는 형체(形)로 나를 실어주고, 삶으로 나를 수고롭게 하고, 늙음으로 나를 편안하게 하고, 죽음으로 나를 쉬게 한다. 까닭에 내 삶을 좋다고 여기는 것은, 곧 내 죽음을 좋다고 여기는 것이다.

涸-마를 학. 呴-숨 내쉴 구. 濡-적실 유. 沫-거품 말. 譽-칭송할 예. 塊-흙덩이 괴. 佚-편안할 일. 息-쉴 식.

• 與其譽堯而非桀也, 不如兩忘而化其道 : 與其A, 不如B는 'A하는 것은 B하는 것만 못하다'라는 의미이다. '化其道'는 '그 도가 되다'로 직역되는데, 저자는 '도와 하나가 되다'로 풀었다.

도(道), 즉 자연의 이법은 위대하다. 그 위대한 자연의 이법 앞에서는 인간의 모든 행위는 무(無)와 같다. 인간 행위의 이 **공허함**은, 비유하자면 물이 바싹 말라버린 샘의 물고기들이 진흙탕 위에서 괴로운 나머지 숨을 토하여 서로 축축하게 해주고 거품으로 서로 적셔주는 그 공허한 **몸부림**과 닮았다고도 할 수 있을 것이다. 그러나 물고기들의 이러한 절망적인 **몸부림**을 구제할 유일한 방법이 그들을 드넓은 대하(大河) 속이나 끝없는 호수 속에 놓아주는 것인 것처럼, 인간의 공허한 행위(혹은 요堯의 선을 기리고 혹은 걸桀의 악을 비방하는 시비호오의 가치적 편견)를 초극하는 방법은, 시비호오를 그 대립의 피안에서 잊고서 시(是)도 없고 비(非)도 없는 실재 그 자체와 한 몸이 되는 것 이외에는 없는 것이다.

인간의 가장 큰 미혹은 삶을 갈망하고 죽음을 거리끼는 마음이다. 그러나 대개 자기가 인간이라는 형체를 갖추어 지상에 태어나고, 살아가기 힘겨운 삶 속에서 괴로이 헐떡이고, 늙은 날을 맞아 점차 편안함을 발견하고, 죽음이 찾아와 비로소 자기를 영원한 휴식에 해방하는 것은, 대괴(大塊) 즉 천지자연의 이법이기 때문에 사람은 다만 자기의 의지와 노력을 초월한 이 절대필연의 이법에 따라가는 수밖에 없는 것이다. 주어진 자기의 삶을 좋은 것으로 여겨 긍정하는 자만이 주어진 자기의 죽음 또한 좋은 것으로 여겨 긍정한다. 일체를 긍정하는 자만이 일체를 초월하는 것이다.

6-9

夫藏舟於壑, 藏山於澤, 謂之固矣. 然而夜半有力者負之而走, 昧者不知也. 藏小大有宜, 猶有所遯. 若夫藏天下於天下而不得所遯, 是恒物之大情也. 特犯人之形而猶喜之, 若人之形者, 萬化而未始有極也, 其爲樂, 可勝計邪! 故聖人將遊於物之所不得遯而皆存. 善夭善老, 善始善終, 人猶效之, 又況萬物之所係, 而一化之所待乎!

배를 골짜기에 숨기고 그물(山=汕)을 못에 숨기고서 든든하다고 여긴다(謂). 그렇지만 한밤중에 힘 센 자가 그것을 등에 지고 달아나더라도 어리석은 자는 알지 못한다. 작은 것을 거대한 것에 숨기는 것은 마땅함이 있지만 여전히 도주할 바가 있다. 만약 천하를 천하에 숨기면 도주할 곳이 없으니, 이것은 만물(恒物)의 커다란 실정(情)이다. 한 번(特) 사람의 형체를 훔쳐도(犯) 오히려 그것을 기뻐하지만, 사람의 형체 같은 것은 이리저리 변하여 애초부터 다함이 없으니, 그 즐거움은 이루 다 헤아릴 수 있겠는가? 까닭에 성인은 물(物)이 도주할 수 없는 곳에 노닐어 모두 보존하려 한다. 일찍 죽는 것도 좋다고 여기고 오래 사는 것도 좋다고 여기고, 태어나는 것도 좋다고 여기고 죽는 것도 좋다고 여긴다. 사람들은 오히려 이 사람도 본받는데, 하물며 만물이 매여 있고 모든 변화(一化)가 의존하는 것이겠는가?

藏-숨길 장. 壑-골짜기 학. 山-산대 산(汕). 負-등질 부. 昧-어리석을 매. 遯-달아날 둔. 係-매일 계.

• 恒物 : 恒은 常과 같으며 일반적인 것을 의미한다. '일반적인 물(物)'은 만물이라는 뜻이다.

• 저자는 特犯人之形而猶喜之의 特을 一로 풀었다. 特과 一 모두 '단지'라고 새길 수 있지만, 아래 저자 설명에서도 알 수 있듯이 저자는 뒤에 보이는 萬化와 대조가 되도록 '한 번'의 의미를 강조하여 해석하고 있다. 번역은 이에 따라 '다만'으로 풀지 않고 '한 번'으로 풀었다.

• 一化는 '일체의 변화'라는 뜻으로, '모든 변화'를 의미한다.

여기에서는 인간이 무력하고 자연이 위대하다는 것, 그 때문에 자연에 절대적으로 따르는 것만이 인간에게 진정한 자유와 해방을 가져다준다는 것을 다시금 강조한다.

대개 사람만큼 자기의 지(知)를 믿고 자기의 힘을 과신하는 동물은 없다. 그의 **헛똑똑함**은 배를 골짜기에 숨기고 그물을 못 속에 숨겨두면 절대로 안전하다고 믿는 어리석은 어부의 얕은 생각과도 닮았다. 그러나 골짜기에 숨긴 배도 못 속에 숨긴 그물도, 몹시 힘 센 사람이 어느날 밤 어딘지도 모르게 짊어지고 가버릴 수 있는 것인데도, 어리석은 어부에게는 그것이 이해되지 않는 것이다. 이처럼 작은 배나 그물을 거대한 골짜기나 못에 숨기는 것은, 물론 상식적으로는 일단 타당한 조치이다. 그러나 그것은 절대적인 조치가 아니어서 여전히 샐 틈이 남아있는 방법인 것이다. 때문에 절대로 안전하게 조치하려면 「천하를 천하에 숨기는〔藏天下於天下〕」 입장(모든 존재를 천지우주 속에 있는 그대로 존재하게 하여 인위를 가하지 않는 입장)에 서야만 한다. 모든 존재를 있는 그대로 존재하게 하는 '자연'만이 모든 존재를 포용하는 것이며, 그 자연이라는 것이야말로 일체만물의 위대한 진실인 것이다.

그런데 세속 사람들은 이 진실을 깨닫지 못하고, 다만 사람의 형체를 훔쳐 이 세상에 태어난 것만으로 자기의 존재를 유일절대한 것인 양 기뻐하고 있다. 그러나 사람의 형체란 것은 천변만화(千變萬化)하여 다함이 없는 실재의 한 가지의 드러남에 불과한 것이기 때문에, 이러한 기껏 한 가지 변화가 기쁨에 값한다면 그들의 기쁨은 실재의 무한한 변화와 함께 무한이 될 것이다. 무지(無智)의 즐거움, 근거 없는 기쁨, 그들의 기쁨과 즐거움이 손가락 사이를 새어나가는 물처럼 **공허하다**는 사실을 그들은 알지 못하는 것이다.

때문에 절대자는 「물이 도주할 수 없는 곳에 노닐어 모두 보존한다〔遊

於物之所不得遯而皆存〕」-일체만물이 달아나지 않도록 포섭하는 우주 그 자체를 자기의 세계로 삼아 노닐고, 우주의 이법(도) 그 자체와 한 몸이 되어 모든 존재를 있는 그대로 긍정하는 것이다. 일찍 죽는 명(命)도 좋은 것으로 여기고, 오래 사는 명(命)도 좋은 것으로 여기고, 태어나는 것도 좋은 것으로 여기고, 죽는 것도 좋은 것으로 여기고, 주어진 모든 것을 긍정하고 자기 운명의 모든 것을 사랑해나가는 존재, 절대자란 이러한 존재인 것이다. 이러한 절대자는 초월을 바라는 모든 사람들의 본보기가 된다. 그런데 절대를 체득한 자조차도 만인의 사모와 동경의 대상이 되는 것이라면, 절대 그 자체(일체만물이 그것에 기대어 존재하고 모든 생성변화가 그것에 의존하여 가능하게 되는 「도」)가 '크게 존숭할만한 스승'이라는 사실은 두말할 것도 없을 것이다.

본문의 「藏山於澤」의 「山」은 청(淸) 유월(兪樾)의 설을 좇아 汕(산)의 뜻으로 해석해야 할 것이다. 汕은 배 위에서 사용하는 **산대**를 이른다. 「藏小大有宜」의 「藏小大」는 여기에서는 「藏小於大」의 뜻으로 풀이하였다. 「昧」는 愚, 「遯」은 逃, 「係」는 繫와 각각 같다.

6-10

夫道, 有情有信, 無爲無形; 可傳而不可受, 可得而不可見; 自本自根, 未有天地, 自古以固存; 神鬼神帝, 生天生地; 在太極之先而不爲高, 在六極之下而不爲深, 先天地生而不爲久, 長於上古而不爲老.

도(道)는 실정(情)이 있고 징표(信)가 있지만, 행하는 것(爲)이 없고 형태(形)가 없다. 전할 수 있지만 받을 수 없고, 터득할 수 있지만 볼 수 없다. 스스로를 근본 삼고 스스로를 뿌리 삼아 아직 천지(天地)가 있기 이전의 옛날부터 엄연히(固) 존재해왔다. 귀신과 상제를 신령하게 하고 하늘과 땅을 낳는다. 하늘 끝(太極)의 위(先=上)에 있어도 높다 하지 않고, 땅 끝(六極)의 아래에 있어도 깊다 하지 않으며, 천지(天地)에 앞서 생겼어도 오래다 하지 않고, 상고(上古)보다 오래면서도 오래다 하지 않는다.

• 有情有信 : 저자는 情은 '실제적인 작용'이라 풀고, 信을 '작용의 징표', '작용했다는 표시'라고 풀었다. 번역은 상기와 같이 반영하였다.

그런데 도대체 도(道)란 어떠한 것일까?

이미 〈제물론편〉2-5에서도 확실히 했듯이[89] 「도는 실정이 있고 징표가 있지만〔道, 有情有信〕」-「정(情)」 즉 진실된 **작용**과 「신(信)」 즉 **작용**을 확인할 수 있는 징표는 있지만, 그 **작용**은 무위(無爲)의 위(爲)이기 때문에 형상개념(形象槪念)으로는 포착할 수 없다. 「전할 수는 있지만 받을 수는 없고〔可傳而不可受〕」-그것은 형태가 없는 것이기 때문에 마음에서 마음으로 전할 수는 있지만, 어느 한곳에 있는 **물건**처럼 손에서 손으로 전할 수는 없고, 「터득할 수는 있지만 볼 수는 없다〔可得而不可見〕」-마음으로 터득할 수는 있지만, 감각이나 지각으로 파악할 수는 없다.

그것은 또 「스스로를 근본 삼고 스스로를 뿌리 삼아〔自本自根〕」-그 존재근거를 그 자체 속에 내함(內含)하여 어떠한 것에도 의존하거나 예속되지 않고서, 「아직 천지가 있기 이전의 옛날부터 엄연히 존재해왔다〔未有天地, 自古以固存〕」-천지개벽 이전부터 엄연히 존재해왔다. 「귀신과 상제를

---

89 '작용(行)이 있을 만하다는 것은 너무나도 믿을 만하지만 그 모습을 볼 수 없다. 실정(情)은 있으나 형태(形)가 없는 것이다〔可行已信而不見其形, 有情而無形〕'라는 구절을 가리킨다.

신령하게 하고 하늘과 땅을 낳는다〔神鬼神帝, 生天生地〕」-귀신의 신령함도 상제의 초월성도 이 「도」로 인해 **드러나게** 되고, 하늘도 땅도 이 「도」로 인해 생겨난다.

그것은 일체의 공간과 시간을 초월하기 때문에, 거기에서는 모든 시공간적 규정이 의미를 상실하여 「하늘 끝의 위에 있어도 높다 하지 않고, 땅 끝의 아래에 있어도 깊다 하지 않으며〔在太極之先而不爲高, 在六極之下而不爲深〕」-우주의 드높은 끝 그 위에 있지만 높다고 할 수 없고, 세계의 깊은 끝 그 아래에 있지만 깊다고 할 수 없으며, 「천지에 앞서 생겼어도 오래다 하지 않고, 상고보다 오래면서도 오래다 하지 않는다〔先天地生而不爲久, 長於上古而不爲老〕」-천지개벽 이전부터 존재해 왔지만 오래다고 할 수 없고, 역사의 시원(始原)보다 더 오래지만 오래다고 할 수 없는 것이다.

「太極之先」의 「先」은 《회남자》에 인용된 것을 좇아 「上」의 뜻으로 풀어야 할 것이다. 太極은 하늘의 끝이다. 「六極」은 세계 끝의 심연(深淵)이라는 의미일 것이다. 「神鬼神帝」의 「鬼」는 귀신(鬼神)을 이르고, 「帝」는 상제(上帝)를 이른다. 「神」이란 '영묘한 작용을 미치다'라는 의미이다.

6-11

狶韋氏得之, 以挈天地; 伏戲得之, 以襲氣母; 維斗得之, 終古不忒; 日月得之, 終古不息; 堪坏得之, 以襲崑崙; 馮夷得之, 以遊大川; 肩吾得之, 以處大山; 黃帝得之, 以登雲天; 顓頊得之, 以處玄宮; 禺强得之, 立乎北極; 西王母得之, 坐乎少廣, 莫知其始, 莫知其終; 彭祖得之, 上及有虞, 下及五伯; 傅說得之, 以相武丁, 奄有天下, 乘東維, 騎箕尾, 而比於列星.

희위씨(狶韋氏)는 그것을 얻어 천지(天地)를 이었고, 복희(伏戲)는 그것을 얻어 기의 근원(氣母)을 수중에 넣었으며(襲=取), 북두성(維斗)은 그것을 얻어 영원토록 어긋나지 않고, 일월(日月)은 그것을 얻어 영원토록 쉬지 않으며, 감배(堪坏)는 그것을 얻어 곤륜산에 들어갔고(襲=入), 풍이(馮夷)는 그것을 얻어 대천(大川)에서 노닐며, 견오(肩吾)는 그것을 얻어 태산에 처하고, 황제(黃帝)는 그것을 얻어 운천(雲天)에 올라갔으며, 전욱(顓頊)은 그것을 얻어 현궁(玄宮)에 처하고, 우강(禺强)은 그것을 얻어 북극(北極)에 섰으며, 서왕모(西王母)는 그것을 얻어 소광산에 앉아 그 시작을 알 수 없고 그 끝을 알 수 없고, 팽조(彭祖)는 그것을 얻어 위로는 유우(有虞)에게 미치고 아래로는 오패(五伯)에 미쳤으며, 부열(傅說)은 그것을 얻어 무정(武丁)을 도와 천하를 모두 차지하고서는 동유(東維)를 타고 기미(箕尾)에 올라타 열성(列星)과 나란하게 되었다.

狶-황제 이름 희. 挈-손에 들 설, 이을 설. 襲-받을 습, 들어갈 습. 忒-어긋날 특. 息-쉴 식. 堪-견딜 감. 坏-언덕 배. 崑-곤륜산 곤. 崙-곤륜산 륜. 馮-성 풍. 顓-삼갈 전. 頊-삼갈 욱. 禺-긴꼬리원숭이 우. 伯-패자 패(霸).

• 挈天地는 대개 提挈天地라고 하여 '천지를 손에 들다', '천지를 휴대하다' 등의 의미로 많이 풀지만, 저자는 挈을 '잇다'로 풀어 '하늘과 땅을 (하나로) 잇다'라 하였다.

• 奄有天下 : 奄은 掩과 같으며 '뒤덮다'는 의미이다. '천하를 뒤덮어 소유하다'는 '천하를 모두 차지하다'라는 뜻이다.

• 乘東維, 騎箕尾 : 저자는 乘東維와 騎箕尾를 같은 말의 반복으로 보고 있다. 東維를 '동쪽(東)을 담당하는(維) 별'로 풀어 箕尾와 같은 것으로 본 것이다. 乘과 騎는 모두 '타다', '올라타다'의 의미이다. 번역에서는 직역에 가깝게 풀어놓았다. 한편, 성현영에 의하면 부열성(傅說星)은 箕尾의 위쪽에 위치한다고 한다. 이 때문에 '타다'라는 표현이 나온 것 같다. 다만 성현영은 箕尾를 한 단어로 보아 '기수(箕宿)의 끝부분(尾)에 올라탔다'로 본 것에 반해, 저자는 아래 설명에서 알 수 있듯이 箕尾를 箕宿와 尾宿로 풀었다.

여기서는 윗글(6-10)의 도(道)는 「귀신과 상제를 신령하게 한다〔神鬼神帝〕」를 받아 도를 체득하여 신의 반열에 오른 귀신정령의 신비한 군상을 열거한다. 장자는 첫머리에서 우선 「진인(眞人)」의 위대한 덕을 찬미하고, 이어 이 진인이 큰 스승으로서 존숭하는 「도」의 절대성을 밝히고, 마지막으로 도를 얻어 우주의 지대함을 오유(遨遊)하는 전설상의 신들을 묘사하면서 역사 속 환상의 난무(亂舞) 가운데 이 편 전반의 서술을 마친다. 우리들은 장자 붓끝의 이 분방괴기(奔放怪奇)한 구상에 주목해야 할 것이다.

「희위씨는 그것을 얻어 천지를 이었다〔狶韋氏得之, 以挈天地〕」-狶韋氏는 고대 전설상의 제왕으로, 《좌전左傳》이나 《국어國語》 등의 고전에 보이는 豕韋氏(시위씨)와 동일 인물일 것이다(마서륜馬敍倫의 설). 그가 하늘과 땅을 이었다는 신화의 주인공이 된 것도 이 도를 체득했기 때문이었다.

「복희는 그것을 얻어 기의 근원을 수중에 넣었다〔伏戱得之, 以襲氣母〕」-伏戱는 〈인간세편〉4-13의 伏羲와 같다. 그도 이 도를 체득함으로써 「기모(氣母)」(우주의 기의 근원)를 자기의 수중에 넣을 수 있었다(「襲」은 取와 같다).

「북두성은 그것을 얻어 영원토록 어긋나지 않으며〔維斗得之, 終古不忒〕」-북두성도 이 도를 체득하여 천고(千古)에 어긋남 없는 천체운행의 중심이 되었으며, 「일월은 그것을 얻어 영원토록 쉬지 않으며〔日月得之, 終古不息〕」-태양과 달도 이 도를 체득하여 영원히 쉼 없이 그 빛을 발하며, 「감배(堪坏)는 그것을 얻어 곤륜산에 들어갔으며〔堪坏得之, 以襲崑崙〕」-堪坏는 《회남자淮南子》에 보이는 欽負(흠부), 《산해경山海經》에 보이는 欽䲹(흠비)와 같을 것이다(마서륜의 설). 곤륜산에 산다는 전설상의 산신(山神)이다. 이 감배가 곤륜산을 다스리는 신으로서 산속으로 헤치고 들어간 것도(「襲」은 入과 같다) 도를 체득했기 때문이며, 「풍이는 그것을 얻어 대천에서 노닌다〔馮夷得之, 以遊大川〕」-馮夷도 《회남자》《산해경》(氷夷빙이로 되어 있음)《논형論衡》 등에 그 이름이 보이는 전설상의 수신(水神)이다.

그가 하수(河水)를 진압하는 신으로서 수저(水底)에 살기 위해 갔던 것도 이 도를 체득했기 때문이다.

「견오는 그것을 얻어 태산에 처하며〔肩吾得之, 以處大山〕」–肩吾는 〈소요유편〉1-11에 연숙(連叔)과의 문답이 보이고 다음의 〈응제왕편〉7-2에는 접여(接輿)와의 문답이 실려 있다. 옛 유도자(有道者)의 이름이다. 여기서는 산신으로 묘사되어 있다. 견오라는 전설적인 신도 이 도를 얻어 태산(大山)을 다스리며, 「황제는 그것을 얻어 운천에 올라갔다〔黃帝得之, 以登雲天〕」–황제도 이 도를 체득하여 신선이 되어 구름 저편의 하늘로 날아올라갔다. 黃帝는 중국 최고(最古)의 전설상의 제왕이다. 그가 신선이 되어 승천했다는 이야기는 《사기史記》〈봉선서封禪書〉 등에 자세히 실려 있다.[90]

「전욱은 그것을 얻어 현궁에 처한다〔顓頊得之, 以處玄宮〕」–顓頊은 황제의 손자로 알려진 고대 전설상의 제왕이다. 「현궁(玄宮)」 즉 검은 궁전에 거처하며 북방의 여러 나라를 지배했다고 한다.

「우강은 그것을 얻어 북극에 섰다〔禺强得之, 立乎北極〕」–禺强은 《산해경》에 「북해(北海) 가에 살며 얼굴은 사람이지만 몸은 새를 닮았고, 두 마리의 푸른 뱀을 귀에 걸고 두 마리의 푸른 뱀을 발로 밟고 있다」[91]라고 한 반인반수(半人半獸)의 신화적 인물이다. 여기에서는 북극 바다에 사는 해신(海神)으로 묘사되어 있다.

「서왕모는 그것을 얻어 소광산에 앉았다〔西王母得之, 坐乎少廣〕」–西王

---

90 新校本《史記》〈封禪書〉, 1394면. "黃帝采首山銅, 鑄鼎於荊山下. 鼎旣成, 有龍垂胡顊下迎黃帝. 黃帝上騎, 羣臣後宮從上者七十餘人, 龍乃上去. 餘小臣不得上, 乃悉持龍顊, 龍顊拔, 墮, 墮黃帝之弓. 百姓仰望黃帝旣上天, 乃抱其弓與胡顊號, 故後世因名其處曰鼎湖, 其弓曰烏號."

91 정재서 역주, 《산해경》, 민음사, 2004. 250면 참조.

母는 원래 현재의 아시리아 지방에 있던 나라 이름이었다고 한다. 이 머나먼 이국에 살던 사람이 어느덧 고대 중국의 판타지 속에서 반인반수의 요괴로 변하고 재차 곤륜산에 산다는 명모호치(明眸皓齒)의 아름다운 선녀가 된 듯하다. 여기서는 세계 서쪽 끝에 있다는 소광산(少廣山)에 사는 신선으로 되어 있다. 「그 시작을 알 수 없고 그 끝을 알 수 없다〔莫知其始, 莫知其終〕」–그녀는 불로불사(不老不死)의 신선으로서 삶도 죽음도 없는 영원한 시간을 살아갈 수 있었다.

「팽조는 그것을 얻어 위로는 유우에게 미치고 아래로는 오패에 미쳤다〔彭祖得之, 上及有虞, 下及五伯〕」–彭祖는 〈소요유편〉1-7에서 「장수한 것으로 유독 유명하다〔以久特聞〕」라고 한 옛 유도자(有道者)이다. 그는 도를 체득했기 때문에 위로 제순(帝舜)의 시대부터 아래로 춘추오패(春秋五覇)의 시대까지 장수할 수 있었다고 한다. 「有虞(유우)」는 순(舜)임금을 이른다. 「五伯(오패)」는 五覇와 같으며 춘추시대 다섯 명의 패자(覇者), 즉 제(齊)나라 환공(桓公)·진(晉)나라 문공(文公)·송(宋)나라 양공(襄公)·진(秦)나라 목공(穆公)·초(楚)나라 장왕(莊王)을 이른다.

「부열은 그것을 얻어 무정을 도와 천하를 모두 차지하고서는 동유(東維)를 타고 기미(箕尾)에 올라타 열성(列星)과 나란하게 되었다〔傅說得之, 以相武丁, 奄有天下, 乘東維, 騎箕尾, 而比於列星〕」–傅說은 옛 전설상의 현인(賢人)이다. 그는 은(殷)나라 제왕(帝王) 무정(武丁)(《논어》 등에 보이는 고종高宗[92]은 그의 호이다)을 도와 온 천하를 지배하였고, 사후에는 승천하여 동방

---

92 《論語》〈憲問〉14-43에 보인다. "자장(子張)이 말하였다. '《서경書經》에 이르기를 **고종(高宗)**이 양음(諒陰)에서 3년 동안 말하지 않았다 하니, 무엇을 말합니까?' 공자께서 말씀하셨다. '하필 **고종** 뿐이겠는가. 옛사람이 다 그러하였으니, 군주(君主)가 죽으면 백관(百官)들은 자기의 직책을 총괄하여 총재(冢宰)에게 〈명령을〉 듣

(東)을 담당하는(維) 별, 즉 기수(箕宿)와 미수(尾宿) 위에 올라타고서 밤하늘을 아로새기는 별 가운데 하나가 되었다.

이상 장자는 그의 이른바 도의 체득자, 도를 체득함으로써 신의 반열에 오를 수 있었던 10여 명의 신화적인 인물을 열거했다. 여기에서 우리들은 이 10여 명 가운데 신선으로서의 황제 및 서왕모·팽조 등의 이름이 보이는 데다, 그들의 신선성(神仙性)(불사등선不死登仙이나 불로장생)이 「도」를 체득함으로써 획득된다고 말한 점에 주목해야 할 것이다. 일반적으로 《장자》 내에는 신선적인 색채를 지닌 기술이 적지 않다. 〈소요유편〉1-11의 막고야(藐姑射) 산의 신인(神人)에 대한 묘사가 그것이며, 〈천지편〉의 「성인은 천 년을 살다가 세상이 싫어지면 속세를 떠나 선경으로 올라가 저 흰 구름을 타고서 제향에 이른다〔千歲厭世, 去而上僊, 乘彼白雲, 至于帝鄉〕」가 그것이며, 이곳의 「황제는 그것을 얻어 운천에 올라갔다〔黃帝得之, 以登雲天〕」도 그 중 하나이다. 그런데 이러한 신선에 관한 기술은 장자의 사상에 있어 본래 어떠한 의미를 지니는 것일까?

장자의 사상과 신선사상 사이에는 분명 몇몇 현저한 유사성이 존재한다. 신선이 본래 세속세계를 초월한 자이며, 장자에게 있어서의 절대자 또한 세속세계를 초월한 자라는 점에서 그러하다. 또 장자의 초월자가 시공을 초월한 절대자유한 세계를 소요하고 비상하는 것처럼, 신선도 그 신통력으로 공중을 마음대로 비상하고 모든 시간을 그 외부에서 초극하고 있다는 점에서도 그러하다. 게다가 장자의 절대자가 인간의 모든 슬픔과 두려움과 탄식을 초극하는 존재인 것과 마찬가지로 신선도 인간의 가장 큰 슬픔과

기를 3년 동안 하였다.'〔子張曰 : 「書云 : 『高宗諒陰, 三年不言.』 何謂也?」 子曰 : 「何必高宗, 古之人皆然. 君薨, 百官總己以聽於冢宰三年.」〕"

두려움(늙음과 죽음)을 초극하는 존재라는 점에서도 그러하다.

그러나 이러한 몇몇 유사성에도 불구하고 장자적 절대자와 신선 사이에는 간과할 수 없는 한 가지 근본적인 차이가 있다. 그것은 신선이 인간의 시간에 대한 탄식, 즉 늙음과 죽음을 연장하고 확대하여 극복하려고 하는 것에 반해, 장자적 절대자는 시간 그 자체를 초극하려고 한다는 점이다. 시간 그 자체를 초극한다는 것은 유한을 무한으로 만드는 것이 아니라, 유한 그 자체 속에서 무한을 발견해나가는 것이며 유한과 무한을 그 대립의 근원에서 하나로 관조(觀照)해나가는 것이다. 더 구체적으로 말하자면 「일찍 죽는 것도 좋다고 여기고 오래 사는 것도 좋다고 여기는〔善夭善老〕」(6-9) 것이며, 「마음속에 시간을 만들어내는〔生時乎心〕」(5-7) 것이다. 신선은 이 삶의 무한한 계속을 갈망한다는 점에서 여전히 삶에 집착한다. 장자는 그 집착 또한 미망으로 여겨 물리치는 것이다. 몇 가지의 유사점에도 불구하고, 여기에는 양자 사이에 놓인 사상으로서의 무한한 거리가 존재한다.

그렇지만 장자는 신선의 초월성을 사랑한다. 바람을 들이키고 안개를 마시며 그 자태의 부드럽기가 늘 처녀와도 같은 청순함, 그리고 지상의 추한 **북적거림**으로부터 하늘 저편으로 비상하여 인간의 헐떡거림을 흰 구름 저편에서 홍소(哄笑)하는 그 탈속을 사랑한다. 장자에게 있어 신선이란 바로 그의 드높은 초월의 상징인 것이다. 그리고 장자가 「황제는 도를 얻어 등선하였고, 팽조는 도를 얻어 장수하였다」라고 말할 때, 그는 황제와 팽조에게서 그 불로장생을 동경하고 있는 것이 아니라, 모든 시간과 공간을 자신 속에 끌어안고 초월하는 도의 위대함을 상징적으로 말하고 있는 것에 지나지 않는다.

6-12

南伯子葵問乎女偊曰：「子之年長矣，而色若孺子，何也?」曰：「吾聞道矣.」南伯子葵曰：「道可得學邪?」曰：「惡! 惡可! 子非其人也. 夫卜梁倚有聖人之才，而無聖人之道，我有聖人之道，而無聖人之才，吾欲以教之，庶幾其果爲聖人乎! 不然，以聖人之道，告聖人之才，亦易矣. 吾猶守而告之，參日而後能外天下；已外天下矣，吾又守之，七日而後能外物；已外物矣，吾又守之，九日而後能外生；已外生矣，而後能朝徹；朝徹而後能見獨；見獨而後能無古今；無古今而後能入於不死不生. 殺生者不死，生生者不生. 其爲物，無不將也，無不迎也；無不毁也，無不成也. 其名爲攖寧，攖寧也者，攖而後成者也.」

남백자규(南伯子葵)가 여우(女偊)에게 물었다. "그대는 나이가 많은데도 얼굴빛은 마치 어린아이(孺子)와 같으니 어째서입니까?"
〔여우가〕 말하였다. "나는 도(道)를 들었습니다."
남백자규가 말하였다. "도(道)는 배울 수 있습니까?"
〔여우가〕 말하였다. "아, 어찌 되겠습니까? 그대는 그런 사람이 못됩니다. 복량기(卜梁倚)는 성인(聖人)의 재(才)는 있지만 성인의 도(道)가 없고, 나는 성인의 도(道)는 있지만 성인의 재(才)가 없었습니다. 나는 그를 가르치려고 하였지만, 바라건대(庶幾) 그가 과연 성인이 될 수 있을지. 그렇지 않다면, 성인의 도(道)를 성인의 재(才)에게 일러주는 것은 또한 쉽습니다. 〔그렇지만〕 내가 여전히 신중하게(守) 일러주었더니 3일이 지난 이후에 천하를 잊을(外) 수 있었습니다. 이미 천하를 잊자 내가 또 신중히 일러주었더니 7일이 지난 이후에 물(物)을 잊을 수 있었습니다. 이미 물(物)을 잊자 내가 또 신중히 일러주었더니 9일이 지난 이후에 삶을 잊을 수 있었습니다. 이미 삶을 잊은 이후에는 아침햇살처럼 깨달을(朝徹) 수 있었고, 아침햇살처럼 깨달은 이후에는 단 하나인 것을 볼(見獨) 수 있었고, 단 하나인 것을 본 이후에

는 고금(古今)이 없어질 수 있었고, 고금이 없어진 이후에는 불사불생(不死不生)에 들어갈 수 있었습니다. 산 것을 죽이는 것은 죽지 않고, 산 것을 생(生)하는 것은 생성되지 않습니다. 그 물(物)됨은 보내지 않는 것이 없고 맞이하지 않는 것이 없으며, 허물지 않는 것이 없고 이루지 않는 것이 없습니다. 그 이름을 영녕(攖寧)이라 합니다. 영녕이라는 것은 뒤엉킨 이후에 이루는 것입니다."

葵-해바라기 규. 偊-혼자 걸을 우. 孺-젖먹이 유. 倚-기댈 의, 이름 기. 參-석 삼. 徹-통할 철. 將-보낼 장. 攖-묶을 영, 얽힐 영. 寧-편안할 녕.

- 卜梁倚는 '복량기'라 읽는다. 발음은 저자에 따랐다.
- 저자는 吾猶守而告之의 守를 '삼가다'로 풀었다. 직역하자면 '내가 여전히 삼가 일러주었다' 정도이다. '신중하게 일러주었다'는 의미이다.
- 參日而後能外天下의 外는 '밖으로 여기다', 즉 '잊다'라는 의미이다.

이상 「진인」 및 진인의 「진(眞)」(도)의 위대함을 찬미해온 장자는 이것을 〈대종사편〉의 머리말로 삼아 이 뒤에 7개의 문답형식의 설화를 덧붙이고, 이 문답들에 의탁하여 상술한 주장을 한층 구체적이고 평이하게 설명한다.

첫 번째 설화.

여기서는 우선 남백자규(南伯子葵)와 여우(女偊)의 문답을 빌어 도를 체득(절대세계로 참입參入)하는 실천적 과정을 이야기한다. 이른바 「영녕(攖寧)」이 그 실천의 궁극적 경지이다. 이 말은 이 문답 전체의 핵심이라고도 볼 수 있을 것이다. 남백자규는 〈제물론편〉의 첫머리에서 보았던 남백자기(南伯子綦)와 동일 인물로, 초(楚)나라의 철학자이다. 여우(女偊)는 여자(女) 꼽추(偊)라는 의미인데, 여기에서는 도의 체득자로 묘사되어 있다.

어느날 남백자규라는 철학자가 여우라는 유도자(有道者)에게 물었다.

– 당신은 이미 상당한 나이인데도 얼굴빛은 마치 어린아이처럼 생생하군요. 무언가 비결이라도 있는 겁니까?

그러자 여우가 답하였다.

– 도를 들었기 때문입니다.

– 그렇다면 나 같은 사람도 도를 배울 수 있겠습니까?

– 아, 도저히 안 됩니다. 당신은 그런 그릇이 못됩니다.

여우는 남백자규의 질문을 **매정하게** 물리치고, 그 대신 복량기(卜梁倚)라는 사람에 대한 이야기를 꺼내었다.

복량기라는 사람은 당신 같은 사람과는 달리 몹시 총명하며 성인의 재지(才知)를 갖춘 사람입니다만, 애석하게도 그는 「성인의 도가 없었습니다〔無聖人之道〕」–인간의 재지를 초월한 실재 그 자체에 참입하는 경지에는 아직 도달하지 못했습니다. 그래서 그와 같은 「재(才)」를 지니지 않았으나 「도(道)」를 체득한 나는, 아무쪼록 그를 가르쳐 성인의 도를 체득하게 해야겠다고 생각했던 것입니다. 「바라건대 그가 과연 성인이 될 수 있을지〔庶幾其果爲聖人乎〕」–그가 과연 재(才)와 덕(德)을 고루 갖춘 성인이 될 수 있을지 어떨지, 기대는 했습니다만 자신은 없었습니다. 「그렇지 않다면〔不然〕」–만약 걱정할 것 없이 그것이 가능하다고 하다면, 「성인의 도를 성인의 재에게 일러주는 것은 또한 쉽습니다〔以聖人之道, 告聖人之才, 亦易矣〕」–성인의 덕을 갖춘 내가 성인의 재를 갖춘 그를 가르치는 것이므로 그다지 곤란하지도 않을 거라고 생각했습니다. 그렇지만 나는 여전히 신중을 기하여 그를 가르쳤습니다. 그랬더니 3일 정도 지나자 그는 우선 이 세계의 존재를 잊는 경지에 도달하였고, 다시 신중하게 가르쳐 7일 정도 지나자 이번에는 우주만물의 존재를 잊는 경지에 도달하였고, 다시 신중하게 가르쳐 9일 정도 지나자 이번에는 자기의 존재 그 자체를 잊는 경지에

도달했습니다.

그리고 일단 자기 자신의 존재마저 잊은 무아(無我)의 경지에 도달하자, 그 이후로는 「조철(朝徹)」-아침햇살이 새벽의 어둠을 꿰뚫는 듯한 활연대오(豁然大悟)의 경지에 섰고, 또 「견독(見獨)」-유일절대의 진리에 눈 뜨는 경지에 섰고, 또 옛날이라거나 지금이라는 시간에 대한 의식이 사라진 경지에 섰고, 마지막에는 삶도 죽음도 없는 절대세계에 참입할 수 있었습니다.

그런데 「산 것을 죽이는 것은 죽지 않고, 산 것을 생성하는 것은 생성되지 않습니다〔殺生者不死, 生生者不生〕」-대개 모든 존재를 사멸시키는 것은 그 자신이 사멸하는 것이 될 수 없고, 모든 존재를 생성시키는 것은 그 자신이 생성을 초월한 것이어야만 합니다. 일체만물의 생성과 사멸을 초월하여 그 자신은 생하지도 죽지도 않는 것만이 만물을 생할 수도 멸할 수도 있습니다. 도라는 것은 이처럼 스스로는 불생불사(不生不死)하면서도 일체만물을 생멸시키는 우주의 근원적인 이법인 것입니다.

「그 물(物)됨은 보내지 않는 것이 없고 맞이하지 않는 것이 없으며〔其爲物, 無不將也, 無不迎也〕」-도란 이러한 것이기 때문에, 일체만물의 생멸거래(生滅去來), 성훼존망(成毁存亡)을 그대로 품고서 소멸해 없어지는 모든 것을 보내고 생성되어 나오는 모든 것을 맞아들이며, 「허물지 않는 것이 없고 이루지 않는 것이 없습니다〔無不毁也, 無不成也〕」-일체를 파괴하고 일체를 생성시킵니다. 그리고 이러한 도와 하나가 된 경지, 그것을 영녕(攖寧)이라고 부릅니다만, 영녕(攖寧)이란 뒤엉키어 이루다, 즉 불생불사(不生不死)의 도와 자기가 서로 포옹하여 하나가 된 경지인 것입니다.

여기에서 우리는 장자의 이른바 영녕(攖寧)에 대해 그 의미를 좀 더 고찰해 보도록 하자. 영녕이란 장자 자신이 정의내리고 있듯이, 자기와 도가 서로 **얽히고** 포옹하여 하나가 된 경지이다. 이 경우의 자기란 「물(物)을 잊고 삶을 잊은」 자기, 단순한 개체적 소아(小我)의 심신(心身) 모두를 타실(打失)하여 우주적 대아(大我)(자아 일반이라고도 할 수 있는 것)로 순수화(純粹化)된 자기이며, 도란 생멸변화하는 실재 그 자체이다. 때문에 자기와 도가 포옹하여 하나가 된 경지라는 것은 만상의 생멸변화를 생멸변화로서 순수관조하는 입장, 즉 〈인간세편〉4-11에서 이른바 「빈 채로 물(物)을 받아들이는〔虛而待物〕」 경지, 〈제물론편〉2-19에서 이른바 「만물도 나와 하나인〔萬物與我爲一〕」 경지인 것이다. 「조철(朝徹)」이라든지 「견독(見獨)」이라는 것도, 요컨대 이 우주적 자아를 순수 관조하는 입장을 나타내는 말이며, 그것은 또한 〈제물론편〉에서 남곽자기(南郭子綦)가 「나는 나 자신을 잊고 천뢰(天籟)를 듣는다」라고 한 순수관조와 같은 경지일 것이다. 그 경지에서는 고금(古今)도 사생(死生)도 없이 모든 생멸변화를 품고서 영겁의 시간과 무한의 공간을 자발자전(自發自展)해 나가는 도(변화의 흐름 그 자체)를, 그것과 명합(冥合)함으로써 자기 속에 **꼭** 껴안을 수 있다. 그 경지에서는 자기에게 껴안긴 도가 불생불사(不生不死)인 동시에, 도를 껴안은 자기 자신도 불생불사이어야만 한다. 자기가 도를 껴안고 도가 자기를 품은, 「멍하니 짝을 잃어버린」(2-1) 경지가 영녕(攖寧)인 것이다. 요컨대 영녕이란 바로 장자의 절대세계이며, 그의 해탈인 것이다. 장자는 이 해탈을 여기에서는 남백자규에게 대답하는 여우의 말로 설명하고 있는 것이다.

6-13

南伯子葵曰 : 「子獨惡乎聞之?」 曰 : 「聞諸副墨之子, 副墨之子, 聞諸洛誦之孫, 洛誦之孫, 聞之瞻明, 瞻明聞之聶許, 聶許聞之需役, 需役聞之於謳, 於謳聞之玄冥, 玄冥聞之參寥, 參寥聞之疑始.」

남백자규(南伯子葵)가 말하였다. "그대는 홀로 어디에서 그것을 들었습니까?"
〔여우(女偊)가〕 말하였다. "〔나는〕 그것을 부묵(副墨)의 아들에게서 들었고, 부묵의 아들은 그것을 낙송(洛誦)의 손자에게서 들었고, 낙송의 손자는 그것을 첨명(瞻明)에게서 들었고, 첨명은 그것을 섭허(聶許)에게서 들었고, 섭허는 그것을 수역(需役)에게서 들었고, 수역은 그것을 오구(於謳)에게서 들었고, 오구는 그것을 현명(玄冥)에게서 들었고, 현명은 그것을 참료(參寥)에게서 들었고, 참료는 그것을 의시(疑始)에게서 들었습니다."

副-버금 부. 洛-강의 이름 낙. 瞻-볼 첨. 聶-소곤거릴 섭(囁). 需-구할 수. 於-탄식 오. 謳-노래할 구. 冥-어두울 명. 寥-빌 료, 고요할 료. 疑-빗댈 의(擬).

• 부묵(副墨) 이하 의인화된 표현은 아래 저자의 설명 참조 바람.

여우(女偊)에게서 장자적 절대자의 해탈(영녕攖寧)에 관한 이야기를 들은 남백자규(南伯子葵)가 다음과 같이 물었다.

– 대체 그대는 어디에서 그런 심원한 철리(哲理)를 배울 수 있었습니까?

그러자 여우(女偊)가 답하였다.

– 내가 처음 그것을 배운 것은 「부묵(副墨)의 아들」 즉 문헌(文獻)입니다만, 문헌은 그것을 반복해서(洛) 송독(誦讀)하는 가운데 「첨명(瞻明)」 즉 환한 이해에 도달하고, 환한 이해에 도달하면 「섭허(聶許)」 즉 '과연 그렇군'하고 속삭이며 납득하는 경지에 도달하고, 그 납득이 「수역(需役)」 즉 실천적 시도에 의해 뒷받침되면, 거기에서 「오구(於謳)」 즉 환희의 탄성이 나오고, 그 영탄(詠歎)은 또 「현명(玄冥)」 즉 진리 그 자체와 오묘한 명합(冥合)이 되고, 그 명합은 다시금 「참료(參寥)」 즉 '고요하고(寥) 적막한(寂)' 실재 그 자체로의 참입(參入)이 되고, 그 참입은 결국 「의시(疑始)」

즉 우주의 근원에 비길(疑=擬) 수 있는 도와 자기의 포옹, 즉 「영녕(攖寧)」이 되는 것입니다. 절대자의 해탈이란 것은 이처럼 어려운 것입니다. 내가 처음 「그대는 그런 사람이 못됩니다〔子非其人也〕」라고 한 것도 결코 헛소리가 아닌 것입니다.

여기에서는 절대세계로의 오입(悟入)이 극히 경험적인 입장에서 서술되어 있다. 주지하는 바와 같이 근세의 중국철학에서는 주자(朱子)의 경험주의와 왕양명(王陽明)의 직관주의가 대립하고, 중국선(中國禪)에서도 점수(漸修)와 돈오(頓悟)가 대립한다. 그런데 여기에 서술되어 있는 해탈론은 명백히 왕양명적이라기보다는 주자적이고, 돈오적이라기보다는 점수적이다. 그리고 이러한 경험주의·점수주의가 장자 본래의 사상인가 아닌가, 다시 말해 이 부분의 기술이 원시《장자》 텍스트에 있었던 것인가 아닌가에 관하여는 많은 문제가 남아있지만(나는 오히려 부정적이지만), 어쨌건 간에 이 글이 중국에서의 해탈론의 경험주의적 입장의 한 원형(原型)을 이루는 것이라는 사실은 충분히 주목해야 할 것이다.

본문의 「副墨之子」의 「副」는 시중꾼·보조자라는 뜻이고 「墨」은 翰墨(한묵)의 뜻으로, 도를 전하는 수단으로서의 문자·문헌을 이른다. 「子」라고 한 것은 도를 아버지로 보고 도를 기록하는 문자문헌을 아들이라고 말한 것이다. 「洛誦」의 「洛」은 絡(락)과 같으며, **'잇다'**·'반복하다'라는 뜻이다. 「孫」이라고 한 것은 문헌을 아들로 보고 문헌을 송독하는 것을 손자라고 말한 것 같다. 「瞻明」은 환히 본다는 뜻이다. 「聶許」의 「聶」은 囁(섭)과 같으며 **속삭이다**라는 뜻이고, 「許」는 '납득하다'·'이해하다'라는 뜻이다. 「需役」은 실행(役)에 의존하다(需), '실천으로 검증하다'라는 뜻이고, 「於謳」는 영탄하는 것을 이른다. 「參寥」의 「寥」는《노자》(제25장)에 「寂兮寥兮〔적막하고 고요하다〕」[93]라 할 때의 寥이며, 도를 형용한 말이다. 「疑

始」의 「疑」는 擬(비기다)와 같으며, 「始」는 만물의 시작, 즉 도를 이른다. 擬라고 말한 것은 道가 형상개념(形象槪念)의 지각적 파악을 초월해 있다는 것을 나타내기 위해서이다.

또 「副墨」「洛誦」부터 「參寥」「疑始」에 이르는 해탈의 과정이, 여기에서는 의인화되어 도를 전하는 사제(師弟)의 계보로 서술되어 있는데, 이것도 훗날 송학(宋學) 등에서 떠들썩하게 이야기하는 '도통(道統)' 사상의 한 원류로 볼 수 있을 것이다. 덧붙이자면 「參寥(참료)」는 후세에 도사(道士)의 호(號) 등에 자주 사용되었으며, 당(唐)의 시인 이백(李白)과 교유했던 도사 참료자(參寥子)(성명姓名은 자세하지 않다), 송대(宋代)의 《참료전집參寥全集》의 저자인 스님 도잠(釋道潛)(참료자參寥子는 별호이다) 등이 특히 유명하다.

---

93 《노자》제25장 "有物混成, 先天地生, **寂兮寥兮**, 獨立不改, 周行而不殆, 可以爲天下母."

6-14

子祀·子輿·子犁·子來四人, 相與語曰 :「孰能以無爲首, 以生爲脊, 以死爲尻, 孰知死生存亡之一體者, 吾與之友矣.」 四人相視而笑, 莫逆於心, 遂相與爲友.

자사(子祀) · 자여(子輿) · 자리(子犁) · 자래(子來) 네 사람이 함께 이야기를 나누었다. "누가 무(無)를 머리로 삼고, 삶을 등뼈로 삼고, 죽음을 꽁무니로 삼을 수 있으며, 누가 사생존망(死生存亡)이 한 몸임을 알까? 나는 그와 벗하고 싶다."
네 사람이 서로 바라보며 웃고 마음에 거슬림이 없더니, 마침내 서로 벗이 되었다.

犁-얼룩소 리. 脊-등뼈 척. 尻-꽁무니 고.

두 번째 설화.

여기에서는 자사(子祀)·자여(子輿)·자리(子犁)·자래(子來) 네 사람을 무대에 올려놓고 그들의 문답에 의탁하여 죽음과 삶이 결국 하나이며 죽음을 두려워하고 슬퍼하는 것이 완전히 미망(迷妄)에 지나지 않음을 밝힌다. 이 설화는 《장자》 각 편의 설화 가운데에서도 특히 유머러스한 필치로 묘사되어 있고 서술도 경쾌하여 행간에 장자적 기지와 표일(飄逸)이 넘쳐나는 통쾌한 문장이다.

「무(無)를 머리로 삼고, 삶을 등뼈로 삼고, 죽음을 꽁무니로 삼는다〔以無爲首, 以生爲脊, 以死爲尻〕」는 장자 특유의 기괴에 찬 비유이다. 이 구절은 유(有)와 무(無), 생(生)과 사(死)의 대립과 모순을 머리·등뼈·꽁무니라는 일신동체(一身同體)로 간주한다는 의미이다. 「마음에 거슬림이 없다〔莫

逆於心〕」라는 것은, 서로 마음속으로 수긍한다는 의미이다('막역莫逆한 벗'이라는 말은 이 문장에 근거한다). 그들 네 사람은 얼굴을 마주보며 미소 짓는 가운데 서로의 마음을 알아차리고서는 아무 말 없이 의기투합하여 벗이 되었다는 것이다.

6-15

俄而子輿有病, 子祀往問之. 曰:「偉哉, 夫造物者! 將以予爲此拘拘也. 曲僂發背, 上有五管, 頤隱於齊, 肩高於頂, 句贅指天, 陰陽之氣有沴.」 其心閒而無事, 跰𨇤而鑑于井曰:「嗟乎! 夫造物者, 又將以予爲此拘拘也!」

갑자기 자여(子輿)가 병에 걸려 자사(子祀)가 가서 문병(問)을 했더니, 〔자여가〕 말하였다. "위대하구나, 저 조물자는! 나를 이처럼 구부러지게 하려는구나. 등에 곱사등(曲僂)이 생겨 오장(五管)은 위에 있고, 턱은 배꼽(齊=臍)에 가려졌고, 어깨는 정수리보다 높고, 상투(句贅)는 하늘을 가리키는구나. 음양(陰陽)의 기(氣)가 어긋났구나." 〔하지만〕 그 마음은 평온하여(閒=閑) 아무 일도 없었다. 비틀대며 걸어가 우물에 〔제 모습을〕 비춰보더니 말하였다. "아! 저 조물자는 또 나를 이처럼 구부러지게 하려는구나."

俄-갑자기 아. 拘-굽을 구. 僂-곱사등 루. 贅-혹 췌. 沴-흐트러질 려. 跰-비틀거릴 변. 𨇤-비틀거릴 선. 嗟-탄식할 차.

「拘拘(구구)」는 몸이 구부러져 있는 모양이다. 「오장은 위에 있고, 턱은 배꼽에 가려 있고, 어깨는 정수리보다 높고, 상투는 하늘을 가리킨다〔上有五管, 頤隱於齊, 肩高於頂, 句贅指天〕」는, 〈인간세편〉4-28에서 지리소라는 꼽추를 묘사했던 표현을 그대로 이곳에서 빌려다 쓴 것이다. 「句贅(구췌)」는 〈인간세편〉4-28의 會撮(괄촬)과 같이 상투를 이른다고도 하며, 목덜미의 혹이라고도 한다. 「跰𨇤(변선)」은 비틀대며 걷는 모양이다.

한편, 막역한 벗이 된 자사(子祀)·자여(子輿)·자리(子犁)·자래(子來) 네 사람 가운데 자여가 갑자기 병상에 누웠다. 그래서 자사가 문병을 가자, 자여가 말하였다.

– 참으로 위대하구나, 저 조물주란 자는! 내 몸을 이처럼 구부러지게 했구나. 등에 곱사등이 생겨 오장(五臟)은 위로 뻗쳤고, 턱은 배꼽 근처에 가려졌고, 어깨는 **정수리**보다도 높고, 상투는 하늘을 가리키니 정말 영락없는 꼽추의 모양새구나. 음양의 기(氣)가 장난질하기 때문이지.

그는 그다지 당황하지도 않고 전혀 아무렇지도 않다는 얼굴을 하고서 서서히 발을 질질 끌면서 우물가로 몸을 옮겼다. 그리고 수면에 비치는 자신의 모습을 살펴보면서 다시 한 번 반복하였다.

– 아! 나를 만든 조물주가 이번에는 내 몸을 확 휘어서 꼽추가 되게 하려는구나.

6-16

子祀曰:「女惡之乎?」 曰:「亡, 予何惡? 浸假而化予之左臂以爲雞, 予因以求時夜; 浸假而化予之右臂以爲彈, 予因以求鴞炙; 浸假而化予之尻以爲輪, 以神爲馬, 予因而乘之, 豈更駕哉! 且夫得者時也, 失者順也; 安時而處順, 哀樂不能入也. 此古之所謂縣解也, 而不能自解者, 物有結之. 且夫物不勝天, 久矣, 吾又何惡焉!」

자사(子祀)가 말하였다. "자네는 그것이 싫은가?"

자여(子輿)가 말하였다. "아니야, 내가 어찌 싫어하겠나? 차츰(浸) 진행하여(假=格) 내 왼팔을 변화시켜 닭이 되게 한다면 나는 그것을 따라(因) 새벽을 알릴 것(時夜)을 구할 것이고, 차츰 진행하여 내 오른팔을 변화시켜 탄환이 되게 한다면 나는 그것을 따라 새 구이를 구할 것이고, 차츰 진행하여 내 꽁무니를 변화시켜 수레가 되게 하고 정신을 말이 되게 한다면 나는 그것을 따라 탈 것이니, 어찌 다시 수레가 필요하겠는가? 또 〔생명을〕 얻는 것은 때〔를 만나는 것〕이고, 잃는 것은 〔운명을〕 따르는 것이다. 때를 편안히 여기고 〔운명을〕 편안히 따른다면 슬픔도 즐거움도 끼어들지 못할 것이다. 이것이 옛날의 이른바 '속박에서 풀려남(縣解)'이라는 것이다. 그런데도 스스로 풀려나지 못하는 것은 물(物)이 묶어놓고 있기 때문이다. 또한 물(物)이 하늘(天)을 이기지 못함이 오래되었으니, 내가 또 어찌 싫어하겠는가?"

惡-미워할 오. 亡-없을 무(無). 浸-차츰 침. 假-이를 격. 臂-팔 비. 彈-탄알 탄. 鴞-올빼미 효. 炙-구울 적. 尻-꽁무니 고. 輪-바퀴 륜. 駕-멍에 가. 縣-매달 현.

- 求時夜는 〈제물론편〉2-30에도 나오는 표현이다. 時夜가 '닭' 자체를 의미하기도 하고 司晨報曉(사신보효)라고 하여 '닭이 새벽을 알리는 것'을 의미하기도 한다.
- 豈更駕哉 : '어찌 다시 멍에 하겠는가'로 직역된다. 駕는 수레에 '멍에 하다'라는 의미이다. '다른 탈 것이 필요없다'는 의미이다. 번역은 저자의 의역에 따라 옮겼다.

「浸假(침격)」은 '차츰(浸) 이르다(假=格)', 즉 차츰 심하게 되는 것이다. 더욱 병세가 악화되어 내 왼팔이 닭이 된다 하더라도 훌륭하지 않겠는가? 달게 닭이 되어 한 번 소리 높여 새벽을 알려 주어야지. 또 만약 내 오른팔이 변해서 탄환이 된다 하더라도, 달게 탄환이 되어 새라도 잡아서 새 구이를 만들어 먹으면 좋지 않겠는가? 수레가 된다면 그 수레를 타고, 말이 된다면 그 말을 수레에 멍에 할 것이다. 주어진 모든 운명을 자기의 운명으로 여겨 그 운명을 적극적으로 사랑하고 그 운명과 즐거이 놀아야겠다는 의미이다.

「또 생명을 얻는 것은 때를 만나는 것이고, 잃는 것은 운명을 따르는 것이다. 때를 편안히 여기고 운명을 편안히 따른다면 슬픔도 즐거움도 끼어들지 못할 것이다. 이것이 옛날의 이른바 '속박에서 풀려남'이라는 것이다〔得者時也, 失者順也, 安時而處順, 哀樂不能入也. 此古之所謂縣解也〕」는 〈양생주편〉3-7의 말을 그대로 쓴 것이다.[94] 「그런데도 스스로 풀려나지 못하는 것은 물(物)이 묶어놓고 있기 때문이다〔而不能自解者, 物有結之〕」 –자기에게 주어진 현재가 득이건 실이건 화이건 복이건, 혹은 또 그것이 죽음이라 하더라도, 그 주어진 현재를 자기의 현재로서 늠름하게 살아나가는 곳에는 슬픔도 두려움도 탄식도 무너뜨릴 수 없는 평온한 자기가 있다. 인간정신의 진정한 해방(현해縣解)이란 모든 것을 늠름히 긍정해 나가는 이러한 정신의 자유를 일컫는 것이 아니겠는가? 그럼에도 불구하고 세속 사람들은 삶에 집착하고 죽음을 두려워하여 본래 평온해야 할 생명의 자연을 자기 스스로 꽁꽁 묶고서 구제할 수 없는 절망과 슬픔과 두려움 속에서 헐떡이고 있다. 그들의 광조(狂躁)와 미혹, 그것은 모두 그들 마음이 「물(物)에 묶여있기」 때문(외부의 대상에 견고히 얽매어 있기 때문)이 아닐까?

「또한 물(物)이 하늘을 이기지 못함이 오래되었으니, 내가 또 어찌 싫어하겠는가〔且夫物不勝天, 久矣, 吾又何惡焉〕」–게다가 대개 만물이 아무리 발버둥 쳐도 자기를 지배하는 자연의 이법(천天)을 이겨내지 못한다는 사실은 먼 옛날부터의 진리인 것이다. 때문에 나는 이처럼 아무리 발버둥 쳐도 벗어날 수 없는 자연의 이법(천天)을 자기의 운명으로 여겨 그저 순순히

---

94 저자가 말한 〈양생주편〉3-7의 문장은 다음과 같다. "때마침 이 세상에 온 것은 선생이 때를 만났기 때문이고, 때마침 이 세상을 떠난 것은 선생이 운명을 따른 것일 뿐이다. 때를 편안히 여기고 운명을 편안히 따른다면 슬픔도 즐거움도 끼어들지 못할 것이다. 옛날에는 이를 일러 '천제의 속박에서 풀려남'이라고 하였다〔適來, 夫子時也; 適去, 夫子順也. 安時而處順, 哀樂不能入也, 古者謂是帝之縣解〕."

그것에 따르고, 그것을 주어진 현재로 여기고 사랑해나갈 뿐이다. 어찌 싫어하는 일 따위가 있을 수 있겠는가?

6-17

俄而子來有病, 喘喘然將死, 其妻子環而泣之. 子犁往問之曰 :「叱! 避! 無怛化.」倚其戶, 與之語曰 :「偉哉造化! 又將奚以汝爲, 將奚以汝適? 以汝爲鼠肝乎? 以汝爲蟲臂乎?」 子來曰 :「父母於子, 東西南北, 唯命之從. 陰陽於人, 不翅於父母; 彼近吾死而我不聽, 我則悍矣, 彼何罪焉! 夫大塊載我以形, 勞我以生, 佚我以老, 息我以死. 故善吾生者, 乃所以善吾死也. 今大冶鑄金, 金踊躍曰『我且必爲鏌鋣』, 大冶必以爲不祥之金. 今一犯人之形, 而曰『人耳人耳』, 夫造化者必以爲不祥之人. 今一以天地爲大鑪, 以造化爲大冶, 惡乎往而不可哉! 成然寐, 蘧然覺.」

갑자기 자래(子來)가 병에 걸려 괴로이 헐떡이며(喘喘然) 장차 죽으려 하자, 그 처자식이 〔그를〕 둘러싸고 울고 있었다. 자리(子犁)가 가서 문병하며 말하였다. “쉿, 물러들 가시오! 화(化)를 놀라게 하지 마시오.” 그 문에 기대어 자래(之)에게 말하였다. “위대하구나, 조화(造化)란 것은! 또 자네를 무엇으로 만들려 하며, 자네를 어디로 가게 하려는 걸까? 자네를 쥐의 간으로 만들려는 걸까? 자네를 벌레의 다리로 만들려는 걸까?”

자래가 말하였다. “부모가 자식에게 동서남북 어디로 가게 하든 오로지 명령을 따라야 하는 것이다. 음양(陰陽)은 사람에게 부모와 같을 뿐만이 아니다. 그가 나를 죽음에 가까이 가게 하는데 내가 듣지 않는다면, 내가 버릇없는 것이지 그에게 무슨 죄가 있겠는가? 천지(大塊)는 형체(形)로 나를 실어주고, 삶으로 나를 수고롭게 하고, 늙음으로 나를 편안하게 하고, 죽음으로 나를 쉬게 한다. 까닭에 내 삶을 좋다고 여기는 것은, 곧 내 죽음을 좋다고 여기는 것이다. 지금 솜씨 좋은 대장장이가 쇠붙이를 주조하는데 쇠붙이가 뛰어올라 '나는 반드시 막야(鏌鋣)가 되어야겠다'라고 한다면, 솜씨 좋은 대장장이는 필시 불길한 쇠붙이로 여길 것이다. 지금 한 번 사람의 형체를 범(犯)하여서는 '사람으로만 사람으로만 있겠다'라고 한다면 저 조화자(造化者)는 필시 불길한 사람으로 여길 것이다. 지금 한 번 천지를 커다란 화로로 여기고 조화(造化)를 솜씨 좋은 대장장이로 여긴다면, 어디를 간들 좋지 않겠는가? 편안히(成然) 잠들었다가 퍼뜩(蘧然) 깨어나는 것이다."

俄–갑자기 아. 喘–헐떡거릴 천. 環–두를 환. 犁–얼룩소 리. 叱–꾸짖을 질. 怛–놀랄 달. 倚–기댈 의. 奚–무엇 해, 어디 해. 鼠–쥐 서. 翅–다만 시. 悍–사나울 한. 佚–편안할 일. 冶–대장장이 야. 鑄–주조할 주. 踊–뛸 용. 躍–뛸 약. 鏌–칼 이름 막. 鋣–칼 이름 야. 祥–상서로울 상. 鑪–화로 로. 蘧–놀랄 거.

- 父母於子, 東西南北, 唯命之從 : 저자는 '부모는 자식에 대해 동서든 남북이든 오로지 명령함에 이에 따라야 한다'로 풀었다. 번역에서는 풀어서 반영하였다.
- 悍은 '사납다', '고집이 세다'의 의미이다. 저자는 '제멋대로 하다', '방자하다'로 풀었다.
- 저자는 大冶를 '솜씨 좋은 대장장이', '훌륭한 대장장이'로 풀었다.

한편, 자여(子輿)가 곱사병에 걸려 우물가에서 비틀거리며 자기의 운명을 홍소(哄笑)하고 있을 때, 이번에는 네 사람 가운데 자래(子來)가 갑자기 병에 걸려 「괴로이 헐떡이며 장차 죽으려 하였다〔喘喘然將死〕」–끊어질 듯 끊어질 듯 숨도 간신히 내쉬며 금세라도 죽을 듯했다. 처자식은 그의 머리맡을 둘러싸고 엉엉 울부짖고 있었다. 그곳에 자리(子犁)가 병문안을 왔다. 그는 흐느껴 울고 있는 가족들에게 「쉿」 하는 소리로 제지시키고는,

– 자, 물러들 가시오. 위대한 전생(轉生)의 때를 방해하지 마시오.

하며 그들을 방 밖으로 쫓아내면서 문에 기대어 병상에 누운 자래와 단둘이 이야기하기 시작했다.

– 위대하기도 하구나, 조화의 힘은! 자네를 이 세상에 내더니, 이번에는 무엇으로 변화시키려 하며, 어디로 끌고 가려는 것일까? 자네를 쥐의 간으로라도 만들려는 것일까? 아니면 벌레의 다리로라도 만들 작정인 것일까?

– 무엇이건 상관없네. 부모의 분부조차도 자식된 자는 그 말을 절대적인 것으로 여겨 동서남북 어디로라도 급히 가지 않는가? 음양, 즉 우주 이법의 절대성은 부모의 절대성과는 비교되지도 않을 정도로 거대한 것이다. 그 절대적인 힘을 지닌 우주의 이법이 나를 죽음에 가까이 가게 하려 하는데도, 그 의지에 거스르는 것은 내가 버릇없게 구는 것이다. 「천지는 형체로 나를 실어주고, 삶으로 나를 수고롭게 하고, 늙음으로 나를 편안하게 하고, 죽음으로 나를 쉬게 한다〔大塊載我以形, 勞我以生, 佚我以老, 息我以死〕」라는 말이 있다. 사람이 살아간다는 것은 괴로운 것일 뿐이며, 죽음은 영원한 안식과도 같은 것이다. 그 괴로운 삶을 주어진 자기의 삶으로서 꿋꿋이 살아나가는 자만이, 죽음도 자기에게 주어진 안식으로 여겨 평안히 죽을 수 있는 것이다. 지금 여기에 훌륭한 대장장이가 있다고 하자. 그가 대장간에서 쇠붙이를 주조하여 검(劍)을 만들려고 할 때, 만약 쇠붙이가 제멋대로 뛰어올라 "나는 무딘 칼이 되기는 싫다. 꼭 옛날의 막야(鏌鋣)와도 같은 명검으로 만들어 줘." 하며 외친다면, 그 대장장이는 "이 쓸모없고 불길한 쇠붙이 같으니라고." 하며 화를 낼 것이 틀림없다. 사람의 경우도 마찬가지 아니겠는가? 사람은 조화의 손에 주조되어 사람으로서의 형체를 부여받는다. 사람이라는 사실 자체가 이미 「범하는(犯)」 것(일종의 참월僭越)인 것이다. 그러한 사람이 "나는 사람이 아니라면 싫다. 사람이 아니라면 싫어." 하며 제멋대로 떼를 쓴다면, 조화라는 대장장이는 "이 쓸모없고 불길한 녀석 같으니라고." 하며 화를 낼 것이 틀림없다. 때문에 나는 운명을 한결같이 따르는 사람이 되려는 것이다. 이 우주를 일종의 거대한 화로로 간주하고 조화의 자연을 위대한 대장장이에 비기고 자기의 존재를 그 화로 속에서

대장장이에게 주조되는 쇠붙이라고 생각한다면, 어떠한 거푸집에 들어가 어떠한 형체로 주조되더라도 부여받은 형체를 자기의 형체라고 여길 수밖에 없을 것이다. 운명을 따르는 사람은 모든 슬픔과 탄식과 두려움을 초극하기 때문에, 「편안히 잠들었다가 퍼뜩 깨어나는 것이다〔成然寐, 蘧然覺〕」-그 죽음도 평온한 단잠과 같고, 그 태어남도 문득 찾아온 깨어남과 같은 것에 지나지 않는다. 모든 경우의 변화를 자신을 비운 거대한 긍정 속에 품어 나가는 경지, 나는 그러한 경지를 나의 경지로 삼고 싶은 것이다.

본문의 「喘喘然(천천연)」은 호흡이 급하여 괴로운 듯한 모양이다. 「怛(달)」은 驚과 같다. 「翅(시)」는 조사로 **다만**이라는 뜻이다. 「不翅」는 영어의 'not only'에 해당한다. 「大塊載我以形」부터 「乃所以善吾死也」까지 6구는 이미 이 편의 앞부분(6-8)에서 보았다. 「鏌鋣」는 옛날 오(吳)나라에서 만들어졌다는 명검의 이름이다. 「成然」은 평온한 모양을 이르고, 「蘧然(거연)」은 **아!** 하고 놀라는 모양을 이른다.

6-18

子桑戶·孟子反·子琴張三人, 相與友曰 :「孰能相與於無相與, 相爲於無相爲? 孰能登天遊霧, 撓挑無極; 相忘以生, 無所終窮?」三人相視而笑, 莫逆於心, 遂相與友.

자상호(子桑戶) · 맹자반(孟子反) · 자금장(子琴張) 세 사람이 서로 사귀며 말하였다. "누가 서로 사귐이 없음에서 서로 사귀며, 서로 행하지 않음에서 서로 행할 수 있을까? 누가 하늘에 올라 안개 속을 노닐어 끝없이 펼쳐진 곳을 돌아다니며(撓挑), 서로 삶을 잊고서 다함이 없을 수 있을까?" 세 사람이 서로 바라보며 웃고는 마음에 거슬림이 없더니, 마침내 서로 벗이 되었다.

霧-안개 무. 撓-돌 효. 挑-굽을 도.

• 撓挑無極에서 撓挑는 '이리저리 돌아다니다'라는 의미이다. 저자는 無極을 '끝없이 펼쳐진 곳'이라 의역하였다. 번역은 이를 따랐다.

세 번째 설화.

여기서는 자상호(子桑戶)·맹자반(孟子反)·자금장(子琴張)이라는 세 사람의 초월자가 등장한다. 그들이 세속을 잊은 얽매임 없는 삶, 생사를 초월한 끝없는 세계에 대한 동경과 결의에 대해 이야기 나누는 첫 부분의 서술은 두 번째 설화와 마찬가지지만, 이후 한 발 더 나아가 공자와 그의 제자인 자공(子貢)을 등장시켜 그들에게 초월자의 우주적 위대함을 예교세계(禮敎世界)의 왜소함과 대비하여 찬탄하게끔 하는 곳에서는 설화로서의 참신한 착상과 전개가 엿보인다.

「서로 사귐이 없음에서 서로 사귄다〔相與於無相與〕」라는 것은, 사귐을 의식하지 않는 사귐, 즉 무심(無心)의 사귐을 이르고, 「서로 행하지 않음에서 서로 행한다〔相爲於無相爲〕」라는 것은, 모든 인간적인 작위를 버리고서 자연 그대로 행동하는 것을 이른다. 이른바 '무위(無爲)의 위(爲)'이다. 「하늘에 올라 안개 속을 노닐어 끝없이 펼쳐진 곳을 돌아다닌다〔登天遊霧, 撓挑無極〕」라는 것은, 무엇에도 얽매이지 않는 초월자의 절대자유한 세계로의 비상을 나타내는 말이며, 「서로 삶을 잊고서 다함이 없다〔相忘以生, 無所終窮〕」는 생사를 잊고 시공을 초월한 실재 그 자체로의 명합(冥合)을 나타내는 말이다. 이와 같은 「무위의 위」와 「무심의 사귐」, 「절대세계로의 비상」과 「실재 그 자체로의 명합」이 가능한 사람이 존재한다면, 서로 벗으로 사귀고 싶다는 것이다. 「세 사람이 서로 바라보며 웃었다〔三人相視而笑〕」는 그 경지를 미소와 함께 각각의 마음으로 서로 긍정하는 행동이다. 「마침내 서로 벗이 되었다〔遂相與友〕」-이리하여 그들의 초월적 교제가 이곳에서 성사되었다.

6-19

莫然有閒, 而子桑戶死, 未葬. 孔子聞之, 使子貢往待事焉. 或編曲, 或鼓琴, 相和而歌曰 : 「嗟來, 桑戶乎! 嗟來, 桑戶乎! 而已反其眞, 而我猶爲人, 猗!」 子貢趨而進曰 : 「敢問臨尸而歌, 禮乎?」 二人相視而笑曰 : 「是惡知禮意!」

얼마간 아무 일 없다가 자상호(子桑戶)가 죽어 장례를 치르지 않아서였다. 공자가 그것을 듣고 자공(子貢)에게 가서 일을 돕게(待=侍) 하였다. 〔가 보니〕 혹은 누에채반(曲=苗)을 짜고 혹은 거문고를 뜯으면서 서로 창화하여 노래하였다. "아, 상호(桑戶)여! 아, 상호(桑戶)여! 그대(而)는 이미 그 참된 곳으로 돌아갔건만, 우리는 여전히 사람이구나, 아!" 자공이 종종걸음으로 나아가 말하였다. "감히 묻건대 시신을 앞에 두고 노래하는 것이 예(禮)입니까?" 두 사람이 서로 바라보고 웃으며 말하였다. "이 사람이 어찌 예(禮)의 뜻을 알겠는가?"

葬-장례 장. 待-시중들 시(侍). 曲-누에채반 곡(苗). 趨-종종걸음 걸을 추.

「莫然(막연)」은 평온무사(平穩無事)한 모양이다. 「막연히 얼마간 있다가 자상호가 죽었다〔莫然有閒, 而子桑戶死〕」라는 것은, 그 후 얼마간 아무 일 없는 날이 지속되다가 세 사람 가운데 자상호가 이 세상을 떠났다는 의미이다. 그런데 그 장례식이 미처 끝나기 전에 그가 죽었다는 소식을 들은 공자는, 제자인 자공에게 분부하여 장례식을 도우라며 보냈다.

한편, 자공이 자상호의 집에 가보니 죽은 사람의 친구인 맹자반(孟子反)과 자금장(子琴張) 두 사람은, 주검을 방치해 둔 채 한 사람은 봉당에서 누에채반을 짜면서, 한 사람은 그 옆에서 거문고를 뜯으면서 다음과 같은 오언(五言)의 노래를 합창하고 있었다.

嗟來桑戶乎	아, 자상호여
嗟來桑戶乎	아, 자상호여
而已反其眞	그대는 이미 그대의 본래면목으로 돌아갔건만
而我猶爲人	우리는 여전히 인간 세상에 살아가는 슬픔이구나
猗	아!

자공은 그 노랫소리가 나는 쪽으로 종종걸음으로 다가가 노래하고 있는 두 사람에게 말했다.

- 실례합니다만, 죽은 사람의 장례식도 마치지 않았는데 주검을 앞에 두고 노래를 부르는 것이 예(禮)에 부합하는 행동이라고 말할 수 있겠습니까?

자공의 물음에 대답해주는 대신 맹자반과 자금장 두 사람은 얼굴을 마주

보며 씨익 웃었다. 씨익 웃으면서 그 눈빛으로 서로에게 말하였다.

– 이 자가 예(禮)의 진정한 정신을 어찌 알겠는가?

본문의 「가서 일을 돕다〔往待事〕」의 「일을 돕다」란 장례식을 돕는 것이다. 「編曲」의 「曲」은 苖(곡)과 같으며 누에를 칠 때 쓰는 채반을 이른다(《석문釋文》에서 인용한 이이李頤의 설. 마서륜馬敍倫의 설도 같다). 「어찌 예의 뜻을 알겠는가〔惡知禮意〕」는 죽은 사람에게 공물(供物)을 바친다거나 애곡(哀哭)의 의식을 행하는 등의 외형적인 행위만을 예라고 이해하고, 예의 근본정신이 마음으로부터 죽은 자를 애도하는 자연스런 정(情)에 있다는 사실을 알지 못한다는 의미이다. 이 구절은 공자의 「상(喪)은 형식적으로 잘 치르기보다는 차라리 슬퍼하여야 한다」(《예기禮記》〈단궁檀弓〉)[95] 혹은 「예(禮)이다, 예이다 하지만, 옥백을 이르는 것이겠는가?」(《논어論語》〈양화陽貨〉)[96]라는 말을 의식하여 자공의 세속성을 야유한 것인 듯하다.

6-20

子貢反以告孔子曰 :「彼何人者邪? 脩行無有, 而外其形骸, 臨尸而歌, 顔色不變, 無以命之. 彼何人者邪?」 孔子曰 :「彼遊方之外者也; 而丘遊方之內者也. 外內不相及, 而丘使女往弔之, 丘則陋矣. 彼方且與造物者爲人, 而遊乎天地之一氣. 彼以生爲附贅縣疣, 以死爲決疻潰癰, 夫若然者, 又惡知死生先後之所在! 假於異物, 託於同體; 忘其肝膽, 遺其耳目; 反覆終始, 不知端倪; 芒然彷徨乎塵垢

---

95 '喪, 與其易也寧戚.'이라는 말은, 《禮記》〈檀弓〉에 보이지 않고 《論語》〈八佾〉 3-4에 보인다.

96 《論語》〈陽貨〉17-11 "子曰 :「禮云禮云, 玉帛云乎哉? 樂云樂云, 鍾鼓云乎哉?"

之外，逍遙乎無爲之業. 彼又惡能憒憒然爲世俗之禮，以觀衆人之耳目哉!」

자공이 돌아가 이 이야기를 공자에게 고하여 말하였다. "그들은 어떠한 사람들입니까? 닦여진 행실은 없고 그 형해(形骸)를 소홀히(外) 하여, 시신을 앞에 두고 노래하면서도 얼굴빛조차 변하지 않으니, 무어라 이름 할 수 없었습니다. 그들은 어떠한 사람들입니까?"
공자가 말하였다. "그들은 이 세상(方) 밖에서 노니는 사람들이고, 나는 이 세상 안에서 노니는 사람이다. 밖과 안은 서로 미칠 수 없는데 내가 너(女)에게 가서 조문하게 하였으니, 내가 어리석었다. 그들은 장차(方且) 조물자와 벗(人)이 되어 천지(天地)의 일기(一氣)에서 노닐려 한다. 그들은 삶을 〔쓸데없이〕 달라붙은 혹이나 매달린 사마귀로 여기고, 죽음을 짜내진 종기나 터진 부스럼으로 여긴다. 그러한 자들이 또 어찌 사생(死生)의 낫고 못함(先後)의 소재(所在)를 알겠는가? 다른 물(物)을 빌어 하나의 몸에 의탁하며, 그 간담(肝膽)을 잊고 그 이목(耳目)을 잊는다. 왔다가는 되돌아가고 마쳤다가는 시작하니 시작(端)과 끝(倪)을 알 수 없으며, 멍하니 이 세상(塵垢) 밖에서 노닐고(彷徨) 무위(無爲)의 행위(業)를 마음껏 즐긴다(逍遙). 그들이 또 어찌 번거로이(憒憒然) 세속의 예(禮)를 행하여 뭇 사람들의 이목(耳目)을 즐겁게(觀) 할 수 있겠는가?"

脩–닦을 수. 外–도외시할 외. 陋–좁을 루. 附–붙을 부. 贅–혹 췌. 縣–늘어질 현. 疣–사마귀 우. 決–터질 결. 疣–종기 환. 潰–터질 궤. 癰–부스럼 옹. 倪–끝 예. 塵–티끌 진. 垢–때 구. 憒–심란할 궤.

• 彼方且與造物者爲人의 方且는 '장차'라는 뜻이다. 爲人은 '벗이 되다'라는 뜻이다. 人이 '벗'이라는 의미이다.
• 저자는 附贅縣疣(부췌현우)의 贅를 '혹'이라 하고 疣를 '사마귀'라 하여 구분하였다. 《중국의학의 기원》에서 야마다 케이지는 둘 모두를 '사마귀'라고 하였다. 決疣潰癰(결환궤옹)의 疣과 癰은 모두 '부스럼' 혹은 '종기'를 뜻하며 같은 뜻이다. 저자는 일본어로 구분을 해놓았으나 같은 뜻을 반복해놓았다. 이는 附贅縣疣와 대구를 맞추

기 위한 번역으로 보인다. 번역은 저자의 번역에 따랐다.

• 忘其肝膽, 遺其耳目 : 직역하자면 '그 간담을 잊고 그 이목을 버린다' 정도이다. 저자는 遺자 역시 '잊다'로 풀었다.

• 反覆終始 : 反覆은 '왔다 갔다 하는 것'을 이르고, 終始는 '태어나고 죽는 것'을 이른다. 저자는 '왔다가는 되돌아가고 마쳤다가는 시작한다'로 풀었다.

• 觀衆人之耳目 : '뭇 사람들의 이목을 뜨이게 하다'. 즉, '뭇 사람들의 이목을 즐겁게 해주다'.

맹자반(孟子反)과 자금장(子琴張)에게 골탕 먹은 자공은 곧장 되돌아와 공자에게 물었다.

– 그들은 대체 어떠한 사람들일까요? 「닦여진 행실은 없고 그 형해를 소홀히 합니다〔脩行無有, 而外其形骸〕」–이렇다 할 봐줄만한 덕행(德行)도 없이 그 태도는 방자하고, 외형을 무시하여 예의 따위는 전연 문제 삼으려고도 하지 않습니다. 「시신을 앞에 두고 노래하면서도 얼굴빛조차 변하지 않습니다〔臨尸而歌, 顔色不變〕」–친구의 유해를 앞에 두고서 아무렇잖게 노래를 부르면서도 **태연하여** 마음에 부끄러워하는 기색도 없습니다. 「무어라 이름 할 수 없습니다〔無以命之〕」–완전히 무엇이라고도 이름 할 수 없는 기괴한 존재들입니다만, 도대체 그들은 심리상태가 어떠한 사람들일까요?

그러자 공자가 대답하였다.

– 그들은 「이 세상(方) 밖에서 노니는 사람들〔遊方之外者〕」, 즉 세속의 예교규범의 테두리 밖에서 생활하는 사람들이다. 나처럼 「이 세상 안에서 노니는 사람〔遊方之內者〕」, 즉 세속의 예교규범에 속박되어 그 테두리 안에서 생활하는 사람과는 근본적으로 다르다. 「방내(方內)」와 「방외(方外)」, 이 두 세계는 완전히 차원을 달리하는 별개의 세계이다. 그런데도 나는 그러한 자들에게 너를 조문하러 보내었으니, 정말 식견 없는 숙맥

짓을 했구나. 「그들은 장차 조물자와 벗이 되어 천지(天地)의 일기에서 노닐려 한다〔彼方且與造物者爲人, 而遊乎天地之一氣〕」-그 자들은 천지창조의 절대자와 어깨를 나란히 하여, 일체만물이 그로 인해 생멸변화하는 우주적 원질(原質)(기氣)을 타고서 우주를 활보하는 사람들이다.

「그들은 삶을 쓸데없이 달라붙은 혹이나 매달린 사마귀로 여기고, 죽음을 짜내진 종기나 터진 부스럼으로 여긴다〔彼以生爲附贅縣疣, 以死爲決疣潰癰〕」-그 자들에게 있어 삶이란 육체의 잉여물인 **혹**이나 **사마귀**와 같아서 있어도 없어도 그만인 존재이며, 죽음이란 곪아터진 종기나 부스럼과 같아서 육체를 정화하는 일종의 생리적 과정 정도로밖에 여겨지지 않는다.

「그러한 자들이 또 어찌 사생의 낫고 못함의 소재를 알겠는가〔夫若然者, 又惡知死生先後之所在〕」-이러한 경지에 서 있는 사람들에게는, 삶과 죽음 가운데 무엇이 가치 있는가, 무엇이 앞이고 무엇이 뒤인가 따위는 전연 염두에도 없는 것이다.

「다른 물(物)을 빌어 하나의 몸에 의탁한다〔假於異物, 託於同體〕」-그들에게 있어 인간존재란, 다른 몇 가지의 물질을 빌려(假=借) 하나의 육체를 형성하고 있는 가현(假現)의 모습이며, 기(氣)의 이합취산(離合聚散)에 의해 이루어지는 일시적 현상에 불과하다.

「그 간담을 잊고 그 이목을 잊는다〔忘其肝膽, 遺其耳目〕」-그들은 사람의 육체가 가현(假現)의 모습이라는 사실을 알고 있다. 때문에 그 가현의 육체 개개의 기관인 간·쓸개·귀·눈 등의 존재에 집착하지 않을 뿐 아니라, 그와 같은 기관이 갖는 모든 작용, 즉 분비작용이나 감각작용 등도 그 일체를 잊어버리고 그 일체를 초월한다.

「왔다가는 되돌아가고 마쳤다가는 시작하니, 시작과 끝을 알 수 없다〔反覆終始, 不知端倪〕」-모든 존재의 생멸변화는 밀려왔다가는 되돌아가는 물결과 같고 마쳤다가는 시작하는 원주(圓周)의 무한순환과 같아서 그 시작을 포착할 수도 그 끝을 궁구할 수도 없다.

「멍하니 이 세상 밖에서 노닐고, 무위의 행위(業)를 마음껏 즐긴다〔芒然彷徨乎塵垢之外, 逍遙乎無爲之業〕」–때문에 그들은 모든 인간적 **헛똑똑함**과 사려분별을 버리고, 다만 무념무상(無念無想)하게, 망연(芒然)히 분별세계의 북적거림 밖에서 방황(彷徨)하고, 있는 그대로의 자연에 몸을 맡겨 얽매임 없는 자유를 소요(逍遙)한다.

「어찌 번거로이 세속의 예를 행하여 뭇 사람들의 이목을 즐겁게 할 수 있겠는가〔惡能憒憒然爲世俗之禮, 以觀衆人之耳目哉〕」–때문에 이러한 초월자가 **몹시도** 번거로운 세속의 예교규범 따위를 애초부터 문제 삼지 않는 것도 당연하다. 그들은 자기 내부에 있으며 형해를 초월한 것을 문제 삼기 때문에, 형식이나 의례를 제대로 갖추어 세간의 이목에 뜨이게 하거나 세인의 갈채를 받는 것 따위는 생각해 보지도 않는다. 요컨대 그들은 「방외(方外)」, 즉 세속의 규범 밖에서 노니는 사람들인 것이다.

여기에서 「方內」「方外」라는 말의 의미에 대해 지금 잠시 보충설명을 덧붙여야 할 것 같다.

「方內」「方外」의 「方」은 '규범' 내지는 '한정'의 뜻이며, 따라서 「方內」란 예교규범 안의 세계, 다시 말해 세속을 의미하고, 「方外」란 예교규범을 초월한 세계, 즉 초월자의 세계를 의미한다. 그런데 여기에서 특히 문제되는 것은, 장자적 초월자와 방외자와의 관계일 것이다. 분명 방외자는 세속을 초월한다는 의미에서는 일종의 초월자이다. 그러나 방외자는 항상 그 자체로 장자적 초월자인 것일까? 다시 말해 장자적 초월자란 온전히 방외자를 이르는 것일까? 이 점을 확실히 하기 위해서는 장자에게 있어서의 초월자의 성격을 한 번 더 확인할 필요가 있을 것이다.

장자에게 있어 초월자란 자유인이며, 자유인이란 모든 대립을 초월하는 존재이기 때문에, 그는 안과 밖의 대립 또한 초월하는 존재여야만 한다. 그리고 안과 밖의 대립을 초월한다는 것은, 안도 아니고 밖도 아니고 게다가 안이기도 하고 밖이기도 한 것이다. 때문에 진정한 초월자란 실은 방외인 동시에 방내이기도 한 존재, 다시 말해 '무방(無方)의 인간'이 되어야만 한다. '무방의 인간'이어야만 비로소 진정한 자유인, 즉 초월자일 수 있는 것이다. 만약 방외의 입장을 고집한다면, 그 고집은 방내의 입장에 속박된 부자유와 똑같은 것이 될 것이다. 때문에 여기에서 공자가 자신을 방내자라고 부르고 장자적 초월자를 방외자라고 부르는 경우, 그것은 어디까지나 잠정적인 구별이며, 이 구별과는 상관없이 장자적 절대자는 엄밀하게는 방내와 방외를 모두 끌어안고 초월하는 '무방의 인간'인 것이다. 「방내」에 대비되는 「방외」란 이러한 한계를 지닌 개념인 것이다. 이러한 「방외」라는 개념의 한계성을 충분히 이해해야만, 우리들은 비로소 〈제물론편〉이나 〈인간세편〉에서 언급한 것과 일관된 장자적 초월자의 본질을 파악할 수 있을 것이다.

6-21

子貢曰 : 「然則夫子何方之依?」 曰 : 「丘, 天之戮民也. 雖然, 吾與汝共之.」 子貢曰 : 「敢問其方.」 孔子曰 : 「魚相造乎水, 人相造乎道. 相造乎水者, 穿池而養給; 相造乎道者, 無事而生定. 故曰, 魚相忘乎江湖, 人相忘乎道術.」

자공(子貢)이 말하였다. "그렇다면 선생님께서는 어느 쪽을 의지하시렵니까?"

〔공자가〕 말하였다. "나는 하늘이 벌을 내린 사람(戮民)이다. 그렇지만 나는 너희들과 그것을 함께 할 것이다."

자공이 말하였다. "감히 그 방법을 묻습니다."
공자가 말하였다. "물고기는 물에서 함께 이루어지고, 사람은 도에서 함께 이루어진다. 물에서 함께 이루어지는 것은 못을 파면 생육하기에 충분하고, 도에서 함께 이루어지는 것은 일이 없으면 삶이 족(定=足)해진다. 까닭에 '물고기는 강호(江湖)에서 서로를 잊고, 사람은 도술(道術)에서 서로를 잊는다.'라고 한다."

依-의지할 의. 戮-형벌 륙. 給-넉넉할 급.

공자에게서 '방외(方外)에서 노니는 자'에 관한 설명을 들은 자공은 다시금 물었다.

- 선생님께서는 아까 선생님을 '방내(方內)에서 노니는 자'라고 말씀하셨습니다만, 선생님께서 근거로 삼으시는 「방(方)」(삶의 규범)은 대체 어떠한 것입니까?

- 나는 하늘로부터 벌을 받고 있는 사람, 즉 세속세계에서 부침(浮沈)하도록 운명 지워진 사람이다. 그렇지만 나 또한 너희들과 함께 노력하여 그들처럼 초월적 세계에서 노닐고 싶구나.

- 좀 더 구체적으로 그 방법을 설명해 주십시오.

- 대개 물고기는 물이 있어야만 진정한 물고기가 될 수 있다. 이와 마찬가지로 사람도 도(道)에 의해서만 진정한 사람이 될 수 있는 것이다. 또 물고기는 물에 의해서만 진정한 물고기가 되기 때문에, 못을 파서 그 속에 놓아주면 충분히 생육(生育)해 나갈 수 있다. 이와 마찬가지로 도에 의해 진정한 자기(自己)가 되는 사람은, 도의 자연(自然)에 따르고 인위(人爲)를 버리고서 생각하는 일도 행하는 일도 없이 다만 주어진 현재를 주어진 현재로서 살아간다면 참으로 충족된 삶을 얻을 수 있다. 「물고기는 강호에서 서로를 잊고, 사람은 도술에서 서로를 잊는다〔魚相忘乎江湖, 人相忘乎道

術〕」라는 말이 있다. 물고기는 널찍널찍한 호수나 강 속에서 진정한 해방을 즐기고, 사람은 만물제동인 실재 그 자체 속에서 모든 인간적인 것을 잊어버리는 것에 의해 얽매임 없는 삶의 자유를 소요(逍遙)할 수 있는 것이다.

「天之戮民」은 〈덕충부편〉5-4에서 숙산무지(叔山無趾)가 공자를 평한 말인 「하늘이 벌한〔天刑之〕 자」와 같은 의미이다. 세속세계에서 부침하도록 운명 지워진 사람이라는 뜻이다. 「물에서 함께 이루어진다〔相造乎水〕」 「도에서 함께 이루어진다〔相造乎道〕」의 「造」는 成과 같다. 「無事而生定」의 「定」은 청(淸) 유월(兪樾)이 말한 것처럼 「足」자의 오자일 것이다. 이 책의 〈재유편〉에 「온 천하가 그 착한 자를 칭찬하려 해도 칭찬이 부족하고, 온 천하가 그 악한 자를 벌하려 해도 벌이 부족하다〔擧天下以賞其善者不足, 擧天下以罰其惡者不給〕」로, 「足」과 「給」이 짝하여 쓰이고 있는 예가 있다는 것을 참고할 수 있다. 「물고기는 강호에서 서로를 잊는다」 운운한 것은 이 편의 앞부분(6-8)에 이미 나왔다.

6-22

子貢曰：「敢問畸人.」 曰：「畸人者, 畸於人而侔於天. 故曰：『天之小人, 人之君子; 人之君子, 天之小人也.』」

자공이 말하였다. "감히 기인(畸人)에 대해 묻습니다."
공자가 말하였다. "기인은 사람과는 다르고 하늘과 같은 자이다. 까닭에 '하늘의 군자는 사람의 소인이고, 사람의 군자는 하늘의 소인이다.' 라고 하는 것이다."

畸-기이할 기, 다를 기. 侔-가지런할 모, 같을 모.

• 天之小人, 人之君子 : 저자의 의견에 따라 小人과 君子를 서로 바꾸어 번역하였다.

마지막으로 자공이 물었다.

– 조금 빗나가는 이야기입니다만, 기인(畸人)이라는 말이 있잖습니까? 맹자반(孟子反)과 자금장(子琴張)의 행동을 보고 있자니 이 기인이라는 말이 연상됩니다만, 이 말은 어떠한 의미입니까?

– 기인(畸人)이란 「사람과는 다르고〔畸於人〕」–세속 사람들과 비교하면 어딘가 핀트가 어긋나 있고, 「하늘과 같은〔侔於天〕」–하늘(天), 즉 자연의 이법과는 밸런스가 잘 맞는 사람을 이른다. 「하늘의 군자는 사람의 소인이고, 사람의 군자는 하늘의 소인이다」라는 말이 있지. 절대세계에서 이상적이라는 일컬음을 받는 사람도 세속 사람들이 보면 하찮은 인물로 보이고, 세속세계에서 훌륭하다는 일컬음을 받는 사람도 절대세계에 데리고 가면 하찮은 존재일 뿐이라는 의미이다. 이것은 절대자의 세계와 세속세계는 가치의 차원이 완전히 다르다는 것을 이르는 것이다. 너에게 맹자반과 자금장의 위대함이 이해되지 않는 것도 무리는 아니다. 장자적 절대자란 원래 범속(凡俗)에게는 비정상적인 존재로밖에는 보이지 않고, 세속적으로는 덜떨어진 사람이니까 말이다.

「畸人(기인)」의 「畸」는 '밸런스가 맞지 않다', '덜떨어졌다', '핀트가 맞지 않다' 등의 의미를 지닌 말이다. 장자적 절대자를 이 「畸」라는 말로 표현한 곳에 장자의 상식을 향한 도전과 범속을 향한 야유가 엿보인다(〈인간세편〉의 「그 덕(德)을 지리하게 하다〔支離其德〕」(4-28)라든지 「쓸모없는 나무〔散木〕」(4-23) 등의 표현을 이것과 연관지어볼 필요가 있을 것이다). 「하늘의 소인은 사람의 군자이고, 사람의 군자는 하늘의 소인이다」는 근래의 학자 해동(奚侗)이 말한 것처럼 「하늘의 **군자**는 사람의 **소인**이고, 사람의 **군자**는 하늘의 **소인**

이다」로 바꾸어야 할 것이다. 그대로 둔다면 같은 의미의 구절을 뒤집어서 반복한 것일 뿐이어서 좀 어색하다. 당대(唐代)의 판본도 「天之君子, 人之小人」으로 되어 있었던 듯한 흔적이 보인다.

6-23

顏回問仲尼曰：「孟孫才，其母死，哭泣無涕，中心不慼，居喪不哀．無是三者，以善喪蓋魯國．固有無其實而得其名者乎？回壹怪之.」仲尼曰：「夫孟孫氏盡之矣，進於知矣．唯簡之而不得，夫已有所簡矣．孟孫氏不知所以生，不知所以死．不知就先，不知就後，若化爲物，以待其所不知之化已乎！且方將化，惡知不化哉？方將不化，惡知已化哉？吾特與汝其夢未始覺者邪！且彼有駭形而無損心，有旦宅而無情死．孟孫氏特覺，人哭亦哭，是自其所以乃．且也相與吾之耳矣，庸詎知吾所謂吾之乎？且汝夢爲鳥而厲乎天，夢爲魚而沒於淵，不識今之言者，其覺者乎，其夢者乎？造適不及笑，獻笑不及排，安排而去化，乃入於寥天一.」

안회(顔回)가 중니(仲尼)에게 물었다. “맹손재(孟孫才)는 그의 어머니가 죽었을 때, 소리 내어 울면서도 눈물을 흘리지 않았고 마음으로부터 아파하지 않았고 상(喪)을 치르며 슬퍼하지 않았습니다. 이 세 가지가 없었는데도 상을 잘 치렀다는 소문이 온 노(魯)나라에 퍼졌습니다. 본래 그 실제가 없는데도 그 명성을 얻는 경우가 있습니까? 저는 정말(壹) 그것이 이상합니다.”

중니가 말하였다. “저 맹손씨(孟孫氏)는 지극히 하였다. 지(知)를 뛰어넘었다. 다만 그것을 간략하게 하려 했으나 그러지 못하였지만, 이미 간략해진 바가 있다. 맹손씨는 살아가는 까닭을 알지 못하고 죽는 까닭을 알지 못한다. 좋은 것에 나아갈 줄 모르고 못한 것에 나아갈 줄 모른 채, 화(化)를 따라(若) 물(物)이 되어 그 알지 못하는 바의 화(化)를 기다릴 뿐이다. 또한 장차 화(化)하려 하는 것이 어찌 화(化)하지 않을 것임을 알겠으며, 장차 화(化)하지 않을 것이 어찌 이미 화(化)한 것임을 알겠는가? 나와 너만이 그 꿈에서 처음부터 깨어나지 못하고 있는 자들인가 보다. 또 그는 몸(形)을 놀라게 하는 경우는 있으나 마음을 손상시키는 경우는 없고, 육체(宅)를 놀라게(旦=怛) 하는 경우는 있으나 참된 것(情)을 멸(死)하는 경우는 없다. 맹손씨는 홀로 깨어 남들이 곡하면 역시 곡하였으니, 이것이 저절로 그렇게(乃=爾) 된 까닭이다. 또한 서로 그것을 '나'라고 할 뿐이니, 무엇을(庸詎) '내'가 '나'라고 말한 것인지 알 수 있겠는가? 또한 너는 꿈에서 새가 되어 하늘에 이르고(厲=至), 꿈에서 물고기가 되어 연못에 잠기니, 지금 말하는 것이 깨어서인지 꿈에서인지 알 수가 없구나. 비난(適=謫)을 하는 것은 웃는 것에 미치지 못하고, 웃음을 즐기는(獻=熙) 것은 함께 옮겨가는 것(排)에 미치지 못한다. 함께 옮겨가는 것을 편안히 여겨 화(化)를 잊는다면, 마침내 고요한(寥) 천일(天一)로 들어간다."

涕-눈물 체. 慼-슬퍼할 척. 蓋-덮을 개. 壹-오로지 일. 特-다만 특, 홀로 특. 覺-깨어날 교. 駭-놀랄 해. 旦-놀랄 달(怛). 乃-이와 같을 내. 庸-어찌 용. 詎-어찌 거. 厲-이를 려. 適-꾸짖을 적(謫). 獻-기뻐할 희(熙). 寥-빌 료, 고요할 료.

• 居喪 : '상을 당하다'. '상을 치르다'의 의미이다.
• 以善喪蓋魯國 : 직역하자면 '상을 잘한 것으로 노나라를 뒤덮었다' 정도이다. '상을 잘 치렀다는 소문이 온 노나라에 퍼졌다'라는 의미이다.
• 回壹怪之 : '저는 오로지 그것을 괴이하게 여깁니다' 정도로 직역된다. 壹은 '오로지'의 뜻이다. 저자는 '정말'로 풀었다.
• 進於知矣 : '지(知)보다 나아갔다'. 즉, '지(知)를 뛰어넘었다'.
• 不知就先, 不知就後 : '좋은 것에 나아갈 줄 모르고 못한 것에 나아갈 줄 모른다'. 先과 後를 삶과 죽음이라 보아 '삶을 추구할 줄 모르고 죽음을 추구할 줄도 모른다'로 풀기도 한다. 저자는 아래 설명처럼 先과 後를 '나은 것'과 '못한 것'으로 풀고 이것을 삶·죽음과 연결해서 풀고 있다. 때문에 결과적으로 해석 내용은 거의 같아졌다.
• 造適 : '비난을 만들다'. 비난하는 것을 이른다.
• 排 : '나란하다', '함께'의 의미이다. 저자는 '함께 옮겨가다'로 풀었다. '옮겨가다'는 저자가 보충한 말이다.

네 번째 설화.

여기서는 안회(顔回)와 공자의 문답에 가탁하여 맹손재(孟孫才)라는 초월자의 위대한 삶을 찬미하면서, 요컨대 장자적 자유인에게는 생(生)과 사(死), 물(物)과 아(我)의 대립과 모순이 하나일 뿐 아니라, 꿈과 현실의 구별조차 분별의 망집이라는 것을 밝힌다.

「맹손재(孟孫才)는 그의 어머니가 죽었을 때, 소리 내어 울면서도 눈물을 흘리지 않았고〔孟孫才, 其母死, 哭泣無涕〕」 운운한 것은, 맹손재라는 사람은 사랑하는 어머니가 죽었는데도 눈물도 흘리지 않고 소리 높여 곡(哭)하는 시늉도 그저 형식적으로만 했을 뿐 마음으로부터 죽음을 슬퍼 통곡하지도 않았고, 상중에 있으면서도 애통해하는 듯한 낯빛도 짓지 않았다는 의미이다. 「이 세 가지〔是三者〕」는 '곡하며 우는 것', '마음으로부터 죽음을 슬퍼하는 것', '상중에 있으면서 애통해하는 것'을 이른다. 그는 세속의 상식이 죽은 자를 장사지내는 최선의 태도로 여기는 이 세 가지를 빠뜨렸음에도 불구하고, 어머니의 초상을 가장 잘 치렀다는 명성을 온 노(魯)나라에서 얻고 있다. 대개 명성이란 것은 실제의 행위에 뒤따르는 법인데, 그가 그처럼 매정하게 행동했는데도 상례(喪禮)의 최선이라며 칭송되는 것은 대체 무슨 까닭일까? 정말 이해하기 힘들다며 안회가 스승인 공자에게 질문한 것이다.

「중니가 말하였다, 저 맹손씨는 지극히 하였다〔仲尼曰, 夫孟孫氏盡之矣〕」-「지극히 하였다」라는 것은 그 행위가 완전무결하다는 의미이다. 「지를 뛰어넘었다〔進於知矣〕」라는 것은, 상식으로는 이해할 수 없는 차원 높은 행위라는 의미이다. 「다만 그것을 간략하게 하려 했으나 그러지 못하였지만, 이미 간략해진 바가 있다〔唯簡之而不得, 夫已有所簡矣〕」-그와 같은 초월자에게 있어서는 세속의 형식적인 의례(儀禮) 따위는 어찌 되어도 그만인 문제이지만, '속(俗)에 들어가서는 속(俗)을 따라야' 하기 때문에 완전히 무시할 수도 없는 일이어서 일단 세속의 습관을 따르고 있을 뿐이다. 그러나 **몹시** 번거로운 허식과 위선 속에서 자기의 진실을 왜곡하는 범속과 비교한다면, 그의 태도는 훨씬 간략하며 불가결한 최소한의 형식을 쓰고 있을 뿐이다.

「맹손씨는 살아가는 까닭을 알지 못하고 죽는 까닭을 알지 못한다〔孟孫氏不知所以生, 不知所以死〕」-그는 자기가 무엇 때문에 이 세상에 태어나고 무엇 때문에 죽어가는가 따위는 생각해 본 적도 없고, 다만 자연 그대로 살아가고 또 죽어갈 뿐이다. 「좋은 것에 나아갈 줄 모르고 못한 것에 나아갈 줄 모른 채〔不知就先, 不知就後〕」-그는 죽음과 삶 가운데 무엇이 낫고 무엇이 못한가 따위에 미혹됨 없이, 「화(化)를 따라 물(物)이 되어 그 알지 못하는 바의 화(化)를 기다릴 뿐이다〔若化爲物, 以待其所不知之化已乎〕」-조화의 이법이 되어가는 대로 사람으로 태어나고, 자기의 의지와 선택을 초월한 자연의 변화(죽음)를 고요한 마음으로 기다릴 뿐이다.

「또한 장차 화(化)하려 하는 것이 어찌 화(化)하지 않을 것임을 알겠으며, 장차 화(化)하지 않을 것이 어찌 이미 화(化)한 것임을 알겠는가〔且方將化, 惡知不化哉? 方將不化, 惡知已化哉〕」-게다가 화(化)라든지 불화(不化)라든지 하는 것도 완전히 상대적인 개념이며 분별의 편견에 지나지 않기 때문에, 만물제동인 도의 입장에 서면 화(化)하는 것이 화(化)하지 않는 것일지도 모르며 화(化)하지 않는 것이 화(化)하는 것일지도 모른다. 때문에 '화(化)이다', '불화(不化)이다' 하며 그 편견적 대립을 고집하고 삶과 죽음의 분별을 망집하는 나와 너 같은 사람은, 아직 실재의 진상을 꿰뚫어 보지 못한 자들이며 꿈에서 깨어나지 않은 사람들이라고도 할 만하지 않을까?

게다가 「그는 몸을 놀라게 하는 경우는 있으나 마음을 손상시키는 경우는 없고, 육체(宅)를 놀라게(旦=怛) 하는 경우는 있으나 참된 것(情)을 멸하는 경우는 없다〔彼有駭形而無損心, 有旦宅而無情死〕」-저 맹손재에게는 죽음이란 형체(形)의 변화에 지나지 않는다. 까닭에 형해(形骸)는 죽음으로 인해 놀라지만 정신은 어떠한 변화도 받아들이지 않고, 정신의 임시 거처인 육체는 놀라지만 정신의 본질은 의연히 건재한 것이다.

「맹손씨는 홀로 깨어 있다〔孟孫氏特覺〕」-그는 세속의 미망 가운데에서 다만 홀로 깨어 있는 자이다. 「남들이 곡하면 역시 곡하였다〔人哭亦哭〕」-다만 홀로 깨어 있기는 하지만, 아니 다만 홀로 깨어있기 때문에, 억지로 자기 혼자만을 현명하다 하지 않고 세속 가운데에서 자신의 빛을 머금고서 남들이 곡하면 자신도 곡하고 남들이 웃으면 자신도 웃는 것이다. 「이것이 저절로 그렇게 된 까닭이다〔是自其所以乃〕」-때문에 그는 어머니의 죽음 앞에서 슬퍼하지는 않지만 세속의 예(禮)에 일단 따르고, 세속의 예에 일단 따르면서도 세속의 예를 드높이 초월한다. 가장 이상적인 상례(喪禮)의 실천자라고 칭찬받는 까닭은 바로 이것이다.

「또한 서로 그것을 '나'라고 할 뿐이다〔且也相與吾之耳矣〕」-게다가 본래 인간이라는 존재는 각각 자기의 입장에 얽매여 자신을 옳다 여기고 남을 그르다고 여기는 법이다. 그러나 아(我)와 물(物)이 본래 상대적인 구별에 지나지 않는다는 사실을 깨닫는다면, 「무엇을 '내'가 '나'라고 말한 것인지 알 수 있겠는가〔庸詎知吾所謂吾之乎〕」-자기가 '이것이야말로 자기다', '이것이야말로 절대다'라고 생각하는 것도 과연 절대이며 진정한 자기인가 아닌가가 의문시될 것이다. 맹손재의 행위를 기이하다고 여기는 너의 그 세속적 입장의 상대성을 반성해 보았으면 한다.

게다가, 물(物)과 아(我)의 대립만이 상대적일 뿐 아니라, 꿈과 현실의 대립 또한 상식이 엄격히 나눈 정도로 절대적인 것은 아니다. 사람들은 누차 꿈에서 새가 되어 하늘 높이 날아오르고 꿈에서 물고기가 되어 연못 깊이 잠기는데, 꿈속에서는 꿈이야말로 유일한 현실이며 꿈꾸는 자에게는 꿈이야말로 유일한 진실인 것이 아닐까? 때문에 네가 지금 현실이라고 생각하는 그 현실도 혹은 꿈일지도 모르며, 꿈이라고 생각하는 그 꿈도 혹은 현실일지도 모른다. 아(我)와 물(物)의 명합(冥合), 꿈과 현실의 혼효(混淆), 실재의 진상은 이 명합과 혼효(인간적 분별을 버림) 속에서 비로소 **드러나게** 된다. 도(진실재)란 거대한 혼효인 것이다. 때문에 「비난을 하는 것은 웃는 것에 미치지 못하고, 웃음을 즐기는 것은 함께 옮겨가는 것에 미치지 못한다. 함께 옮겨가는 것을 편안히 여겨 화(化)를 잊는다면, 마침내 고요한 천일(天一)로 들어간다〔造適不及笑, 獻笑不及排, 安排而去化, 乃入於寥天一〕」-시비의 편견에 얽매여 헛되이 남을 비난하는 것은 남을 좋다고 여기고 **웃으며** 긍정하는 것에 미치지 못하고, 남을 좋다고 여기고 **웃으며** 긍정하는 것은 선악을 모두 잊고서 모든 존재의 변화와 추이에 자신을 내맡기는 것에 미치지 못한다. 모든 존재의 추이를 편안히 여겨 자신을 내맡기고 변화 그 자체조차 잊어버릴 때, 인간은 비로소 영원히 고요한 절대적 「일(一)」의 경지(만물제동의 실재세계)에 참입할 수 있는 것이다.

여기에서 우리들은 「너는 꿈에서 새가 되어 하늘에 이르고, 꿈에서 물고기가 되어 연못에 잠기니, 지금 말하는 것이 깨어서인지 꿈에서인지 알 수가 없구나〔汝夢爲鳥而厲乎天, 夢爲魚而沒於淵. 不識今之言者, 其覺者乎, 其夢者乎〕」라는 공자의 말에 주목해야 할 것이다. 「꿈에서 새가 되고」 「꿈에서 물고기가 되다」는, 〈제물론편〉의 「꿈에서 나비가 되다」(2-36)와 동일한 착상인데, 「지금 말하는 것이 깨어서인지 꿈에서인지 알 수가 없구나」도 또한 실재와의 명합이 꿈과 현실이 혼효된 황홀망매(恍惚茫昧)의 경지에서 비로소 가능하게 됨을 말하고 있는 것이다. 장자에게 있어 도(실재)라는 것은 인간의 인식과 형상개념(形象概念)을 초월한 '거대한 혼효'였는데, 이 혼효는 인간이 자기의 분별을 버리고 언지(言知)를 잊는 경우에, 다시 말해 인간정신의 혼돈화(混沌化)에서 비로소 그것과 하나가 될 수 있는 것이었다. 정신의 혼돈화에서는 모든 시간에 대한 의식이 무(無)가 되고, 모든 공간에 대한 의식이 허(虛)가 된다. 거기에서는 생(生)과 사(死), 물(物)과 아(我)의 대립이 본래의 일(一)로 환원될 뿐 아니라, 인간의 심지(心知)에 의해 나뉜 꿈과 현실도 본래의 일(一)이 될 것이다. 진정으로 도와 한 몸이 된 해방된 삶이 거기에서부터 시작되는 것이다. 때문에 장자는 공자의 입을 빌어 공자와 안회의 문답을 꿈과 현실의 혼효 속에서 혼돈화하였다. 「지금 말하는 것이 깨어서인지 꿈에서인지 알 수가 없구나」-공자는 자신의 발언을 꿈과 현실의 혼효 속에서 혼돈화하면서 그 혼돈화 속에서 장자적 절대자에게 다가가고 있는 것이다.

본문의 「進於知矣」는 〈양생주편〉3-3의 「進於技矣」와 유사한 표현으로, 맹손재의 세계가 지(知) 이상의 차원으로 나아가며 개념적 인식을 초월해 있다는 의미이다. 「若化爲物〔화를 따라 물이 된다〕」의 「若」은 順과 같다. 「化」는 생멸변화(生滅變化)하는 자연의 이법을 이른다. 「알지 못하는 바의 화〔所不知之化〕」라는 것은, 미래의 변화, 즉 죽음을 가리킨다. 「旦宅」은 예로부터 다양한 해석이 이루어져 일정하지 않지만, 「旦」은 「화(化)를 놀라게 하다〔怛化〕」(6-17)의 怛(달)과 같다고 보고 **놀라게 하다**로 풀어야 할 것이다. 「宅」은 마음의 거처, 즉 육체이다. 「旦宅」은 위의 「駭形」을 다시 한 번 바꾸어 말한 것인 듯하다. 「是自其所以乃」의 「乃」는 爾와 같으며 '그렇다'라는 뜻이다. 「厲乎天」의 「厲」는 至와 같다. 마지막의 「造適不及笑, 獻笑不及排」도 난해한 구절인데, 「適」은 謫의 가차, 「獻」은 熙(희)의 가차로 보아야 할 것이다(모두 마서륜馬敍倫의 설이다). 謫은 **비난**, **벌**이라는 뜻이며, 「造適〔비난을 만들다〕」은 상대방의 약점을 폭로하여 비난하는 것을 이른다. 熙는 **즐기다**라는 뜻이며, 「熙笑〔웃음을 즐기다〕」는 남과 온화하게 협조하고 상대의 모든 것을 긍정하는 것을 이른다. 「排」는 **나란히 서다**,

즉 자연의 이법과 어깨를 나란히 하는 것을 이른다. 「조물자와 벗이 되다〔與造物者爲人〕」(6-20)라는 말과 같은 뜻이다(곽상郭象은 '化를 추이推移하다'라는 의미로 풀고 있는데, 같은 것이다). 「寥天一」의 「寥(료)」는 노자가 「도」를 형용했던 말인 「寂兮寥兮〔적막하고 고요하다〕」(제25장)의 寥에 근거한 표현일 것이다.[97] 「天一」은 '절대의 일(一)'이라는 의미이다.

97 寂兮寥兮 : 원문에 '寥たり寂たり'로 되어 있다. 이것은 '寥兮寂兮'를 일본어로 읽은 것이다. 그러나 현행본 《노자》에는 '寂兮寥兮'로 되어 있다. 이에 근거하여 번역문에서 고쳤다.

6-24

意而子見許由. 許由曰：「堯何以資汝?」 意而子曰：「堯謂我：『汝必躬服仁義而明言是非.』」 許由曰：「而奚來爲軹? 夫堯旣已黥汝以仁義, 而劓汝以是非矣, 汝將何以遊夫遙蕩恣睢轉徙之塗乎?」 意而子曰：「雖然, 吾願遊於其藩.」 許由曰：「不然. 夫盲者無以與乎眉目顔色之好, 瞽者無以與乎靑黃黼黻之觀.」 意而子曰：「夫無莊之失其美, 據梁之失其力, 黃帝之亡其知, 皆在鑪捶之閒耳. 庸詎知夫造物者之不息我黥而補我劓, 使我乘成以隨先生邪?」 許由曰：「噫! 未可知也. 我爲汝言其大略. 吾師乎! 吾師乎! 䪠萬物而不爲義, 澤及萬世而不爲仁, 長於上古而不爲老, 覆載天地, 刻彫衆形, 而不爲巧. 此所遊已.」

의이자(意而子)가 허유(許由)를 만났다. 허유가 말하였다. "요(堯)는 그대에게 무엇을 가르쳐 주었는가?"

의이자가 말하였다. "요(堯)는 저에게 '그대는 반드시 몸소 인의(仁義)를 실천하고, 시비(是非)를 분명하게 말하라' 하였습니다."

허유가 말하였다. "그대(而)는 어째서 〔여길〕 왔는가? 요(堯)는 이미(旣已) 인의(仁義)로 그대(汝)에게 묵형을 가했고 시비(是非)로 그대(汝)에게 코 베는 형벌을 가했는데도, 그대는 어찌 장차 저 아득하니(遙) 끝없이(蕩) 마음대로(恣睢) 거니는(轉徙) 얽매임 없는 세계(塗=道)에서 노닐려 하는가?"

의이자가 말하였다. "그렇다 하더라도 저는 바라건대 그 언저리(藩)에서라도 노닐었으면 합니다."

허유가 말하였다. "그렇지 않다. 장님은 미목(眉目)과 얼굴빛의 아름다움을 즐기지 못하고, 청맹과니는 빛깔이 아름다운(靑黃) 예복(黼黻)의 장관을 즐기지 못한다."

의이자가 말하였다. "무장(無莊)이 그 아름다움을 잊고, 거량(據梁)이 그 힘을 잊고, 황제(黃帝)가 그 지(知)를 잊었던 것은, 모두 풀무질(鑪)

과 망치질(捶) 사이에 있었을 뿐입니다. 어찌 저 조물자(造物者)가 나의 묵형 〔자국〕을 지우고 내 잘린 코를 되붙여 나에게 온전한 신체를 실어주어 선생님을 따르게 한 것이 아님을 알겠습니까?"

허유가 말하였다. "아, 알 수 없구나. 〔그렇다면〕 내 그대를 위해 그 대략을 말해주겠다. 나의 스승이여, 나의 스승이여! 만물을 잘게 부수면서도 의(義)라고 하지 않고, 은택이 만세에 미치면서도 인(仁)이라 하지 않고, 상고(上古)보다 오래면서도 오래다 하지 않고, 천지(天地)를 덮고 실으며 온갖 형체를 조각해 내면서도 교묘하다 하지 않는다. 이것이 노닐 곳일 따름이다."

資-줄 자. 躬-몸 궁, 몸소 궁. 服-실천할 복. 軹-어조사 지. 黥-묵형할 경. 劓-코벨 의. 遙-아득할 요. 蕩-넓을 탕. 恣-방자할 자. 睢-부릅뜨고 볼 휴. 塗-길 도. 藩-울타리 번. 盲-소경 맹. 瞽-소경 고. 黼-자수(刺繡) 보. 黻-자수(刺繡) 불. 據-의거할 거. 鑪-화로 로. 捶-칠 추. 韲-부술 제.

- 堯何以資汝 : '요가 무엇을 그대에게 주었는가?'로 직역된다. 資는 '주다'이며 여기에서는 '가르침을 주다', 즉 '가르치다'라는 의미이다.
- 而奚來爲軹 : '그대는(而) 어찌하여(奚) 옴(來)을 일삼는가(爲軹)?' 정도로 직역된다.
- 遊夫遙蕩恣睢轉徙之塗 : 夫는 '저'라는 의미의 지시어이다. 遙蕩은 '아득하고 끝이 없는 것'이다. 恣睢(자휴)는 '마음대로 하는 것'을 의미한다. 저자는 '마음껏'으로 풀었다. 轉徙는 원래 '옮겨가다'의 의미이다. 저자는 '이리저리 거닐다'로 풀었다. 塗는 道와 같은 뜻이다. 저자는 의역하여 '얽매임 없는 세계', 즉 '도의 세계'로 풀었다.
- 夫盲者無以與乎眉目顔色之好, 瞽者無以與乎青黃黼黻之觀 : 비슷한 문구가 〈소요유편〉1-11에 나온다. 여기에서 盲者과 瞽者는 일반적으로 '눈이 있으나 눈동자가 없는 것〔有眼無珠〕'과 '눈이 손상되어 시력이 없는 것'으로 구분한다. 따라서 번역에서는 전자를 '장님'으로 풀고 후자를 '청맹과니'로 풀었다. 다만, 저자는 두 단어 모두 '눈 먼 사람', 즉 '장님'으로 풀어 구분하지 않았다.
- 乘成는 '갖추어진 것을 실어주다', '완전함을 실어주다'라는 의미이다. 갖추어진 것은 '온전한 신체'를 의미한다.

다섯 번째 설화는 의이자(意而子)와 허유(許由)의 문답이다.

허유는 이미 〈소요유편〉1-10에서도 나온 옛날의 은자이다. 의이자는 아마도 이 설화의 작자가 임의로 꾸며낸 이름일 것이다. 여기에서는 두 사람의 문답에 의탁하여 도(道)의 위대함을 칭송하면서, 인간 삶의 진정한 규범이 인간의 작위에 의해 이루어진 인의예악(仁義禮樂)에 있는 것이 아니라 무위자연(無爲自然)의 도(道)에 있음을 밝힌다.

어느날 의이자가 허유를 찾아갔다.

허유–그대는 최근 성인이라는 풍문이 있는 요(堯)를 만났다더니, 무언가 가르침을 받을 수 있었나?

의이자–요(堯)는 나에게 “열심히 노력하여 인의(仁義)를 실천하고, 어떠한 일에도 지(知)를 활용하여 시비를 분명하게 말하도록 하라.”라고 말했습니다.

– 아, 어처구니없군. 그러면서 새삼스레 무엇 하러 나를 찾아온 건가? 저 요(堯)라는 **변변치 못한 자**가 이미 인의라는 묵형(墨刑)으로 그대의 몸을 상하게 하였고, 시비라는 칼날로 그대의 코를 베어내었으니, 새삼스레 나에게 찾아오더라도 「저 요탕자휴전사(遙蕩恣睢轉徙)의 길」, 즉 아득하니 끝없이 마음껏 거니는 저 초월자의 세계에서 노니는 것은 불가능해.

– 그 속에 들어갈 수는 없더라도, 하다못해 울타리 언저리에서라도 노닐고 싶어서 말입니다.

– 안 돼, 안 돼. 장님에게는 빼어난 미인도 나무인형과 마찬가지이고, 청맹과니에게는 호화로운 드레스도 **누더기**나 마찬가지야.

– 그렇지만 이런 이야기가 있지 않습니까? 옛날 무장(無莊)이라는 미인은 도를 듣고서 자신이 미인이라는 사실을 잊었고, 거량(據梁)이라는 용사는 도를 듣고서 자신이 용사라는 사실을 잊었고, 황제(黃帝)라는 지자(智

者)는 도를 듣고서 자신이 지자라는 사실을 잊었다는 이야기 말입니다. 도는 대장장이와 같은 존재이기 때문에, 모든 쇠붙이가 대장장이의 손에서 녹여지고 벼려지듯 모든 사람은 도에 의해 도야(陶冶)된다고 들었습니다. 때문에 이러한 나이지만 완전히 글렀다고는 생각되지 않습니다. 조화(造化)라는 신(神)이 내 묵형의 자국을 지우고 나의 베어진 코를 되붙여, 사지가 멀쩡한 몸으로 선생님께 가르침을 청하도록 한 것일 수도 있으니까 말입니다.

– 그렇군, 그렇게 말하니 그럴지도 모르겠군. 그렇다면 그 대강을 가르쳐 주겠네.

아, 나의 스승인 도는, 나의 스승인 도는, 모든 존재를 각각의 적절함에 따라 잘게 부수면서도 자기가 의(義)를 행하고 있다고 의식하지 않고, 무한한 은혜를 만물에게 베풀면서도 자기가 인(仁)을 행하고 있다고 의식하지 않는다. 천지개벽 이전으로부터 유구한 시간을 보냈으면서도 자기가 오래된 존재라고 생각하지 않고, 만물을 그 아래에 덮어주고 만물을 그 위로 실어주는 하늘과 땅을 다시금 덮어주고 실어주며 삼라만상을 다양하게 조형하면서도 자기가 훌륭한 예술가라고 생각하지 않는다. 인간의 지혜와 기교, 인간이 사랑이라거나 정의(正義)라고 하는 것 따위는 이것과 비교하면 무(無)나 다름없다. 도란 이처럼 위대한 존재이다. 그리고 나는 바로 그 위대한 도에서 노니는 사람(대자연의 이법을 스승으로 삼아 살아가는 초월자)인 것이다.

본문의 「而奚來爲軹」의 「而」는 汝와 같은 뜻이고, 「奚」는 何와 같은 뜻이다. 「軹(지)」는 어조를 고르기 위한 조사이다. 「黥(경)」「劓(의)」는 모두 형벌의 이름이다. 「黥」은 죄인에게 묵형(墨刑)을 가하는 형벌이고, 「劓」는 코를 베어내는 형벌이다. 「藩」은 울타리이고, 「黼黻(보불)」은 자

수(刺繡)를 넣은 예복(禮服)을 이른다. 「無莊」은 옛 미인의 이름이다. 〈제물론편〉2-27의 毛嬙이 음전(音轉)된 것인 듯하다. 「據梁」은 옛 장사의 이름이다. 「黃帝」는 이 편의 앞부분(6-11)에서 도를 얻어 하늘에 올랐다고 했던 전설상의 제왕(帝王)의 이름이다. 성지(聖知)의 소유자였다고 전해진다. 「鑪捶(로추)」의 「鑪」는 쇠붙이를 녹이는 화로이고, 「捶」는 녹인 쇠붙이를 두드려 벼리는 것이다. 「鑪捶 사이에 있다〔在鑪捶之閒〕」라는 것은, 단련도야(鍛鍊陶冶)를 거쳐야 얻을 수 있는 것이라는 의미이다. 「韲萬物」의 「韲(제)」는 '부수다', '나누다'라는 뜻이다. 여기서는 만물을 단할재량(斷割裁量)하는 것을 이른다.

6-25

顏回曰：「回益矣.」 仲尼曰：「何謂也?」 曰：「回忘仁義矣.」 曰：「可矣, 猶未也.」 它日復見曰：「回益矣.」 曰：「何謂也?」 曰：「回忘禮樂矣.」 曰：「可矣, 猶未也.」 它日復見曰：「回益矣.」 曰：「何謂也?」 曰：「回坐忘矣.」 仲尼蹵然曰：「何謂坐忘?」 顏回曰：「墮枝體, 黜聰明, 離形去知, 同於大通, 此謂坐忘.」 仲尼曰：「同則無好也, 化則無常也. 而果其賢乎! 丘也請從而後也.」

안회(顏回)가 말하였다. "저는 더 나아간 바가 있습니다."
중니(仲尼)가 말하였다. "무슨 말이냐?"
"저는 인의(仁義)를 잊었습니다."
"가하지만, 아직 미진하다."
뒷날 다시 뵙고 말하였다. "저는 더 나아간 바가 있습니다."
"무슨 말이냐?"
"저는 예악(禮樂)을 잊었습니다."
"가하지만, 아직 미진하다."
뒷날 다시 뵙고 말하였다. "저는 더 나아간 바가 있습니다."
"무슨 말이냐?"
"저는 좌망(坐忘)했습니다."
중니가 낯빛을 바꾸며 말하였다. "무엇을 좌망(坐忘)이라 하느냐?"
안회가 말하였다. "지체(枝體=肢體)를 허물어버리고 총명(聰明)을 물리치고 육체를 떠나고 지(知)를 버리고서 거대한 도(大通)와 같아지는 것, 이것을 일러 좌망이라 합니다."
중니가 말하였다. "같아지면 좋고 싫음이 없고, 하나가 되면(化) 구애됨(常)이 없다. 너(而)는 과연 현명하구나. 나는 청컨대 너(而)의 뒤를 따르련다."

它—다를 타. 蹵—삼갈 축. 墮—무너질 타. 黜—물리칠 출.

• 同則無好也, 化則無常也의 同과 化는 모두 '도와 같게 변화하다'라는 의미이다. 저자는 好자를 '좋아하고 싫어함'으로 풀었다. 常은 '일정하다'는 의미에서 '일정하게 여기는 것', '구애되는 것'의 의미이다. 저자는 '구애됨', '얽매임'으로 풀었다.

여섯 번째 설화는 유명한 좌망(坐忘) 문답이다. 「좌망(坐忘)」이란 앉은 채로 모든 것을 잊어버리는 것이다(〈인간세편〉4-13의 「좌치(坐馳)」와 반대이다). 장자 자신의 설명에 의하면, 지체(肢體)를 타기(墮棄)하고, 심지(心知)를 방하(放下)하고, 심신 일체의 속박을 탈각(脫却)하여 도(道)와 한 몸이 되는 경지이다. 요컨대 〈제물론편〉2-1에서 이른바 「나는 나 자신을 잊었다〔吾喪我〕」라는 경지, 선가(禪家)의 이른바 「심신(心身)을 타실(打失)했다」라는 경계인 것이다. 여기에서 장자는 공문(孔門)의 슬로건인 인의예악(仁義禮樂)을 비웃으면서, 초월자의 세계가 모든 인간적인 영위의 왜소함을 초월한 곳에서 이루어진다는 사실을 강조하고 있는 것이다. 「중니가 낯빛을 바꾸며 말하였다〔仲尼蹵然曰〕」의 蹵然(축연)은 낯빛을 바꾸는 모양이다. 마지막의 「같아지면 좋고 싫음이 없고, 하나가 되면(化) 구애됨이 없다〔同則無好也, 化則無常也〕」라는 것은, 만물제동(萬物齊同)인 도와 한 몸이 되면 호오애증의 망집으로 마음을 어지럽히는 일이 없고, 변화유전(變化流轉)하는 도 그 차체와 하나가 되면 한 곳에 붙박이지 않은 자유무애한 삶이 있다는 의미이다. 「無常」이란 고정되지 않은 것, 하나에 구애되지 않은 것을 이른다. 「너는 과연 현명하구나〔而果其賢乎〕」는 《논어》(〈옹야편雍也篇〉)의 「어질다, 안회여〔賢哉, 回也〕」를 **비꼰** 말일 것이다.[98] 「나는 청컨대

98 《論語》〈雍也〉6-9. "공자께서 말씀하셨다. '어질다, 안회여! 한 그릇의 밥과 한 표주박의 음료로 누추한 시골에 있는 것을 딴 사람들은 그 근심을 견뎌내지 못하는데, 안회는 그 즐거움을 변치 않으니, 어질다, 안회여!'〔子曰 : 「賢哉, 回也!

너의 뒤를 따르련다〔丘也請從而後也〕」-장자는 만면에 미소를 지으며, 공자를 그 재기(才氣) 속에서 야유하며 조롱하고 있다.

一簞食, 一瓢飮, 在陋巷. 人不堪其憂, 回也不改其樂. 賢哉, 回也!」〕”

6-26

子輿與子桑友，而霖雨十日．子輿曰：「子桑殆病矣!」 裹飯而往食之.[99] 至子桑之門，則若歌若哭，鼓琴曰：「父邪! 母邪! 天乎! 人乎!」 有不任其聲而趨擧其詩焉. 子輿入曰：「子之歌詩，何故若是?」 曰：「吾思夫使我至此極者而不得也. 父母豈欲吾貧哉? 天無私覆, 地無私載, 天地豈私貧我哉? 求其爲之者而弗得也. 然而至此極者, 命也夫!」

자여(子輿)는 자상(子桑)과 벗이었다. 그런데 장맛비가 열흘이나 내렸다. 자여가 "자상이 아마 괴로워하고 있겠지." 하고 말하고는 밥을 싸 가서 먹이려 하였다. 자상 집의 문에 이르니, 노래하는 듯 곡하는 듯 거문고를 타며 "아버지인가, 어머니인가, 하늘인가, 사람인가?" 하였는데, 그 소리를 이기지 못하고서 급히(趨) 그 시(詩)를 읊조리고(擧) 있었다. 자여가 들어가 말하였다. "자네가 시를 노래함이 어찌해서 이러한가?" 자상이 말하였다. "나는 나로 하여금 이 괴로움(極)에 이르게 한 것에 대해 생각해 보았지만 알아내지 못했네. 부모가 어찌 나의 가난함을 바랐겠나? 하늘은 사사로이 덮어줌이 없고 땅은 사사로이 실어줌이 없으니, 천지가 어찌 사사로이 나를 가난하게 하였겠나? 〔그래서〕 이렇게 한 것을 찾아보았으나 알아내지 못했네. 그러니 이 괴로움에 이른 것은 명(命)이라네!"

輿-수레 여. 桑-뽕나무 상. 霖-장마 림. 殆-아마도 태. 裹-쌀 과. 食-먹일 사. 任-맡을 임, 감당할 임. 趨-빠를 촉. 擧-늘어놓을 거.

• 有不任其聲而趨擧其詩焉 : '그 소리를 이기지 못하고 급히 그 시를 늘어놓다'. '소리를 이기지 못한다'는 것은 '너무 힘들어서 소리를 제대로 내지 못한다'는 의미

---

99 往자가 강담사본에는 住로 되어 있다. 아사히신문사 판본에 근거하여 往으로 고쳤다.

이다. 너무 배가 고파서 가락에 맞추지 못하여 '시를 늘어놓듯이 급히 읊조리는 것'이다.

〈대종사편〉 마지막 설화는 두 번째(6-14), 세 번째(6-18) 설화와 그 주제가 대체로 같다. 이 설화에 등장하는 두 사람 가운데 자여(子輿)는 두 번째 설화에 보이는 네 사람 가운데 한 명이며, 자상(子桑)은 아마도 세 번째 설화의 자상호(子桑戶)와 동일인물일 것이다. 여기서는 두 사람의 문답을 빌어 인간의 빈부·귀천·궁달·수요(壽夭)가 모두 천명(天命)이며, 이 천명을 편안히 여기는 곳에 모든 슬픔과 탄식과 두려움을 초극한 평온한 삶의 환희가 있다는 사실을 밝힌다. 마지막의 「命也夫」의 「命」은 인간이 크게 존숭할만한 스승(大宗師)이다. 이 한 글자에 깊은 여운을 남기고서 〈대종사편〉은 그 서술을 마감한다.

「자상이 아마 괴로워하고 있겠지〔子桑殆病矣〕」라는 것은, 이 장마에 평소부터 밑바닥 생활을 하던 친구 자상은 아마도 죽을 지경이 되어 있을 것에 틀림없다는 의미이다. 그래서 자여가 밥을 싸 가지고 가보니, 문 근처에 노랫소리인지 곡소리인지 구분할 수 없는 기묘한 소리가 거문고 소리에 섞여 들려온다. 그 노래의 「아버지인가, 어머니인가, 하늘인가, 사람인가〔父邪, 母邪, 天乎, 人乎〕」라는 것은, '이 비참한 삶은 부모의 인과(因果)인가, 운명의 장난인가?'라고 자상이 자문하고 있는 것이다. 「그 소리를 이기지 못하고서 급히 그 시(詩)를 읊조리고 있었다〔有不任其聲而趨擧其詩焉〕」는 **힘껏** 해도 이 정도라는 듯, 헐떡이며 노래를 부르짖고 있다는 의미이다. 그래서 자여가 문 안으로 들어가 무슨 까닭이냐고 사정을 묻자, 자상이 대답하였다.

– 어떠한 인과로 인해 이러한 밑바닥 생활에서 헐떡이는가를 생각해

보아도 전혀 알 수가 없다. 나를 낳은 부모가 자기 아들의 불행을 바랄 리는 없으니 부모 때문은 아닌 듯하고, 천지의 영위에 인간적인 편파성 따위가 있을 리는 없으니 우주 의지의 차별대우도 아닌 듯하다. 그러니 결국 「명(命)」, 즉 인간의 인식을 초월한 자연의 이법, 이른바 「그 그러함을 알지 못하지만 그러한」 자연의 추세(趨勢)임에 틀림없다.

자상은 이렇게 말하며 그의 마지막 말을 「夫」로 마쳤다. 「夫」는 영탄을 나타내는 말이다.

응제왕편(應帝王篇) 7

〈소요유편〉에서 우선 절대자의 드높은 초월을 묘사하고, 〈제물론편〉에서 그 드높은 초월의 논리적 근거를 밝히고, 이어 〈양생주편〉〈인간세편〉에서 현실을 살아가는 초월자의 지혜(자기를 온전히 하면서 세상과 교섭하는 방법)를 이야기하고, 또 〈덕충부편〉〈대종사편〉에서 형해(形骸)를 초월한 자, 진인(眞人)의 면목과 도(道)의 위대함을 찬미해온 장자는, 마지막으로 이러한 장자적 절대자가 세상을 다스리는 방법, 그 정치적 지배자로서의 성격을 밝힌다.

응제왕(應帝王)이란 제왕(帝王)에 걸맞다(應), 즉 장자적 초월자는 정신세계의 절대자인 동시에 그 절대성으로 인해 현실세계의 최고지배자(제왕)이기도 해야만 한다는 의미이다. 그런데 장자적 절대자의 지배란 것은 어떠한 것일까? 그것은 바로 지배하지 않는 지배, 정치를 부정하는 정치인 것이다. 일체만물을 그 자연성에서 긍정하고 모든 인간적인 작위를 놓아버리는 곳에 진정으로 평화로운 사회가 출현하고, 일체만물이 절대자를 본보기로 삼아 그가 체득한 「도」에 포용되고 감화되어 모든 인간이 도와 하나가 되는 곳에 진정으로 자유로운 세계가 출현한다는 것이 장자의 생각이다. 〈응제왕편〉은 이러한 절대자의 지배, 그 「무위자연의 다스림」을 밝힌다.

7-1

齧缺問於王倪, 四問而四不知. 齧缺因躍而大喜, 行以告蒲衣子. 蒲衣子曰 :「而乃今知之乎? 有虞氏不及泰氏. 有虞氏其猶藏仁以要人, 亦得人矣, 而未始出於非人. 泰氏其臥徐徐, 其覺于于; 一以己

爲馬, 一以己爲牛; 其知情信, 其德甚眞, 而未始入於非人.

설결(齧缺)이 왕예(王倪)에게 물었는데, 네 번 물었으나 네 번 모른다고 하였다. 설결은 이로 인해 껑충 뛰며 크게 기뻐하고는 포의자(蒲衣子)에게 가서 이것을 고하였다. 포의자가 말하였다. "너(而)는 이제야 그것을 알았느냐? 유우씨(有虞氏)는 태씨(泰氏)에게 미치지 못하였다. 유우씨는 여전히 인(仁)을 품고서 그것을 남에게 요구하였으며 또 사람들〔의 마음〕을 얻었다. 그렇지만 애초부터 사람이 아닌 것(非人)에서 나오지는 않았다. 태씨(泰氏)는 잠잘 때는 평온하고(徐徐), 깨었을 때는 멀뚱멀뚱 눈을 뜨고 있었다(于于=盱盱). 혹은(一) 자신을 말로 여기고 혹은(一) 자신을 소로 여겼다. 그 지(知)는 진정 믿을 만하고, 그 덕(德)은 몹시 진실하였다. 그렇지만 애초부터 사람이 아닌 것(非人)에 들어가지는 않았다."

齧–깨물 설. 缺–깨질 결. 倪–흘겨볼 예, 끝 예. 躍–뛸 약. 蒲–부들 포.

〈응제왕편〉은 여섯 개의 설화를 주요내용으로 하여 구성되어 있다.

첫 번째 설화–여기에서는 설결(齧缺)과 포의자(蒲衣子)의 문답에 의탁하여 절대자의 지배가 모든 인간적인 것을 부정하는 「비인(非人)」의 입장, 인의(仁義)를 잊고 시비(是非)를 잊은 만물제동(萬物齊同)의 경지에서 이루어지는 것임을 밝힌다.

「설결이 왕예에게 물었는데, 네 번 물었으나 네 번 알지 못한다고 하였다〔齧缺問於王倪, 四問而四不知〕」–설결이 네 번 물었으나 왕예가 네 번 알지 못한다고 답한 이야기는 〈제물론편〉에 보인다.[100] 「이로 인해 껑충

100 설결이 왕예에게 물었으나 모른다는 답으로 일관한 것은 〈제물론편〉2-26에

뛰며 크게 기뻐하였다〔因躍而大喜〕」–설결이 흔희작약(欣喜雀躍)한 것은, 도가 인간의 개념적 인식을 초월하고 진정한 지(知)가 '부지(不知)의 지(知)'라는 사실을 깨달았기 때문이다. 「포의자에게 가서 이것을 고하였다〔行以告蒲衣子〕」–蒲衣子는 이 책의 외편인 〈천지편〉과 〈지북유편〉에 보이는 被衣子(피의자)와 동일인물일 것이다. 왕예의 스승이라고 한다(〈천지편〉).

「너는 이제야 그것을 알았느냐〔而乃今知之乎〕」라는 것은, '이제야 그것을 알아차렸다니 너무나도 우활(迂闊)하구나'라는 의미이다. 「유우씨는 태씨에게 미치지 못하였다〔有虞氏不及泰氏〕」–유우씨는 유가(儒家)에서 성천자(聖天子)로 **추앙하는** 순(舜)을 이른다. 태씨는 태고의 제왕의 이름이다. 당(唐)의 성현영(成玄英)은 태호씨(太昊氏=泰昊氏), 즉 복희(伏羲)를 이르는 것인 듯하다고 하였다. 「유우씨는 여전히 인(仁)을 품고서 그것을 남에게 요구하였으며 또 사람들의 마음을 얻었다〔有虞氏其猶藏仁以要人, 亦得人矣〕」–순(舜)은 자기의 사랑을 의식하고 그 효과를 남에게 기대하는 작위적인 인정(仁政)을 행하였지만, 어쨌건 백성의 마음을 자기의 덕으로 길들일 수 있었다. 「그렇지만 애초부터 사람이 아닌 것에서 나오지는 않았다〔而未始出於非人〕」–그러나 그것은 어디까지나 의식된 사랑, 일종의 작위이며, 무아(無我)의 사랑, 인위를 초월한 천진(天眞)으로부터 나온 절대적인 사랑은 아니다.

그런데 태씨는 이와 다르다. 그는 모든 인간적인 작위를 부정하는 절대세계를 자기의 경지로 삼는 사람이기 때문에, 「잠잘 때는 평온하고, 깨었을 때는 멀뚱멀뚱 눈을 뜨고 있었다〔其臥徐徐, 其覺于于〕」–누워 자면 평

보인다. 그러나 그곳에 설결의 물음에 왕예가 모른다고 답한 횟수는 세 번이다. 다만 2-28을 한 번으로 치면, 모두 합해 네 번이 된다.

온하여 근심이 없고, 깨어서는 멍한 눈을 멍하니 크게 뜰 뿐이다(徐徐는 평온한 모양이고, 于于는 盱盱와 같으며 눈을 크게 뜬 모양이다). 그는 또 물아시비(物我是非)의 대립을 하나로 체관하는 만물제동의 경지에 서 있기 때문에, 「혹은 자신을 말로 여기고 혹은 자신을 소로 여겼다〔一以己爲馬, 一以己爲牛〕」-남이 자기를 말이라고 부르면 말이라고 부르도록 내버려두고, 소라고 부르면 소라고 부르도록 내버려두어 분별의 편견으로 남과 다투는 일이 없었다. 「그 지(知)는 진정 믿을 만하고, 그 덕은 몹시 진실하였다〔其知情信, 其德甚眞〕」-그의 지(智)는 거짓이 없어 밝게 증명되며, 그의 덕은 꾸밈이 없어 진실로 충일되어 있다. 그러나 그의 지(智)와 덕(德)은 화광동진(和光同塵)이어서 자기의 빛을 세속 가운데에서 품고서, 「애초부터 사람이 아닌 것에 들어가지는 않았다〔而未始入於非人〕」-비인간적인 절대세계로 종적을 감추는 것이 아니라, 늘 세속과 더불어 살아가고 늘 인간과 더불어 존재하는 것이다. 태씨라는 사람은 이처럼 '비인(非人)에서 나왔으나 비인으로 들어가지 않는' 자, 즉 인간을 초월하면서도 동시에 인간과 더불어 존재하는 자이며, 그의 지배란 모든 작위를 배척하는 무위자연의 다스림인 것이다.

포의자는 설결에게 이렇게 설명하였다.

여기에서 「비인(非人)」이란 사람이 아닌 것, 즉 천(天)이라는 의미이다. 「비인에서 나왔으나 비인으로 들어가지 않는다」라는 표현은 장자적 절대자의 성격을 설명하는 데에 요긴한 말이다. 장자에게 있어 절대자란 인간세계에서 9만 리 상공으로 비상하는 초월자인 동시에, 현실세계에 내려와 세속과 홍진을 함께 하는 '오독(汚瀆)의 유희자(遊戱者)'였다. 인간을 초월하면서 인간 속에 있으며, 세속을 초월하면서 세속 가운데에서 소요하는 것에 장자적 절대자의 얽매임 없는 자유가 있다. 만약 인간 그 자체를 부정하고 드높은 초월의 세계만을 유일한 것으로 여겨 고집한다면, 그 고집은 세속으로의 고집과 똑같은 부자유에 떨어질 것이다. 때문에 장자는 「비인에서 나오는」 드높은 초월을 이야기하는 동시에 「비인으로 들어가지 않는」 현실로의 하강을 이야기한다. 천(天)으로 들어가면서도 천에 얽매이지 않고, 인(人)으로 들어가면서도 인에 얽매이지 않는 곳에 장자적 절대자의 진정한 자유가 있다. 절대자의 지배는 이 진정한 자유에서 비로소 가능하게 되는 것이다.

7-2

肩吾見狂接輿, 狂接輿曰 : 「日中始何以語女?」 肩吾曰 : 「告我 : 『君人者, 以己出經式義度, 人孰敢不聽而化諸!』」 接輿曰 : 「是欺德也. 其於治天下也, 猶涉海鑿河, 而使蚊負山也. 夫聖人之治也, 治外乎! 正而後行, 確乎能其事者而已矣. 且鳥高飛以避矰弋之害, 鼷鼠深穴乎神丘之下, 以避熏鑿之患, 而曾二蟲之無知!」

견오(肩吾)가 광접여(狂接輿)와 만났다.
광접여가 말하였다. "일전에(日) 중시(中始)는 너(女)에게 무엇을 말하더냐?"
견오가 말하였다. "저에게 이렇게 일렀습니다. '남의 군주된 자가 스스로 규범과 법칙(經式義度)을 낸다면, 사람들 가운데 누가 감히 듣고서 그것에 감화되지 않겠는가?'"
광접여가 말하였다. "그것은 거짓 덕이다. 그것으로 천하를 다스린다는 것은, 마치 바다를 걸어서 건너고 강을 끌로 파내고, 모기에게 산을 짊어지게 하는 것과 같다. 성인의 다스림이 외면을 다스리는 것이겠는가? 바르게 한 이후에 시행하고, 확고히 하여 자신(其)의 일을 잘 해낼 뿐이다. 또한 새는 높이 날아 주살(矰弋)의 위해를 피하고, 생쥐는 신단(神丘) 아래에 깊이 구멍을 파서 그을리거나(重=熏) 파헤쳐지는 재앙을 피하니, 너(而)는 곧(曾) 이 두 짐승보다 지(知)가 없느냐?"

諸–어조사 저. 欺–속일 기, 거짓 기. 鑿–뚫을 착. 蚊–모기 문. 矰–주살 증. 弋–주살 익. 鼷–생쥐 혜. 鼠–쥐 서.

• 其於治天下 : '그것의 천하 다스림에 대해서는' 정도로 직역된다.
• 而曾二蟲之無知 : 저자는 曾을 '곧'으로 풀고 '너(而)는 곧(曾) 이 두 짐승보다 지(知)가 없느냐?'로 해석하였다. 이 문장은 원래 而曾無知二蟲인데 강조를 위해 서술어(無知)와 목적어(二蟲)의 위치를 바꾸고 之를 삽입한 구조이다. 여기에서 동사는 知인 것이다. 때문에 직역하자면 '너는 곧 이 두 짐승도 알지 못하느냐?' 정도가 된다.

두 번째 설화.

여기서는 견오(肩吾)와 광접여(狂接輿)의 문답을 빌어, 절대자의 지배가 번쇄한 예교규범에 의한 간섭과 강제의 정치가 아니라, 무엇보다도 지배자 자신이 진정한 절대자가 되어 그 절대성 속에서 일체만물의 자연성을 해방시키는 자유와 방임의 정치임을 밝힌다. 견오는 이미 〈소요유편〉1-11과 〈대종사편〉6-11에 나왔고, 광접여도 〈소요유편〉1-11과 〈인간세편〉4-29에 나왔다(〈소요유편〉1-11에는 견오가 접여에게서 고야산의 신인에 관한 이야기를 들은 일이 실려 있다).

「일전에 중시는 너에게 무엇을 말하더냐〔日中始何以語女〕」-「日」은 **日者**와 같으며, '아까', '일전에'라는 뜻이다(청淸 유월兪樾의 설). 「중시」는 옛 현인의 이름이다. "너는 일전에 중시를 찾아갔다던데, 그는 그때 너에게 무엇을 말하더냐?" 하고 광접여가 물은 것이다.

그러자 견오가 대답하였다. 중시는 이렇게 말했습니다.

남의 지배자가 된 자가 스스로 인의예악(仁義禮樂)의 가르침을 마련하여 백성에게 그 규범을 따르도록 한다면, 모든 사람들이 필시 그의 가르침을 듣고서 그 덕에 감화될 것이다.

「그것은 거짓 덕이다〔是欺德也〕」-중시의 말을 듣고서 접여는 그것을 정면으로 부정하였다. 그것은 곧 자신을 속이고 남을 속이는 완전한 **거짓** 도덕인 것이다. 「그것으로 천하를 다스린다는 것은, 마치 바다를 걸어서 건너고 강을 끌로 파내고, 모기에게 산을 짊어지게 하는 것과 같다〔其於治天下也, 猶涉海鑿河, 而使蚊負山也〕」-그러한 **방법**으로 천하를 다스리려 하는 것은, 비유하자면 대해(大海)를 걸어서 건너고, 대하(大河)를 끌로 파내고, 작은 모기의 등에 산을 짊어지게 하려는 것처럼 무모한 **바보**짓이다.

「성인의 다스림이 외면을 다스리는 것이겠는가〔夫聖人之治也, 治外

乎〕」-대개 진정으로 도를 체득한 절대자의 지배라는 것은, 외면을 다스리는 것 따위는 문제시하지 않는 법이다. 예교규범에 의한 외면적 강제와 속박 속에서 인간의 자연성을 왜곡하고 질식시키는 것이 아니라, 내면을 다스리는 지배(자기 스스로가 우선 절대의 도를 바르게 체득하고, 그 절대의 도에 근거하여 무위자연의 교화를 시행해 나가는 지배), 이른바 「바르게 한 이후에 시행하는〔正而後行〕」 지배, 이것이 절대자의 지배인 것이다. 「확고히 하여 자신의 일을 잘 해낼 뿐이다〔確乎能其事者而已矣〕」-그는 단지 자기 내면에 있는 것을 확고히 수립하여 자신의 문제를 진지하게 해결해 나갈 뿐, 남을 지배하는 것 따위는 염두에도 없는 것이다.

접여는 계속해서 말을 이었다. 게다가 저 하늘을 나는 새와 땅 위를 달리는 쥐를 보라. 새는 가르쳐주지 않아도 높이 날아 증익(繒弋)(주살)의 위해를 피하고, 혜서(鼷鼠)(생쥐)는 가르쳐주지 않아도 사단(社壇) 바닥 깊숙이 숨어 연기에 그을려 쫓겨나오거나 파헤쳐져 쫓겨나오는 위험으로부터 몸을 온전히 한다. 조수(鳥獸)조차 이러한 삶의 지혜를 본능으로 지니고 있는 법이거늘 하물며 만물의 영장이라고 불리는 사람이 조수의 지(知)에조차 미치지 못하는 것이 있을 수 있겠는가? 백성은 그 자연의 지(知)에 방임해 두는 것이 가장 좋은 것이다. 절대자는 이 방임과 자유를 지배의 제1원리로 삼는다.

본문의 「經式義度」는 규범법칙(規範法則)이라는 뜻으로, 구체적으로는 인의예악(仁義禮樂)의 가르침을 이른다(義는 儀와 같다). 「신단 아래에 깊이 구멍을 판다〔深穴乎神丘之下〕」의 「神丘」는 토지신을 제사지내는 사(社)(사당)의 신단(神壇)을 이른다(社에 대해서는 〈인간세편〉4-23의 櫟社를 참조 바람). 「重」은 熏의 잘못인 듯하다. 「熏」은 燻과 같다. 「二蟲」은 새와 생쥐를 이른다. 「蟲」은 고대 중국인이 동물 일반을 부르는 말이었으며, 사람도 그들에게는 충(蟲) 가운데 하나였다.

7-3

天根遊於殷陽, 至蓼水之上, 適遭無名人, 而問焉曰:「請問爲天下.」無名人曰:「去! 汝鄙人也, 何問之不豫也! 予方將與造物者爲人, 厭則又乘夫莽眇之鳥, 以出六極之外, 而遊無何有之鄕, 以處壙埌之野. 汝又何帠以治天下感予之心爲?」又復問, 無名人曰:「汝遊心於淡, 合氣於漠, 順物自然而無容私焉, 而天下治矣.」

천근(天根)이 은산(殷山)의 남쪽에서 노닐고 요수(蓼水) 가에 이르렀다가 우연히(適) 무명인(無名人)을 만났다. 〔천근이〕 물었다. "청컨대 천하를 다스리는 방법을 묻고자 합니다."
무명인이 말하였다. "물러가라, 너는 비루한 사람이다. 어찌 묻는 것이 이리 불쾌한가? 나는 장차 조물자와 벗(人)이 되고, 싫증나면 또 저 끝없는 하늘(莽眇)의 새를 타고서 세계(六極) 밖으로 나가, 아무것도 없는 세계(無何有之鄕)에 노닐고 끝없는 광야(壙埌之野)에 머물려 한다. 너는 또 무엇 때문(何帠)에 천하를 다스리는 것으로 나의 마음을 어지럽히느냐(感)?"
천근이 또 묻자, 무명인이 말하였다. "너는 마음을 평온함(淡)에 노닐게 하고 기(氣)를 적막함(漠)에 맞추어, 물(物)의 자연(自然)을 따라 사사로움을 용납함이 없게 하라. 그러면 천하는 잘 다스려질 것이다."

陽–볕 양, 산의 남쪽 양. 蓼–여뀌 료. 鄙–다라울 비, 비열할 비. 豫–즐거울 예. 厭–물릴 염. 莽–아득할 망. 眇–멀 묘. 壙–넓을 광. 埌–넓을 량. 帠–법 예. 淡–담박할 담. 漠–조용할 막.

• 殷陽 : 산의 남쪽과 물의 북쪽을 陽이라 한다. 殷陽의 殷은 殷山을 의미하기 때문에 殷陽은 '은산의 남쪽'이라는 의미를 지닌다. 저자는 번역술어로 '은양'과 '은산의 남쪽'을 혼용하고 있는데, 번역문은 이에 따랐다. 참고로 우리나라의 漢陽은 '한강의 북쪽'이라는 의미이다.

• 予方將與造物者爲人 : 〈대종사편〉6-20에 彼方且與造物者爲人이 나온다. 方將은 方且와 같으며 '장차'라는 뜻이고, 爲人은 '벗이 되다'라는 뜻이다.

• 汝又何帠以治天下感予之心爲 : 직역하자면 '너는 또 무엇(何)에 근거하여(帠=法)

천하를 다스리는 것으로 나의 마음을 움직이는 것을 일삼느냐' 정도이다.

세 번째 설화는 천근(天根)과 무명인(無名人)의 문답이다.

여기서는 두 사람의 문답을 빌어 지배자가 자기의 자의(恣意)를 버리고 만물의 자생자화(自生自化)에 내맡기면, 천하는 다스리지 않고도 저절로 잘 다스려진다는 것을 밝힌다. 殷陽(은양)은 지명이다. 蓼水(료수)는 오늘날의 산서성(山西省)에 흐르는 강 이름이라고 한다.

어느날 은산(殷山)의 남쪽에서 노닐고 요수(蓼水) 강가에 이른 천근이라는 사람이, 그 강가에서 '이름이 없다'라는 이름을 가진 사람(無名人)과 **뜻밖에** 만났다. 그가 떠나버릴 유도자(有道者)임을 알아차린 천근[101]은 불쑥 그에게 물었다.

– 부디 천하를 지배하는 방법을 가르쳐 주시겠습니까?

돌연한 질문에 깜짝 놀란 무명인은 곧 꾸짖는 목소리와 함께 그 질문에 답했다.

– 냉큼 물러가라, 이 속물 녀석. 어쩌면 이토록 불쾌한 질문을 하느냐? 사람을 잘못 보는데도 정도가 있지. 나는 속세간을 드높이 초월하여 천지만물의 창조자를 벗 삼아 노닐고, 놀다 지치면 또 저 끝없는 푸른 하늘에서 날갯짓하는 새의 날개를 타고서 우주 밖으로 날아가, 「무하유지향(無何有之鄉)」(어떠한 것에도 속박 되지 않은 허무의 세계)에서 거대한 적막(寂寞)을 소요하고, 「광랑지야(壙埌之野)」(거칠 것 없는 무한한 광야)에서 생(生)의 자유를 홀

101 천근(天根)은 대지(大地)를 의미하는데, 여기에서는 초월자가 될 소질을 지닌 사람이라는 의미인 듯하다.〔원주〕

로 방황(彷徨)할 자이다. 나는 본래 초월자인 것이다. 너는 또 무슨 착각을 해서 초월자인 나에게 천하를 다스리는 속사(俗事) 따위를 물어 내 마음을 어지럽히느냐? 물러가라, 이 속물 녀석.

그러나 천근은 무명인의 꾸짖음에도 불구하고 질문을 단념하지 않았다. 그의 집요함에 무명인도 마침내 두 손을 들고 말았다.–그렇다면 간단히 한 마디만 일러 주지. 새겨들어야만 하네. 너의 마음을 무욕염담(無欲恬淡)한 평온함에 노닐게 하고 너의 생(生)의 에너지를 우주적 적막에서 정화시켜, 일체만물을 그 본래성(本來性)에 맡겨 소아(小我)의 자의(恣意)를 완전히 없애는 것, 그것이 천하를 지배하는 가장 좋은 비결일세.

「조물자와 벗이 되다〔與造物者爲人〕」(6-20), 「六極之外」,[102] 「無何有之鄕」(1-14)은 이미 〈대종사편〉과 〈소요유편〉에 나온 말이다. 「莽眇之鳥」의 莽眇(망묘)는 끝없이 펼쳐진 푸른 하늘을 이른다. 「壙埌(광랑)」은 無際의 뜻이다. 「何帠」의 帠(예)는 法과 같다.

102 六極之外 : 〈대종사편〉6-10에 보이는 것은 '六極之下'이다. 이외에 '六極之外'와 비슷한 표현으로 〈제물론편〉2-22에 '六合之外'가 보인다.

7-4

陽子居見老聃曰：「有人於此，嚮疾彊梁，物徹疏明，學道不勸．如是者，可比明王乎?」 老聃曰：「是於聖人也，胥易技係，勞形怵心者也．且也，虎豹之文來田，猨狙之便，執斄之狗來藉．如是者，可比明王乎?」 陽子居蹵然曰：「敢問明王之治.」 老聃曰：「明王之治：功蓋天下而似不自己，化貸萬物而民弗恃；有莫擧名，使物自喜；立乎不測，而遊於無有者也.」

양자거(陽子居)가 노담(老聃)을 만나 말하였다. "여기에 어떤 사람이 있습니다. 메아리가 응하듯 빨리 깨닫고(嚮疾) 강하고 용맹하며(彊梁), 사물〔의 이치〕에 통달하여 막힘없이 분명히 알며, 도(道)를 배우는 데에 게으르지 않습니다. 이와 같은 자는 명왕(明王)에 견줄 수 있겠습니까?"

노담이 말하였다. "이런 사람은 성인에 비교하면 종(胥易)이나 장인(技係)이니, 몸을 수고롭게 하고 마음을 두렵게 하는 자이다. 또한 호랑이와 표범의 무늬는 사냥꾼(田)을 불러오고, 원숭이의 민첩함과 쥐를 잡는 개는 우리(藉)를 불러온다. 이와 같은 자를 명왕에 견줄 수 있겠는가?"

양자거가 낯빛을 바꾸며 말하였다. "감히 명왕의 다스림에 대해 묻습니다."

노담이 말하였다. "명왕의 다스림이란 공(功)이 천하를 뒤덮어도 자기에게서 말미암지 않은 듯하고 은혜(化)를 만물에 베풀지만(貸) 백성은 의지하지 않으며, 있지만 이름을 들 수 없고 만물을 스스로 기뻐하게 하며, 헤아릴 수 없는 곳에 서서 아무것도 없는 곳에서 노니는 것이다."

嚮-메아리 향. 疾-빠를 질. 彊-강할 강. 徹-통할 철. 勸-게으를 권. 胥-아전 서, 종 서. 易-바꿀 역, 다스릴 이. 係-매일 계. 怵-두려워할 출. 田-사냥 전. 猨-원숭이 원. 狙-원숭이 저. 便-민첩할 편. 斄-검은 소 리, 너구리 리(貍). 藉-우리 적. 蹵-삼갈 축. 貸-줄 대. 恃-믿을 시.

• 嚮疾 : '메아리처럼 빠르다'. 저자는 '메아리가 응하듯 빨리 깨닫다'라 풀이하였다. 여기에서 '깨닫다'는 저자가 보충한 말이다. 참고로, 저자의 견해와는 달리 嚮疾을 '몸이 민첩한 것'으로 보는 견해가 지배적이다.
• 胥易技係 : 저자는 胥를 胥徒(서도)·胥靡(서미)의 胥로 보았다. 胥徒의 경우 '관에서 일하는 하급관리', 즉 '아전'을 주로 의미한다. 노역에 동원되는 노예의 의미로도 쓰이는데, 이 경우는 胥靡와 같은 의미이다. 易(이)는 '다스리다', '일하다'라는 의미이다. 때문에 胥易는 '노예로 일하는 사람', 즉 '노예', '종'을 가리킨다. 技는 '기술'이고 係는 '묶이다', '얽매이다'의 의미이다. 기술에 얽매인 사람은 '장인'을 의미한다.
• 斄는 貍(너구리 리)로 푸는 경우도 있고, '검은 소'라고 보는 경우도 있다. 저자는 留(鼦)가 되어야 한다고 보고 '쥐'라고 풀었다.

네 번째 설화는 양자거(陽子居)와 노담(老聃)의 문답이다.

양자거는 춘추시대 말기에 쾌락설을 주창했던 양주(陽朱)를 이른다고도 하고,[103] 혹은 융(戎)이라는 명(名)을 가진 다른 사람이라고도 한다(당唐 육덕명陸德明의 《장자음의莊子音義》). 노담은 두말할 것도 없이 노자이다. 이 문답은 이 책의 〈천지편〉(외편)에도 보이는데, 거기에는 공자와 노자의 문답으로 개작되어 있다. 문답의 주지(主旨)는 명왕(明王)의 다스림, 즉 절대자의 지배가 인간의 지교작위(知巧作爲)를 물리치고 천(天)의 무위자연을 본받는 무심망아(無心忘我)의 지배임을 밝히는 것이다.

---

103 저자는 양주(陽朱)를 개인주의·쾌락주의를 주창한 철학자로 평가하였는데, 이는 다음의 《맹자》 구절에 기인한 견해이다. 《孟子》〈盡心上〉13-26. "맹자께서 말씀하셨다. 양자는 자신을 위함을 취하였으니, 하나의 털을 뽑아서 천하가 이롭더라도 하지 않았다〔孟子曰 : 楊子取爲我, 拔一毛而利天下, 不爲也〕." 이 구절은 맹자의 일방적인 비판이 담겨 있어 그대로 받아들이기는 곤란하다는 것이 오늘날 학자들의 주된 입장인 듯하다. 오늘날의 학자들은 양주를 노자 계열의 일파로 파악한다. 대표적인 예로는 풍우란 저, 박성규 역, 《중국철학사》상, 까치, 2003, 217-232면 참조.

어느날 양자거라는 사람이 노자에게 물었다.

– 여기에 어떤 사람이 있습니다. 그는 두뇌가 명민하여 두뇌 회전이 목소리에 응하는 메아리처럼 빠르고, 의지가 강고(强固)하여 어떠한 것에도 꺾이는 일이 없습니다. 또 사물의 도리를 간파하는 투철한 통찰력과 만사에 통달한 해박한 지식을 지녔고, 게다가 보기 드문 노력파여서 싫증내거나 게으름을 피우지 않고 학문에 정진하여 진리 탐구에 여념이 없습니다. 어떻습니까? 이러한 사람은 이른바 명왕(明王)(밝은 덕을 갖춘 제왕)에도 필적하는 우수한 사람이 아니겠습니까?

그러자 노자가 답하였다.

– 당치 않아. 그런 사람이 어떻게 명왕에 필적할 수 있단 말인가? 그를 명왕에 비교하자면, 기껏해야 잔심부름으로 이리저리 뛰어다니는 종이라든가 일예일곡(一藝一曲)에 매여 있는 장인 정도이다. 육체를 괴롭게 하고 마음을 공포로 소모시키는 슬퍼할만한 문명의 노예, 그러한 하찮은 자가 어찌 성왕(聖王)에 비교될 수 있단 말인가? 게다가 대개 인류의 타락과 불행은 인간의 지식과 기교로부터 시작된다. 지(知)와 교(巧)는 인류가 자신의 손으로 파는 생명의 함정인 것이야. 그것은 비유하자면 호랑이와 표범이 그 아름다운 가죽 때문에 사냥꾼의 손에 죽어 산림에서의 자유를 빼앗기고, 민첩한 원숭이와 쥐를 잘 잡는 개가 그 재지(才知) 때문에 포획되어 우리 속에서 사육되는 것과도 비슷하다고 말할 수 있을 것이야. 이러한 치가 어찌 명왕에 비교될 수 있단 말인가?

노담에게 혼쭐나자 양자거는 풀이 죽었다. **풀이 죽은** 채 그는 다시 물었다.

– 부디 명왕의 다스림에 대해 설명해 주십시오.

– 명왕의 다스림이란 지(知)와 교(巧)를 버린 무위자연의 지배이다. 그의 위대한 공덕은 세계를 뒤덮고 감싸는 정도이지만 그 자신은 그것이 자기의

힘에 의한 것임을 조금도 의식하지 않고, 그의 교화는 만물에 두루 미치지만 백성들은 '제왕의 힘이 나에게 무슨 상관이겠는가?'[104] 하고 **노래하고** 있다. 그 작용은 실재하지만 초인간적인 위대함 때문에 인간의 언어로는 형용할 수 없으며, 그 덕화(德化)는 살아있는 모든 생명체 각각을 생(生)의 안식과 환희에 해방시킨다. 그리고 스스로는 인간의 인식을 초월한 도 그 자체와 하나가 되어 모든 존재의 근원인 무(無)의 경지에서 소요하는 지배, 이른바 「자아(己)가 없고 공적(功)이 없고 명예(名)가 없는」(1-9) 지배야말로 명왕의 정치인 것이다.

「嚮疾彊梁」-「嚮(향)」은 響(메아리)과 같다. 「疾」은 速의 뜻이다. 「彊梁」은 柔弱의 반대이다. 彊은 强과 같다. 「物徹疏明」-「物徹」은 사물의 도리를 꿰뚫어보는 것이다. 「疏明」의 「疏」는 通과 같은 의미이다. 「胥易(이)技係」는 난해한 표현이다. 「胥」는 胥徒·胥靡의 胥, 즉 '노예', '종'의 뜻이며, 「易」는 治의 뜻인 듯하다. 胥易는 노예로 일하는 자, 즉 노역에 혹사당하는 강제 노동자를 이른다. 「技係」의 「係」는 繫와 같으며, 技係란 기예에 매여 관직에 머무는 자, 즉 장인을 이르는 것인 듯하다.

「猨狙之便」의 猨狙(원저)는 원숭이이고, 便(편)은 敏捷의 敏과 같으며 '민첩하다'라는 뜻이다. 「執斄之狗」의 斄(리)는 〈천지편〉에는 留로 되어 있다. 留는 鼺(류)와 같으며 쥐라는 뜻이다(마서륜馬敍倫의 설). 「來田」의 「田」은 사냥을 이른다. 「來藉」의 藉(적)은 '우리'라는 뜻이다. 來는 '불러오다'라는 뜻이다. 「蹵然(축연)」은 낯빛을 바꾸는 모양이다.

104 〈擊壤歌〉"日出而作, 日入而息, 鑿井而飮, 耕田而食, **帝力于我何有哉!**"

7-5

鄭有神巫，曰季咸，知人之死生存亡禍福壽夭，期以歲月旬日，若神．鄭人見之，皆棄而走．列子見之而心醉，歸以告壺子曰：「始吾以夫子之道爲至矣，則又有至焉者矣.」

정(鄭)나라에 신 내린 무당(神巫)이 있었는데 계함(季咸)이라 하였다. 사람의 사생존망(死生存亡), 화복수요(禍福壽夭)를 〔자세히〕 알고서 연월순일(歲月旬日)로 예언하여 맞춤이 신(神)과도 같았다. 정나라 사람들은 그를 보면 모두 〔지닌 것을〕 버리고 달아났다. 열자(列子)가 그를 만나고는 매료되어(心醉), 돌아와 호자(壺子)에게 고하였다. "처음 저는 선생님의 도(道)가 지극한 것이라고 여겼는데 또한 선생님보다 지극한 자가 있었습니다."

巫–무당 무. 壺–병 호.

▪ 期以歲月旬日 : '연·월·순일(10일 단위)로 기약하다'. 앞일을 날짜 단위까지 맞힌다는 의미이다.

▪ 又有至焉者矣 : 저자는 '또 이보다(焉) 지극한(至) 자가 있었습니다'로 풀었다. 여기에서 焉은 於此와 같으며 '이보다'의 뜻이다.

여기서는 윗글(7-4)의 명왕(明王)은 「헤아릴 수 없는 곳에 서서 아무것도 없는 곳에서 노닌다〔立乎不測, 而遊於無有〕」를 받아 전능한 예언자인 정(鄭)나라 계함(季咸)을 도의 체득자인 호구자림(壺丘子林) 앞에서 망연자실케 하여, 절대자는 누구도 엿볼 수 없는 심원한 초월성, 어떠한 것에도 이용당하지 않는 강인한 주체성을 지녔음을 밝힌다. 신무(神巫) 계함의 이름은 《서경書經》〈군석편君奭篇〉과 《초사楚辭》〈이소離騷〉 등에 보이고(모두 무함巫咸으로 되어 있다), 호구자림에 관해서는 《열자列子》의 〈천서天瑞〉〈황제黃帝〉〈중니仲尼〉〈설부說符〉 등의 여러 편에 보인다(〈황제편〉에는 이 문답이 그대로 실려 있다). 열자는 〈소요유편〉1-9에서 「바람을 타고 다닌다〔御風而

行]」라고 한 춘추시대의 철학자이며, 호구자림의 제자라고 한다. 이야기는 정나라의 신 내린 무당 계함의 신비로운 예언력에 **홀려** 돌아온 열자가 스승인 호구자림에게 고백하는 것으로 시작한다.

정나라에 계함이라는 신 내린 무당이 있었다. 그는 인간의 사생존망(死生存亡), 화복수요(禍福壽夭) 등 모든 미래의 운명을 미리 알고서 그 연월일(年月日)까지 정확하게 예언하는 것이 마치 전능한 신과도 같았다. 정나라 사람들은 길에서 그를 만나면 공포를 느낀 나머지 지니고 있던 것을 버리고 옆도 돌아보지 않고 달아나는 형편이었다. 그런데 어느날 그 계함을 만나 그의 기이한 예언력에 매료된 열자가 마음이 들떠 스승인 호구자림에게 돌아왔다.

– 선생님, 지금까지 저는 선생님의 가르침을 더할 나위 없는 것이라고만 생각하고 있었습니다. 그러나 세상에는 훨씬 더 훌륭한 가르침이 있다는 사실을 알게 되었습니다.

열자는 불평스런 얼굴로 호구자림에게 이렇게 말하였다.

7-6

壺子曰 :「吾與汝, 旣其文, 未旣其實, 而固得道與? 衆雌而無雄, 而又奚卵焉! 而以道與世亢, 必信夫, 故使人得而相汝. 嘗試與來, 以予示之.」

호자(壺子)가 말하였다. "나는 너를 위해 그 외형(文)은 모두(旣) 전수했지만 아직 그 실질(實)은 다 전수하지 않았는데, 너(而)는 진정 도(道)를 터득했다고 여기는 것이냐? 많은 암컷이 있더라도 수컷이 없으면, 또 어찌 알을 낳겠느냐? 너(而)는 도(道)를 가지고 세간과 다투어 반드시 믿음을 얻으려 하는구나. 까닭에 남에게 너의 관상을 볼 수

있게 한 것이다. 시험 삼아 데리고 와서 나를 그에게 보이거라.”

旣-다할 기. 亢-다툴 항. 相-살필 상, 관상 볼 상.

* 吾與汝, 旣其文 : 직역하자면 ‘나는 너에게 주되 겉의 것(文)을 다하였다(旣)’ 정도이다. ‘나는 너에게 그 외형을 모두 전수하였다’라는 의미이다. 저자는 여기에서 與를 爲, 즉 ‘위하여’로 새겼다. 旣는 盡, 즉 ‘다하다’라는 뜻이다. 번역은 저자를 따랐다.
* 而固得道與 : 직역하자면 ‘너는 진정 도를 터득하였는가?’이다. 번역에서 ‘여기다’는 저자가 보충한 말이다.

그러자 호자(壺子)가 말하였다.

– 너도 겉보기와는 달리 **경박**하구나. 대개 도에는 외형(外形)과 실질(實質)이라는 양면이 있다. 그 외형 쪽은 너에게 온전히 가르쳤지만, 실질 즉 도의 작용 쪽은 아직 전부 가르치지 않았던 것이다. 그런데도 너는 내 도의 모든 것을 다 터득했다고 생각하는 것이더냐?

암탉만 있고 수탉이 없으면 알도 낳지 못한다는 말이 있다. 대개 매사는 양쪽이 서로 어울려야 비로소 하나의 온전한 성과를 얻을 수 있는 것이다. 그런데 너는 어떠하냐? 미숙한 도를 자랑삼아 세간과 다투고 그것으로 사람들의 믿음을 얻어 **추앙**을 받으려는 생각이겠지만, 그렇게 경박하기 때문에 남에게 허점이 드러나 신 내린 무당 따위에게 약점이 간파된 것이다. 시험 삼아 그 신 내린 계함이라는 자를 데리고 오너라. 데리고 와서 나를 점쳐보게 하거라.

7-7

明日, 列子與之見壺子. 出而謂列子曰 : 「噫! 子之先生死矣! 弗活矣! 不以旬數矣! 吾見怪焉, 見濕灰焉.」 列子入, 泣涕沾襟, 以告壺

子. 壺子曰 :「鄕吾示之以地文, 萌乎不震不正. 是殆見吾杜德機也. 嘗又與來.」

다음날 열자는 그와 함께 호자를 만났다. 〔계함이〕 밖으로 나와 열자에게 말하였다. "아! 그대의 선생은 죽을 것이오. 살아날 수 없소. 10일(旬)도 헤일 수 없을 것이오. 나는 기괴한 것을 보았소. 젖은 재와도 같았소이다."
열자가 들어가 옷깃을 적시도록 울며 이 말을 호자에게 고하였다. 호자가 말하였다. "아까(鄕) 나는 그에게 대지의 형상(地文)을 보여주었다. 고요하여(萌乎) 움직이지도 않고 안정되지도(正=定) 않은 것이다. 그는 아마 나의 두덕기(杜德機)(덕〔德〕을 막는〔杜〕 작용〔機〕)를 보았을 것이다. 시험 삼아 또 데리고 오너라."

噫–탄식할 희. 沾–적실 첨. 襟–옷깃 금. 萌–싹 맹, 움직이지 않을 맹. 震–움직일 진. 杜–막을 두.

• 泣涕沾襟 : 〈제물론편〉2-31에 涕泣沾襟이 나온다.

그 다음날, 열자(列子)는 분부대로 계함(季咸)을 데리고 와서 호자(壺子)를 만나게 하였다. 그러자 호자의 관상을 본 계함은 밖으로 나와 열자에게 말하였다.

– 딱하게 됐습니다만, 그대의 스승은 이제 명(命)이 다했소. 아무래도 살 가망이 없소. 앞으로 열흘도 못 넘길 것이오. 기괴한 상(相)이 드러나 있소이다. 젖은 재와 같이 생기 없는 상(相)이었소.

열자는 이 말을 듣고는 안으로 들어가 눈물이 흥건한 채 호자에게 고하였다. 그러나 호자는 조금도 당황해하지 않았다.

– 아까 내가 계함에게 보여준 것은 관상술의 테크닉으로 말하자면 「지문(地文)」, 즉 대지(大地)의 형상(形相)이라는 것이다. 이것은 조용한 대지

의 적막함 속에서 일체의 움직임을 멈추고, 모든 형(形)을 고요한 혼돈 속에 숨긴 '죽음의 형상'이라고도 할 수 있는 것이다. 그가 내가 죽는다고 예언한 것도 무리는 아니다. 그는 아마 나의 두덕기(杜德機)(생의 운영이 막힌 적막부동寂寞不動한 경지)를 보았을 것이다. 시험 삼아 한 번 더 데려와 보거라. 이번에는 그가 무어라 말할까?

「杜德機」의 「杜」는 閉와 같다. 「德」은 생성(生成)의 운영을 이른다. 《역易》〈계사전繫辭傳〉에 「天地의 大德을 生이라 한다」라고 한 것을 참고할 수 있을 것이다.[105] 「萌乎不震不正」의 「萌乎」는 몹시 고요한 모양이다. 「震」은 動과 같다. 「正」은 止자가 잘못된 것이라고 하는 설도 있지만, 여기서는 定과 같은 의미로 풀었다.

7-8

明日, 又與之見壺子. 出而謂列子曰 : 「幸矣, 子之先生遇我也! 有瘳矣, 全然有生矣! 吾見其杜權矣.」 列子入以告壺子. 壺子曰 : 「鄕吾示之以天壤, 名實不入, 而機發於踵. 是殆見吾善者機也. 嘗又與來.」

다음날 또 그와 함께 호자를 만났다. 〔계함이〕 밖으로 나와 열자에게 말하였다. "다행이구려, 그대의 선생은 나를 만났으니. 나았소, 완전히 살아날 것이오. 나는 그 두권(杜權)(막힌 것〔杜〕의 움직임의 조짐〔權〕)**을 보았소."**

열자가 들어가 이 말을 호자에게 고하였다. 호자가 말하였다. "아까

---

105 《周易》〈繫辭下傳〉 제1장. "天地之大德曰生"

(鄉) 나는 그에게 천지(天壤)의 상을 보여주었다. 명실(名實)을 개입시킬 수 없으며, 작용(機)이 발꿈치에서 일어나는 것이다. 그는 아마 나의 선자기(善者機)를 보았을 것이다. 시험 삼아 또 데리고 오너라."

瘳-나을 추. 踵-발꿈치 종.

그 다음날 또 열자는 신 내린 무당 계함을 호자에게 데리고 왔다. 그런데 호자를 보고 밖으로 나왔던 계함이 이번에는 이렇게 말하였다.

– 다행이구려. 그대의 스승도 나를 만날 수 있었던 덕에 이제 괜찮아졌소. 완전히 생기가 회복되었소. 오늘은 막힌(杜) 죽음의 정적 속에서 생(生)의 숨결이 느껴지더이다.

열자는 안으로 들어가 그의 말을 호자에게 고하였다. 그러자 호자가 설명해 주었다.

– 아까 내가 계함에게 보여준 것은 '천양(天壤)의 상(相)'이라는 것으로, 천지음양(天地陰陽)의 이기(二氣)가 처음으로 서로 **섞여**, 차츰 만물이 살아나려고 하는 상태를 나타내는 형상이다. 그것은 이름(名) 짓는 것도 형체(實)로 포착하는 것도 불가능한 혼돈 상태로, 한 줄기의 생기가 그 바닥으로부터 막 일어나기 시작한 것과도 같은, 생명의 **새벽**을 상징하는 형상이다. 그는 아마 나의 선자기(善者機)(만물생성萬物生成의 우주적 정신의 작용)를 본 것이 틀림없다. 시험 삼아 다시 한 번 데리고 오너라. 이번에는 그가 무어라 말할까?

「杜權」은 난해한 말인데, '막힌(杜) 정적 속에 보이는 생기의 조짐'이라는 의미인 듯하다(馬敍倫은 權을 萌의 가차자로 보았다). 「善者機」의 「善者」도 난해한 말인데, 문자의 오류가 아니라고 한다면, '우주생성의 작용을 돕는 것'이라는 의미일 것이다. 역시 《역》〈계사전〉에 「한 번 음(陰)하고 한 번

양(陽)함을 도(道)라 하니, 계속하여 함은 선(善)이다」[106]라고 한 것을 참고할 수 있다(앞의 「天壤」도 이 一陰一陽과 관련된 말일 것이다).

7-9

明日, 又與之見壺子. 出而謂列子曰 :「子之先生不齊, 吾無得而相焉. 試齊, 且復相之.」 列子入以告壺子. 壺子曰 :「吾鄕示之以太冲莫勝. 是殆見吾衡氣機也. 鯢桓之審爲淵, 止水之審爲淵, 流水之審爲淵. 淵有九名, 此處三焉. 嘗又與來.」

다음날 또 그와 함께 호자를 만났다. 〔계함이〕 밖으로 나와 열자에게 말하였다. "그대의 선생은 일정하지 않아 나는 관상을 볼 수가 없소이다. 시험 삼아 일정하게 해 주시오, 장차 다시 관상을 보리다."
열자가 들어가 이 말을 호자에게 고하였다. 호자가 말하였다. "나는 아까 그에게 태충막승(太冲莫勝)을 보여주었다. 그는 아마 나의 형기기(衡氣機)를 보았을 것이다. 물이 소용돌이치는(鯢桓) 깊은 곳(審)도 연못이라 하고, 고요한 물이 깊은 곳도 연못이라 하고, 흐르는 물이 깊은 곳도 연못이라 한다. 연못에는 아홉 가지가 있으나, 이번 것들은 셋에 해당한다. 시험 삼아 또 데리고 오너라."

齊–가지런할 제. 冲–빌 충. 衡–저울 형, 균형 형. 鯢–도롱뇽 예. 桓–푯말 환. 審–물이 모여 깊은 곳 반(蟠).

그 다음날, 열자는 세 번째로 계함을 데리고 왔다. 이전처럼 호자(壺子)의 관상을 보고 밖으로 나온 계함은 열자에게 이렇게 말하였다.

---

106 《周易》〈繫辭上傳〉 제5장. "一陰一陽之謂道, 繼之者善也"

– 아무래도 그대의 선생은 볼 때마다 관상이 바뀌고 있소. 이렇게 늘상 변해서는 판단할 도리가 없소. 더 일정불변(一定不變)한 것을 보여주지 않으면 글렀소이다. 오늘은 이만하고, 훗날 안정된 때에 한 번 더 보아드리겠소(《논어》〈자로편〉에 「항상됨이 없는 사람은 점칠 수 없다」라 한 것을 참조하라).[107]

열자가 계함의 말을 전하자, 호자가 말하였다.

– 아까 계함에게 보여준 것은 태충막승(太冲莫勝)이라는 상(相), 즉 철저한 공허 속에서 일체만물의 대립과 상극(相剋)이 거대한 일(一)로 지양(止揚)된 근원적 허무의 형상이다. 그는 아마 나의 형기기(衡氣機)(음양이기

---

107 《論語》〈子路〉13-22에 보인다. 단, 朱子 주에 의하면 《논어》의 이 구절에서 일컫는 '항상됨'은 점치는 자의 항상됨을 이르지만, 본서의 저자는 '항상됨'을 점치는 대상의 항상됨으로 파악하였다. "공자께서 말씀하셨다. '남쪽 나라 사람들의 말에 「사람이 항상됨이 없으면 무당이나 의원도 될 수 없다.」하니, 좋은 말이다.'〔子曰 : 「南人有言曰 : 『人而無恒, 不可以作巫醫.』 善夫!」〕" 이것은 주자의 주에 따른 일반적인 해석이다. 저자의 설을 따른다면 "공자께서 말씀하셨다. '남쪽 나라 사람들의 말에 「사람이 항상됨이 없으면 점치거나 병을 고칠 수 없다.」하니, 좋은 말이다.'" 정도가 된다. 이 글에서 무당과 의원이 함께 나오는 것에 대해서는 다음 글을 참고할 만하다. "중국인은 항상 '의(醫, 의원)'와 '무(巫, 무당)'를 하나로 여겼다. 실지로 이 두 용어는 대체로 한 단어가 되어(무의巫醫 또는 의무醫巫) 일반적으로 치료하는 사람을 의미했다. 의사든 무당이든 둘 다 완고한 유학자들에게는 어느 정도 경멸의 대상이었으며, 장의(葬儀)에서 고인(故人)의 생전의 덕을 찬미할 때는 고인은 숨을 거두어가는 병상(病床)에서도 '불굴의 정신을 보여 의사나 무당이 치료해주는 것을 거부하셨다'라고 하는 것이 일반적이었다〔The Chinese constantly coupled together the names 'physician' and 'shaman'(*wu*). Indeed, the two terms became more or less a single word, meaning healers in general. Both alike were to some extent looked down upon by strict Confucians, and it is common to read in funeral eulogies that in his last illness the deceased 'showed great fortitude and refused to let himself be treated by doctors or shamans'.〕" Authur Waley, *YuanMei-Eighteenth Century Chinese Poet*, Grove Press Inc., 1956, 50면.

陰陽二氣를 우주적 평형으로 가지런히 하는 정신의 작용)를 보았던 것일 게다.

그런데 절대자의 정신은 깊은 연못에 비유할 수 있을 것이다. 연못에는 대개 아홉 종류가 있다. 그 가운데 주요한 것을 들자면, 물결이 둥글게 소용돌이치는 깊은 물, 물이 고요히 괴어 있는 깊은 물, 물이 흘러가는 깊은 물 세 가지가 있는데, 첫째 연못은 형기기(衡氣機)에 해당하고, 둘째 연못은 두덕기(杜德機)에 해당하고, 셋째 연못은 선자기(善者機)에 빗댈 수 있다. 그리고 이 셋은 드러난 **형태**에 있어서는 각각 다르지만, 그것들이 모두 연못으로 불린다는 것과 측정할 수 없는 깊이까지 물이 가득하다는 점에서는 같은 것이다. 시험 삼아 한 번 더 데리고 오너라. 나머지 여섯 가지 '연못'을 차례대로 더 보여서 그를 기절초풍시켜줄 터이니.

「太冲莫勝」의 「冲」은 虛와 같다. 「勝」은 서로 능가하는 것이다. 따라서 「莫勝」은 모든 대립과 상극이 초극된 상태를 이른다. 「衡氣機」의 「衡」은 '평형이 잡히다' 내지는 '조화가 유지되다'라는 뜻이다. 「氣」는 음양이기(陰陽二氣), 즉 일체만물을 생성변화시키는 두 종류의 우주적 원질을 이른다(「기」에 대해서는 〈인간세편〉4-11의 설명을 참조). 「鯢桓之審(예환지반)」의 「鯢桓」은 마서륜(馬敍倫)의 설처럼 「硏旋(연선)」「礣旋(미선)」의 假借이며, 물이 소용돌이치며 돈다는 의미일 것이다. 「審」은 蟠(반)으로 적어야 하며, 蟠은 물이 모이는 깊은 곳을 이른다(진晉 사마표司馬彪의 설).

7-10

明日, 又與之見壺子. 立未定, 自失而走. 壺子曰 :「追之!」 列子追之, 不及, 反以報壺子曰 :「已滅矣, 已失矣, 吾弗及已.」 壺子曰 :「鄕吾示之以未始出吾宗. 吾與之虛而委蛇, 不知其誰何, 因以爲弟

靡, 因以爲波流, 故逃也.」

다음날 또 그와 함께 호자를 만났다. 〔계함은〕 자리 잡고 서기도 전에 얼이 빠져 달아났다. 호자가 "쫓아라!" 하여, 열자가 쫓아갔지만 미치지 못하고서는 돌아와 호자에게 고하였다. "이미 사라졌습니다. 이미 놓쳤습니다. 제가 미치지 못하였습니다." 호자가 말하였다. "아까 나는 그에게 '아직 애초부터 나의 근본을 떠나지 않은'(未始出吾宗) 상을 보여주었다. 나는 그와 함께 〔나 자신을〕 비우고 따라가며(委蛇) 움직였더니, 그것이 어떠한 것(誰何)인지를 알 수 없게 되었다. 풀이 바람에 쓰러져(弟=頹) 눕듯(靡) 하고, 물결이 바람에 따르듯(流=隨) 한 까닭에 달아난 것이다."

曏–접때 향. 靡–쓰러질 미. 蛇–뱀 사, 구불구불 갈 이.

• 吾與之虛而委蛇 : '나는 그와 더불어 비우고 따라갔다'. 즉 '나는 그와 함께 나 자신을 비우고 따라가며(委蛇) 움직였다'. '나 자신'과 '움직였다'는 저자가 보충한 말이다.

그 다음날, 열자는 다시 한 번 계함을 데리고 왔다. 그런데 기이하게도 계함은 호자 앞에 자리 잡고 서기도 전에 비실비실 얼이 빠져 **갑자기** 몸을 돌려 달아났다. "그를 쫓아라!" 하고 호자가 소리쳤다. 열자가 그 소리에 응하여 뒤를 쫓았지만, 결국 그를 놓치고 말았다. 하릴없이 되돌아온 열자가 "어디로 도망갔는지 아무런 흔적도 없습니다. 결국 놓치고 말았습니다." 하고 고하자, 호자는 열자에게 이렇게 말하였다.

– 아까 내가 계함에게 보여준 것은 「미시출오종(未始出吾宗)」의 상(相), 즉 도의 근본(宗)과 그대로 하나가 된 혼돈 그 자체를 나타내는 형상이다. 나는 자신의 마음을 공허하게 하여 대상(對象)의 자연에 따르고, 만물제동의 경지에 서서 모든 존재의 차별과 대립을 잊고서, 마치 풀이 바람에 쓰러져 눕듯, 강의 물결이 불어오는 바람에 따르듯, 다만 무심히 물(物)에 따라

가는 태도로 그를 대했다. 때문에 그는 나의 본질을 파악할 **도리**가 없어 왠지 두려워져 결국 도망친 것이다. 요컨대 진정으로 도를 체득해 놓기만 하면, 신 내린 무당 따위에게 약점이 간파되어 그 교지(巧智)에 **홀리는** 일 따위는 결코 없는 것이다.

「자신을 비우고 따르다〔虛而委蛇〕」의 「委蛇(위이)」는 구불거리며 움직이는 모양이다. 여기서는 이리저리 상대방을 따라가는 것을 이른다. 「弟靡(퇴미)」의 「弟」는 頹(퇴)의 가차이다. 頹靡는 풀이 바람에 쓰러져 눕듯 남에게 거스르지 않고 자신을 주장하지 않는 것이다. 「波流」는 《열자》〈황제편〉에는 「波隨」로 되어 있다.

7-11

然後列子自以爲未始學而歸. 三年不出, 爲其妻爨, 食豕如食人, 於事無與親. 雕琢復朴, 塊然獨以其形立, 紛而封哉, 一以是終.

이후에 열자는 스스로 애초부터 배우지 못했다고 여기고 집으로 돌아갔다. 3년간 밖을 나가지 않고서 그 아내를 위해 밥을 짓고 돼지 먹이기를 사람을 먹이듯 하여, 매사에 친소(親疎)를 두지 않았다. 수행해서(雕琢) 자연(朴)으로 복귀하여, 우두커니(塊然) 홀로 그 모습으로 서 있고 어지러이 뒤섞이되(封哉=封戎), 오로지 이렇게 하여 생을 마쳤다.

爨–불 땔 찬. 食–먹일 사. 豕–돼지 시. 雕–새길 조. 琢–쪼 탁. 復–돌아갈 복. 朴–소박할 박.

• 於事無與親 : '일에 있어 함께 친함이 없었다'라 직역된다. '매사에 친소가 없다'라는 의미이다.

여기서는 열자가 호구자림의 교화로 인해 활연대오(豁然大悟)하여 진정한 유도자(有道者)가 되어 그 생애를 마쳤다는 후일담을 덧붙인다.

한편, 계함(季咸) 사건이 있은 뒤, 열자는 자신의 학문이 **진짜**가 아니었음을 절실히 자각하며 제 집으로 돌아갔다. 제 집에 돌아간 그는 그 후 3년간 문을 닫고는 남과 교제하지 않고 지금까지의 주아적(主我的) 교만과 독선적 분별을 떨쳐 버리고서, 스스로 아내를 대신하여 부엌일을 하고 가축인 돼지를 기르는 데에도 사람을 대하는 것과 똑같은 성실함으로 하여 어떠한 일에도 친소애증(親疎愛憎)의 편견적 감정을 버리는 데에 이르렀다. 그리고 허식과 위선이라는 세속적 오염을 깎아 내버리고서 자기 본연의 자연으로 복귀하여, 무념무상(無念無想)하게 **멍**하니 다만 고목(枯木)과 같은 형해(形骸)로 홀로 우두커니 서 있고, 물(物)과 아(我), 시(是)와 비(非) 따위의 모든 대립을 그대로 품은 혼돈의 세계에서 노닐어, 오로지 이 경지를 자기의 경지로 삼으며 그 평온한 생애를 마감할 수 있었다.

「雕琢復朴」이란 옥을 쪼고 돌을 갈듯이 세속의 오염과 인간적 허위를 일소하고, 「朴」 즉 인간이 본래 내부에 지닌 바의 자연성으로 복귀하는 것이다. 「塊然」은 홀로 서 있는 모양이다. 「紛而封哉」는 《열자》〈황제편〉에 「紛而封戎」으로 되어 있는 것을 따라야 할 것이다. 「食豕如食人, 於事無與親, 雕琢復朴, 塊然獨以其形立, 紛而封戎, 一以是終」 이 6구는 「人」「親」, 「朴」「立」, 「戎」「終」으로 운을 밟고 있으며, 또 「封哉」로는 의미도 해석하기 곤란하기 때문이다(청淸 이정李楨의 설). 「封戎」은 蒙茸(몽용)과 같으며, 어지러이 뒤섞인 모습을 이른다.

이 호구자림과 신무(神巫) 계함의 설화는, 육조(六朝) 이후 중국의 여러 문헌에 보이는 각시(角試)(술術을 겨루는 것) 설화의 원형을 이루는 것인 듯하다. 한(漢) 명제(明帝) 때에 행해졌다는 도사(道士)(중국 민간종교인 도교의 승려) 비숙재(費叔才)와 스님 마등(摩騰)의 각시(角試), 북제(北齊) 문선제(文宣帝) 때에 행해졌다는 도사 육수정(陸修靜)과 스님 담현(曇顯)의 각시 등, 이러한 설화[108]의 작자는 장자의 이 글을 뇌리에 의식하면서 그 서술을 구상했을지도 모르겠다. 중국민족은 원래 「술(術)」이라는 말을 좋아하여 이러한 종류의 설화에 이상하리만치 호기심을 보이는 습벽이 있다. 그리고 장자도 그의 절대자를 이러한 술(術) 겨루기 이야기로 묘사하고 있다는 점에서 무엇보다도 중국인인 그를 보여주고 있는 것이다. 이 설화는 이러한 의미의 정신사적 의의를 지닌 작품으로서 살펴보더라도 재미있는 문장이다.

108 이러한 것이 훗날에 날조된 설화라는 사실은 선인(先人)들이 이미 지적하였다.〔원주〕 비숙재·마등, 육수정·담현의 각시는 모두 불경에 실려 전하며 도사와 스님이 다투어 도사가 스님에게 굴복 당함에 따라 불도가 널리 퍼지게 되었다는 내용으로 이루어져 있다.

7-12

無爲名尸, 無爲謀府, 無爲事任, 無爲知主. 體盡無窮而遊無眹; 盡其所受乎天而無見得, 亦虛而已. 至人之用心, 若鏡, 不將不迎, 應而不藏, 故能勝物而不傷.

명성의 신주(尸)가 되지 말고, 모략의 창고(府)가 되지 말고, 일의 책임자가 되지 말고, 지(知)의 주인이 되지 말라. 끝없는 것과 온전히(盡) 하나가 되어(體) 흔적 없는 곳에서 노닐며, 그 하늘에서 받은 바를 다하여 획득하는 것을 보지 않으니, 또한 공허한 것일 뿐이다. 지인(至人)의 마음 씀은 거울과 같아서, 보내지도(將=送) 않고 맞이하지도 않으며, 응하기는 하지만 흔적을 남기지 않는다. 까닭에 만물을 견뎌내고도(勝=耐) 해를 입지 않을 수 있는 것이다.

尸-신주 시. 府-곳집 부. 眹-조짐 짐. 藏-간직할 장. 勝-이길 승, 견딜 승.

• 體盡無窮 : '끝없는 것을 남김없이 체득하다'. 저자는 '끝없는 것과 온전히 하나가 되다'로 풀었다.

• 應而不藏 : '(사물에) 응해서 비춰주지만 저장하지 않다' 정도의 의미이다. '(사물이 모습을) 저장하지 않다'는 '흔적을 남기지 않다'로 의역하였다.

이상 설결(齧缺)과 포의자(蒲衣子)의 문답으로 시작하는 다섯 개의 설화를 열거하면서, 그 문답에 의탁하여 절대자의 지배, 그 무위자연의 정치를 밝혀온 장자는, 여기에서는 이상의 우화적 서술을 그 자신의 말로 요약하여 다음과 같이 설명한다.

요컨대 무위(無爲)란 「명성의 신주가 되지 말고, 모략의 창고가 되지 말고, 일의 책임자가 되지 말고, 지(知)의 주인이 되지 말라〔無爲名尸, 無爲謀府, 無爲事任, 無爲知主〕」라는 네 가지의 무위로 구체화할 수 있을 것이다. 「명성의 신주(尸)가 되지 말라」의 「尸(시)」는 **신주**, 즉 선조를 제사지낼 때 그 상징으로서 제단에 앉히는 나이 어린 자손이다. '명(名)의 신주(尸)가 되지 않는다'라는 것은, 세간의 명성의 우상이 되지 않는 것이다. 〈소요유편〉1-9에서 이른바 「성인에게는 명(名)이 없다〔聖人無名〕」라는 뜻이다. 「모략의 창고(府)가 되지 말라」의 「府」는 창고라는 뜻이다. 지모책략(智謀策略)은 남을 함정에 빠뜨리려다가 도리어 자신을 파멸시키는 것이기 때문에, 마음을 모략의 저상소로 삼지 말라는 뜻이다. 또 「일의 책임자가 되지 말라」라는 것은, 사업의 책임자가 되면 헛되이 생(生)을 괴롭게 하고 외물(外物)의 노예가 될 뿐이기 때문에, 한지(閑地)에서 유유자적(悠悠自適)하라는 의미이다. 「지(知)의 주인이 되지 말라〔無爲知主〕」라는 것은, 〈양생주편〉[109]에서도 말하고 있듯이 「유한한 지(知)로 무한한 외물(外物)을 좇는다면 위태로울 뿐」이기 때문에, 이 지(知)를 떠맡은 자가 되어서는 안 된다는 의미이다.

그리고 이른바 **자연**이란 「끝없는 것과 온전히 하나가 되어〔體盡無窮〕」–무한의 시간과 무한의 공간을 품은 도의 절대성과 그대로 하나가 되어, 「흔적 없는 곳에서 노닐며〔遊無朕〕」–인간의 감각적 파악을 초월한 도의 무형성(無形性)과 명합(冥合)되며, 「그 하늘에서 받은 바를 다하여 획득하는 것을 보지 않는다〔盡其所受乎天而無見得〕」–천(天)으로부터 받은 자기의 본래성(本來性)을 온전히 할 뿐, 다시금 별개의 것을 획득하려고 하는 일 따위는 생각하지 않는다. 그것은 한마디로 다 표현하자면 「또한 공허한 것일 뿐이다〔亦虛而已〕」–요컨대 자신을 공허하게 하는 것, 무심(無心)이

109 양생주편 : 원문에 '大宗師篇'으로 되어 있다. 본문의 "유한한 지(知)로 무한한 외물(外物)을 좇는다면 위태로울 뿐〔限りある知を以て限りなき外物を追えば危きのみ〕"은 〈양생주편〉3-1의 "우리 삶은 한이 있지만 지식(知)은 한이 없다. 한이 있는 것으로 한없는 것을 좇으면 위태로울 뿐이다〔吾生也有涯, 而知也無涯. 以有涯隨無涯, 殆已〕"를 지시하는 것이 명백하므로 번역문에서 고쳤다.

라는 것이다. 절대자의 지배는 이 허(虛)(무심無心)를 그 근본원리로 삼는 것이다.

「지인의 마음 씀은 거울과 같다〔至人之用心, 若鏡〕」-그런데 이 절대자의 허(虛)의 지배(무심의 정치)는 저 밝은 거울에 가장 잘 비유할 수 있을 것이다. 명경(明鏡)은 「보내지도 않고 맞이하지도 않으며, 응하기는 하지만 흔적을 남기지 않는다〔不將不迎, 應而不藏〕」-물(物)의 오고감에 맡겨 자기의 주관이나 자의(恣意)로 어지럽혀지지 않고, 가는 것은 가도록 내버려두고서 좇지 않고 오는 것은 오도록 내버려두고서 새삼 맞이하지 않는다. 서시(西施)의 미모도 문둥이의 추예(醜穢)도, 요순(堯舜)의 성선(聖善)도 걸주(桀紂)의 흉악도 다만 있는 그대로 비추어 애증호오(愛憎好惡)의 사정(私情)을 개입시키지 않고, 일체만물에 응접하지만 그 흔적을 남기지 않는다. 때문에 명경은 「만물을 견뎌내고도 해를 입지 않을 수 있는 것이다〔能勝物而不傷〕」-모든 존재에게 자유자재로 대처할 수 있지만 자신은 해를 입는 일도 손상되는 일도 없는 것이다. 절대자는 이 명경의 「허」를 자기의 심경(心境)으로 삼는다. 절대자의 지배란 바로 무위자연의 지배이며, 무위자연의 지배란 결국 허의 지배(무심의 정치)인 것이다.

「무짐(無眹)에서 노닌다〔遊無眹〕」의 「眹」은 〈제물론편〉2-5의 「不得其眹」의 眹과 같으며, **흔적·조짐**이라는 뜻이다. 「不將不迎」의 「將」은 送과 같다. 「勝物」의 「勝」은 耐와 같으며 '견디다'라는 뜻이다. 莊子

7-13

南海之帝爲儵, 北海之帝爲忽, 中央之帝爲渾沌. 儵與忽時相與遇於渾沌之地, 渾沌待之甚善. 儵與忽謀報渾沌之德曰 : 「人皆有七竅, 以視聽食息, 此獨無有, 嘗試鑿之.」 日鑿一竅, 七日而渾沌死.

남해(南海)의 제(帝)는 숙(儵)이고, 북해(北海)의 제(帝)는 홀(忽)이고, 한가운데의 제(帝)는 혼돈(渾沌)이었다. 숙과 홀이 어느날(時) 혼돈의 땅에서 함께 만났는데 혼돈이 그들을 매우 잘 대접하였다. 숙과 홀이 혼돈의 은덕에 보답할 것을 도모하여 말하였다. "사람들은 모두 일곱 구멍을 가지고 있어 이것으로 보고 듣고 먹고 숨 쉬는데, 이 사람만 유독 없으니, 시험 삼아 구멍을 뚫읍시다." 날마다 하나씩의 구멍을 뚫었는데 7일째 되어 혼돈이 죽었다.

儵-갑자기 숙. 忽-갑자기 홀. 竅-구멍 규. 鑿-뚫을 착.

〈응제왕편〉의 마지막 설화는 유명한 「혼돈(渾沌)이 일곱 구멍이 나서 죽다〔渾沌七竅〕」라는 우화이다. 이 우화는 〈응제왕편〉의 결론인 동시에, 《장자》 전체의 결론이라고도 볼 수 있을 것이다.

「남해의 제(帝)는 숙(儵)이고, 북해(北海)의 제(帝)는 홀(忽)이었다〔南海之帝爲儵, 北海之帝爲忽〕」-「儵」「忽」은 이것으로 한 단어를 구성한 숙홀(儵忽)이라는 말이 있듯, 모두 '극히 짧은 시간', '순식간'이라는 의미이다. 인간의 순식간의 생명을 상징하는 듯한 이 숙이라는 남해의 지배자와 홀이라는 북해의 지배자가, 어느날 그 아득한 바다 끝으로부터 떠나 세계의 한가운데(혼돈이 지배하는 나라)에서 우연히 만났다. 「渾沌」이란 두말할 것도 없이 거대한 무질서, 모든 모순과 대립을 그대로 하나로 품은 실재 그 자체를 상징하는 말이다.

혼돈은 그를 찾아온 숙과 홀, 이 두 사람을 마음으로부터 환대하였다.

숙과 홀은 혼돈의 나라(심지心知의 개념적 인식을 초월하고 분별의 가치적 편견을 잊은 실재 그 자체의 세계)에서 순식간의 생명을 환희하였다. 그리고 혼돈이 베푼 마음으로부터의 환대(생명의 향연)에 감사한 숙과 홀은 어떻게 해서라도 이 혼돈의 호의에 보답하고 싶다고 생각하였다. 이리저리 상의한 두 사람이 가까스로 생각해낸 생각은 다음과 같은 것이었다.

– 그렇다. 모든 사람에게는 일곱 구멍(이목구비耳目口鼻의 일곱 구멍)이 있어, 아름다운 빛깔을 보고 절묘한 음악을 듣고 맛있는 음식을 먹고 평온히 호흡을 하는데, 이 혼돈에게만은 구멍이 하나도 없다. 그렇다. 그나마 은혜를 갚는 의미에서 시험 삼아 일곱 구멍을 뚫어 주자.

두 사람은 협력하여 **열심히** 혼돈의 몸에 끌질을 시작하였다. 첫날 하나, 다음날 또 하나, 그 다음날 또 하나 …… 이리하여 7일째 되는 날에 가까스로 일곱 구멍이 다 뚫리게 되었다. 그렇지만 눈과 귀와 입과 코 등의 일곱 구멍을 갖추어 겨우 사람의 모습이 된 혼돈은, 자세히 보니 이미 공허한 시체가 되어 있었다.

이 우화에서 장자는 인간의 **헛똑똑함**(작위와 분별)이 진정한 실재, 즉 모든 존재의 생생하고 발랄한 자연의 운영을 질식시키고 사멸시키는 어리석음을 풍자하고 있다. 장자에게 있어 진실재(眞實在)란 인간 심지(心知)의 분별과 개념적 파악을 초월한 극히 비합리적인 '혼돈'이었는데, 이 혼돈은 체험하는 것 이외에는 별 도리가 없는 것, 인간의 합리적 사유로는 파악할 수 없는 것이었다. 진실재(도)란 모순의 동시존재(〈제물론편〉2-13에 이른바 '양행兩行')이며, 모든 대립이 대립된 그대로 하나인 이질적 연속이었는데, 이 이질적 연속으로서의 실재가 인간인식의 테두리 안으로 들어오기 위해서는 그 이질성이 동질성으로 치환되거나 그 연속이 분리되고 절단되어야 한다. 다시 말해 거기에 일종의 지적(知的) 처리(지知의 살육행위)가 가해져야만 하는 것이다. 인식은 항상 이러한 실재에 대한 지적 처리(살육행위)를 매개로 하여야만 이루어진다. 즉 살아있는 혼돈으로서의 실재는 일곱 구멍이 뚫리는 것에 의해 비로소 인식의 대상이 될 수 있는 것이다. 그러나 장자는 인식의 통일성과 체계성보다는 살아있는 혼돈의 비합리와 무질서를 사랑한다. 그에게 중요한 것은 '살아 있다'라는 것이지, 지적 통일과 체계가 아니다. 그에게 중요한 것은 '평온한 삶'이지, 이른바 인식도 이론도 아니다. 때문에 장자적 절대자는 일곱 구멍을 갖추고 죽는 것보다는 일곱 구멍 없이 살아 있는 것을 바라는 것이다. 자기와 세계의 인과적 통일을 사변하는 것보다는 만뢰(萬籟)의 울림을 다만 '천뢰(天籟)'로서 듣는 것을 바라는 것이다. 장자적 절대자는 오직 살아 있는 혼돈을 사랑한다. 생명 없는 질서보다는 생명 있는 무질서를 사랑하는 것이다.

이러한 사실은 절대자의 지배에 관해서도 마찬가지일 것이다. 절대자의 지배가 '허(虛)의 지배'이며 '무심(無心)의 정치'라는 것은 위에서도 언급하였는데, 허라든지 **무심**이라는 것은, 혼돈에 일곱 구멍을 뚫지 않는 것, 즉 모든 존재를 그것이 본래 **그것**인 그대로의 자연성에 해방시켜, 작위적인 규범으로 그 자연성을 왜곡한다든지 권력의 교지(狡智)로 그 본래성(本來性)을 위협하지 않는 것을 의미한다. 이른바 「큰 나라를 다스리는 것은 작은 생선을 삶는 것과 같다〔治大國若烹小鮮〕」(《老子》제60장)라는 것이니, 찔러대고 뒤집어대는 '작위의 젓가락질'과 함께 생선은 냄비 속에서 이미 생선이 아니게 되어버릴 것이다. 새는 가르쳐주지 않아도 하늘 높이 날고, 물고기는 가르쳐주지 않아도 물속 깊이 숨어들고, 사람은 가르쳐주지 않아도 스스로 자기의 생을 살아간다. 절대자의 지배는 높이 나는 새를 하늘에 놓아주고, 깊이 숨어드는 물고기를 물에 놓아주고, 스스로 살아가는 사람을 그 본래성에 해방시키면 그만인 것이다. 억지로 일곱 구멍을 뚫는 행위는 살아있는 혼돈을 살육한다.

인류는 그 자신이 진보라고 칭하고 문화라고 칭하는 것 속에서 자기 자신에게 너무나도 많은 구멍을 뚫어버렸다. 시(是)와 비(非)라는 구멍, 미(美)와 추(醜)라는 구멍, 선(善)과 악(惡)이라는 구멍, 현(賢)과 우(愚)라는 구멍, 대(大)와 소(小)라는 구멍, 장(長)과 단(短)이라는 구멍 등등……. 그리고 이제 인류는 이처럼 만신창이가 된 가운데 현대의 문명을 질식시키고 있다. 인간본래의 건강한 생명은 가치의 질곡 속에서 신음하고, 인간본래의 늠름한 정신은 과잉된 자의식 속에서 현기증을 느끼고 있다. 장자에게 있어 현대인은 「어린 나이에 고향을 떠나(弱喪) 돌아갈 줄 모르는 자」(2-31, 고향을 잃어버린 가련한 인간들)인 것이다. 때문에 장자는 "인간들이여, 지금 일단 비상하라!"라고 외친다. "비상하여 9만 리 상공을 통해 그 생명의 고향으로 돌아가라"고 외친다. 생명의 고향이란 자연이며, 자연으로 돌아간다는 것은 곧 살아있는 혼돈을 살아있는 혼돈으로서 사랑하는 것이다. 인간의 모든 슬픔과 두려움과 탄식이 이 살아있는 혼돈의 '무규(無竅)' 속에서 '천뢰(天籟)'로서 들릴 것이다. 장자적 해탈이 거기에서 이루어지며, 장자적 절대자가 거기에서 탄생한다. 장자의 철학이 '혼돈씨(渾沌氏)의 술(術)'(〈천지편〉)이라고 불리는 것도 우연이 아닌 것이다. 莊子

해설

장자는 중국민족이 낳은 鬼才(귀재)이다. 鬼才에서 '鬼'는 '인간을 벗어나 있다', '세상의 일상적인 것과 같지 않다', '**성실하지 않다**'라는 의미인데, 장자는 중국 역사가 길러낸 가장 위대한 **성실하지 않은** 사상가이다. 때문에 《장자》 속에는 《논어》에서 볼 수 있는 독실온후(篤實溫厚)한 삶의 지혜나 《맹자》에서 볼 수 있는 외곬적인 이상주의자의 설교는 거의 보이지 않는다. 《논어》와 《맹자》가 그 자체로 '윤리 교과서'가 될 수 있는 성격을 지니고 있는 것에 반해, 《장자》의 경우 꼭 그렇지는 않은 것이다.

공자와 맹자는 **성실한** 세계에 살고 있다. **성실한** 세계란 상식적인 사고가 긍정하는 세계, 세속적인 가치가 권위를 지니는 세계이다. 장자는 이 상식적인 사고와 세속적인 가치를 홍소(哄笑)한다. 때문에 그의 손을 거치면, 공자의 근엄함도 문득 독선적인 경박함으로 변하고 절세의 미인도 문득 그로테스크한 해골로 변한다. 당대의 성현(聖賢)도 장자 앞에서는 희롱당하고, 고금의 역사도 그 앞에서는 희화(戱畵)가 되며, 우주의 진리도 그 앞에서는 분뇨(糞尿)로 둔갑한다(《장자》〈지북유편〉에 「도(道)는 시뇨(屎溺)에 있다」-'진리는 똥오줌 속에 있다'라는 말이 있다)[1]. 그는 이처럼 희롱하고 희화로 만들고 분뇨로 둔갑시키는 가운데 인생과 우주의 모든 것을 드높은 소리로 홍소한다. 장자는 통쾌한 해학의 철학자이며 천부적인 유머리스트이다.

장자는 통쾌한 해학의 철학자이며 천부적인 유머리스트이다. 그렇지만

---

1 《莊子》〈知北遊篇〉 "東郭子問於莊子曰 : 「所謂**道**, **惡乎在?**」 莊子曰……「**在屎溺.**」"

또 그는 단순한 유머리스트도 단순한 해학의 철학자도 아니다. 그는 남을 능멸하는 그 해학 속에서 모든 것을 능치면서 상식적인 사고와 세속적인 가치에 반역하고 있는 것이다. 상식적인 사고의 얽매인 옹색함, 세속적인 가치관의 왜곡된 왜소함을 연민하고 있는 것이다. 그의 해학은 그의 반역이며, 그의 홍소는 그의 연민이다. 그는 세속 사람들의 미망(迷妄)을 통곡하면서도 그 통곡을 드높은 소리로 홍소한다. 그는 세속 사람들의 오만함을 모멸하면서도 그 모멸을 홍소 속에서 해학거리로 만든다. 이처럼 장자의 철학은 인간에 대한 모멸과 연민 가운데에서 탄생한 것이다.

인간의 추함·어리석음·비굴함·교만함 등을 장자만큼 간파한 사상가는 드물 것이다. 인간사회의 암울함과 위험성, 그리고 쉽게 상처 받고 쉽게 뒤집히는 것을 장자만큼 모두 맛본 철학자는 드물 것이다. 장자는 위대한 인간학자인 동시에 탁월한 사회학자이기도 하다. 그는 주도면밀하면서도 냉정하게 인간을 응시한다. 그는 정확하면서도 절실하게 인간 사회를 관찰한다. 그리하여 그 응시와 관찰의 밑바닥에서 그가 파악한 현실은, 운신할 수 없도록 속박된 인간 '삶'의 비참함이었다. 그의 초월이 거기에서부터 시작되는 것이다.

장자의 초월은 절대자유한 정신세계의 제왕(帝王)이 되는 것이었다. 정신세계의 제왕이란 어떠한 것에도 얽매이지 않는 자유로운 자기(自己)의 삶을 지닌다는 의미이다. 그러한 경지에서는 인간에게 가장 큰 슬픔과 두려움(생과 사의 대립)이 초극되며, 인간에게 가장 큰 미혹(가치적 편견)이 초극된다.

인간은 자기의 가장 큰 슬픔과 두려움을 죽어야만 하는 존재로서의 자기에게서 발견한다. 오늘의 자기가 내일의 자기와 이어지지 않는 슬픔, 내일의 자기가 영겁의 시간과 단절되는 두려움, 사람은 그러한 슬픔과 두려움을 자기존재의 처음(生)과 끝(死)의 문제로서 고뇌한다. 생존의 매순간마다 단절이라는 의식이 불안과 절망의 창백한 포말(泡沫)이 되어 생(生)의 심연에서 부침하는 것이다.

인간은 또 자기의 가장 큰 미혹을 자기(我)와 타자(物)의 대립 속에서 발견한다. 아름다운 그와 추한 자신, 부유하고 영예로운 그와 가난하고 피폐한 자신, 혹은 세상이 받아들이지 않는 자기를 한탄하고, 혹은 자기를 받아들이지 않는 사회를 저주한다. 부(富)와 빈(貧), 귀(貴)와 천(賤), 영(榮)과 욕(辱), 현(賢)과 우(愚), 대(大)와 소(小), 미(美)와 추(醜) 등 현실 사회에 있어서의 존재방식과 가치매김이 그 마음을 격하게 뒤흔들고 빈궁·고독·오욕·패망이 그 마음을 통렬히 짓이긴다.

그러나 절대자는 이 미혹과 두려움을 초극한다. 그는 생(生)과 사(死), 물(物)과 아(我)의 대립을 그 대립의 근원에서 하나로 만든다. 생과 사가 하나이고, 물과 아가 하나이고, 시(是)와 비(非)가 하나이고, 가(可)와 불가(不可)가 하나인 '도(道)'(진실재眞實在)의 세계에 서는 것이 장자의 초월인 것이다. 장자의 초월은 곧 장자의 해탈이다. 《장자》는 해탈의 중국적 논리를 밝힌 책인 것이다.

《장자》는 해탈의 중국적 논리를 밝힌 책이다. 장자에게 있어 해탈의 논리는 어떠한 것일까? 그것은 인간이 도(道)(실재實在)로 혼돈화(混沌化)하는 것이었다. 장자에게 있어 도(실재)는, '살아 있는 혼돈', 즉 모든 대립과 모순을 그대로 자신 속에 품은 거대한 무질서, 인간의 개념적 인식을 초월하여 체험하는 것 이외에는 어쩔 도리가 없는 생생발랄(生生潑剌)한 우주의 **작용** 그 자체였다. 이 살아 있는 혼돈과 그대로 하나가 되고 살아 있는 혼돈을 살아 있는 혼돈으로 사랑해 나가는 것이 장자의 해탈이었다. 인간은 심지(心知)의 분별로 본래 하나인 도(실재)를 시와 비로 나누고, 미와 추로 나누고, 대와 소로 나누고, 꿈과 현실로 나누고, 인간과 금수로 나누지만, 실재의 세계에서는 시 또한 비이고, 미 또한 추이고, 대 또한 소이고, 꿈 또한 현실이고, 인간 또한 금수인 것이다. 인간은 또 심지의 분별로 모든 사상(事象)을 원인과 결과라는 계열로 질서 지운다. 또 현재를 과거에, 미래를 현재에, 현상을 본체에, 인간을 신에게 인과 지운다. 그러나 실재의 세계에서는 만상(萬象)은 저절로 나고 저절로 변화하는 것이며, 어떠한 것에도 의존하지 않고 어떠한 것과도 인과관계를 갖지 않는다. 본래 하나인 실재의 진상을 시와 비로 나누고, 미와 추로 나누고, 대와 소로 나누고, 꿈과 현실로 나누는 곳에서 인간의 슬픈 미혹과 망집이 시작된다. 본래 자생자화(自生自化)하는 만상을 인과적 사유로 천착하는 곳에서 주어진 현재를 주어진 현재로 순순히 받아들이는 인간의 늠름한 정신이 질식한다. 때문에 장자적 절대자는 인간 심지의 분별을 실재의 일(一)로 혼돈화한다. 자기를 실재의 일(一)로 혼돈화한 무심망아(無心忘我)의 경지에서 장자적 절대자의 해탈이 이루어지는 것이다. 거기에서 인간의 모든 미혹과 망집이 해방된다. 거기에서 인간의 모든 슬픔과 두려움이 초극된다. 그는 다만 생멸변화(生滅變化)하는 만상(萬象)의 자연(自然)에 자기를 비우고, 다만 자기에게 주어진 현재를 자기의 모든 것으로 여겨 긍정한다. 주어진 현재가 삶이라면 그 삶을 늠름하게 살아가고, 주어진 현재가 죽음이라면 그 죽음을 편안히 여기며 죽고, 주어진 현재가 꿈이라면 그 꿈을 온 마음으로 즐기고, 주어진 현재가 새라면 그 날개를 하늘 높이 퍼덕인다. 삶과 죽음, 꿈과 새는 주어진 필연이지만, 그 필연을 좋은 것으로 여겨 긍정하는 자기는 이제 단순한 필연이 아니다. 도(진실재) 속에서 일체를 좋은 것으로 여겨 긍정하는 경우에 일체의 자유가 있다. 장자에게 있어 자기를 혼돈화한다는 것은, **진실재 속에서** 일체를 좋은 것으로 여겨 긍정하는 것이었다. 장자적 절대자의 해탈이라는 것은, 곧 일체를 진실재(자연) 속에서 좋은 것으로 여겨 긍정하는 것을 의미한다.

현대 인류는 그 자신이 문명이라고 명명한 것 속에서 백치가 되어가고 있다. 인류의 끊임없는 지적 노력이 쌓아올린 현대사회의 거대한 메커니즘, 그 만족할 줄 모르는 호기심이 낳은 광기어린 선정주의, 짐짓 점잔빼는 가치에 대한 도취가 불러일으키는 히스테릭한 자기주장. 거기에서 꿈틀거리는 것은 자기를 상실한 채 광란하는 '문명의 노예'가 아닐까? 장자는 육체에만 노예가 있는 것이 아니라 정신에도 노예가 있다고 말한다. 문명의 노예란 정신이 고역(苦役)의 쇠사슬에 묶여 있는 자를 이르는 것이 아닐까? 현대인은 이미 단순함의 위대성, 소박함의 강인성을 온전히 잊어버렸다. 모든 사상(事象)을 있는 그대로 긍정하는 늠름한 '자연(自然)'을 온전히 잃어버렸다. 현대인의 이러한 백치화(白痴化)야말로 장자의 이른바 '약상(弱喪)'(고향을 잃어버린 슬픈 방랑자)이 아닐까? 《장자》는 현대인에게 고향으로 복귀(인간이 본래의 자기로 돌아감)할 것을 가르치는 책인 것이다.

현재 《장자》는 33편으로 이루어져 있다. 이 33편은 다시 내편이라 불리는 처음의 7편과 외편이라 불리는 다음의 15편,[2] 그리고 잡편이라 불리는 마지막의 11편[3]으로 나뉜다. 그리고 내편이 가장 오래되었으며 따라서 장자의 사상을 가장 잘 전하고 있는 것에 반해, 외편과 잡편은 내편의 사상을 해석한 것이거나 장자의 사상에 영향을 받은 사람들이 훗날에 덧붙인 2차적 저작이다. 다시 말해 내편이 《장자》의 가장 본질적인 부분이며 외편·잡편은 그 파생적인 부분인 것이다(자세한 것은 마지막의 《장자》 텍스트에 관한 설명 참조). 때문에 나의 이 역해(譯解)는, 내편에서는 주로 사상내용에 관한 설명

2 변무(駢拇)·마제(馬蹄)·거협(胠篋)·재유(在宥)·천지(天地)·천도(天道)·천운(天運)·각의(刻意)·선성(繕性)·추수(秋水)·지락(至樂)·달생(達生)·산목(山木)·전자방(田子方)·지북유(知北遊)의 15편.〔원주〕

3 경상초(庚桑楚)·서무귀(徐無鬼)·즉양(則陽)·외물(外物)·우언(寓言)·양왕(讓王)·도척(盜跖)·설검(說劍)·어부(漁父)·열어구(列禦寇)·천하(天下)의 11편.〔원주〕

에 치중하였고, 외편·잡편에서는 주로 내편과의 관련(내편 사상의 전개상)에 대한 설명에 중점을 두었다.

《장자莊子》의 저자, 즉 莊子(장자)(子자는 존칭)는 명(名)을 주(周)라고 하였다. 장주(莊周)의 생몰년에 관해 자세히는 알 수 없다. 현재 전해지는 가장 오래된 장주의 전기(傳記)는, 기원전 1세기, 한대(漢代)에 쓰인 사마천(司馬遷)의 《사기史記》이다. 그런데 《사기》의 〈장주열전莊周列傳〉에는 다만 「양(梁)나라 혜왕(惠王)(재위 기원전 370-319) 및 제(齊)나라 선왕(宣王)(재위 기원전 319-301)과 동시대이다」라고 말했을 뿐이다. 즉 기원전 4세기 중엽 사람이라는 기록이 남아 있을 뿐이다(기원전 384-322를 살았던 그리스의 아리스토텔레스와 거의 같은 시기이다). 현대의 학자들은 《장자》 가운데 보이는 많은 역사적 인물의 연대를 고증하여 그의 생몰년을 밝히려고 하지만, 결국 확정적인 결론은 도출되지 않는 듯하다. 다만 장주와 가장 밀접하게 교류했으며 양나라의 혜왕(재위 기원전 370-319)과 양왕(襄王)(재위 기원전 318-296) 2대에 걸쳐 벼슬하여 대신(大臣)이 되었던 혜시(惠施)[4]가, 그 지위에서 쫓겨나 초(楚)나라로 망명한 것이 기원전 306년, 즉 양나라 양왕 13년이고(《전국책戰國策》〈초책楚策〉), 장주가 혜시의 사후 얼마간 살아 있었다는 것은 거의 확실하기 때문에,[5] 혜시의 죽음을 그가 초나라로 망명한 것으로부터 10년 내외로 본다면 장주가 기원전 300년경에 이 세상에 살고 있었다는 것만큼은 확실할 것이다. 그리고 장주의 탄생을 기원전 370년경(양나

4 혜시와 장주의 문답은 《장자》 가운데 12군데 보인다.〔원주〕

5 《장자》잡편의 〈서무귀편〉에는 장주가 혜시의 묘를 방문하여 그의 죽음을 애도한 이야기가 실려 있고, 《회남자淮南子》〈수무훈脩務訓〉에는 혜시의 사후, 장주가 호적수를 잃고서 침묵했다는 이야기가 실려 있다.〔원주〕

라 혜왕 초년)이라고 하는 현대학자 마서륜(馬敍倫)의 고증(《천마산방총서天馬山房叢書》에 수록된 〈장자연표莊子年表〉)을 따른다면, 결국 장주는 기원전 370년경부터 300년경까지 약 70 내지 80년의 생애를 이 세상에서 보낸 것이 된다.

이와 관련하여, 장자의 몰년을 기원전 300년경이라고 하면 같은 시기 여러 나라에서 유세하며 활약하고 있던 맹자와의 관계가 일단 문제시되는데, 양자 간의 교류에 관해서는 《맹자》에서도 《장자》에서도 한마디도 언급되지 않았다(선진先秦의 문헌에도 그 기록이 전혀 보이지 않는다). 그 이유에 관해서도 학자들은 다양한 억측을 총동원하고 있지만, 아마 당시 맹자에게 있어 장자라는 존재는 그다지 경계할만한 사상적 적성(敵性)을 지니지 않았고, 장자에게 맹자라는 존재가 공자 정도의 큰 관심의 대상은 아니었던 것 같다.

그런데 장자가 살았던 기원전 4세기의 중국은 어떠한 시대였는가? 그 시대는 중국 역사에서 전국시대(戰國時代)로 불리는, 투쟁과 살육으로 피비린내 나는 시대였다. 전국시대의 역사는 일곱 대국, 즉 진(秦)나라[6]·제(齊)나라[7]·연(燕)나라[8]·초(楚)나라[9]·한(韓)나라·위(魏)나라·조(趙)나라[10]를

---

6 진(秦)나라 : 오늘날의 섬서(陝西)와 감숙(甘肅) 지방을 근거지로 삼은 서방의 대국이었다. 전국시대 말기에 시황제(始皇帝)가 천하를 통일하여 새로운 왕조를 세웠다.〔원주〕

7 제(齊)나라 : 오늘날의 산동(山東) 지방을 근거지로 삼았으며, 일찍이 춘추시대(春秋時代)에는 패자(霸者) 환공(桓公)을 배출한 동방의 대국이었다. 전국시대 초(기원전386년)에 가신(家臣) 전화(田和)가 나라를 빼앗아 군주가 되었다.〔원주〕

8 연(燕)나라 : 오늘날의 하북(河北)에 있었던 북방의 대국. 전국시대 중엽 재상(宰相) 자지(子之)가 군주를 협박하여 나라를 선양받은 사건이 있었다.〔원주〕

9 초(楚)나라 : 오늘날의 호북(湖北)·안휘(安徽)·하남(河南) 일부에 있었던 남방의 대국이다. 〈이소離騷〉라는 시로 유명한 굴원(屈原, 기원전 299년에 자살함)의 조국이다.〔원주〕

중심으로 전개된다. 이 대국들에게 최대의 관심사는 「나라를 부유하게 하는 것〔富國〕」과 「군사력을 강하게 하는 것〔强兵〕」, 그리고 그러한 목적을 달성하기 위한 권력의 교지(狡智)였다. 안으로는 끊이지 않는 가렴주구(苛斂誅求)가, 밖으로는 부단한 전쟁과 침략이, 인간 삶을 투쟁과 살육 속에서 능욕하고 기아와 유망(流亡) 속에서 희롱하였다. 「지금 세상에는 처형된 사람이 서로 포개어 누워 있고, 칼과 차꼬를 찬 사람이 길을 메운다〔今世殊死者相枕也, 桁陽者相推也〕」(〈재유편〉)며 두려워하고 「죽은 사람이 나라에 가득해, 못으로 헤아린다〔死者以國, 量乎澤〕」(〈인간세편〉4-1)라든지 「인간이 살아가는 것은 근심스러운 일이다」[11](모두 《장자》에 보이는 말이다)라고 탄식하게 하는 불안과 절망의 사회가 전국시대였다. 장자가 살았던 때는 이처럼 불안과 절망으로 가득한 시대였다. 그의 철학은 이러한 불안과 절망에 대한 초극에서 시작된 것이다.

장주의 출생지에 관해 살펴보자면, 《사기》는 장주가 몽(蒙) 땅 사람이라고 기록하였다. 「蒙」은 마서륜의 훌륭한 고증(《천마산방총서天馬山房叢書》에 수록된 〈장자송인고莊子宋人考〉)이 말해주듯 송(宋)나라(지금의 하남성河南省 귀덕부歸德府 상구현商邱縣 부근)에 속한 땅이었다. 그런데 장주가 송인(宋人)이었다는 사실은 그의 생활이나 사상을 고찰하는 데 있어 몹시 중요한 의미를 지니는

---

10 한(韓)나라·위(魏)나라·조(趙)나라 : 오늘날의 산서(山西)를 근거지로 삼았고 하남과 하북 일부를 다스렸다. 진(晉)나라는 일찍이 춘추시대에는 문공(文公)이라는 패자(霸者)를 배출한 대국이었는데, 기원전 402년 3명의 가신이 이 나라를 찬탈하여 각각 한(韓)나라와 위(魏)나라와 조(趙)나라를 세웠다. 사가(史家)들은 이 찬탈의 시점을 전국시대의 시작으로 삼는다.〔원주〕

11 인간이 살아가는 것은 근심스러운 일이다 : 《장자》에 축자적으로 일치하는 문장은 보이지 않는다. 다만, 근사한 문장으로는 다음 글이 보인다. 《莊子》〈至樂篇〉 "사람이 태어나면, 근심과 함께 살아간다〔人之生也, 與憂俱生〕."

것 같다.

송(宋)은 두말할 것도 없이 주(周) 민족에게 멸망당한 은(殷) 민족이 살던 지역이다. 기원전 12세기경 서북방으로부터 황하를 따라 동하(東下)한 주 민족이 지금의 하남성(河南省) 동북부에 도읍하고 있던 은 민족을 멸망시키고 망국의 백성들을 새로운 지배 하에서 통치한 것이 송나라이다. 피정복자로서의 그들의 삶이 결코 찬연한 행복 속에 있지 않았음은 충분히 예상 가능할 것이다(그들의 비참한 운명에 관해서는 《춘추좌씨전春秋左氏傳》이나 《서경書經》 등에 구체적인 서술이 보인다). 선진(先秦)의 문헌에 자주 보이는 소화(笑話)의 어리석은 주인공이 대부분 송인(宋人)이라는 것[12]도 그들이 달게 여겼던 굴욕과 모멸의 삶을 말해주는 것이 아닐까?

그러나 정복자의 조소와 모멸에도 불구하고 송인(宋人)에게는 정복자가 지니지 않은 오랜 문화의 전통이 있었다. 로마에게 정복당한 그리스인이 문화적으로는 오히려 로마인을 이끌었고 북유럽의 야만인에게 유린당한

---

12 예컨대 《한비자》에 보이는 나무 그루터기를 지키며 한 번 얻은 토끼를 다시 얻으려하는 어리석은 농부 이야기, 《맹자》에 보이는 밭의 싹이 자라지 않을까 염려하여 열심히 싹을 뽑은 사람 이야기 등.〔원주〕

·《韓非子》〈五蠹篇〉 "송나라 사람 가운데 밭갈이 하는 자가 있었다. 밭 가운데 그루터기에 있어서 토끼가 달아나다가 그루터기에 부딪혀 목이 부러져 죽었다. 그래서 그는 쟁기를 내팽개치고 그루터기를 지키면서 다시 토끼를 얻기 바랐다. 그러나 토끼를 다시 얻지 못하였으며 그 사람은 송나라의 웃음거리가 되었다〔宋人有耕田者, 田中有株, 兔走, 觸株折頸而死, 因釋其耒而守株, 冀復得兔, 兔不可復得, 而身爲宋國笑〕."

·《孟子》〈公孫丑上〉3-2. "송(宋)나라 사람 중에 벼싹이 자라지 못함을 안타깝게 여겨 뽑아놓은 자가 있었다. 그는 아무 것도 모르고 돌아와서 집안사람들에게 말하기를 '오늘 나는 매우 피곤하다. 내가 벼싹이 자라도록 도왔다.' 하자, 그 아들이 달려가서 보았더니, 벼싹은 말라 있었다〔宋人有閔其苗之不長而揠之者, 芒芒然歸. 謂其人曰 : 「今日病矣, 予助苗長矣.」 其子趨而往視之, 苗則槁矣〕."

로마인이 도리어 그들을 그 문화 속에 동화시켰듯이, 송인 또한 그 오랜 문화에 있어서는 새로운 정복자보다 우월하였던 것이다. 그리고 새로운 정복자인 주(周) 민족이 마침내 독자적인 문화를 가지기 시작하자, 춘추전국시대에 송(宋)을 중심으로 하는 오랜 문화와 제로(齊魯)를 중심으로 하는 새로운 문화가 두 문화권으로 대립하였다. 공자와 맹자가 후자 속에서 태어났고, 노자와 장자가 전자 속에서 태어난 것이다.

후자에게는 인간의 힘에 대한 확신과 기대가 있었으며, '햇볕 드는 언덕'에 서 있는 자의 빛나는 이상과 그 이상을 가능토록 하는 정치적 현실이 있었다. 그러나 전자에게는 인간의 무력함과 이상의 무상함에 대한 공허한 응시가 있었다. 역사에서의 실패와 인간 세상의 위험에 대한 비참한 반추가 있었다. 거기에는 '어두운 곡간(谷間)'에 머무는 자의 적막한 통곡과 닫힌 분노가 있었다.

그들에게 인간의 삶이란 그대로 이상과 이어지는 직선적인 것이 아니라, 우회하고 뒷걸음치고 기울고 또 뒤집혀진 곡선적인 것이었다. 그들에게 행복이란 뒤집혀진 불행이었으며, 기쁨이란 뒤집혀진 슬픔이었다. 거기에서는 이제 인간이 '잃는' 것을 생각하지 않고서는 '얻는' 것을 생각할 수 없고, '죽어 없어지는' 것을 생각하지 않고서는 '오래 사는' 것을 생각할 수 없었다. '죽는' 것을 생각하지 않고서는 '살아가는' 것을 생각할 수 없고, '없는' 것을 생각하지 않고서는 '있는' 것을 생각할 수 없었다. 그들은 인간과 인간의 역사를 품은 자연(自然)의 유구함을 동경하였다. 나아가는 것의 떳떳함보다는 물러나는 것의 강인함에 눈떴다. 그들의 부정과 역설의 철학이 그곳에서부터 이루어진 것이다.

장주가 살았던 것은 이러한 송(宋) 문화의 전통 속에서였다. 그의 철학은 이러한 어두운 곡간(谷間)의 지혜를 정신적인 풍토로 하여 자라났다고 여겨지는 것이다.

장주의 삶에 대해서는 전해지는 것이 거의 없다. 이것은 과연 그에게 걸맞은 역사로의 '혼돈화(混沌化)'일 것이다. 현재 전해지는 《장자》의 외편·잡편 속에서 단편적으로나마 그의 삶에 대한 몇 가지 일화를 살필 수 있다. 그리고 이러한 일화를 통해 그의 삶의 윤곽을 그리는 것이 반드시 불가능하지만은 않다. 예컨대 그의 처가 죽었을 때, 장주가 그 주검 앞에서 질그릇을 두드리며 노래했다든지(외편의 〈지락편〉), 제 자신이 임종하는 날을 맞아 자리에 모인 제자들에게 「내 유해(遺骸)는 산과 들에 버려라」라고 유언한 이야기(잡편의 〈열어구편〉) 등이 그러하다. 혹은 또 가난한 그가 해진 신발에 누더기 옷을 입고서 위(魏)나라 왕의 궁전을 방문했을 때, 왕의 조소와 야유에 대해 초월자가 지닌 정신적 자유로 응수했다는 이야기(외편의 〈산목편〉), 장주 앞에서 자신의 영달을 과시한 같은 고을 사람에게 「세간의 부귀는 종종 권력자 똥구멍의 치질을 핥는 것 같은 정신적인 굴욕 속에서 얻어지는 것이다」라고 답한 이야기(잡편의 〈열어구편〉), 또 초(楚)나라 위왕(威王)이 예(禮)를 두터이 하여 사자를 보내면서 그를 재상으로 맞이하려 했을 때, 그가 「교제(交際)의 희우(犧牛)[13]가 되기보다는 오히려 오독(汚瀆)(더러운 진흙탕)에서 유희하겠다」라고 답한 이야기(외편의 〈추수편〉과 잡편의 〈열어구편〉. 《사기》〈장주열전〉에도 인용되어 있다) 등이 있다. 이러한 이야기들이 어디까지 그의 삶의 진실을 전해주는가는 의문일 것이다. 그러나 장주에게 처가 있었고 제자가 있었으며(외편의 〈산목편〉에는 인차藺且라는 제자의 이름이 보인다) 극도로 가난한 삶을 영위했다는 사실(적어도 그가 부귀한 지위에 있지는 않았다)만은 의심할 여지가 없을 것이다. 《사기》(〈장주열전〉)에는 「일찍이 향리(鄉里)의 옻나무 밭을 관리하는 말단 관리를 지낸 적이 있다」 했지만, 그것도 일시

---

13 교제(交際)의 희우(犧牛) : 하늘에 지내는 제사에 사용하는 희생물 소.〔원주〕

적인 것으로, 아마도 그는 생애 대부분을 누추한 골목길에서 홀로 당당히 소리치고 있었던 것은 아닐까? (잡편의 〈열어구편〉에는 누추한 골목길에서 짚신을 엮는 부업을 하고, 빈곤으로 인해 목덜미가 비쩍 마르고 얼굴빛은 누렇게 뜬 장주의 삶을 전하고 있다)

요컨대 장주의 세속적인 삶은 스스로 적절하게 표현하고 있듯이 '오독(汚瀆) 속의 인생'이었다. 그러나 그는 그 오독 속에서 유희하는 **방법**을 알고 있었다. 장주는 자신의 빈궁과 놀고, 자신의 오욕과 놀며, 자기 육친의 죽음과 노는 방법을 알고 있었던 것이다. 그의 삶은 그의 '유희'였다. 그러나 그 유희는 바로 그가 진흙투성이라는 인생의 밑바닥에서 발견한 그의 해탈이었다. 장주의 초월은 그의 '오독 속의 인생'에 의해 지탱되고 있는 것이다.

장자(莊子)는 자주 노자(老子)와 병칭되어 '老莊(노장)'으로 불린다. 사마천도 장자 사상을 계보 지으며 「그 요점은 노자의 말에 근거한다〔其要本歸於老子之言〕」[14](그 핵심은 노자 사상에 귀착한다)고 평가하였다(〈장주열전〉). 그리고 이 사마천의 견해에 나 또한 동의한다. 그러나 여기에서 주의해야 할 것은, 장자 사상이 그 성립의 역사적 기반과 그 사상적 입장에 있어서 일반적으로는 노자와 같은 계열에 속하기는 하지만, 몇몇 중요사항에 있어서는 노자와 다르다는 점일 것이다. 장자와 노자의 사상적인 차이점에 대해서는 본문 내에서도 두세 번 언급하였지만, 이것을 다음과 같은 다섯 가지로 고찰할 수 있지 않을까 하는 것이 내 생각이다.

첫째, 노자 사상의 근저가 「청허를 스스로 지키고, 비약을 스스로 지닌다〔淸虛以自守, 卑弱以自持〕」[15]라고 말하듯 '처세보신(處世保身)'에 놓여

---

14 新校本《史記》〈老子韓非列傳〉2143면.

있으면서도 오히려 정치에 대해 강한 관심을 지녔으며 지배에 대해 적극적인 의욕이 감지되는 것에 반해, 장자에게는 그것이 전혀 보이지 않거나 극히 소극적으로만 언급되어 있다는 점이다. 노자에게 자주 보이는 '民(민)'·'百姓(백성)'·'國(국)'·'天下(천하)'·'王(왕)'·'萬乘之主(만승지주)' 등의 용어가, 장자에게서는 「나에게는 천하가 아무 소용이 없다〔予無所用天下爲〕」(〈소요유편〉1-10)라는 말로 아무렇지도 않게 부정되고 폐기된다. 따라서 노자에게 정치적으로 이상적인 인격으로 쓰이던 성인(聖人)이라는 개념이 장자에게서는 '至人(지인)'·'神人(신인)'·'眞人(진인)'처럼 주체적 성격을 지닌 개념으로 바뀌어 있다.

둘째, 양자에 보이는 '도(道)' 개념의 내용적 전화(轉化)가 지적된다. 노자에게는 「무엇인가 섞여 이루어진 것이 있어 천지보다 먼저 생겨났다 …… 그것을 천하의 어미로 삼을 만하다 …… 자(字)를 붙여 도라고 한다〔有物混成, 先天地生 …… 可以爲天下母 …… 字之曰道〕」(제25장)라는 것처럼 천지만물의 근원으로서의 정적(靜的)이며 본체론적(本體論的)인 실재로서 궁구되던 도가, 장자에게는 「천지에 앞서 생한 것이 있다면 그것은 물(物)일까? 물을 물이 되게 하는 것은 물이 아니다〔有先天地生者物邪? 物物者非物〕」(외편의 〈지북유편〉)라든지 「때로는 텅 비고 때로는 가득 차서 그 모습이 멈추어 있지 않다 …… 스러졌다가는 성하고 가득 찼다가는 텅 비어서 끝나면 곧 다시 시작된다 …… 움직이면서 변화 않는 것은 없고, 시간에 따라 변동되지 않는 것은 없다〔一虛一盈, 不位乎其形 …… 消息盈虛, 終則有始 …… 無動而不變, 無時而不移〕」(외편의 〈추수편〉)에서처럼 시시각각 유전하여 그침이 없는 변화 그 자체가 도로서 궁구되고 있다. 따라서

15 新校本《漢書》〈藝文志〉1732면.

노자에게는 「그 뿌리로 되돌아간다〔復歸其根〕」(제16장)라든지 「갓난아기로 되돌아간다〔復歸於嬰兒〕」(제28장)라든지 「옛 도를 잡아 오늘에 있는 것을 다스린다〔執古之道以御今之有〕」(제14장)라는 것처럼, 태고박소(太古樸素)의 도에 **복귀**하는 것이 강조되는 것에 반해, 장자에게는 「물(物)에 맡겨(乘) 마음을 노닐게 한다〔乘物以遊心〕」(〈인간세편〉4-19)라든지 「때를 편안히 여기고 운명을 편안히 따른다〔安時而處順〕」(〈양생주편〉3-7)라든지 「보내지 않는 것이 없고 맞이하지 않는 것이 없다〔無不將也, 無不迎也〕」(〈대종사편〉6-12)에서처럼, 도와 함께 나아가 변화를 타고 노닐 것이 강조된다.

셋째, 둘째 문제와 관련하여 양자 간에 역사관의 차이점이 발견된다는 점이다. 노자에게 있어서는 복귀해야하는 것으로서의 「옛 도(道)」가 강조되며 이른바 **과거 지향적 역사관**이 이야기되는 것에 반해, 장자에게 있어서는 「때를 편안히 여긴다〔安時〕」(〈양생주편〉3-7)라든지 「물(物)과 더불어 봄을 이룬다〔與物爲春〕」(〈덕충부편〉5-7)라든지 「마음속에 시간을 만들어낸다〔生時乎心〕」(〈덕충부편〉5-7)라는 것처럼, 주어진 '지금'을 문제시하며 '현재를 어떻게 살아갈 것인가'라는 현실과의 대결, 이른바 **미래 지향적 역사관**이 이야기된다.

넷째, 양자에 있어 '무위(無爲)'라는 개념의 내용이 전화(轉化)된다는 점이다. 노자에게는 「얻기 어려운 재화를 귀하게 여기지 말라〔不貴難得之貨〕」(제3장)라든지 「배를 위하지, 눈을 위하지 않는다〔爲腹不爲目〕」(제12장)라든지 「백성이 이로운 기물을 많이 갖게 되면 국가가 점차 혼란해지고, 사람들에게 재주가 많아지면 기이한 일들이 불어나며, 법령이 뚜렷해지면 도적이 많아진다〔民多利器, 國家滋昏, 人多伎巧, 奇物滋起, 法令滋彰, 盜賊多有〕」(제57장)라는 것처럼, 외부를 대상으로 이야기되던 무위가, 장자에게는 「물(物)에 맡겨(乘) 마음을 노닐게 한다〔乘物以遊心〕」(〈인간세편〉4-19)라든지 「서로 삶을 잊는다〔相忘以生〕」(〈대종사편〉6-18)라든지 「자신을 잊는다〔忘己〕」(외편의 〈천지편〉)라는 것처럼 내부의 심(心)으로 전화되고 무심(無心)의 의미로 발전해 나간다.

따라서 이와 관련하여 「만족할 줄 알면 욕을 당하지 않는다〔知足不辱〕」(제44장)라든지 「그칠 줄 알면 위태롭지 않다〔知止不殆〕」(제44장)라든지 「몸에 재앙을 남기지 않는다〔無遺身殃〕」(제52장)라는 것처럼 노자의 즉자적(卽自的)인 보신(保身)에 대한 관심이, 장자에게는 「지인에게는 자아(己)가 없다〔至人無己〕」(〈소요유편〉1-9)라든지 「일의 실상(情)을 행하고 제 자신을 잊는다〔行事之情而忘其身〕」(〈인간세편〉4-15)라든지 「서로 삶을 잊고서 다함이 없다〔相忘以生, 無所終窮〕」(〈대종사편〉6-18)라는 것처럼, **망생(忘生) 혹은 사신(捨身)**에 있어서의 고차원적 전진(全眞)으로서 이야기된다.

다섯째, 누차 지적되듯 장자 사상에는 뚜렷하게 인식론적인 반성이 가해져 있다는 점이다. 예컨대 「도는 1을 낳고, 1은 2를 낳고, 2는 3을 낳고, 3은 만물을 낳는다〔道生一, 一生二, 二生三, 三生萬物〕」(제42장)처럼 단순히 유출적으로 이야기되던 노자의 우주생성론이, 장자에게서는 「천지도 나와 함께 오래 살고, 만물도 나와 하나이다. 이미 1이라면, 또 말(개념)이 있을 수 있을까? 이미 1이라고 말했다면, 또 말(개념)이 없을 수 있을까? 1과 말(개념)이 2가 되고, 2와 1이 3이 된다〔天地與我並生, 而萬物與我爲一. 旣已爲一矣. 且得有言乎? 旣已謂之一矣, 且得無言乎? 一與言爲二, 二與一爲三〕」(〈제물론편〉6-19, 6-20)라는 것처럼 정치한 인식론으로 재조직되어 있다(자세한 것은 〈제물론편〉6-20의 해석을 참조). 따라서 인식론적인 반성에 있어서의 음미가 더해진 「언(言)」과 「지(知)」에 대한 반성, 다시 말해 인식 그 자체의 가치에 대한 반성은, 장자에게 있어 필연적으로 '도(道)'와 '언(言)', '체험'과 '인식'의 대립모순에 대한 반성을 가져온다. 그리고 도가 체험의 의미를 지니는 것과 함께, 체험을 중시하고 인식을 배척하는 경향을 띠게 된다. 또한 우리는 여기에서 중국적 해탈의 가장 높은 실천인 '선

(禪)'과 '장자 사상' 사이에서 몹시 밀접한 정신사적 연관을 엿볼 수 있을 것이다.

요컨대 장자와 노자는 춘추전국이라는 거의 같은 시대(그 차이는 약 100년 정도일 것이다)와 송(宋) 문화권이라는 거의 같은 지역[16]을 배경으로 하여 같은 사상적 기반 위에 서 있는 것이지만, 양자의 사상으로서의 성격에는 반드시 같지는 않은 부분이 있으며, 노자의 사상이 보다 더 **처세의 지혜**인 것에 반해 장자의 사상은 보다 더 **해탈의 지혜**였다고 말할 수 있을 것이다. 노자 사상이 보다 더 **현세적인 삶**을 문제시하고 있는 것에 반해, 장자 사상은 보다 더 **절대적인 삶**을 문제시하고 있다고 말할 수도 있을 것이다. 노자가 혹은 황제(黃帝)와 결부되고, 혹은 그 자신이 우상화되어 비속한 민간종교로 될 수 있는 성격을 다분히 지닌 것에 반해, 장자에게는 세속의 우상화가 범접할 수 없는 사상으로서의 엄격성과 분방함이 있다고 여겨진다.

《장자》 텍스트가 현재와 같은 형태(내편7편, 외편15편, 잡편11편. 도합33편)를 갖추게 된 것은 서기 4세기 서진(西晉)의 곽상(郭象)에게서 비롯되었다. 곽상 이전의 《장자》 텍스트가 어떠했는가에 대해서는 자세하지 않지만, 서기 1세기 전한(前漢) 말엽에는 52편이었다는 기록이 보이고(《한서漢書》〈예문지藝文志〉), 기원전 1세기, 즉 장주의 사후 약 200년 후에 쓰인 사마천의 《사기》에서는 10여만 언(言)(글자)이라고 하였다. 그러나 사마천이 보았던 《장자》 텍스트는 이미 상당히 잡박(雜駁)해진 것이었으며,[17] 한대(漢代) 초

16 노자의 출생지는 오늘날의 하남성(河南省) 귀덕부(歸德府) 녹읍현(鹿邑縣)의 동쪽으로, 장자의 출생지인 상구현(商邱縣)과는 약 60킬로미터 떨어져 있다고 한다.〔원주〕

17 그가 《장자》의 편명으로 든 어부(漁父)·도척(盜跖)·외루허(外累虛) 등에서 〈외

기의 《장자》 텍스트는 원본《장자》와는 상당히 달라져 있었다는 것을 추측할 수 있다. 그렇다면 '원본《장자》는 어떠한 것이었는가?' 하는 문제가 남는데, 이에 대해서는 학자들의 의론이 각양각색이어서 결국 정확한 것은 알 수 없다고 말할 수밖에 없다. 다만 현재도 그러하듯이 《장자》의 내용은 옛날부터(문헌상에서 확인할 수 있는 것은 서기 1세기, 전한前漢 말) 내편과 그 외의 부분으로 나뉘어 있었고, 이 내편이 《장자》 원본에 가까우며 그 가운데에서도 특히 〈소요유〉·〈제물론〉 두 편이 가장 오래된 《장자》일 것이라는 점에 대해서는 학자들의 의견이 대체로 일치하고 있는 듯하다. (다만 엄밀히 검토하자면 내편 가운데에서도 후대에 덧붙여졌다고 추정되는 부분이 적지 않지만, 나의 이 역해譯解에서는 굳이 이 문제에 관해서는 언급을 피하고, 내편 전부를 일단 장주의 원작으로 간주하는 입장을 취하였으며, 사상적으로 심하게 부적당한 부분에 한해 이 문제에 관해 언급하는 것으로 하였다)

곽상이 이전의 《장자》 텍스트를 산정(刪定)하여 현재와 같은 형태로 만든 사정에 대해서는 그의 〈장자주발어莊子注跋語〉[18]나 당(唐) 육덕명(陸德明)의 〈경전석문서록經典釋文敍錄〉에 보인다. 그곳에서 곽상은 한대(漢代)의 《장자》 텍스트가 몹시 잡박하며 그 가운데 3할 정도는 전혀 취할 것이 못되는 비속한 문장이기 때문에 모두 삭제하여 33편으로 만들었다고 하였다. 아마 그가 삭제한 것은 외편·잡편 부분이 대부분이었을 것이다. 그가 살았던 당시, 즉 위진(魏晉) 시대(서기 3세기-5세기)는 《장자》가 가장 왕성하

루허편〉은 현재의 텍스트에는 없으며, 어부·도척 등의 편이 후인의 가탁이라는 것에 대해서는 이미 송(宋)의 소동파(蘇東坡)(〈장자사당기莊子祠堂記〉) 등이 논하였다. 현재의 33편본 《장자》의 글자 수는 속고일총서본(續古逸叢書本)으로 계산하면 65,213자이다.〔원주〕

18 최근 발견된 교오토(京都) 코오잔사(高山寺) 소장의 두루마기본《장자》의 말미에 붙어 있다.〔원주〕

게 읽혔으며 또 가장 왕성하게 연구되던 시대였기 때문에 그의 산정본(刪定本) 이외에도 몇 종의 산정본이 이루어졌으나,[19] 그것들은 모두 망일(亡佚)되고 현재 전하는 것은 곽상의 33편본이 유일하다.

곽상의 33편본 《장자》 가운데 오늘날 볼 수 있는 가장 오랜 판본은 최근 돈황(燉煌)(감숙성甘肅省 북서단北西端)에서 발굴된 당대(唐代)(7세기-10세기)의 사본(寫本)(권두의 사본 참조), 소련에서 발견된 북송(北宋) 여혜경(呂惠卿)(12세기 초 사망)의 여관문진장자의본(呂觀文進莊子義本), 일본 쿄오토(京都) 코오잔사(高山寺)에서 발견된 무로마치(室町) 시대의 사본 등인데, 애석하게도 모두 잔결본(殘缺本)으로 온전한 판본이 아니다. 온전한 형태로 전하는 옛 판본으로는 송대(宋代)(11세기-13세기)에 간행된 《장자》 판본을 청(淸) 여서창(黎庶昌)이 1884년(광서光緖 10년) 복각한 고일총서본(古逸叢書本), 마찬가지로 송대에 간행된 별개의 《장자》 판본을 상해(上海) 상무인서관(商務印書館)에서 1929년(민국民國 18년)에 복각한 속고일총서본(續古逸叢書本), 명대(明代)(14세기-17세기)에 간행된 《장자》 판본을 복각한 사부총간본(四部叢刊本)과 도장본(道藏本)[20] 등이 있는데, 고일총서본이나 사부총간본, 도장본에는 군데군데 오탈자가 발견되며 속고일총서본이 가장 좋은 판본인 듯하다. 내 역해의 본문도 속고일총서본을 이용하였다.

《장자》 주석서는 여럿 있지만 우선 처음으로 들어야 할 것은 진(晉) 곽상(郭象)의 《장자주莊子注》일 것이다. 위에서 언급했듯이 위진(魏晉) 시대에

---

19 〈경전석문서록經典釋文叙錄〉에서는 최선(崔譔)의 27편본, 상수(向秀)의 26편본, 이이(李頤)의 30편본 등을 들고 있다.〔원주〕

20 《사부총간史部叢刊》은 1929년, 상해의 상무인서관이 간행한 일종의 중국고전전서(中國古典全書)이다. 《도장道藏》은 중국의 민족종교인 도교(道敎)의 제경(諸經)이다. 이 속에 《장자》가 수록되어 있다.〔원주〕

는 노장사상이 가장 사랑받았기 때문에 몇 종의 산정본(刪定本)이 이루어진 것과 동시에 많은 주석서가 이루어졌는데, 그의 《장자주》는 이러한 주석서의 집대성으로 사상사에서 매우 중요한 의의를 지닐 것이다. 그 해석이 반드시 장자의 본문에 충실하지 않은 점은 있으나, 그의 탁월한 철학적 사고는 장자 사상을 체계적·통일적으로 훌륭히 파악하여 타의 추종을 불허하는 심오함과 예리함을 보여준다.[21]

곽상 이후, 당대(唐代)에는 노자를 종조(宗祖)로 삼는 도교가 국교화(國敎化)되면서, 장자 또한 '남화진인(南華眞人)'이라는 호(號)가 추증되었고(현종玄宗의 천보天寶 원년, 서기 742년), 《장자》도 《남화진경南華眞經》으로 불리며 당시의 지식인 사회에서 애독되었으나,[22] 훌륭한 주석서는 그다지 나오지 않았다. 다만 육덕명(陸德明)의 《장자음의莊子音義》, 성현영(成玄英)의 《장자소莊子疏》(곽상의 주를 또 해석한 것)가 주목 받는 정도이다.

송대(宋代)에도 《장자》는 꽤 왕성하게 읽힌 듯하지만,[23] 현재 전해지는 주석서로는 임희일(林希逸)의 《장자구의莊子口義》가 가장 유명하다. 이 책은 평이하게 쓰인 《장자》 해석서인데, 그 평이함 때문인지 일본의 토쿠가

---

21 곽상의 《장자주》가 상수(向秀)의 주(注)를 표절했다는 《세설신어世說新語》의 기사는, 이미 선인(先人)도 지적했듯이 믿을 것이 못 된다. 자세한 것은 福永光司, 〈郭象の莊子注と向秀の莊子注〉(東方學報 京都 제36책 수록)를 참조.〔원주〕

22 예컨대 「장주(莊周)는 꿈에서 나비가 되고, 나비 또한 장주가 되었네〔莊周夢胡蝶, 胡蝶爲莊周〕」라고 노래한 이백(李白), 〈영주팔기永州八記〉에서 장자적 해탈을 동경한 유종원(柳宗元), 「후회스럽도다, 남화(南華)의 둘째 편을 읽었던 것이〔悔讀南華第二篇〕」라는 구절로 알려진 온정균(溫庭筠) 등.〔원주〕

23 예컨대 주자(朱子)에게서 대성(大成)된 도학(道學) 일파의 학자들, 〈적벽부赤壁賦〉〈초연대기超然臺記〉 등에서 무엇보다 장자의 무리임을 보여주는 소동파(蘇東坡), 〈장주론莊周論〉의 작자인 왕안석(王安石), 〈여관문진장자의呂觀文進莊子義〉의 저자 여혜경(呂惠卿) 등.〔원주〕

와(德川) 시대에는 꽤 널리 읽혀진 듯하다.

명대(明代)에는 육서성(陸西星)의 《장자부묵莊子副墨》과 초횡(焦竑)의 《장자익莊子翼》이 유명하다(《장자익》은 《한문대계漢文大系》에 수록되어 있다). 청대(淸代)에는 임운명(林雲銘)의 《장자인莊子因》, 육수지(陸樹芝)의 《장자설莊子雪》, 진수창(陳壽昌)의 《장자정의莊子正義》, 왕선겸(王先謙)의 《장자집해莊子集解》, 곽경번(郭慶藩)의 《장자집석莊子集釋》 등이 있다. 이 가운데 《장자집석》은 곽상의 주와 성현영의 소와 육덕명의 석문(釋文)을 싣고 청조(淸朝)의 빼어난 고증학자의 연구를 채택하였는데, 가장 편리하면서도 입수하기 쉬운 서적이다. 민국(民國) 이후는 마서륜(馬敍倫)의 《장자의증莊子義證》이 자의(字義)의 훈고고증(訓詁考證) 면에서 가장 빼어나며, 최근에는 왕숙민(王叔岷)의 《장자교석莊子校釋》, 유문전(劉文典)의 《장자보정莊子補正》이 간행되었다.

일본에서 《장자》가 어떠한 형태로 관심을 끌었고 어떻게 연구되고 이해되었는가에 대해서 관심을 가지고는 있으나, 현재의 나로서는 아는 것이 거의 없다. 헤이안(平安) 시대에 후지와라노 스케요(藤原佐世)가 찬(撰)한 《일본국현재서목日本國見在書目》에는 《장자》 주석서가 20종 가량 실려 있기 때문에, 꽤 읽혔을 것이라고는 충분히 상상할 수 있다. 카마쿠라(鎌倉)(1180년대부터 1333년)와 무로마치(室町)(1336년부터 1573년) 시대에는 고잔(五山)의 학승(學僧)에 의해 많이 읽혔던 듯하다.[24] 켄코오 법사(兼好法師)도 「생명이 길면 욕되는 일이 많다〔いのち長ければ恥多し〕」(《츠레즈레구사徒

24 카마쿠라(鎌倉)와 무로마치(室町) 시대에 고잔(五山)의 학승(學僧)에 의해 꽃핀 문학을 고잔문학(五山文學)이라고 한다. 고잔(五山)은 카마쿠라와 쿄오토에 각각 다섯 개씩 있었던 선종(禪宗) 사원을 의미한다. 고잔문학은 이 '고잔'의 선승들에 의해 창작된 문학이다.

然草》제7단)라고 하는 등 《장자》(외편〈천지편〉)를 인용하고 있다[25]는 점에서 살펴본다면 어쩌면 애독하고 있었는지도 모르겠다. 토쿠가와(德川) 시대에는 주자학이 관학이 되고 유교적인 교양이 필수가 되었기 때문에 경서 연구에서는 어느 정도의 성과를 올린 것에 반해, 《장자》에 관한 연구는 볼 만한 것이 거의 없다. 다만 오카마츠 오오코쿠(岡松甕谷)의 《장자고莊子考》, 토다 슈우호오(杜多秀峰)의 《장자핵현莊子覈玄》, 우츠기 마스오(宇津木益夫)의 《해장解莊》, 호아시 반리(帆足万里)의 《장자해莊子解》 등을 손꼽을 수 있을 정도이다. 메이지(明治) 이후로는 마키노 켄지로오(牧野謙次郎)의 《장자국자해莊子國字解》가 있다. 해석이 다소 난삽하고 잡박하지만 어쨌건 전문(全文)을 두루 해설하고 널리 여러 설을 들어서 주해하고 있다는 점에서는 편리한 서적이다. 그러나 《장자》의 사상을 철학적으로 파악하여 그것을 근대적인 논리로 가장 명쾌하게 해석한 것은 마에다 토가마(前田利鎌)의 《장자》[26]가 으뜸이다. 마에다 토가마는 요절한 서양철학 전공의 준재(俊才)이다. 내가 역해(譯解)를 하며 가장 큰 도움을 받은 것은 그의 《장자》 해석이다.

부기(附記)

1. 이 《장자》의 원문은 속고일총서본(續古逸叢書本)을 그대로 이용하였으나, 3군데는 다른 판본에 근거하여 고쳤다. 그것은 다음과 같다. 〈인간세편〉4-20의 「衛靈公大子」를 「衛靈公太子」로, 〈덕충부편〉5-3의 「先王之

---

25 《莊子》〈天地篇〉 "壽則多辱."

26 쇼오와(昭和) 7년(1932), 이와나미 서점(岩波書店)에서 간행한 《종교적 인간》에 수록되어 있다.〔원주〕

門」을 「先生之門」으로, 〈대종사편〉6-17의 「犁往問之」를 「子犁往問之」로 각각 고쳤다.

2. 원문 아래의 번역문은 일단 전통적인 훈독법(訓讀法)에 따랐으나 이해를 용이하게 하기 위해, 그리고 주석의 번거로움을 줄인다는 의미에서, 반드시 그것에 구애되지는 않고 자유로이 풀이하였다. 많지는 않지만, 원문에 없는 한자를 보충한 곳도 있다(예를 들면 〈소요유편〉1-3).

3. 해설에서 언급한 노자(老子)에 대해서는 예로부터 다양한 논의가 이루어졌다. 나로서는 현재의 《노자》 텍스트는 한대(漢代) 초기에 편찬된 것이며, 노자라는 인물도 아마 역사적 실재는 아닐 것이라고 생각하지만[27] 여기서는 일단 종래의 견해를 좇아 장주(莊周)보다 앞선 사상가로 설명해 두었다. 그렇지만 《노자》 텍스트 그 자체는 한대에 성립되었다 하더라도 그 속에는 옛날부터 전승된 도가적인 말이 많이 포함되어 있다고 여기지기 때문에, 그 오래된 말을 노자라는 특정한 개인의 말로 여기고, 그 오래된 말이 드러내는 사상을 노자의 사상으로 간주하는 것은 일단 가능할 것이다. 내가 해설 속에서 장자의 사상과 비교했던 노자의 사상이라는 것은, 엄밀히 말해 이러한 의미에서의 노자의 사상이다.

---

27 老子라는 말은 본래 '老成의 子', 즉 '삶의 지혜를 풍부하게 지닌 장수한 사람'이라는 의미의 보통명사일 것이다.〔원주〕

후기

내가 중국철학에 흥미를 가지고 이 학문을 전공하고자 결심한 것은《장자》라는 책이 있다는 사실을 알고부터였다. 때문에 나는 이 책이 없었더라면 어쩌면 중국철학을 전공하지 않았을지도 모르겠다. 그러나 나에게 있어《장자》는 내 학문연구의 대상임은 물론 그 이상의 존재이기도 했다.

나는 쇼오와(昭和) 17년(1942) 9월에 대학을 졸업했는데, 졸업과 동시에 군대에 징집되어 약 5년간 내 청춘을 군대생활로 보냈다. 그리고 태평양전쟁도 이미 말기의 현해탄을 건너고 동중국해를 넘어 대륙의 전장에서 절망적인 전투 속을 헤매었으나, 강건함을 타고난 나의 육체는「그 사이에서 팔을 휘저었던 지리소(支離疏)」(4-28)의 행운도 타고나지 못하였고, 나겁함을 타고난 나의 정신은「죽은 아내를 앞에 두고 질그릇을 두드리며 노래했던 장자」(〈지락편〉)의 체관(諦觀)과도 거리가 멀었다. 나는 지금 생각해도 부끄러울 정도의 창백한 공포를 수송선에 싣고서 본국을 떠났다. 그 때 내가 바다를 건너며 행낭 속에 넣어두었던 책은《만요오슈우萬葉集》, 키에르케고르의《죽음에 이르는 병》, 플라톤의《파이돈》, 그리고 이《장자》였다. 나는《파이돈》에서 영혼의 구원과 위로를,《죽음에 이르는 병》에서 불안과 절망의 치료를,《만요오슈우》에서 생(生)의 환희와 평온을 기대했었지만, 전장에서의 작렬하는 포탄의 포효와 전율하는 정신의 광조(狂躁)는 나의 얕은 이해력과 어우러져 이 책들에 담긴 예지와 서정을 공허한 활자의 나열로 되돌리고 말았다. 나는 전장의 어두한 석유램프 아래에서 가끔씩《장자》만을 읽으며 그 늠름한 오달(悟達) 속에서 내 마음의 나약함에 힘을 돋우었다. 내일을 기약할 수 없는 전장 생활에서《장자》는 나에게 위로의 책이었던 것이다.

종전(終戰)보다 1년 반 늦게 본국의 땅을 밟은 나의 삶은 황폐해질 대로 황폐해진 조국의 산하보다도 더 황량한 상태였다. 그러나 나는 다시 한 번 학구(學究)의 길을 걷겠노라 결심하였다. 늙으신 아버지가 다시 고향을 떠나는 나를 전송하고서 시골의 조그마한 역사(驛舍)의 겨울하늘 아래에서 쓸쓸히 서성이고 계셨다. 나는 그 쓸쓸한 모습을 멀어져가는 기차 창으로 바라보며 학문은 슬픈 것이라고 생각하였다. 그 아버지의 애통한 급사(急死)가 5년간의 공백기 동안 객지의 학문 속에서 헤매고 있던 나의 무기력과 나태함을 조소한 것은, 쇼오와(昭和) 26년(1951) 5월 19일이었다. 몰라보게 변해버린 아버지 시신의 손을 잡으며 나는 흘러넘치는 눈물을 훔쳤다. 내 반생(半生)에서 가장 비참한 날이었다. 화장터에서 뼈를 수습하고 누렇게 익은 보리물결 속을 돌아오며 나는 장자의 「웃음」 속에서 그의 슬픔을 생각해 보았다. 좌절감에 빠졌던 나는 남국(南國)의 5월 하늘을 우러러보고 미소를 회복하였다. 나에게 있어 《장자》는 **비참함** 속에서 웃는 법을 가르쳐준 책이었다.

아버지의 죽음과 함께 시작된 쿄오토(京都)에서 오오사카(大阪)로의 고교 근무는 건강을 타고난 나에게도 수월한 일이 아니었다. 그러나 기찻길 따라 즐비한 집들이나 늘어선 숲을 곁눈질하며 덜컹덜컹 힘차게 내달리는 급행전차 속에서의 40분은, 내 마음속에 상쾌한 무언가를 느끼게 하였다. 게다가 젊은 시절의 발랄한 꿈과 희망이 나의 잃어버린 청춘을 소생시켜 주었다. 나는 주어진 상황 속에서 자기의 길을 가장 늠름히 걸어 나갈 것을 생각하였다. 장자의 드높은 긍정에는 훨씬 미치지 못하겠지만, 내 마음속에는 용기와도 비슷한 무언가가 느껴졌다. 나에게 있어 《장자》는 정신의 불굴을 가르쳐준 책이었던 것이다.

나의 이와 같은 《장자》에 대한 이해가 온전히 옳다는 자신은 애초부터 없다. 그러나 나에게 있어 내가 이해한《장자》를 설명하는 것 이외에 다른 어떤 방법이 있을 수 있겠는가? 자구(字句)의 해석이나 논리의 파악에서 오류를 범한 부분은 사람들의 가르침을 받아 겸허히 고쳐나가고 싶다. 그렇지만 다만 나로서는 이 책을 읽는 분들이 나와 같은《장자》이해법도 있다는 것을 이해해준다면 그것으로 만족이다. 그리고 만약 사자(死者)에게 생자(生者)의 마음이 전해지는 것이라면, 나는 돌아가신 아버지에게 이 졸작을 미흡하나마 사죄의 의미로 바치고 싶다.

쇼오와(昭和) 30년(1955) 10월 1일

라쿠토오(洛東) 키타시라카와(北白川) 우거에서

후쿠나가 미츠지(福永光司)

색인

〔인명색인〕

〔서명색인〕

〔편명 · 작품명 색인〕

후쿠나가 미츠지의
장자 내편

©문진 2020

초판 1쇄 인쇄 2020년 1월 10일
초판 1쇄 발행 2020년 1월 12일

저자 후쿠나가 미츠지(福永光司)
역자 정우봉 · 박상영

펴낸이 김진웅
펴낸곳 문진
주소 대전광역시 유성구 대학로 31 한진오피스텔 2004호
전화 042-933-6510 **팩스** 042-367-5510
이메일 woungsa@hanmail.net

ISBN 979-11-87638-51-3 04150
979-11-87638-50-6 (세트)

값 24,000원

이 도서의 국립중앙도서관 출판예정도서목록(CIP)은 서지정보유통지원시스템 홈페이지(http://seoji.nl.go.kr)와 국가자료종합목록 구축시스템(http://kolis-net.nl.go.kr)에서 이용하실 수 있습니다. (CIP제어번호 : CIP2020000077)